國際信貸

(第五版)

劉舒年 蕭朝慶 主編

崧燁文化

目　　錄

第一章　國際信貸的概念與發展 …………………………………………（1）

　　第一節　國際信貸的概念 ……………………………………………（2）
　　第二節　國際信貸關係的歷史發展 …………………………………（8）
　　第三節　影響第二次世界大戰后國際信貸發展的主要因素 ………（11）
　　第四節　國際信貸的資金來源 ………………………………………（14）
　　第五節　國際信貸和中國利用外資的類型與形式 …………………（17）
　　第六節　國際信貸的管制與中國的外債管理 ………………………（22）

第二章　國際銀行信貸 …………………………………………………（31）

　　第一節　國際銀行信貸的概念、種類與特點 ………………………（32）
　　第二節　國際銀團貸款 ………………………………………………（45）
　　第三節　國際銀行信貸的信貸條件 …………………………………（51）
　　第四節　國際銀行信貸的法律條款 …………………………………（62）
　　第五節　中國如何使用國際銀團貸款 ………………………………（67）

第三章　對外貿易信貸 …………………………………………………（72）

　　第一節　對外貿易銀行 ………………………………………………（73）
　　第二節　對外貿易信貸的主要形式 …………………………………（76）
　　第三節　保付代理業務 ………………………………………………（81）
　　第四節　中國的對外貿易信貸 ………………………………………（88）

第四章　出口信貸 ………………………………………………………（92）

　　第一節　出口信貸的概念、發展和作用 ……………………………（93）
　　第二節　出口信貸的主要類型 ………………………………………（96）
　　第三節　買方信貸 ……………………………………………………（103）
　　第四節　中國使用的外國買方信貸 …………………………………（108）
　　第五節　中國提供的出口信貸 ………………………………………（110）

第五章　出口信用保險 ……………………………………………………（113）

第一節　出口信用保險概況 …………………………………………（114）
第二節　國外的出口信用保險 ………………………………………（117）
第三節　伯爾尼協會與OECD《君子協定》規則 …………………（128）
第四節　中國的出口信用保險 ………………………………………（137）
第五節　短期出口信用保險實務 ……………………………………（143）
第六節　中長期出口信用保險實務 …………………………………（151）

第六章　項目貸款 …………………………………………………………（156）

第一節　項目貸款的產生、概念及參與人 …………………………（157）
第二節　項目貸款的類型、工程規劃與風險管理 …………………（159）
第三節　項目貸款的籌資來源 ………………………………………（163）
第四節　項目貸款的管理原則與內容 ………………………………（166）
第五節　項目貸款發展的背景及性質 ………………………………（169）
第六節　項目貸款與利用外資和BOT融資 ………………………（171）
第七節　項目貸款的國際案例 ………………………………………（173）

第七章　政府貸款 …………………………………………………………（176）

第一節　政府貸款的概念、性質與作用 ……………………………（177）
第二節　政府貸款的機構、種類和條件 ……………………………（181）
第三節　第二次世界大戰後政府貸款的發展與官方發展援助 ……（185）
第四節　中國使用外國的政府貸款 …………………………………（198）
第五節　中國向外國提供的政府貸款 ………………………………（204）
第六節　政府貸款的法律問題 ………………………………………（209）

第八章　國際金融組織貸款 ………………………………………………（214）

第一節　國際貨幣基金組織貸款 ……………………………………（215）
第二節　世界銀行貸款 ………………………………………………（222）
第三節　國際開發協會貸款 …………………………………………（232）
第四節　世界銀行與國際開發協會貸款的項目週期 ………………（234）
第五節　中國企業利用世界銀行集團貸款的銜接部門和手續 ……（238）
第六節　國際金融公司貸款 …………………………………………（242）
第七節　國際農業發展基金組織貸款 ………………………………（243）
第八節　亞洲開發銀行貸款 …………………………………………（245）

第九章　國際債券 ……………………………………………… (251)

 第一節　國際債券的概念、類型與流通 ………………………… (252)
 第二節　國際債券的發行條件與償還 …………………………… (253)
 第三節　國際債券發行與流通的法律問題 ……………………… (259)
 第四節　國際債券市場 …………………………………………… (262)
 第五節　發行國際債券與中國利用外資 ………………………… (266)

第十章　國際租賃 ……………………………………………… (271)

 第一節　國際租賃的發展及概念 ………………………………… (272)
 第二節　國際租賃市場的結構 …………………………………… (274)
 第三節　國際租賃的形式 ………………………………………… (275)
 第四節　國際租賃的流程和租賃合同 …………………………… (281)
 第五節　國際租賃的法律和稅收問題 …………………………… (284)
 第六節　國際租賃的利弊 ………………………………………… (286)
 第七節　中國的國際租賃業務 …………………………………… (288)

第十一章　外匯貸款 …………………………………………… (292)

 第一節　外匯貸款概述 …………………………………………… (293)
 第二節　外匯貸款的基礎管理 …………………………………… (296)
 第三節　外匯貸款的類型 ………………………………………… (303)
 第四節　外匯貸款的考核 ………………………………………… (310)

第十二章　外商投資企業貸款 ………………………………… (315)

 第一節　國際信貸、國際投資、FDI與外商投資企業 ………… (316)
 第二節　中外合資經營企業 ……………………………………… (323)
 第三節　中外合作經營企業 ……………………………………… (328)
 第四節　外資企業 ………………………………………………… (331)
 第五節　對外合作開發 …………………………………………… (333)
 第六節　政府間投資保護協定與鼓勵外商、華僑、香港、澳門、
    　臺灣同胞投資的規定 …………………………………… (337)
 第七節　對外商投資企業貸款 …………………………………… (341)

第一章　國際信貸的概念與發展

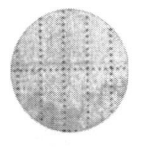
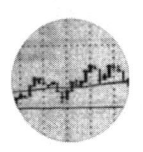
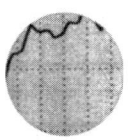
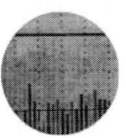

第一節　國際信貸的概念

一、國際信貸的概念與形式

（一）國際信貸的概念

國際信貸（International Credit and Loan）是一國的銀行、其他金融機構、政府、公司企業以及國際金融機構，在國際金融市場上，向另一國的銀行、其他金融機構、政府、公司企業以及國際機構提供的貸款。

第一，國際信貸是在國際金融市場上進行的。

金融市場是實現借貸資本運動的領域。在金融市場上，借貸資本的供應者和借貸資本的需求者，通過銀行或自行直接相互接觸，從事信貸交易或證券發行買賣活動，通過市場上的競爭自發地確定當時的市場利率（即借貸資本的「價格」）。金融市場的參加單位有政府（包括中央政府和地方政府）、工商業公司企業、銀行、非銀行的金融機構以及證券交易所。

金融市場若按借貸資本供求活動的地區範圍和借貸雙方當事人的國籍，可分為國內金融市場（Domestic Financial Market）和國際金融市場（International Financial Market）。

（1）國內金融市場。這一市場的活動範圍限制在某一國家的領土範圍以內，不能超越國界；其借貸雙方當事人均以本國的法人和自然人為限，即限於本國的銀行、其他金融機構、工商企業、政府、社會團體及個人。

（2）國際金融市場。這一市場的活動範圍超越了某一國家的領土範圍，在全世界範圍內或某一地區（如東南亞、中東、加勒比海地區等）範圍內活動；其借貸雙方當事人為不同國家的法人，即不同國家的銀行、其他金融機構、政府、工商企業以及國際金融機構。

國內金融市場和國際金融市場的區別，如圖1-1所示：

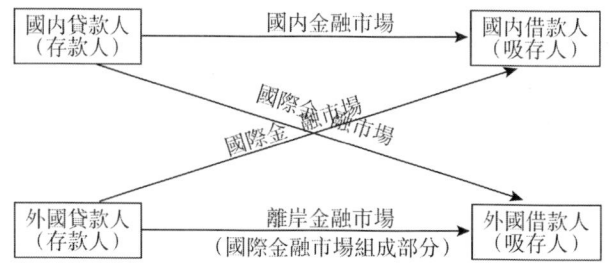

圖1-1　國內金融市場與國際金融市場的區別

國際金融市場是實現國際借貸資本運動的領域。在國際金融市場上，某國的借貸資本供應者（資本盈餘單位）與他國的借貸資本需求者（資本不足單位），通過國際銀行

或自行直接相互接觸，從事國際信貸交易或國際證券發行買賣活動，通過市場上的競爭自發地確定當時的市場利率。

一般地說，國際金融市場是在國內金融市場的基礎上發展起來的。資本主義國家的重要工商業城市，首先形成一個國內金融市場。然后，當這個市場的活動擴展到國際範圍時，遂發展成為國際金融市場的組成部分。這種國際金融市場也稱為傳統的國際金融市場，其特點是該市場所吸收和貸放的資金，都是以市場所在國貨幣表示的本幣資金。

20世紀50年代末到60年代，逐漸形成了一種新型的國際金融市場，稱為歐洲貨幣市場(Eurocurrency Market)。歐洲貨幣市場最初以倫敦為中心，隨后逐步擴展到全世界，並派生出歐洲債券市場(Eurobonds Market)、亞洲美元市場(Asian Dollar Market)、中東美元市場(Mid-East Dollar Market)、拉美美元市場(Latin America Dollar Market)等。目前歐洲貨幣市場已發展成為世界上規模最大的國際金融市場。在歐洲貨幣市場上，吸收和貸放的資金，不是以該市場所在國貨幣表示的本幣資金，而是外幣資金，稱為歐洲貨幣資金。

第二，國際信貸是在某國貸款人和另一國借款人之間進行的。

信貸的當事人有貸款人(債權人)和借款人(債務人)兩方面。根據信貸當事人的不同組成情況，信貸可劃分為國內信貸和國際信貸兩類。國內信貸是一國的貸款人(包括銀行、工商企業等)，在國內金融市場上，向本國的借款人(包括工商企業、銀行、政府、社會團體、個人等)提供的貸款。國內信貸的借貸雙方當事人，都是同一國家的法人和自然人。國內信貸所使用的貨幣，一般均為本國貨幣，即貸款人以本國貨幣發放貸款，借款人按期以本國貨幣償還貸款的本息。一國的國內信貸活動，要受本國金融當局的管理，本國貨幣政策的調節，以及本國法律的約束。在一筆國內信貸的存續期間內，若借貸雙方當事人發生爭議或糾紛，應依據本國法律在本國法院解決。

國際信貸則是某國貸款人或國際金融機構，在國際金融市場上，向另一國借款人或國際機構提供的貸款。國際信貸的借貸雙方當事人，必須是不同國家的法人。國際信貸所使用的貨幣，一般應為某種外幣，如貸款人所在國貨幣、借款人所在國貨幣或第三國貨幣等。傳統的國際金融市場上的國際信貸活動，要受該市場所在國金融當局的管理、該國貨幣政策的調節和該國法律的約束。在歐洲貨幣市場上的國際信貸活動，則較少受到甚至完全不受有關國家金融當局的管理、貨幣政策的調節和法律的約束。

第三，國際信貸是採取貨幣資本(借貸資本)形態或商品資本形態的國際借貸關係。

國際信貸的具體組織形式多種多樣，但大多數均採取貨幣資本形態，即貸款人提供貸款時和借款人償還貸款本息時，均採取貨幣資本形態。

目前，世界上有230多個國家和地區發行了大約160種貨幣。2002年國際貨幣基金組織中，已有151個會員的貨幣實現了經常項目可兌換。目前約有50個國家的貨幣是可以自由兌換的。其中有20多種貨幣是在國際經濟貿易往來中經常使用的。它們既

充當國際計價、結算、支付貨幣，又充當世界各國的官方儲備資產，事實上執行著國際貨幣職能。國際信貸中所採用的貨幣資本形態，也僅以能執行國際貨幣職能的這20多種貨幣為限，其中主要有美元、德國馬克、瑞士法郎、日元、英鎊、法國法郎等，現在德國馬克和法國法郎已由歐元代替了。因為1999年1月1日歐元（EURO）誕生，2002年歐元區12國（法、德、意、荷、比、盧、愛、西、葡、奧、芬、希）實現貨幣一體化，均以歐元為其流通貨幣。2007年斯洛文尼亞、2008年塞浦路斯和馬耳他相繼加入，斯洛伐克、愛沙尼亞、拉脫維亞、立陶宛分別於2009年、2011年、2014年和2015年加入，目前歐元區已增至19國。

但是，也有幾種國際信貸形式，如國際商業信用、國際金融租賃、國際補償貿易等採取商品資本形態，即貸款人以商品形態提供信貸，一般是以機器設備、原材料、部件等實物以及技術和勞務等形態提供的。至於其償還，在國際商業信用和國際租賃的情況下，以貨幣償還；在國際補償貿易的情況下，一般以商品償還。

（二）國際信貸的形式

國際信貸大體上可歸納為以下四種形式：①國際商業信用；②國際銀行信用；③國際債券信用；④政府信用。

1. 國際商業信用

國際商業信用是在不同國家的進出口商之間進行國際貿易時，由某國出口商以商品延期付款形式向另一國進口商提供的信用。國際商業信用中的債權人（出口商）和債務人（進口商）雙方均為工商企業（進出口商），但雙方分屬不同國家，沒有銀行介入其間。一國出口商在提供國際商業信用時，直接採取商品形態；但另一國進口商在償還商業信用時，則採取貨幣形態。進口商獲得商品形態的商業信用，根據商品的不同性質，分別用於銷售、生產和投資。此外，某國進口商向另一國出口商提供的預付款，也可視為國際商業信用，在這種情況下，一國進口商以貨幣形態提供信用，另一國出口商則以發運商品形態來抵償。

2. 國際銀行信用

國際銀行信用是某國商業銀行、對外貿易銀行或國際貸款銀團，在國際金融市場上以貨幣貸款形式，向另一國的銀行、工商企業、政府機構、國際機構提供的信用。國際銀行信用中的債權人（貸款人）為某國的一家銀行或由幾國多家銀行組成的國際貸款銀團（Consortium），債務人（借款人）則為另一國的銀行、工商企業（包括國有企業）以及國際機構（主要是國際金融機構）。借貸雙方當事人必須是分屬不同國家的法人。銀行在提供國際銀行信用時，以及借款人在償還銀行信用時，均採取貨幣形態。銀行在提供國際銀行信用時，有的不指定用途，有的則指定用途。借款人若借入不指定用途的國際銀行信用，則可自由安排使用。借款人若借入指定用途的國際銀行信用，則必須按指定用途安排使用，一般只能從提供貸款的國家或以國際公開招標方式從中標國家進口所需的機器設備、技術和勞務。

3. 國際債券信用

國際債券信用是某國政府、工商企業、銀行及其他金融機構，以及國際機構（主要

是國際金融機構），為了籌措長期巨額貨幣資金從事經濟開發建設，在國際債券市場上以公開發行用外幣面值表示的國際債券（International Bond）方式籌資的一種國際信貸形式。國際債券有兩種類型：一種稱為外國債券（Foreign Bond），另一種稱為歐洲債券（Euro Bond）。國際債券的發行和還本付息均使用外國貨幣或歐洲貨幣。國際債券發行單位籌集的外幣資金將主要用於經濟開發建設項目，從而促進發債國經濟的發展。

4. 政府信用

政府信用是某國政府利用國家財政資金，以條件優惠的貨幣貸款形式向另一國政府提供的信用。政府信用是在兩個不同國家的政府之間進行的。某國政府由於向另一國政府提供貸款而成為債權人（貸款人），另一國政府由於接受了某國政府的貸款而成為債務人（借款人）。

二、國際信貸的利息與利率

（一）利息與利息率的概念

利息是貨幣資金需求者支付給貨幣資金供應者的報酬。

利息率是一定時期內利息額與存入或貸出貨幣資本金的比率，簡稱利率。利率通常以年率百分點表示，每一百分點含 100 基本點（Basis Point，BP），意即每一年貨幣資本金使用者應支付給貨幣資本金供應者占本金若干百分點的利息額。利率實際是使用貨幣資金的價格。用公式表示為：

$$R = \frac{I}{P} \times 100\%$$

式中，R 為利率；P 為存入或貸出貨幣資本金額，簡稱本金；I 為利息額。

以利率計算利息額的公式為：

$$I = P \times R \times T$$

式中，T 為使用本金以年為單位的時間。

（二）利率的種類

（1）按照利率形成機制不同可分為：官方利率和市場利率。

（2）按照銀行經營業務的不同可分為：存款利率、貸款利率、貼現利率和銀行同業拆借利率。

（3）按照存貸款時間不同可分為：活期利率和定期利率；定期利率又可分為隔夜、7 日、1 個月、3 個月、6 個月、1 年、3 年、5 年等不同期限的利率。

（4）按照存貸款協議的利率能否變動又可分為：固定利率和浮動利率。

（三）國際信貸中應用的利率

國際信貸中主要應用的利率是銀行貸款利率，但它會受官方利率的影響。各國中央銀行公布的官方利率既表示該國的貨幣政策和利率水平，也是貨幣市場上對資金供需的調控手段，從而起到穩定金融市場、促進經濟發展的作用。例如，從 2001 年至

2003年6月25日，美國聯邦儲備委員會連續13次降低聯邦基金利率，直至最低點1%。一年之后，美國聯邦儲備委員會又從2004年6月30日開始17次加息，每次加息0.25個百分點，到2006年6月聯邦基金利率又增至5.25%。一年之后，2007年9月18日至12月11日又三次減息至4.25%。歐洲中央銀行對歐元主導利率已於2007年6月6日升至4%。

國際信貸中，因貸款類型期限不同，使用的利率也有差異。倫敦同業拆放利率(London Inter-Bank Offered Rate, LIBOR)對國際信貸利率至關重要，國際金融市場多以LIBOR為基礎加若干百分點的利差確定貸款利率。下面是英國《金融時報》（2007年11月29日）和《北京日報》（2007年12月13日）刊登的官方利率表（表1-1）和市場利率表（表1-2）：

表1-1　　　　　　　　　　官方利率

（2007年11月28日）

國別貨幣	現行利率(%)	起始日	起始日前利率(%)
(1) 美國聯邦基金　美元	4.25	2007.12.11	4.50
(2) 歐元區　歐元	4.00	2007.6.6	3.75
(3) 英國　英鎊	5.75	2007.7.5	5.50
(4) 日本　日元　隔夜	0.50	2007.2.21	0.25
(5) 瑞士法郎　目標	2.25～3.25	2007.9.13	2.00～3.00

資料來源：英國《金融時報》（2007年11月29日）和《北京日報》（2007年12月13日）

表1-2　　　　　　　　　　市場利率

（2007年11月28日）　　　　　　　　　　　　　　　單位:%

貨　幣	隔夜	1個月	3個月	6個月	1年
(1) 美元　LIBOR	4.798,75	4.821,88	5.081,25	4.906,25	4.488,13
(2) 歐元　LIBOR	3.988,75	4.166,25	4.745,63	4.713,75	4.650,00
(3) 英鎊　LIBOR	5.828,75	6.065,63	6.590,63	6.320,00	6.041,25
(4) 瑞士法郎　LIBOR	2.200,00	0.250,00	2.750,00	2.805,00	2.900,00
(5) 日元　LIBOR	0.613,75	0.656,25	0.964,69	1.016,88	1.092,19
(6) SDR	3.630,00				

說明：SDR是特別提款權(Special Drawing Right)的縮寫。2001-2005年的SDR定值為美元45%、歐元29%、日元15%、英鎊11%之總和。2006年1月1日，SDR定值又調整為美元44%、歐元34%、日元11%、英鎊11%

資料來源：英國《金融時報》（2007年11月29日）

（四）影響利率的因素

1. 通貨膨脹率

在當前不兌現的信用貨幣制度下，各國長期普遍存在著通貨膨脹。通貨膨脹率(Inflation Rate)與利率具有密切的關係，前者對後者有巨大影響。同一時期各國通貨膨

脹的程度會影響各國利率的高低。同一國家在不同時期由於通貨膨脹程度不同，利率高低也不同，因為銀行在確定貸款利率時，必須在預期的通貨膨脹率基礎上加上一個幅度，作為貸款利率，才能免受通貨膨脹所造成的損失，並獲得實際利息收益。

2. 貨幣政策

中央銀行執行一定的貨幣政策（Money Policy），以干預國民經濟。貨幣政策的一些主要手段，如調整法定存款準備率、再貼現政策、公開市場業務，直接影響商業銀行的準備金規模和主要市場利率，間接影響貨幣供應量和信貸供應量，進而影響國民經濟，以達到預期的最終目標。其中，再貼現政策直接確定和調整中央銀行再貼現率，這會影響市場利率發生同一方向的變化。中央銀行若實行緊縮的貨幣政策，提高再貼現率，則會帶動商業銀行相應提高對工商企業貸款的利率；反之，中央銀行若實行擴張政策，降低再貼現率，則會帶動商業銀行相應降低貸款利率。可見，中央銀行實行的貨幣政策直接影響市場主要短期利率的變化。

3. 匯率政策

一國實行的匯率政策與本幣對外幣比價的高低，對一國的利率水平必有一定的影響。一般而言，如果一國貨幣對外匯率長期趨硬，以本幣表示的外幣價格較低，則其貨幣的利率水平也較低；反之，如果一國對外匯率長期趨軟，以本幣表示的外幣價格較高，則其貨幣的利率水平也較高。一國貨幣對外匯率長期趨軟，該國通常會提高貼現率，吸引國外遊資，借以緩和本幣對外匯率下降趨勢，貼現率的提高，帶動一國整體利率水平上升。反之，如果一國貨幣長期趨硬，在其他國家壓力下，該國通常會降低貼現率，以緩和本國貨幣升值趨勢，貼現率的下降，帶動一國整體利率水平下降。

4. 國際協議

西方國家的經濟發展受國內市場狹小的限制，因而必須擴大商品出口。各國政府均採取各種措施，包括在出口信貸方面提供各種優惠，如降低貸款利率、延長貸款期限等，以鼓勵本國商品、技術和勞務的出口。各國間在這方面的競爭十分激烈。為避免過度競爭，經濟合作與發展組織（OECD）於 1976 年達成《出口信貸君子協定》，適當限制出口信貸條件，如規定最低利率和最高期限等。於是，在出口信貸領域形成一種依據《出口信貸君子協定》確定的統一最低利率。

5. 國際默契

第二次世界大戰後發展中國家獲得了政治獨立，面臨發展經濟的艱鉅任務。發展中國家資金匱乏，技術落後，要求發達國家提供經濟援助。發達國家為維持與發展中國家的經濟聯繫，獲得原料、礦產供應，許諾向後者提供貸款。發達國家向發展中國家提供的政府貸款，雖無國際協議明文規定其利率，但由於此種貸款具有國際經濟援助性質，利率不宜過高。因而，國際上形成了一種默契，政府貸款的利率要比市場利率優惠。

第二節　國際信貸關係的歷史發展

　　國際經濟關係的發展，首先是由國際貿易關係的發展決定的。16世紀時資本主義世界貿易市場就已經形成了，但是該市場成為世界經濟生活國際化和世界資本主義經濟充分形成的因素，卻是19世紀的事。當時大工業在西歐許多國家和北美均獲得廣泛的發展。資本主義各國按不同價格計算的出口額，從1815年到1913年約一百年間大約增加了32倍。

　　伴隨世界貿易的迅速發展，西歐許多工業國家進入了世界市場，並把英、法、比、荷諸國的殖民地引入世界市場，這一切導致了國際信貸領域的發展與擴大。其表現為：

　　第一，對外貿易信貸急遽擴大。信貸業務總額中對外貿易信貸所占的比重不斷增大，尤以英國為甚。英國在整個19世紀是與全球許多角落緊密聯繫的工商業強國。

　　第二，出現了一系列為出口不同階段服務的新專門業務。逐步形成了各種信貸：採購出口商品的信貸；以在出口商國家的商品為抵押的信貸；以在途商品為抵押的信貸；以在進口商國家的商品為抵押的信貸；以匯票和為進口商開立債務帳戶為抵押的信貸。向進口商提供的各種形式的公司信貸和銀行信貸也獲得了發展。

　　第三，國際銀行機構網開始形成。從19世紀中葉起，英國建立了強大的殖民地銀行系統。該銀行系統辦理一切種類的銀行業務，諸如發行銀行券，向工商業提供信貸，辦理有價證券業務和外匯業務。在1835年英國只有一家帝國銀行，其資本額為20萬英鎊；到1865年則已經擁有25家帝國銀行，其資本額為1,650萬英鎊，在澳大利亞、新西蘭、加拿大、西印度、印度、非洲諸國擁有240處分支機構。從19世紀50年代末起，英國的海外銀行也出現了。1860年這類銀行計有7家，資本額為560萬英鎊。1870年計有17家，資本額為1,280萬英鎊，設在拉丁美洲、埃及、波斯、土耳其、中國的分支機構數從11處增加到53處。

　　歐洲其他國家也步英國的后塵，儘管時間大為推遲。究其原因，在這些國家裡家族銀行長期占統治地位，業務十分有限，鮮有超出該國範圍者，只有19世紀初建立的波特施里德銀行例外。該銀行總部設在法蘭克福，並在倫敦、巴黎、維也納、那不勒斯設有分行，這使它得以向法國、奧地利、義大利或普魯士政府提供國內債券形式的信貸，並以當地貨幣辦理。這一國際銀行的週轉額就當時來說是很龐大的，從1818年到1832年，僅倫敦分行就發行了將近2,500萬英鎊的債券，這一數額超過了整個18世紀阿姆斯特丹交易所上市的債券總額。

　　1849年成立的國民貼現銀行成為對海外商業提供廣泛信貸的第一家法國大型股份銀行。從19世紀60年代起，該行力圖削弱倫敦的金融中心作用，在印度、中國、日本、埃及擴大分支機構，同圭亞那、塞內加爾等國的銀行簽訂合作協定。德國在19世紀70年代以前，沒有能大規模地向對外貿易提供信貸的銀行，直到1870年才出現類似的銀行，即德意志銀行。

向對外貿易提供普遍的、多方面的信貸，以及銀行國際機構網的出現，保證了 19 世紀末國際金融市場的建立。

過渡到資本主義壟斷階段，國際信貸領域出現了一系列新因素，這些新因素對國際信貸體系的形成起了重要作用。新因素出現的基礎是工業資本和銀行資本的積聚，兩者的相互交織發展形成了金融資本。

隨著金融資本的發展，一國範圍內的生產社會化也達到了越來越高的程度，社會化已經不局限於一國範圍內，而越來越廣泛地擴大到世界範圍。這是通過兩條途徑實現的：一條途徑是建立國際壟斷聯盟；另一條途徑是將資本輸出國外。這兩個過程平行發展，但在壟斷資本主義時代的最初十年裡，第一條途徑起著主導作用，而在其後的三四十年裡，第二條途徑具有決定性意義。

從 19 世紀 60 年代起，開始出現了卡特爾、辛迪加、合夥經營形式的國際壟斷聯盟。據估計，1897 年約有 40 個國際卡特爾，1900 年約有 100 個卡特爾，第一次世界大戰以前有 114 個國際卡特爾和辛迪加。兩次世界大戰之間國際市場的卡特爾化達到了空前規模，卡特爾協定具有一定秘密性。據估計，1938—1939 年，僅西歐壟斷組織就有約 1,200 個卡特爾型的國際協定，世界貿易的 40% 以上完全處於國際卡特爾的控制之下。

國際卡特爾由於下述原因促進了國際信貸關係的發展：

第一，大多數卡特爾協定包括專門條款，該條款規定由參加卡特爾的公司提供出口信貸的條件。結果，信貸關係已經不是市場力量自由競爭的一個因素，而成為對世界貿易進行有目標的、壟斷的調節的工具。

第二，貿易的廣泛卡特爾化，使國際商品流轉具有更穩定的性質，因而降低向國際商品流轉提供長期信貸的風險程度，並擴大長期信貸的規模。

資本輸出對國際信貸關係的形成做出了巨大的貢獻。從 19 世紀中葉起，過剩資本為了追逐更高利潤而從發達國家流出。英國率先走上這條道路，法國步其后塵，後來德國、比利時、荷蘭、俄國、日本及其他各國都加入到資本輸出者的行列。

據估計，在 1913—1914 年，主要資本輸出國的長期投資總值達 440 億美元。其中，英國 180 億美元，法國 90 億美元，德國 58 億美元，美國 35 億美元，比利時、荷蘭、瑞士 55 億美元，日本、俄國、葡萄牙、瑞典 22 億美元。這項國外投資中有 9/10 是由證券投資構成的，即長期國際信貸要比職能資本輸出快一些。

從帝國主義時代開始，資本主義國家政府的軍費開支激增，相應地對財政資金的需求也激增，這種需求常常超過預算資金來源。政府更積極地依賴於向國內銀行和國外銀行取得貸款。在殖民地發展種植業和採掘工業，也需要巨額的國際貸款。

這一切都有利於國際信貸規模的增大和信貸方式的擴充。而且在 1914 年以前，無論是長期資本還是短期資本的國際移動，實際上均可以在沒有政府管制的情況下實現。因為外匯關係仍然是比較穩定的，而且由於各國間的結算經常由金本位制加以調節，這由此遏制了國際領域的通貨膨脹過程。

1914—1918年的第一次世界大戰中斷了這一發展，大多數資本主義國家實施了對外貿易管制和外匯管制，黃金已從流通界抽走，而金本位制不再發揮職能。國際商品流動以及與之相伴的信貸資金流動不振，甚至完全停止，大量海外投資喪失。

　　但是，第一次世界大戰的經濟后果，為在更廣泛的基礎上恢復國際信貸奠定了基礎。截至1922年年末，美國已向遭受戰爭破壞的西歐各國提供了12億英鎊的貸款，戰爭年代裡向參戰各國提供的巨額貸款還不計在內。與此同時，德國和其他戰敗國根據《凡爾賽和約》和其他協定的規定，必須向戰勝國償付巨額賠款，其中德國的賠款額確定為1,320億金馬克。

　　為解決與聯盟國間債務償付和賠款支付有關的各項問題，需要簽訂多邊信貸支付協定，如「道威斯計劃」「楊格計劃」以及奧地利國際貸款協定等。為了管理根據上述協定所提供的國際貸款，1930年在瑞士巴塞爾建立了第一家政府間的國際清算銀行，該行開始發揮主要資本主義國家中央銀行的國際結算局的作用。國際信貸和支付關係的這一發展，加強了各國經濟在信貸領域的相互依賴性。

　　貨幣關係也沿著同一方向發展。戰爭加強了帝國主義時代所特有的政治、經濟發展不平衡性，尤其是世界黃金儲備集中於少數國家——美國、英國、法國和日本之手。這些國家擁有建立在金本位制基礎上的貨幣制度，其他國家則建立了所謂金匯兌本位制，即依賴於某一強大外國貨幣的紙幣流通。1931—1933年期間，在這一基礎上組成了英鎊、美元與黃金三個貨幣集團。

　　實行金匯兌本位制的重要后果是世界市場上貨幣量的急遽增長。貨幣量是由諸如支票、匯票以及充當國際商品勞務週轉媒介的其他信用工具構成的。這類貨幣代用品具有便於授受、流動性強的特點，能迅速地從一國轉移到另一國，加速了通貨膨脹、生產過剩以及其他各種經濟病症的擴散。在貨幣動盪時期，貨幣代用品在貨幣投機家手中變成了破壞一國信貸金融制度的危險品。后來這種代用品獲得了「遊資」的稱號。

　　由此可見，兩次世界大戰之間這段時期世界資本主義經濟的主要變化之一，就是各國經濟在信貸金融以及貨幣領域裡的相互依賴性增大了，從而它對於來自任何外部影響的敏感性增大了。在上述條件下，從前那種建立在市場調節和壟斷調節基礎上的經濟機制，已不能保障社會再生產的平衡性，資本主義經濟機制處於慢性危機狀態。1929年美國爆發了週期性經濟危機，並且很快地擴展到西歐各國，對資本主義經濟產生了破壞性的影響，資本主義國家政府的當然反應是加緊對經濟生活的干預。

　　國家調節經濟，在國內和國際信貸金融關係方面，在世界貨幣制度方面起著重要的作用。政府對國際商品移動和國際資本移動都實行了嚴格管制，並且在許多情況下施行強有力的限制措施；對中央銀行和其他銀行的業務活動也實行了嚴格的規定。

第三節　影響第二次世界大戰后國際信貸發展的主要因素

一、生產國際化和資本國際化

第二次世界大戰后出現的第三次科學技術革命，具有深遠的影響。它不僅提高了勞動生產率，推動社會生產力高速發展，而且還引起國際經濟聯繫的深刻變化，從而對國際信貸產生重大影響。

第二次世界大戰后科學技術的高速發展，導致生產國際化和資本國際化的極大加強。它不僅使生產規模空前擴大，而且促進國際分工與專業化協作的進一步加強。

在國際專業化協作深入發展的情況下，各國經濟之間的依賴性更為加強，世界市場的作用空前增大，西方國家國內生產總值中用於出口的產品比重急遽提高，世界貿易量迅速增長。在科技革命迅速發展的情況下，新技術和新產品不斷湧現，沒有一個國家能夠在所有生產和科技領域都取得全面的、同步的發展。各國主要結合本國具體的技術經濟條件和歷史特點，在各部門範圍內側重生產特定的商品。各國間不僅按產品實行專業化，而且進一步按零件和工序實行專業化。這種情況不僅導致對貿易的依賴性提高，而且使外貿出現了一些新特點，如出口的結構發生變化，技術貿易成為國際貿易的一個重要方面等。這又必然會促進跨國公司與國際信貸的發展。

跨國公司在20世紀初就已出現，但在第二次世界大戰前，數量不多，不具有世界規模，經營活動多以一定地區為重點。第二次世界大戰後，尤其是20世紀60年代以來，跨國公司獲得了空前迅速的發展，成為國際經濟領域中的一個突出現象，其數量、規模和在世界經濟中的作用，都是過去的跨國公司所不能比擬。

跨國公司的迅速發展，是壟斷資本高速集中和累積的結果，而科技革命的發展對它也起到了巨大的推動作用。一方面，科技革命所帶來的生產力的迅猛增長，使壟斷資本必為國內容納不下的生產力尋求出路並獲得更多的原料以滿足生產需求；另一方面，隨著科技革命和一系列新工業部門的發展，一個國家在經濟發展中，也有利用或借助他國資本和技術的需要。

跨國公司在戰後壟斷資本的擴張中具有特殊重要的意義，使資本主義國際經濟關係越來越處於跨國公司的支配之下。1978年，全世界跨國公司的生產總值約占當年資本主義世界生產總值的1/3；1976年，跨國工業公司國外子公司的總銷售額相當於世界出口總額的73%。它們還擁有雄厚的財力，對外進行巨額直接投資，因而成為國際信貸領域中的主要角色，並影響國際信貸的發展和變化。

為了適應上述變化，也要求改變國際信貸機制，這突出地表現在資本市場國際化(歐洲貨幣市場)和銀行國際化(跨國銀行)的發展上。這些變化本身也是資本國際化發展的一個方面(借貸資本國際化)，它使國際信貸能更有效地為生產國際化服務。

二、發展中國家的興起

第二次世界大戰后，殖民地附屬國人民爭取民族獨立鬥爭取得勝利，並在國際經

濟領域開展反帝反殖民主義的鬥爭，這給國際信貸領域帶來了新的影響因素。

過去，殖民地附屬國的貿易和信貸關係是在發達國家的控制下進行的。第二次世界大戰后，它們取得政治獨立后，面臨著發展經濟的任務。但由於國內資金不足，還需要利用國外資金，包括利用國際信貸。因此，它們在對外貿易、國際金融等方面採取了一些保護經濟獨立、有利於發展本國經濟的措施。在新形勢下，發達國家在對發展中國家的信貸關係上，也不能不考慮后者的需要和要求並受它們政策措施的影響。

發展中國家為打破舊的經濟秩序、建立新的國際經濟秩序所進行的鬥爭，涉及的領域十分廣泛。其主要方面有：維持對本國自然資源和經濟活動的主權；反對發達國家對世界市場和價格的壟斷，爭取穩定和提高原料價格，要求發達國家取消關稅和非關稅壁壘；反對發達國家的技術壟斷，要求合理解決對發展中國家的技術轉讓；要求發達國家增加援助，免除最不發達國家的官方外債，減輕困難較大國家還本付息的負擔，延長私人債務償還期限，貸款不附帶任何條件；要求改革國際貨幣制度；貫徹自力更生原則，加強發展中國家的相互支持和經濟合作。

在國際信貸和援助兩方面，已取得一些進展，如：石油輸出國已奪回石油價格的自主權，幾次提高油價，扭轉了石油長期低價的不合理現象，從而提高了它們在國際金融領域中的地位；在解決最不發達國家的外債問題上，有些發達國家同意將這些債務轉為贈與；增加發展中國家在國際貨幣基金組織中的份額、投票權和信貸；發展中國家在互助解決資金困難方面，採取了一些步驟，建立了一些地區性金融機構，如非洲開發銀行等。

但是，舊的國際經濟秩序尚未根本改變，鬥爭仍在繼續，這一鬥爭的發展將對國際信貸產生影響。

三、資本主義經濟、貨幣不穩定和發展不平衡

第二次世界大戰后，世界政治經濟發展不平衡，西方各國間的力量對比也發生了急遽變化。戰后初期，美國在世界資本主義經濟中居於統治地位。但不久，西歐諸國和日本就開始迅速發展起來，其工業產值的年平均增長速度超過了美國，使美國的地位相對削弱，但20世紀60年代美國在運用新技術和新工藝方面與西歐、日本相比仍具有明顯的優勢。其后，西歐、日本許多部門科技革命的進展，使它們縮小了在工業技術方面與美國的差距，在許多領域甚至還占領先地位，從而使它們同美國在勞動生產率水平上的差距也進一步縮小了。到20世紀70年代，美國的經濟統治地位進一步動搖，西歐、日本的經濟地位則進一步上升。

經濟發展的不平衡和各國在國際經濟中地位的變化，加劇了競爭。在競爭日益激烈的情況下，各國採取各種競爭手段，從關稅壁壘到非關稅壁壘，一方面限制進口，保護自身市場；另一方面積極促進出口，信貸就是其重要手段之一，各國間展開了「信貸戰」。

第二次世界大戰后資本主義國家的經濟雖然增長較快，但在動盪中發展。世界政治經濟形勢發生了一系列重大變化，尤其是國家壟斷資本主義的發展，對經濟的調節大為加強。國家壟斷資本的干預，使危機的發展有所變化；危機的衝擊力一般比第二次世界大戰前溫和，危機持續時間較短，但並未能阻止危機的深化。這表現在：危機階段趨於延長，生產下降幅度增大，生產設備閒置和失業現象日益嚴重。尤其在20世紀70年代，發達國家的經濟處於滯脹狀態；一方面是經濟發展停滯，生產增長速度減緩，失業長期保持較高水平；另一方面物價持續上漲，通貨膨脹日益加劇。這是第二次世界大戰后國家壟斷資本主義長期干預經濟所造成的惡果。經濟危機使生產下降，失業增加，企業破產，外貿縮減，競爭和保護主義趨勢加強。這一切必然影響到國際信貸和「信貸戰」的規模，破壞國際信貸關係的穩定，增大國際信貸風險。

　　資本主義貨幣體系的動盪日益加劇。第二次世界大戰后建立的固定匯率制，在日益嚴重的貨幣危機的衝擊下，終於在20世紀70年代初讓位於浮動匯率制，這反應出國際金融領域的動盪和紊亂。信貸關係與貨幣密不可分。戰後貨幣匯率制度的狀況必然對國際信貸的發展產生重大的影響。

四、國家壟斷資本的發展

　　國家壟斷資本的發展是戰後資本主義的顯著特徵。壟斷資本與國家政權結合在一起，利用國家政權對經濟活動進行全面干預。國家對經濟的干預，不局限於國內經濟生活，而且也擴展到國際經濟領域。在國家對國際經濟關係的調節中，對國際信貸的調節佔有重要地位。因為國際信貸是促進商品輸出、實現資本輸出的重要手段，而且國際信貸通過其對商品輸出與資本輸出的影響，也間接影響到國內的生產、就業和國際收支。

　　國家對國際信貸的調節是通過對國內的各項政策、措施進行調節而實現的，既可能是利用財政資金直接參與國際信貸活動，也可能是通過行政的(如法令限制對外貸款或調節外國債券的發行)或經濟的(如利率、稅收等)措施來對私人對外貸款進行調節。

　　一國對經濟的調節作用是有一定限度的。由於生產國際化與資本國際化的空前發展，國際經濟領域中的貿易、信貸、貨幣等問題，不是由一個國家自身採取的措施能完全解決的，這就要求進行國際調節。

　　國際調節是由兩個國家或一些國家共同進行的。它主要有兩種形式：第一，簽訂有關國家之間的雙邊或多邊協議，如各國中央銀行之間的互惠信貸協議，經濟合作與發展組織國家關於出口信貸的協定等；第二，建立專門的國際金融機構，如國際貨幣基金組織、世界銀行、亞洲開發銀行、非洲開發銀行等。

第四節　國際信貸的資金來源

一、傳統的資金來源

　　世界各國工商企業暫時閒置的貨幣資本，是國際信貸最重要的資金來源。工商企業在從事生產經營活動的過程中，亦即在其資本的循環和週轉過程中，由於各種原因，會形成一部分暫時閒置不用的貨幣資本。第一，企業的固定資本在其循環週轉過程中會形成閒置的貨幣資本；第二，企業的流動資本在其循環週轉過程中也會不斷地遊離出暫時閒置的貨幣資本；第三，企業的利潤在資本化過程中必然會形成閒置的貨幣資本。

　　對於工商企業的上述閒置貨幣資本，各國銀行均以吸收存款的形式集中起來，首先貸放給國內需要暫時補充資本的工商企業和其他借款單位。若該國資本過剩，則由銀行在國際金融市場上貸放給資本不足國家的工商企業、銀行、政府等外國借款單位。這就形成了國際信貸的傳統資金來源。

　　此外，各國銀行也以存款形式將個人的貨幣吸收進來，貸放給國內外需要補充資本的借款單位。這是國際信貸資金的一個來源。

　　戰后時期，在國際信貸的資金來源方面出現了一些新現象，除傳統的資金來源外，又增加了新的資金來源(或渠道)。它們主要是國家財政資金、歐洲貨幣和石油美元。

二、國家財政資金

　　第二次世界大戰前，雖然國家財政資金也參與國際信貸，但其規模和作用有限。戰后西方國家利用國家財政資金提供國際信貸的規模明顯擴大，其作用也更加明顯。出現這種現象的原因是：

　　第一，西方國家的政治、經濟風險增大。有些國際信貸業務確屬必要，但由於盈利不大、回收期長等原因，私人銀行不願承做。因此，就要由國家出面承擔，利用國家財政資金提供信貸。

　　第二，爭奪銷售市場的競爭激烈，信貸需求增大。在尖銳的市場爭奪戰中，壟斷組織採取各種措施以擴大商品出口，排擠對手，占領市場，國際信貸就是有力措施之一。競爭越激烈，信貸需求越大。為支持本國壟斷資本對外擴張，西方國家利用國家財政資金提供國際信貸，可與私人銀行貸款相互補充，更有力地帶動商品、技術和勞務出口。

　　第三，維護資本主義制度的政治需要。第二次世界大戰后民族解放運動風起雲湧，殖民主義體系趨於瓦解。為維護資本主義生產制度，需要利用國家信貸和援助，以幫助遭受戰爭破壞的西方國家恢復經濟和穩定政權，並支持新獨立國家的親西方政權，以保持同發展中國家的政治經濟聯繫以創造有利的投資環境。

　　因此，以國家財政資金提供國際信貸，在很大程度上受政治因素和戰略因素的影

響，在提供信貸時往往要求附加某些政治、經濟條件，企圖對借款國的內外政策施加影響。

以國家財政資金提供國際信貸，可在雙邊基礎上進行，也可在多邊基礎上進行。多邊基礎的貸款是指由各種國際金融機構，主要是聯合國所屬國際金融機構提供的貸款。

此外，還通過一些地區性國際金融機構進行貸款。這些地區性國際金融機構多數是發展中國家為向會員國的經濟開發提供信貸，由國家資金建立的。當它們面臨資金不足的困難時，往往通過各種方式吸收發達國家的資本，以擴大其信貸能力。

三、歐洲貨幣

歐洲貨幣是存放在某國境外銀行中的該國貨幣存款。這些存款最初存在歐洲，統稱歐洲貨幣，其中以歐洲美元為主。經營歐洲貨幣存貸業務的市場稱為歐洲貨幣市場。該市場現已擴展到全世界，形成一個世界性的貨幣市場。

歐洲貨幣與歐洲貨幣市場的特點使它能適應跨國公司的需要，並大大推動國際信貸的發展。歐洲貨幣規模龐大，而且能在短期內聚集起巨額資金，一次提供數億美元的貸款。這使它成為跨國公司重要的借入資金來源。因為跨國公司在全球的擴張使它有巨大的資金需求，這種需求不是本國資本市場完全能夠滿足的。尤其當國內資本市場緊張，或實行外匯管制、信貸限制時，跨國公司就更廣泛地利用歐洲貨幣資金以取代國內貸款。跨國公司不僅利用歐洲貨幣信貸作為營運和投資的資金來源，而且用於出口信貸、償還債務以及辦理公司間結算等。

由於歐洲貨幣已擴展到世界各地，國際信貸業務趨於分散，而且，歐洲貨幣包括世界各種主要貨幣，這樣，就為借款人在借款地點和借款貨幣的選擇上提供了廣闊的餘地，也使貨幣調換和資金調撥更加方便、靈活，從而更好地滿足了跨國公司在全球範圍內的借貸需要。

同時，歐洲貨幣貸款在跨國公司的借入資金中所占比重日益增大。跨國公司不僅作為債務人，也作為債權人出現在歐洲貨幣市場上。跨國公司大量的暫時閒置資金是歐洲貨幣的一個重要來源。當國內金融市場利率低於歐洲貨幣市場利率時，它們就把后者作為其閒置資金的投放場所。跨國公司幾乎都有歐洲美元活期存款帳戶，它們參與歐洲貨幣業務。有時，跨國公司總公司與子公司之間採取信貸形式，由前者向後者提供貸款以滿足其經營需要。採取信貸形式要比直接投資更安全可靠，因為許多國家在外匯制度和稅收制度上，對外國投資利潤的管理比對貸款利息的管理更為嚴格。

大量的歐洲貨幣不僅用於貸放，而且用於證券投資，這也促進了歐洲債券市場的發展。

歐洲貨幣主要是短期資金，但大量用於中長期信貸，甚至用於資助各種投機活動。因此，它在擴大國際信貸的同時，也加劇了資金風險。它們為業務經營而進行的巨額結算，為避免外匯風險和追逐利潤而開展的套匯套利活動，引起大批資金在各國之間

往返流動，對國際資本市場產生重大影響。

四、石油美元

石油美元（Petrodollar）是指石油輸出國由於提高石油價格和國際市場原油價格上漲而增加的石油收入，在扣除進口商品、勞務的支出以及本國經濟投資支出後剩餘的資金。因為它是用美元計價與結算的，故稱為石油美元。

石油美元除一部分用於增加石油輸出國的外匯儲備外，其餘絕大部分通過各種渠道用於在國外投資和貸款。石油美元投放的渠道有：各國金融市場、歐洲貨幣市場、國際金融機構、政府貸款和對外國經濟的投資。

將石油美元通過國際信貸機制投放到國外，使之流到需要資金的國家，從而促進了國際信貸和國際債券業務規模的迅速擴大；同時也使石油輸出國避免了外匯資金的大量積壓，為本國帶來利息和利潤收入，並且對於穩定國際經濟聯繫和國際金融秩序也起著重要作用。石油提價後，石油輸出國增加大量石油美元，而石油消費國則出現了巨額的國際收支逆差。這些國家如果得不到彌補逆差所需的資金，就只好採取緊縮或限制進口的措施，這勢必引起經濟衰退、外貿下降，影響國際金融的穩定。而通過國際信貸機制使石油美元從石油生產國流回石油消費國（稱石油美元「回流」），就可以解決或緩和這種不平衡。

國際金融市場是實現石油美元「回流」的主要途徑，其中包括美國金融市場和歐洲貨幣市場，但以後者為主。石油美元投入歐洲貨幣市場主要採取短期投資形式，即由石油輸出國將閒置資金存入歐洲銀行帳戶上，通過銀行向外國企業、銀行、政府提供貸款。在這種情況下，石油美元是歐洲貨幣市場的資金來源之一。

20世紀80年代，石油美元的動向發生了一些變化。由於西方各國經濟和貨幣不穩定，石油輸出國力圖為其石油資金尋求更好的保值和增值途徑。它們採取了分散化的辦法，在投資形式上，從過去的以銀行短期存款為主改為更多地購買各種債券；而在投放地區和幣種上，也從以前比較集中地投放在英國和美國市場上改為擴大到更多的國家和幣種上。

隨著石油輸出國銀行體系的逐漸形成，石油輸出國才開始直接參與石油美元的信貸業務。最初，石油輸出國由於缺乏銀行專業知識和人才，直接經營石油美元業務有困難，遂將大量石油美元存入歐洲銀行，再由後者貸給非產油發展中國家。許多外國銀行都在歐洲貨幣市場設立分支機構，把產油國的閒置資金吸收進來，作為信貸資金加以運用；石油輸出國本地銀行則主要經營國內業務。隨著石油輸出國銀行體系的發展和日益完善，石油輸出國本地銀行的業務規模逐步增大，業務更加多樣化，與發達國家銀行及其他公司的聯繫日益擴大，並開始在國外設立分支機構。因此，石油輸出國銀行已不僅能獨立地辦理吸收本國經濟中閒置資金的業務，而且也能運用上述閒置資金直接對石油進口國企業提供貸款。

第五節　國際信貸和中國利用外資的類型與形式

一、國際中長期信貸作用的增強

國際信貸按期限的長短，可分為短期信貸、中期信貸、長期信貸。它們的目的(用途)各不相同。對外貿易信貸與銀行間資金的拆放，是短期信貸的主要組成部分，其期限一般不超過1年。中長期信貸通常用於增加固定資產投資，購置機器設備，建立企業，建造建築物等；中期信貸的期限多為1～5年，現在有延長的趨勢。長期信貸一般為10年或10年以上。

第二次世界大戰以前，國際短期信貸的作用巨大；第二次世界大戰后，國際中長期信貸的作用顯著增大。這種情況是由國際經濟領域中一系列因素引起的。

第一，生產國際化和資本國際化導致國際貿易迅速發展和外貿結構發生變化。在出口總額中機器設備所占比重較以前有很大增加，而在機器設備的出口中，重型、複雜、昂貴的機器設備所占比重提高。發達國家由於固定資產在戰時遭受嚴重破壞，急需大規模更新與擴大；由於國際分工的發展和各國生產的專業化，各國對進口機器設備和技術的需求日益增長。發展中國家為了發展本國經濟，需要進口設備和技術，不僅需求數量增多，而且在需求類型上也有所變化。機器設備國際貿易的擴大，使各國對國際中長期信貸的需要增多，也使國際中長期信貸的作用增大。

第二，西方國家外匯金融狀況不穩定。這種不穩定表現為國際收支不平衡，國際清償力削弱。第二次世界大戰后初期，國際信貸成為發達國家間擴大銷售的手段，這與這些國家的國際收支狀況惡化、外匯資金匱乏有關。20世紀70年代初，在石油提價的打擊下，許多發達國家的國際收支出現巨額逆差，它們在國際金融市場上的借款也相應增加。從20世紀50年代起，發展中國家由於國際收支逆差嚴重，利用國外提供的信貸進口商品，所以，國際信貸在其對外貿易中的作用日益增大；尤其在20世紀70年代中期以後，發展中國家的外債激增，也與其國際收支不平衡、外匯資金嚴重短缺直接有關。

第三，市場競爭加劇。第二次世界大戰后初期，機器設備需求超過供應，形成「賣方市場」(Sellers Market)。機器設備製造商在國內有足夠的訂貨，並不急於出口商品。從20世紀50年代開始，隨著歐洲和日本經濟實力的增強，機器設備的供應也逐漸增多。「賣方市場」逐漸轉變為「買方市場」(Buyers Market)。尤其從20世紀50年代末開始，資本主義經濟發展不穩定和不平衡加劇，機器設備市場供求比例失調日趨嚴重。在此情況下，國際信貸對加強設備出口的作用大為提高。它作為一種競爭手段，在信貸條件方面發生變化，在期限上有延長的趨勢。因為期限的長短，對於借款人來說，是決定取捨的重要因素之一。

二、國際中長期信貸形式的變化

國際中長期融資採取國際債券與國際銀行貸款兩種形式。第二次世界大戰以前，

對外貿易的長期融資基本上採取進口商在出口國或第三國的資本市場上發行債券的形式。這是對機器設備、大型工程項目、船舶、武器等交易合同融資的典型方式。這種方式在20世紀20年代達到其發展的高峰。1929—1933年，世界經濟危機導致證券交易所混亂，證券業務一落千丈，各國資本市場實際上對外國債券關閉。戰後外國債券發行業務的發展緩慢，其原因是：

第一，投資人對1929—1933年世界性經濟危機的慘痛經歷心有餘悸，對債券業務仍抱有不信任心理，尤以涉及發展中國家時為甚。投資人害怕遭受各種政治、經濟風險，拒絕購買債券。

第二，有些發達國家（如美國）的政府在資本市場上大量發行債券，有些國家（如英國）的國際收支長期不穩定，這也限制了外國債券的發行。

第三，貸款形式比債券籌資手續簡便，靈活易行。由於借款人的借款手續更為方便，並可從第三國購買商品，因此，一些國家政府和工商企業不願採用手續複雜、審查嚴格的債券籌資方式。

20世紀60年代尤其是70年代中期以後，隨著歐洲債券市場的發展，債券發行有較大增長，但尚未恢復到第二次世界大戰前作為長期融資主要來源的地位。與債券發行比較，第二次世界大戰後國際銀行中長期貸款的作用大為增強。20世紀80年代以來，國際債券和國際銀行中長期貸款交替發展。

三、公司信用與銀行信用的發展

公司信用和銀行信用在戰前主要辦理短期信貸，戰後這兩種形式都用來為出口貿易的長期融資服務。

公司信用在20世紀50年代和60年代前期是西歐機器設備出口融資的基本形式。但僅依靠出口商的自有資金，在多數情況下不能滿足出口貿易的需要，常需求助於借入資金，主要是銀行信用，通常是由出口商以外國進口商的票據向銀行貼現或抵押取得貸款。因此，這種公司信用實質上是公司銀行信用，是靠銀行信用來支持的。但是，隨著信貸規模的擴大和期限的延長，這種融資方式也遇到一定困難。因為在銀行對外國進口商缺乏充分瞭解的情況下，它不願以外國進口商的票據為擔保提供期限較長的貸款；而且在向銀行借款時，不是在商品裝運後立即就能辦理，須待外國進口商承兌後才能辦理。因此，出現了由銀行直接向外國進口商或本國出口商提供的信貸，即買方信貸（Buyer's Credit）和賣方信貸（Supplier's Credit），其中買方信貸得到了廣泛的使用和發展。

私人銀行在國際信貸領域的活動，過去以短期信貸為主，這與其資金狀況有密切關係，因為其吸收的存款主要是短期的。第二次世界大戰後，私人銀行不僅辦理短期信貸，而且大規模地參與出口的中長期融資。這是由於：

第一，獲得國家的支持。由於日益增長的國際中長期信貸需要，私人銀行會遇到資金力量不足和流動性的問題。為鼓勵私人銀行擴大出口信貸，發達國家紛紛建立出

口再融資機構，以便私人銀行在必要時能將其持有的出口信貸債權迅速變現，解決資金不足和流動性減弱的問題，從而推動銀行擴大出口信貸的規模。

第二，歐洲貨幣市場的發展，為銀行創造了最重要的國外資金來源，減輕了對國內金融市場的依賴，從而擴大了銀行的信貸能力。

第三，銀行資本進一步集中。大銀行擁有雄厚的資金力量和高額利潤收入，這為其擴大出口信貸創造了有利條件，尤其是跨國銀行的建立和發展以及靈活機動的營運機制，大大便利了國際信貸活動的開展，私人銀行已成為國際信貸的主要仲介。

但是，私人銀行在擴大中長期貸款方面存在短借長貸現象，資金供求性質不相適應的矛盾並未根本解決，尤其是歐洲貨幣貸款。銀行為了解決上述矛盾，採取發行定期存單和提供轉期貸款的辦法，但這並未完全消除清償力受損害的風險。由於歐洲貨幣市場不受任何國家的監督，風險進一步加大。

國際信貸多數與出口供貨相聯繫；提供信貸與供應商品或工程項目的聯繫與以前相比更直接、緊密；為外貿服務的信貸形式也更加多樣化。

發達國家對外國提供的信貸往往以借款人在貸款國購買商品為條件，甚至要求用貸款國的船只運輸。銀行提供的買方信貸也與供貨相聯繫。這種信貸由出口國銀行直接向外國進口商或進口商銀行提供，信貸的提供與外貿合同的簽訂互為條件，專門用於購買貸款銀行所在國的貨物、技術和勞務。在這種情況下，銀行的作用加強了。在公司信用中，貿易合同的條件完全由出口商與外國進口商來約定；而在銀行的這種直接信貸中，出口國銀行往往與外國進口商或進口商銀行進行面對面的談判。

項目貸款(Project Financing)專門用於特定的工程項目，並依靠該項目所獲得的收益來償還貸款本息。貸款銀行不僅為工程項目融資，還參加工程項目的可行性研究，對工程項目的執行實行監督。

為了適應外貿發展的需要，還出現了一些新業務，如保付代理(Factoring)、福費廷(Forfaiting)、國際租賃(International Leasing)、國際補償貿易業務等。這使外貿信貸形式更加多樣化，對外貿的服務範圍也進一步擴大。

四、調節國際收支的信貸的發展

由於資本主義世界外匯領域的紊亂和動盪，專門與調節國際收支和外匯相聯繫的國際信貸獲得了長足的發展。國際貨幣基金組織貸款就是為此服務的。一些地區性金融機構，如歐洲貨幣基金等，也提供此類貸款。發達國家間還採取簽訂互惠信貸協定的辦法，彌補國際貨幣基金組織資金實力的不足，並把它作為調節國際收支和匯率所需的資金來源之一。

有些國家由於國際收支赤字龐大，而國際貨幣基金組織等國際金融機構提供的貸款又有限，不得不求助於國際金融市場的信貸。私人銀行的貸款對解決20世紀70年代初期一些西歐國家的巨額國際收支赤字，以及解決70年代中期以後一些非產油發展中國家的國際收支逆差，都曾起過不小的作用，從而成為石油美元回流的主要渠道。

五、國際信貸的具體形式

(一) 國際銀行信貸

國際銀行信貸(International Banking Credit)是某國銀行或國際貸款銀團在國際金融市場上向另一國借款人或國際機構提供的貸款。這種貸款一般不指定用途，即不與商品採購或特定工程項目相聯繫，借款人可以自主地運用，不受貸款銀行的限制，貸款期限有短期、中期、長期三種，利率為市場固定利率或浮動利率，較多地使用浮動利率。有獨家銀行貸款和國際銀團貸款兩種方式，在中長期信貸中銀團貸款較為流行。

(二) 對外貿易信貸

對外貿易信貸(Financing for Foreign Trade)是某國(出口國、進口國、第三國)銀行和商品經紀人向各國進出口商提供的短期貸款，或兩國進出口商之間相互提供的短期信貸。這種貸款專門用於解決各國進出口商在原料、糧食、半成品、消費品國際貿易中的短期資金需要。貸款為短期，利率以市場利率居多，經常變動。按授信人不同分為商業信用和銀行信用兩種，按受信人不同又分為對出口商的信貸和對進口商的信貸兩種。

(三) 出口信貸

出口信貸(Export Credit)是出口國銀行向本國出口商、外國進口商、進口國銀行提供的利率較低的貸款。這種貸款專門用於滿足外國進口商在支付從貸款國進口機器設備、技術和勞務等款項上的資金需要，不得移做他用。貸款期限有中期和長期兩種，因出口國政府對本國銀行有利息補貼，因此此類貸款利率稍低。目前利率受經濟合作與發展組織《出口信貸君子協定》的約束，定期調整。出口信貸有賣方信貸和買方信貸兩種方式，其中買方信貸較為流行。

(四) 政府貸款

政府貸款(Government Loan)是某國政府利用本國財政預算資金向另一國政府提供的長期優惠貸款。其中主要是某一發達資本主義國家政府向某一發展中國家政府提供的貸款，具有雙邊國際經濟援助性質。這種貸款專門用於指定的開發建設項目，專款專用。貸款期限較長，目前平均為 20～30 年，有的甚至長達 50 年；利率較為優惠，目前平均為 1%～3%。

(五) 國際金融組織貸款

國際金融組織貸款是國際金融組織向其會員國提供的貸款。其中，國際貨幣基金組織(International Monetary Fund, IMF)向發生國際收支逆差的會員國提供短期和中期貸款。世界銀行(World Bank)和國際開發協會(International Development Association)則向發展中國家會員國提供長期貸款。這種貸款專門用於指定的開發建設項目，專款專用。世界銀行貸款期限較長，一般為 15～20 年；利率稍低於市場利率。國際開發協會貸款期限特別長，可達 50 年，並免收利息，具有多邊國際經濟援助性質。

(六) 項目貸款

項目貸款是多元貸款人(包括某國或幾國的銀行、政府、國際金融機構等)共同向

另一國項目公司提供的長期貸款。這種貸款專門用於特定大型開發建設工程項目，專款專用。貸款期限較長，並依靠該工程項目建成投產后所獲得的收益償還。

（七）國際債券

國際債券是某國籌資單位(銀行、公司、政府)和國際機構在國際債券市場上以外幣或境外貨幣(歐洲貨幣)發行的債券。籌資單位通過發行國際債券可以從國際範圍廣泛地籌措到巨額長期資金，以滿足投資需要。發行債券籌集的資金不限定用途，籌資單位可自主地運用。期限有中期和長期兩種；利息費用水平與同期國際銀行信貸大體相同，但若發行規模巨大，則利息費用水平較后者稍低。有外國債券和歐洲債券兩種，其中歐洲債券較為流行。

（八）國際租賃

國際租賃是某國租賃公司(出租人)將租賃物(主要是設備)在一定期限內租給另一國企業(承租人)使用，承租人則按租賃合同的規定分期支付一定的租金。出租人以收取租金方式陸續收回全部或部分投資，並保持租賃物所有權；承租人以繳納租金方式取得租賃物使用權。租賃的具體方式有金融租賃、經營租賃、維修租賃、衡平租賃、回租租賃等。

六、中國利用外資的規模與方式

按照承前啟后、繼往開來、與時俱進、開拓創新，堅持「引進來」與「走出去」相結合，積極有效地利用外資和參與國際經濟合作及跨國經營，以擴大商品和服務貿易，帶動資本貨物和勞務輸出，促進國民經濟發展的精神，自改革開放以來，從1979年到2001年中國累計實際利用外資已達5,684.07億美元，包括三種類型：對外借款1,471.57億美元；外商直接投資3,935.12億美元；外商其他投資277.38億美元。在此僅以1997年中國對外簽約和實際利用外資的情況來說明其構成，如表1-3所示：

表1-3　　　　　　1997年中國對外簽約和實際利用外資方式表

利用外資方式	簽訂利用外資協議 項目數	簽訂利用外資協議 外資金額(億美元)	實際利用外資（億美元）
總　　計	21,138	610.58	644.08
一、對外借款	137	58.72	120.21
政府貸款	137	7.54	36.22
國際金融組織貸款		37.32	16.31
出口信貸		10.85	12.92
外國銀行商業貸款		3.01	30.69
對外發行債券			24.07
二、外商直接投資	21,001	510.03	452.57
中外合資經營	9,001	207.26	194.95
中外合作經營	2,373	120.66	89.30
外商獨資經營	9,602	176.58	161.88

表1-3(續)

利用外資方式	簽訂利用外資協議		實際利用外資（億美元）
	項目數	外資金額(億美元)	
對外合作開發	19	4.02	3.56
股份制經營	6	1.51	2.88
三、外商其他投資		41.83	71.30
對外發行股票		20.74	56.57
國際租賃		2.89	3.13
補償貿易		1.24	0.90
加工裝配		16.96	10.70

資料來源：國家統計局. 中國統計摘要 [M]. 北京：中國統計出版社，1998.

截至2001年年末，中國對外經濟合作已累計完成營業額930.72億美元，包括對外承包工程715.56億美元，對外勞務合作206.63億美元，對外設計諮詢8.53億美元。中國對海外直接投資企業也已達到3,091家，投資總額達44.33億美元。2007年上半年中國對外直接投資增長很快，流出已達80億美元。

第六節　國際信貸的管制與中國的外債管理

一、國際信貸管制的概念

國際信貸管制是一國外匯管制中對國際資本流動的管制。外匯管制的一般內容有：貿易外匯管制；非貿易外匯管制；資本輸出入管制；外匯匯率管制。其中資本輸出入管制就是對國際資本流動實施的管制。國際資本流動一般採取國際直接投資和國際信貸兩種形式。因此，國際信貸管制是國際資本流動管制的一個組成部分。

國際信貸管制是一國政府以平衡國際收支、貫徹執行貨幣政策、審慎管理銀行為目的，授權本國中央銀行對國際信貸的主體、客體、信貸條件所實行的法律的、行政的限制性措施。

二、國際信貸管制的目的

(一) 平衡國際收支

國際收支是一國在一定時期內對其他所有國家由收回貨幣債權和清償貨幣債務所引起的貨幣收支對比。一國宏觀經濟目標包括經濟增長、充分就業、穩定物價、平衡國際收支四項，前三項為國內均衡，后一項為國際均衡。國際收支是一國對外經濟狀況的反應，但與國內經濟有密切關係。國際收支不平衡不僅影響外匯匯率的穩定，而且影響國內經濟增長、通貨膨脹、失業，即不僅直接破壞國際均衡，而且破壞國內均衡。因此，各國政府均力求平衡國際收支。國際資本流動(含國際信貸)對一國國際收支狀況有重大影響，因而各國政府常採用法律的、行政的措施，對國際資本流動加以限制，以達到平衡國際收支的目的。

(二) 貫徹執行國家貨幣政策

貨幣政策是一國政府干預社會經濟、實現宏觀經濟調節的重要手段之一。貨幣政策所要達到的最終目標是經濟增長、充分就業、穩定物價、平衡國際收支，其中穩定物價尤為重要。國際資本流動(含國際信貸)常使一國貨幣政策的貫徹發生困難。因此，各國政府常採取限制國際資本流動(尤其是限制外資流入)的措施，以達到順利貫徹執行本國貨幣政策的目的。

(三) 審慎管理銀行

審慎管理銀行指一國金融當局為維護存款人的合法權益、保證銀行健全經營管理而採取的措施。國際信貸因規模巨大，期限長，而且國際政治經濟形勢變幻莫測，國際金融市場動盪不定，而使信貸風險加大。一國金融當局為了審慎管理銀行，對其國際信貸活動予以管制。

三、國際信貸管制的方式

(一) 法律管制

法律管制是指由國家立法機關制定並頒布法律，由金融當局依法對國際信貸實施的管制。涉及國際信貸的法律主要有：①銀行法，規定銀行資格、貸款種類、金額、利率、存款準備金。②外匯管制法，規定國際信貸的當事人、程序、種類、金額、期限、償還方式。③公司法，限制公司借款種類和金額。④稅法，規定對國際信貸課徵預提稅、印花稅。⑤民法，規定債權、物權。⑥金融當局頒布的有關國際信貸的暫行條例。

(二) 行政管制措施

行政管制措施是指一國金融當局不經過正式的立法程序，而以行政手段對國際信貸實施限制的措施。行政管制措施是法律管制的輔助手段，具有一定的強制性，如發達國家採取的匯率管制、「道義勸告」「君子協定」等行政手段。

四、國際信貸管制的內容

(一) 國際信貸主體的管制

國際信貸主體指國際信貸的當事人，即貸款人和借款人。國際信貸的當事人有多種類型，首先可分為居民和非居民兩類，其次居民和非居民又都可分為金融機構和非金融機構兩類，即總共可分為居民金融機構(含銀行、非銀行的金融機構)、居民非金融機構(含政府、政府機構、企業、團體、個人)、非居民金融機構、非居民非金融機構四類。各國金融當局根據國際信貸主體的不同，分別實施寬嚴不同的管制措施。大體上，一國金融當局對居民非金融機構的管制，比對居民金融機構的管制更為嚴格。一國金融當局不能直接對非居民金融機構和非居民非金融機構的國際信貸活動實施管制，而是通過對居民國際信貸主體的管制限制非居民向居民提供貸款或從居民獲得融資。

（二）國際信貸客體的管制

國際信貸客體指國際信貸使用的貨幣，有本幣、外幣、官方複合貨幣三類。各國金融當局根據貨幣種類的不同，分別實施寬嚴不同的管制措施。各國金融當局對以本幣承做的國際信貸的管制較嚴，究其原因，一則擔心資本外流而影響國際收支平衡，二則擔心資本流入會加劇通貨膨脹。各國金融當局對以外幣承做的國際信貸的管制較松。但根據外幣幣種、在國際金融市場上的流通狀況、匯率風險大小，對不同外幣的國際信貸實行寬嚴不同的管制。一般對國際流通範圍廣、匯率堅挺、匯率風險小的外幣實行較松的國際信貸管制。各國國際收支狀況的不同，決定其對外幣國際信貸的不同流向採取區別對待的方針。逆差國限制本國對外貸款，鼓勵外國對內貸款；順差國則反其道而行之。官方複合貨幣是由國際經濟機構創立的、適用於成員國之間的記帳和支付結算單位，如特別提款權、歐洲貨幣單位等。1999年歐洲貨幣單位已由歐元所代替。以官方複合貨幣承做的官方國際信貸，受國際機構協定的約束。

（三）國際信貸內容的管制

國際信貸內容指國際信貸的各項信貸條件。各國對國際信貸內容的管制，主要包括以下幾項管制措施：

1. 逐筆授權制

逐筆授權制指每筆國際信貸交易均需經金融當局批准的制度。這一制度有兩種方式：①事前批准，指每筆國際信貸交易均需經金融當局審查后正式批准。②自動批准，指國際信貸交易的申報只要滿足一定條件，即可獲得自動批准，無須明示授權。各國金融當局根據國際貸款種類、用途、幣種的不同，分別採取寬嚴不同的管制。一般中長期國際信貸的條件要求較寬松，對短期國際信貸則限制較多，批准程序較複雜，因前者期限長，后果易於預見，若出現問題，金融當局能做出反應；而後者流動迅速，難以控制，可能對金融市場形成壓力，不利於貨幣政策的執行。對特定用途的國際信貸優先考慮批准，對其他用途的國際信貸則從嚴掌握批准。對本幣貸款和外幣貸款，以及對不同幣種的外幣貸款，均分別以不同的寬嚴程度予以批准。

2. 貸款金額管制

（1）本國對外貸款金額管制，有兩種方式：①規定免批准限額，若超過限額需要經金融當局批准；②規定一個貸款人在一定期間內（1年）對外國借款人貸款的最高限額。

（2）外國對內貸款金額管制，有三種方式：①規定免批准限額；②規定最高限額；③規定最低限額。

3. 貸款利率管制

貸款利率管制有兩種方式：①規定免批准利率限度，若超過該利率限度需經金融當局批准；②規定最高利率，一般適用於外國對內貸款。

4. 貸款期限管制

貸款期限管制有兩種形式：①規定免限制期限，若超過此期限則受管制；②規定

貸款最低期限和最高期限，前者適用於外國對內貸款，以限制外國短期資本的流入；后者適用於本國的對外貸款。

5. 最低準備金要求

各國金融當局通過此措施增大本國借款人的籌資成本或減少借款使用率，進而限制外國對內貸款的規模。有三種方式：①借款人應將一定比例的借款無息存入中央銀行，以減少國際資本流動；②借款人應將一定比例的借款無息存入其他銀行；③借款人應將一部分借款有息強制性地存入中央銀行或其他指定銀行。

6. 銀行頭寸的管制

銀行頭寸的管制會影響銀行的對外債權債務結構，從而影響國際信貸的規模和流向。

（1）銀行毛頭寸的管制。銀行毛頭寸指銀行未軋平的總資產或總負債。毛頭寸含銀行毛對外頭寸和銀行毛外幣頭寸。有的國家根據銀行毛外幣債務狀況確定銀行從國外借款的最高限額。

（2）銀行淨頭寸的管制。銀行淨頭寸指銀行已軋平后的資產餘額或負債餘額。淨頭寸含銀行淨對外頭寸和銀行淨外幣頭寸。有的國家要求銀行將淨對外頭寸限制在銀行資本和公積金的一定比例上，有的國家則要求銀行每日均須軋平所有可兌換貨幣頭寸。

7. 國際信貸通過自由外匯市場

有的國家設有雙重外匯市場——官方外匯市場和自由外匯市場，並規定經常項目收支通過官方外匯市場，資本項目（含國際信貸）交易則通過自由外匯市場辦理。自由外匯市場上的外匯匯率受供求狀況影響而漲跌，導致貸款成本的升降，從而影響國際信貸的規模和流向。

五、中國的外債管理

中國正在進行大規模的經濟建設，資金需求量龐大，除依靠國內資金累積外，還需積極利用外國資本，包括利用國際信貸。中國的國際信貸管理，重點是對利用國外借款的管理，即對外債的管理。

2003年3月1日起施行的，由國家計委、財政部、國家外匯管理局聯合發布的《外債管理暫行辦法》，用以加強對外債實行全口徑的管理，即包括對舉借外債、對外擔保、外債資金使用償還、規避風險、統計監測、預警和監管。

（一）國家授權

國內機構需經國家授權，方能直接從事國際信貸活動。這種授權具有長期性，凡符合有關規定者，無須逐筆授權。目前獲得國家授權的機構有：①政府有關部門；②中國人民銀行、四大國有商業銀行及三大政策性銀行；③中國國際信託投資公司、中國對外經濟貿易信託投資公司、中國投資銀行（1999年已撤銷）、交通銀行；④各省、市、自治區的國際信託投資公司；⑤外商投資企業。其他機構若需直接從國外借款，均須經主管

25

部門逐筆授權。

（二）計劃與審批

國家根據外債類型、償還責任和債務人性質，對舉借外債實行分類管理：

（1）中華人民共和國國家發展和改革委員會（以下簡稱國家發改委）會同有關部門制訂國家借用外債計劃，合理確定全口徑外債總量和結構調控目標。

（2）財政部根據備選項目規劃組織與國際金融組織和外國政府的談判、磋商，負責簽訂借款協議以及對國內債務人實施轉貸。

（3）財政部代表國家在境外發行債券。

（4）財政部以外的其他境內機構在境外發行中長期債券均由國家發改委會同國家外匯管理局審核后報國務院審批；在境外發行的短期債券由國家外匯管理局審批，其中設定滾動發行的，由國家外匯管理局會同國家發改委審批。

（5）國家對國有商業銀行舉借中長期國際商業貸款實行餘額管理，餘額由國家發改委會同有關部門審核后報國務院審批。

（6）境內中資企業舉借中長期國際商業貸款，須經國家發改委批准。

（7）國家對境內中資機構舉借短期國際商業貸款實行餘額管理，餘額由國家外匯管理局核定。

（8）外商投資企業舉借的中長期外債累計發生額和短期外債餘額之和，應當控制在審批部門批准的項目總投資和註冊資本之間的差額以內。

（9）國家對境內外資金融機構舉借外債實行總量控制。

（三）外債資金的使用、償還管理

1. 外債資金的使用範圍

外債資金主要用於經濟發展和存量外債的結構調整。按照外債的類型、性質、期限分別規定其使用範圍：

（1）國際金融組織貸款和外國政府貸款的中長期優惠貸款，重點用於基礎性和公益性建設項目，並向中西部地區傾斜。

（2）中長期國際商業貸款，重點用於引進先進技術設備以及用於產業結構和外債結構調整。應當按照批准的用途合理使用，不得挪作他用。

（3）境內企業所借短期外債資金，主要用作流動資金，不得用於固定資產投資等中長期用途。

2. 外債償還責任劃分

（1）主權外債，是指由國務院授權機構——財政部代表國家舉借的以國家信用保證對外償還的外債，由國家統一對外償還。主權外債資金由財政部授權轉貸給國內債務人，國內債務人應當對財政部或其授權的轉貸金融機構承擔償還責任。

（2）非主權外債，是指主權外債以外的其他外債，應由債務人自擔風險，以自有外匯資金償還，也可經外匯局核准用人民幣購買外匯償還外債。

（四）外債統計監測

1987年國家外匯管理局發布施行的《外債統計監測暫行規定》、1998年1月1日起施行的《外債統計監測實施細則》以及2003年3月1日起施行的《外債管理暫行辦法》均明確規定國家外匯管理局負責外債的統計監測，定期公布外債統計數據。

1. 外債登記

（1）境內機構對外簽訂借款合同或擔保合同后，應到外匯管理局辦理登記手續。國際商業貸款合同或擔保合同須經登記后方能生效。

（2）外債登記分為定期登記和逐筆登記。定期登記適用於國務院各部委和境內中資金融機構，每月5日前向外匯管理局報送「外債簽約情況表」登記。逐筆登記適用於實行定期登記以外的其他境內機構的外債債務人，這類債務人應當在外債合同簽訂后15日內向外匯局登記。

2. 外債專用帳戶管理

（1）國家對外債資金的流入、流出實行外債專用帳戶管理。

（2）債務人開立外債專用帳戶應當經外匯局批准，在指定銀行，憑外匯局核發的開戶通知書辦理。

（3）外債專用帳戶分為貸款專戶和還貸專戶。貸款專戶收入的外匯資金只能為登記的外債簽約額。還貸專戶的外匯支出應當經外匯局逐筆批准，償還金額不得超過實際借入外債的本息和費用之和。

3. 外債信息反饋

債務人應當按照銀行的外債資金匯入、匯出憑證填寫「外債變動反饋表」，並按期報送外匯局。

（五）外債監管

1. 監管部門

國家發改委、財政部、國家外匯管理局負責對外債和對外擔保實施監管。

2. 外債監測預警機制

外債管理部門應當掌握外債動態，建立和完善全口徑外債監測預警機制。

3. 規避外債風險

債務人可以保值避險為目的，委託金融機構運用金融工具，規避外債的匯率和利率風險；適時調整和優化債務結構；加強外債風險管理。

4. 外匯指定銀行責任

經營外匯業務的指定銀行在對外匯、外債帳戶進行管理以及在處理外匯資金往來時，發現違反《外債管理暫行辦法》規定的行為，應及時向外債管理部門報告並協助調查。

5. 對境內外資金融機構外債的監管

境內外資金融機構的對外負債，應納入中國的外債統計監測範圍，而境內機構對境內外資金融機構的負債不再統計為外債。此外還應依照2002年2月1日起施行的《中華人民共和國外資金融機構管理條例》的有關規定辦理。

6. 外債監管指標

(1) 償債率：當年外債還本付息額與當年貨物和服務的出口外匯收入之比，其國際標準安全線是 20%。

(2) 債務率：當年外債余額與當年貨物和服務出口外匯收入之比，其國際標準安全線是 100%。

(3) 負債率：當年外債余額與當年國內生產總值之比，其國際標準安全線是 20%。

(4) 短期外債與外匯儲備之比的國際標準安全線是 100%。

2001 年年末中國外債余額為 1,701 億美元，外匯收入為 2,994 億美元，外匯儲備為 2,122 億美元，國內生產總值為 95,933 億元人民幣。償債率為 7.5%，債務率為 56.8%，負債率為 14.7%，短期外債占外匯儲備的比率為 23.8%。各項指標均在國際標準安全線之內。

2004 年年末中國外債余額為 2,286 億美元，短期外債為 1,043 億美元，占 45.6%，占外匯儲備 6,099 億美元的 17.1%。2007 年 6 月末外債余額增至 3,278 億美元，短期外債為 1,849 億美元，占 56.4%，占外匯儲備 13,326 億美元的 13.08%。

現將 2004 年年末中國所欠外債數列表於下，供學習參考，如表 1－4 所示（見次頁）。

六、國際信貸的國際協調

國際信貸管制是各國政府從本國政治、經濟利益出發分別實施的。但是，由於各國管制制度的差異，在國際信貸領域形成了管制的空白區域，而且各國政府也難以實現對跨國銀行的管制。因此，要求各國政府從各國的共同利益出發，在國際信貸管制方面進行協調。

目前，國際信貸管制的國際協調有以下幾項內容：

1. 消除銀行業國際監督的空白區域

國際監督的空白區域表現在：①在銀行國際信貸業務種類上，歐洲貨幣貸款不受管制。②在地域上，德國銀行設在盧森堡的附屬機構不受盧、德兩國金融當局的管制（1983 年以前）。巴塞爾委員會（即國際清算銀行於 1974 年 12 月設立的銀行業管制與監督委員會）成員國協議規定，任何外資銀行機構都不應逃避監督。歐洲共同體部長理事會 1983 年指令也有類似的規定。

2. 消除各國法律間障礙性差別

障礙性差別指各國關於金融機構的法律中妨礙國際監督協調的差別。消除差別的目的是最終形成有關金融機構設立和業務國際化的統一監督規則。

3. 跨國銀行的母國管制原則

這一原則指東道國對在幾國設有分支行的跨國銀行的管制責任，逐漸轉移到跨國銀行的母國。其結果是，一國的國內銀行和國外分支行在信貸業務上受到同樣的管制。

表 1-4

2004 年年末中國對外債務簡表

單位：萬美元

債務類型\債務人	外國政府貸款	國際金融組織貸款	國外銀行及其他金融機構貸款	買方信貸	向國外出口商、國外企業或私人借款	對外發行債券	延期付款	海外私人存款	國際金融租賃	補償貿易中用現匯償還的債務	貿易信貸	其他	合計
國務院部委	30,471.48	2,461,469.65	47,042.93			820,139.00							3,359,123.06
中資銀行	3,185,822.67	6,615.55	568,086.52	1,064,677.06	5,759.59	339,186.48	901,673.82	113,132.10	117.00	6,954.66		16,417.77	6,208,443.22
中資非銀行金融機構	790.49		168,356.04	3,868.91	6,307.76	143,749.05	6,237.58	293.60	642.90			58,216.95	388,463.28
外商投資企業	3,058.46	41,093.54	766,999.76	104,075.68	3,182,790.24	29,866.31	13,862.16		240,894.13	42.14		81,898.69	4,464,581.11
中資企業	634.36	900.00	38,948.64	13,603.28	28,315.19		8,757.65		484,424.27	8,690.62		15,043.88	599,317.89
外資銀行			2,765,691.10	282.64	10,627.32	292.60	29,152.34	309,952.89				20,087.56	3,136,086.45
外資非銀行金融機構			19,509.89	2,460.00	731.10		3,515.93	433.86	368.81			316.23	27,335.82
其他	0.01		905.69		24,478.09		190.99	31.52				272.95	25,879.25
貿易信貸											4,650,400.00		4,650,400.00
合計	3,220,777.47	2,510,078.74	4,375,540.57	1,188,967.57	3,259,009.29	1,333,233.44	963,390.47	423,843.97	726,447.11	15,687.42	4,650,400.00	192,254.03	22,859,630.08

資料來源：國家外匯管理局 2004 年年報。

巴塞爾委員會和歐洲共同體先後提出這類主張。歐洲共同體此舉的目的在於鼓勵跨國銀行設立分行，從而增大其安全性，並使國外分行的經營狀況統一到總行，總行母國金融當局得以對跨國銀行全部信貸活動實施有效監督。

4. 有效銀行監管核心原則

巴塞爾委員會1997年9月發布實施的《有效銀行監管核心原則》為各國創建有效的銀行監管體系提供了基本依據。它已成為各國在審慎監管領域共同遵守的準則。

中國正在積極努力「向核心原則的標準靠攏」。該原則的第11項要求銀行監管者確保銀行制定出完善的政策與程序，以便在國際貸款和投資活動中識別、監測和控制國家風險及轉移風險，並保持適當的風險準備。

5. 《巴塞爾新資本協議》

《統一資本計量和資本標準的國際協議：修訂框架》（*International Convergence of Capital Measurement and Capital Standards：A Revised Framework*，簡稱《巴塞爾新資本協議》或 BASEL Ⅱ）已於2004年6月26日由巴塞爾銀行監管委員會發布。它的三大支柱是最低資本要求、監管當局監督檢查和市場約束。《巴塞爾新資本協議》將風險分為信用風險、操作風險和市場風險，對信用風險的評估可用外部評級法、內部評級法進行。該協議的主要目標是推動銀行業採用更好的風險管理做法，保持資本充足率管理的高度一致，避免國際銀行之間的不公平競爭，進一步加強國際銀行系統的安全和穩定。

《巴塞爾新資本協議》於2006年年底在十國集團成員中開始實施。中國銀行業監督管理委員會已將其三大支柱引入，作為對中國商業銀行資本充足率的管理辦法，還將積極鼓勵中國商業銀行借鑑其先進的風險管理經驗，提高風險管理水平。

巴塞爾銀行監管委員會是1975年由十國集團的中央銀行行長設立，由比利時、加拿大、法國、德國、義大利、日本、盧森堡、荷蘭、西班牙、瑞典、瑞士、英國和美國的銀行監管當局及中央銀行代表組成。秘書處設在瑞士巴塞爾國際清算銀行（Bank for International Settlements，BIS）。

【參考文獻】

［1］佚名. 資本主義國家的國際信貸關係［M］. 莫斯科：莫斯科財政與統計出版社，1981.
［2］李春. 資本主義貨幣銀行學［M］. 武漢：武漢大學出版社，1989.
［3］國家發展和改革委員會，財政部，國家外匯管理局. 外債管理暫行辦法［Z］. 2003.
［4］國家外匯管理局. 2007年上半年中國國際收支報告［R］. 2007.

【思考題】

1. 試述影響當代國際信貸發展的主要因素。
2. 試述第二次世界大戰后國際信貸的新資金來源。
3. 試述國際信貸的主要形式。
4. 試述國際信貸的風險及防範風險損失的措施。
5. 外債監管指標主要有哪四項？其國際安全線分別為何？

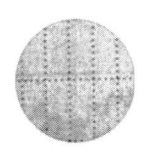

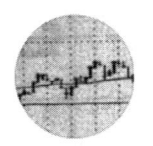

— # 第二章　國際銀行信貸

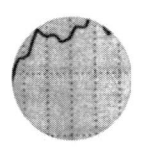

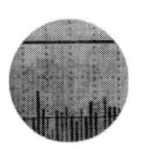

第一節　國際銀行信貸的概念、種類與特點

一、國際銀行信貸的概念

國際銀行信貸[1]是由一國獨家銀行或一國(多國)多家銀行組成的貸款銀團，在國際金融市場上，向另一國借款人提供的不限定用途的貨幣貸款。

第一，國際銀行信貸是在國際金融市場上進行的。如前所述，在傳統的國際金融市場上，銀行吸收和貸放的資金，都是以該市場所在國貨幣表示的本幣資金，但對外國借款人來說，則是外幣資金。在歐洲貨幣市場上，銀行吸收和貸放的資金，不是該市場所在國貨幣表示的本幣資金，而是以市場外貨幣表示的外幣資金，稱為歐洲貨幣資金，或境外貨幣資金。

第二，國際銀行信貸是在某國銀行或貸款銀團與他國借款人之間進行的借貸活動。國際銀行信貸的當事人是債權人(貸款人)和債務人(借款人)，他們雙方必須是不同國家的法人。國際銀行信貸的債權人是某國的貸款銀行，主要是發達國家的大商業銀行；貸款銀行可以是獨家的，也可以是由多家銀行組成的貸款銀團。國際銀行信貸的債務人則是世界各國的借款人，包括銀行、政府機構、公司企業以及國際機構。

第三，國際銀行信貸是採取貨幣資本(借貸資本)形態的國際信貸關係。國際銀行信貸，從貸款人的角度說，無論是最初的貸放還是最終的收回，或從借款人的角度說，無論是最初的借用還是最終的償還，均採取貨幣資本形態，即借貸資本形態，而不採取商品資本形態。但是，並非世界上任何國家的貨幣都可以充當國際信貸所使用的貨幣。充當國際信貸貨幣要具備一定的條件：首先，這種貨幣必須是可以自由兌換的；其次，這種貨幣還應是在國際經濟貿易往來中經常使用，並充當國際計價、結算、支付手段的貨幣。目前，符合上述條件的貨幣有十幾種，主要是美元、德國馬克、瑞士法郎、日元、英鎊、法國法郎等。2002年歐元代替了德國馬克和法國法郎。

第四，國際銀行信貸是不限定用途的貨幣貸款。這種不限定用途的國際銀行信貸，通常稱為自由外匯貸款。本章即以國際銀行信貸中這種不指定用途的自由外匯貸款作為研究對象。

英國《銀行家》月刊每年7月均要對世界1,000家大銀行按一級核心資本額排位，2007年前10名的大銀行是：美國銀行、花旗銀行、英國匯豐銀行、法國農業信貸銀行、美國JP摩根大通銀行、日本三菱日聯銀行、中國工商銀行、蘇格蘭皇家銀行、中國銀行和西班牙桑坦德銀行。按資產額排位，前10名的大銀行是：瑞士聯合銀行、英國巴克萊銀行、法國巴黎巴銀行、美國花旗銀行、英國匯豐銀行、法國農業信貸銀行、

---

[1] 國際銀行信貸為金融界專門術語，並非一般意義上的國際銀行信貸。如第六章項目貸款，也為國際銀行信貸，但其貸款用途受到限制。

蘇格蘭皇家銀行、三菱日聯銀行、德意志銀行和美國銀行。最大的一級核心資本額的美國銀行已達 910 億美元，資產最多的瑞士聯合銀行已達 19,638 億美元，顯示出近 20 年國際大銀行併購的規模。

2004—2006 年，國家用外匯儲備 600 億美元，經中央匯金公司先后對中國銀行、中國建設銀行、中國工商銀行分別註資 225 億美元、225 億美元、150 億美元，使之世界排名上升，位次為中國工商銀行第 7、中國銀行第 9、中國建設銀行第 14。具體數據請參閱表 2-1。

為了解國際銀行和中國 31 家銀行在世界 1,000 家大銀行中的基本情況，現將 2007 年 16 個國家和地區的四大銀行職工的人均效率以及中國 31 家銀行在世界 1,000 家大銀行中的排名和基本情況列表（表 2-2、表 2-3）顯示，以供學習參考。

二、國際銀行信貸的種類

國際銀行信貸可按不同標準進行分類，若按其借貸期限的長短，可分為短期信貸和中長期信貸兩種。

（一）短期信貸

短期信貸(Short-Term Credit)的借貸期限不超過 1 年，銀行充當仲介人或貸款人的角色。短期信貸按借貸雙方當事人來分，有下列兩種情況：銀行與銀行之間的信貸；銀行對非銀行客戶(包括公司企業、政府機構等)的信貸。銀行與銀行之間的信貸稱為銀行同業拆放，它在整個短期信貸中占主導地位。事實上，銀行在從非銀行客戶那裡吸收資金，最后到達最終借款人之前，往往要經過多次銀行同業拆放。銀行同業拆放的期限從 1 天(隔夜)到 6 個月的較多，超過 6 個月的較少。每筆貸款交易額較大，為 10 萬美元或 10 萬美元以上，典型的銀行間交易為 100 萬美元。這種銀行間的交易稱為批發業務。銀行對非銀行客戶的信貸不占主要地位，但銀行相互間的貸款最終總是要變成銀行對最終借款人(非銀行客戶)的貸款。短期信貸主要憑藉款人的信譽，借款人無須交納抵押品，借貸雙方一般也不用簽訂書面的貸款協議，通過電話或電傳就能達成交易，所以手續十分簡便。信貸利率隨行就市，如歐洲貨幣短期信貸即以倫敦銀行同業拆放利率為基礎。在倫敦歐洲貨幣市場上，歐洲美元及其他各種歐洲貨幣均有其同業拆放利率。借款人的資信狀況如何，對信貸條件(如貸款金額、期限、利率等)都有影響。

銀行在提供短期信貸時並不限定用途，可由借款人自主地用於各種用途。銀行同業之間輾轉的信貸，首先是為了獲得利差收益，最終才貸給需要短期資金的公司企業。政府借入短期資金，是為了彌補本國國際收支的短期逆差，或用於其他支付需要。公司企業借入短期資金，是為了滿足其對流動資金的需要。進口商借入短期資金，是為了支付進口商品的貨款，待商品在國內市場上銷售后即可償還。投機者借入短期資金，則是為了進行套匯、套利等外匯投機活動，以獲取利潤。

表 2-1　2007 年世界 60 大銀行規模效益表

位次 今	位次 前	銀行名稱	一級資本(百萬美元)	資產(百萬美元)	位次	資本/資產(%)	位次	稅前利潤(百萬美元)	利潤/平均資本(%)	位次	資產回報(%)	位次	成本收入(%)	BIS資本(%)	不良貸款(%)
1	3	Bank of America Corp Charlotte, NC, USA (12/31/06)	91,065	1,459,737	10	6.24	547	31,973	38.7	69	2.19	188	48.75	11.88	0.69
2	1	Citigroup New York, NY, USA (12/31/06)	90,899	1,882,556	4	4.83	748	29,639	34.8	109	1.57	350	58.05	11.65	1.20
3	2	HSBC Holdings London, United Kingdom (12/31/06)	87,842	1,860,758	5	4.72	767	22,086	27.2	242	1.19	494	51.33	13.54	1.60
4	6	Crédit Agricole Group Paris, France (12/31/06)	84,937	1,818,341	6	4.67	780	14,060	18.4	511	0.77	679	61.10	10.00	2.60
5	4	JP Morgan Chase Et Co New York, NY, USA (12/31/06)	81,055	1,351,520	11	6.00	581	19,886	25.9	276	1.47	391	62.31	12.32	0.99
6	5	Mitsubishi UFJ Financial Group Tokyo, Japan (03.31/07)	68,464	1,579,390	8	4.33	833	12,824	19.4	469	0.81	667	66.18	12.58	1.46
7	16	ICBC Beijing, People's Republic of China (12/31/06)	59,166	961,576	20	6.15	556	9,229	20.1	453	0.96	599	36.30	14.05	3.79
8	7	Royal Bank of Scotland Edinburgh, United Kingdom (12/31/06)	58,973	1,710,703	7	3.45	926	18,033	31.5	157	1.05	547	53.01	11.73	1.35
9	17	Bank of China Beijing, People's Republic of China (12/31/06)	52,518	682,262	30	7.70	381	8,700	20.5	436	1.28	458	46.32	13.59	4.04
10	10	Santander Santander, Spain (12/31/06)	46,805	1,098,213	17	4.26	843	11,558	25.8	279	1.05	549	49.57	12.49	0.78
11	24	BNP Paribas Paris, France (12/31/06)	45,305	1,896,935	3	2.39	979	13,921	33.4	127	0.73	690	61.07	10.50	3.12
12	14	Barclays Bank London, United Kingdom (12/31/06)	45,161	1,956,786	2	2.31	982	14,009	34.1	117	0.72	701	58.69	11.70	1.80
13	12	HBOS Edinburgh, United Kingdom (12/31/06)	44,030	1,160,245	16	3.79	897	11,201	26.5	259	0.97	596	47.56	12.00	2.18
14	11	China Construction Bank Corporation Beijing, People's Republic of China (12/31/06)	42,286	697,740	28	6.06	570	8,416	21.4	406	1.21	485	na	12.11	3.29
15	9	Mizuho Financial Group Tokyo, Japan (03/31/07)	41,934	1,235,443	14	3.39	933	8,286	20.5	432	0.67	723	68.29	12.48	1.80

表2-1（續1）

位次 今	位次 前	銀行名稱	一級資本（百萬美元）	資產（百萬美元）	位次	資本/資產（%）	位次	稅前利潤（百萬美元）	利潤/平均資本（%）	位次	資產回報（%）	位次	成本收入（%）	BIS資本（%）	不良貸款（%）
16	21	Wachovia Corporation Winston-Salem, NC, USA (12/31/06)	39,428	707,121	27	5.58	632	11,470	33.7	123	1.62	329	58.66	11.40	0.43
17	13	UniCredit Milan, Italy (12/31/06)	38,700	1,084,267	18	3.57	918	10,813	28.2	221	1.00	577	56.50	10.50	na
18	19	Wells Fargo Et Co San Francisco, CA, USA (12/31/06)	36,808	481,996	39	7.64	391	12,745	38.2	74	2.64	130	58.12	12.50	1.90
19	20	Rabobank Group Utrecht, Netherlands (12/31/06)	34,757	732,708	25	4.74	762	3,572	10.6	766	0.49	824	68.53	11.00	na
20	22	ING Bank Amsterdam, Netherlands (12/31/06)	33,958	1,178,697	15	2.88	958	6,617	20.4	439	0.56	773	63.76	11.02	na
21	18	UBS Zürich, Switzerland (12/31/06)	33,212	1,963,870	1	1.69	995	12,019	36.5	84	0.61	747	69.77	14.70	0.60
22	8	Sumitomo Mitsui Financial Group Tokyo, Japan (03/31/05)	33,177	826,599	22	4.01	874	6,858	18.9	492	0.83	659	45.78	11.31	1.82
23	23	Deutsche Bank Frankfurt, Germany (12/31/06)	32,264	1,483,248	9	2.18	987	10,701	35.0	102	0.72	695	70.16	12.80	1.19
24	15	ABN AMRO Bank Amsterdam, Netherlands (12/31/06)	31,239	1,299,966	12	2.40	978	6,681	19.9	458	0.51	810	74.94	11.14	na
25	25	Crédit Mutuel Paris, France (12/31/06)	29,792	635,685	33	4.69	776	5,638	20.3	447	0.89	638	58.50	12.00	2.90
26	26	Société Générale Paris, France (12/31/06)	29,405	1,260,162	13	2.33	981	10,639	38.8	68	0.84	652	77.07	11.11	na
27	28	Credit Suisse Group Zürich, Switzerland (12/31/06)	28,802	1,029,219	19	2.80	961	11,718	46.5	34	1.14	510	63.24	18.40	1.02
28	31	Banco Bilbao Vizcaya Argentaria Bilbao, Spain (12/31/06)	25,779	542,494	36	4.75	760	9,259	39.2	64	1.71	293	43.89	12.00	0.83
29	29	Lloyds TSB Group London, United Kingdom (12/31/06)	25,183	674,515	31	3.73	906	8,339	35.0	106	1.24	471	47.74	10.70	2.10
30	27	Groupe Caisse d'Epargne Paris, France (12/31/06)	24,159	710,801	26	3.40	932	6,891	28.0	225	0.97	594	76.82	10.40	na

表2-1(續2)

位次今	位次前	銀行名稱	一級資本(百萬美元)	資產(百萬美元)	位次	資本/資產(%)	位次	稅前利潤(百萬美元)	利潤/平均資本(%)	位次	資產回報(%)	位次	成本收入(%)	BIS資本(%)	不良貸款(%)
31	36	Groupe Banques Populaires Paris, France (12/31/06)	22,257	402,090	44	5.54	638	3,414	16.4	573	0.85	650	74.27	12.70	na
32	33	Fortis Bank Brussels, Belgium (12/31/06)	22,255	888,570	21	2.50	975	7,153	33.3	128	0.81	670	61.20	11.10	2.00
33	32	Norinchukin Bank Tokyo, Japan (03/31/04)	21,194	536,948	37	3.95	882	3,119	16.2	584	0.58	765	38.62	12.14	2.55
34	30	Commerzbank Frankfurt am Main, Germany (12/31/06)	20,410	801,184	23	2.55	970	3,128	17.2	542	0.39	865	59.75	11.10	na
35	37	Royal Bank of Canada Montreal, Canada (10/31/06)	19,131	478,115	40	4.00	875	5,526	30.7	172	1.16	508	63.41	11.92	0.40
36	30	Washington Mutual Seattle, WA, USA (12/31/06)	17,919	346,288	48	5.17	700	4,770	25.4	291	1.38	425	60.75	11.77	1.24
37	38	Scotiabank Toronto, Canada (10/31/04)	17,911	337,584	49	5.31	671	4,052	23.8	331	1.20	487	57.48	11.70	0.91
38	35	National Australia Bank Melbourne, Australia (09/30/06)	17,506	331,408	50	5.28	679	5,442	31.5	158	1.64	318	53.73	10.80	0.37
39	43	Nordea Group Stockholm, Sweden (12/31/06)	17,315	456,855	41	3.79	898	5,031	31.1	165	1.10	527	51.81	9.80	0.87
40	41	Dexia Brussels, Belgium (12/31/06)	17,158	746,402	24	2.30	983	4,487	27.3	240	0.60	753	49.60	10.30	0.61
41	39	U. S. Bancorp Minneapolis, MN, USA (12/31/06)	17,036	219,232	70	7.77	374	6,921	43.0	49	3.16	81	45.48	12.60	0.57
42	56	Danske Bank Copenhagen, Denmark (12/31/06)	16,988	483,901	38	3.51	921	3,267	22.4	367	0.68	722	53.17	11.44	na
43	34	Banca Intesa Milano, Italy (12/31/06)	16,736	384,276	45	4.36	831	5,498	30.0	182	1.43	406	na	9.50	2.60
44	44	Dresdner Bank Frankfurt am Main, Germany (12/31/06)	16,422	654,928	32	2.51	974	1,586	10.2	782	0.24	928	79.79	15.60	0.90
45	68	Caja de Ahorros y Pen. de Barcelona-la Caixa Barcelona, Spain (12/31/06)	15,797	275,416	57	5.74	613	5,285	42.1	53	1.92	238	47.20	11.50	0.33

表2-1(續3)

位次 今	位次 前	銀行名稱	一級資本 (百萬美元)	資產 (百萬美元)	位次	資本/資產 (%)	位次	稅前利潤 (百萬美元)	利潤/平均資本 (%)	位次	資產回報 (%)	位次	成本收入 (%)	BIS資本 (%)	不良貸款 (%)
46	46	SanPaolo IMI Turin, Italy (12/31/06)	15,589	380,022	46	4.10	862	4,051	27.0	247	1.07	542	53.80	9.20	na
47	47	Countrywide Financial Corporation Calabasas, CA, USA (12/31/06)	15,363	199,946	75	7.68	385	4,375	31.3	160	2.19	189	61.99	12.80	2.60
48	54	Toronto-Dominion Bank Toronto, Canada (10/31/06)	15,212	349,972	47	4.35	832	4,923	36.6	83	1.41	415	66.60	13.10	0.25
49	49	Bank of Montreal Montreal, Canada (10/31/06)	14,822	278,574	56	5.32	668	3,078	22.2	375	1.11	525	63.43	11.76	0.36
50	45	KBC Group Brussels, Belgium (12/31/06)	14,820	428,553	43	3.46	924	6,052	41.2	56	1.41	412	62.01	11.74	na
51	48	Landesbank Baden-Württemberg Stuttgart, Germany (12/31/06)	14,181	564,010	35	2.51	972	1,440	10.3	777	0.26	920	49.30	11.00	na
52	53	Bayerische Landesbank Munich, Germany (12/31/06)	14,085	455,389	42	3.09	946	1,279	9.5	802	0.28	910	55.70	10.70	na
53	66	Allied Irish Banks Dublin, Ireland (12/31/06)	13,323	208,779	74	6.38	529	3,444	30.1	180	1.65	310	53.50	11.10	0.90
54	90	Banco Itaú Holding Financeira (Itaú Holding) São Paulo, Brazil (12/31/06)	13,200	98,124	121	13.45	88	3,023	29.0	201	3.08	89	60.83	18.10	na
55	50	Resona Holdings Osaka, Japan (03/31/05)	13,189	330,639	51	3.99	878	3,622	28.6	208	1.10	533	53.19	10.56	na
56	61	Standard Chartered London, United Kingdom (12/31/06)	12,833	266,047	60	4.82	750	3,178	28.2	222	1.19	491	55.64	14.30	1.93
57	55	SunTrust Banks Atlanta, GA, USA (12/31/06)	12,515	182,162	81	6.87	478	2,986	25.3	293	1.64	319	59.66	11.11	0.64
58	59	Capital One Financial Corporation McLean, VA, USA (12/31/06)	12,238	149,739	92	8.17	327	3,653	32.9	137	2.44	161	57.28	13.27	0.62
59	52	ANZ Banking Group Melbourne, Australia (09/30/06)	12,235	241,107	64	5.07	710	3,900	33.1	131	1.62	332	44.63	11.00	0.27
60	57	Commonwealth Bank Group Sydney, Australia (06/30/06)	12,159	260,813	61	4.66	783	4,356	38.4	73	1.67	303	49.07	9.66	0.12

BIS: Bank for International Settlements; 國際清算銀行   JULY 2007 The Banker; 英國《銀行家》雜誌, 2007年7月刊

表 2-2　　　　　2007 年 16 個國家和地區的四大銀行職工人均效益表

世界名次	國家地區銀行名稱	核心資本（百萬美元）	職工人數	人均利潤（萬美元）	人均資本（萬美元）	人均資產（萬美元）
	Australia 澳大利亞					
38	Nat Australia Bank	17,506.17	38,433	14.160	45.550	862.301
59	ANZ Banking Group	12,235.02	32,256	12.091	37.931	747.480
60	Commonwealth Bk Group	12,159.11	36,664	11.881	33.164	711.360
71	Westpac Banking Corp	9,961.85	27,224	12.493	36.592	823.112
	Austria 奧地利					
93	Erste Bank	8,145.66	40,032	5.008	20.348	597.782
97	Raiffeisen Zentralbk Öst	7,443.23	55,434	4.472	13.427	274.710
171	Österreichische Volks	3,508.19	6,388	6.387	54.918	1,390.185
174	BAWAG-PSK	3,389.96	6,670	0.375	50.824	1,003.178
	Bahrain 巴林					
180	Ahli United Bank	3,223.96	1,494	46.452	215.794	3 702.544
285	Gulf International Bank	1,766.60	593	44.519	297.909	4,179.933
372	International Bank Corp	1,178.96	40	−250.000	2,947.400	7,687.500
401	Awal Bank BSC（c）	1,064.58	51	254.902	2,087.412	8 562.745
	Brazil 巴西					
54	Banco Itaú	13,200.09	59,921	5.045	22.029	163.756
64	Banco Bradesco	11,527.20	79,306	3.756	14.535	156.687
158	Unibanco	3,994.05	29,504	4.243	13.537	133.012
183	Caixa Economica Fed	3,199.09	101,744	1.282	3.144	79.249
	China 中國					
7	ICBC	59,166.45	351,448	2.626	16.835	273.604
9	Bank of China	52,517.54	232,632	3.740	22.575	293.280
68	Bank of Communications	10,646.71	60,865	3.662	17.492	361.781
101	China Merchants Bank	6,803.22	23,202	5.564	29.322	515.568
	France 法國					
4	Crédit Agricole Groupe	84,937.44	152,905	9.195	55.549	1,189.197
11	BNP Paribas	45,304.89	141,911	9.810	31.925	1,336.708
25	Crédit Mutuel	29,791.91	58,380	9.657	51.031	1,088.875
26	Société Générale	29,404.71	115,134	9.241	25.540	1,094.518
	Germany 德國					
23	Deutsche Bank	32,263.93	68,849	15.543	46.862	2,154.349
34	Commerzbank	20,409.59	35,975	8.695	56.733	2,227.058
44	Dresdner Bank	16,421.70	26,725	5.935	61.447	2,450.619
51	Landesbank Baden-Würt	14,181.48	11,245	12.806	126.114	5,015.651
	Italy 義大利					
17	UniCredit	38,700.12	142,406	7.593	27.176	761.391
43	Banca Intesa	16,736.47	56,665	9.703	29.536	678.154
46	SanPaolo IMI	15,589.36	50,071	8.091	31.135	758.966
85	B Monte dei Paschi di Siena	8,625.71	24,348	6.970	35.427	857.639

國際信貸

表2-2(續)

世界名次	國家地區 銀行名稱	核心資本 (百萬美元)	職工人數	人均利潤 (萬美元)	人均資本 (萬美元)	人均資產 (萬美元)
	Japan 日本					
6	Mitsubishi UFJ Fin Grp	68,464.09	37,611	34.096	182.032	4 199.277
15	Mizuho Finl Grp	41,933.70	27,620	30.000	151.824	4,473.001
33	Norinchukin Bank	21,193.65	2,778	112.275	762.910	19,328.582
83	Sumitomo Trust Et Bank	8,719.50	5,609	25.423	155.456	3,182.778
	Korea (South) 韓國					
62	Kookmin Bank	11,573.32	16,960	18.998	68.239	1,066.067
67	Woori Bank	10,708.31	15,851	14.851	67.556	1,438.414
76	Shinhan Bank	9,539.21	10,679	19.571	89.327	1,782.339
91	Hana Financial Group	8,215.67	12,768	12.273	64.346	977.945
	Russia 俄羅斯					
66	Sberbank	11,134.36	243,620	1.699	4.570	54.042
116	VTB Bank	6,203.00	28,466	4.932	21.791	184.090
137	Gazprombank	4,671.00	8,014	15.523	58.286	360.769
345	Internat Indust Bank	1,349.99	1,041	15.370	129.682	360.423
	South Africa 南非					
106	Standard Bank Group	6,515.78	42,265	6.232	15.416	328.932
176	Nedbank	3,344.03	22,188	3.876	15.071	251.005
185	Investec	3,174.73	5,010	16.667	63.368	934.391
193	FirstRand Banking Grp	2,927.89	31,689	4.803	9.239	194.705
	Switzerland 瑞士					
21	UBS	33,211.51	78,140	15.381	42.503	2,513.271
27	Credit Suisse Group	28,801.93	44,871	46.115	64.188	2,293.729
111	EFG Bank Europe Fin Grp	6,393.28	19,345	6.560	33.049	431.393
139	Schweizer Ver' der Raiff	4,530.33	7,888	7.492	57.433	1,043.547
	Taiwan 臺灣					
124	Bank of Taiwan	5,447.59	6,793	5.064	80.194	1,220.845
128	Fubon Financial Holding	5,148.91	16,358	1.803	31.476	323.487
145	Mega Internat Com Bk	4,413.52	4,908	8.231	89.925	1,133.068
201	Hua Nan Fin Holdings	2,782.27	9,618	2.984	28.928	534.238
	United Kingdom 英國					
3	HSBC Holdings	87,842.00	300,920	7.339	29.191	618.356
8	Royal Bank of Scotland	58,973.30	135,000	13.358	43.684	1,267.187
12	Barclays Bank	45,160.97	122,600	11.427	36.836	1,596.073
29	Lloyds TSB Group	25,182.57	62,630	13.315	40.208	1 076.984
	USA 美國					
1	Bank of America Corp	91,065.00	203,425	15.717	44.766	717.580
2	Citigroup	90,899.00	362,894	8.167	25.048	518.762
5	JP Morgan Chase Et Co	81,055.00	174,360	11.405	46.487	775.132
16	Wachovia Corporation	39,428.00	108,238	10.597	36.427	653.302

資料來源：英國《銀行家》雜誌，2007年7月刊

表 2-3 2007 年中國 31 家銀行在世界 1,000 家大銀行排名情況表

中國位次	世界位次	銀行名稱	核心資本（百萬美元）	資產（百萬美元）	稅前利潤（百萬美元）	中國位次	世界位次	利潤/平均資本（%）	世界位次	中國位次	資產回報（%）	世界位次	成本收入（%）	BIS資本（%）	不良貸款（%）
1	7	中國工商銀行	59,166	961,576	9,229	1	20	20.1	453	18	0.96	12	36.30	14.05	3.79
2	9	中國銀行	52,518	682,262	8,700	4	30	20.5	436	17	1.28	4	46.32	13.59	4.04
3	14	中國建設銀行	42,286	697,740	8,416	2	28	21.4	406	15	1.21	6	na	12.11	3.29
4	65	中國農業銀行	11,425	684,349	1,561	3	29	14.4	636	22	0.23	30	na	−17.56	23.43
5	68	交通銀行（上海）	10,647	220,198	2,229	5	69	22.4	365	13	1.01	10	47.66	10.83	2.53
6	101	招商銀行（深圳）	6,803	119,622	1,291	6	108	26.2	267	9	1.08	9	38.28	11.40	2.12
7	160	中信銀行	3,984	90,503	897	7	127	26.7	255	8	0.99	11	39.67	2.84	2.50
8	191	上海浦東發展銀行	3,002	88,277	773	9	134	31.6	154	5	0.88	13	na	9.30	1.80
9	230	中國民生銀行	2,363	89,700	682	8	129	31.6	155	6	0.76	17	58.74	8.12	1.23
10	260	興業銀行（福州）	2,032	79,104	646	10	145	36.1	87	2	0.82	14	na	8.71	1.53
11	314	上海銀行	1,555	34,582	235	12	240	17.0	550	19	0.68	20	na	11.62	3.48
12	336	華夏銀行（北京）	1,432	56,994	309	11	176	22.8	359	12	0.54	23	na	8.28	2.73
13	389	北京銀行	1,090	28,817	127	14	274	12.8	690	24	0.44	27	39.15	10.83	4.22
14	458	北京農村商業銀行	873	19,816	107	15	358	12.6	698	25	0.54	24	54.34	8.72	na
15	475	深圳發展銀行	817	33,370	255	13	246	34.9	107	3	0.77	16	na	3.71	7.98
16	478	上海農村商業銀行	812	17,435	61	16	391	9.7	793	28	0.35	29	na	7.32	2.91

表2-3（續）

中國世界位次	世界位次	銀行名稱	核心資本（百萬美元）	資產（百萬美元）	中國位次	世界位次	稅前利潤（百萬美元）	利潤/平均資本（%）	世界位次	中國位次	資產回報（%）	世界位次	成本收入（%）	BIS資本（%）	不良貸款（%）
17	588	天津城市商業銀行	620	10,394	18	544	66	12.3	705	26	0.64	21	na	11.70	3.89
18	589	深圳商業銀行	616	10.466	17	541	39	8.3	837	30	0.37	28	na	10.68	6.51
19	590	渤海銀行（天津）	610	1,964	31	963	-31	na	na	na	-1.57	31	na	62.62	0.01
20	671	大連城市商業銀行	485	7,821	19	629	55	14.6	632	21	0.71	19	na	8.70	4.20
21	734	寧波商業銀行	409	7,241	22	652	104	31.6	156	7	1.44	2	37.59	11.48	0.33
22	765	杭州城市商業銀行	378	7,280	21	648	111	31.9	149	4	1.52	1	na	9.54	1.40
23	790	深圳農村商業銀行	358	6,754	23	679	74	24.2	320	11	1.10	8	na	11.05	7.51
24	845	南京城市商業銀行	311	7,418	20	644	99	37.1	79	1	1.34	3	na	11.73	2.47
25	867	重慶商業銀行	300	4,176	28	826	26	9.7	794	29	0.63	22	39.42	11.81	1.53
26	901	東莞城市商業銀行	279	6,452	24	696	48	20.6	427	16	0.74	18	na	9.61	5.87
27	948	哈爾濱城市商業銀行	259	5,597	25	747	26	14.0	649	23	0.47	26	na	8.09	6.19
28	952	西安城市商業銀行	257	4,910	26	783	26	11.8	728	27	0.53	25	na	6.03	14.58
29	990	廈門國際銀行	238	3,918	30	847	49	22.1	382	14	1.25	5	40.91	12.77	0.96
30	992	濟南城市商業銀行	237	4,150	29	831	32	15.6	601	20	0.77	15	na	10.40	1.57
31	1000	中國浙商銀行（寧波）	231	4,689	27	794	52	24.5	311	10	1.11	7	na	11.87	0.00

BIS: Bank for International Settlements（國際清算銀行）

資料來源：英國《銀行家》雜誌，2007年7月刊

(二) 中長期信貸

中長期信貸(Intermediate and Long-Term Credit)的借款期限在 1 年以上，一般為 2 年、3 年、5 年、7 年、10 年，有的中長期信貸借款期限甚至在 10 年以上。中長期信貸的借款人有銀行、公司企業、政府機構以及國際機構等。中長期信貸與短期信貸有所不同，由於它的期限長、金額大，信貸風險隨之增大，因而借貸雙方要簽訂書面的貸款協議，對貸款的有關重要事項詳加規定，以便雙方共同信守；而且常常由借款人所屬國家的政府機構提供擔保。如果一筆中長期信貸的金額相對不大，期限又不太長，則可由一家銀行獨家承貸；如果一筆中長期信貸的金額龐大，期限又較長，則由不同國家的多家銀行組織銀團，共同提供貸款。中長期信貸的利率是以倫敦銀行同業拆放利率為基礎，加利差(Margin)形成的，此外，在銀團貸款條件下，還要收取各種費用。

銀行或銀團在提供中長期信貸時也不限定用途，可由借款人自主安排使用。跨國公司和發達國家其他大公司企業，需要借入中長期信貸以便對生產性固定資產進行追加投資。發展中國家為了發展民族經濟，需要進行大規模的基本建設投資，因而對長期資金的需要十分迫切；但這些國家國內的資金累積有限，遠遠不能滿足需要。它們除了從國際金融機構和外國政府獲得較優惠的長期貸款外，還要在國際金融市場上籌借長期信貸資金。國際金融機構以及發達國家的出口信貸機構或提供出口信貸的商業銀行，為了擴大自身提供信貸的能力，除了增資外，也需要在國際金融市場上籌借中長期信貸資金。1973 年石油漲價以後，一些發達國家和非產油的發展中國家的國際收支逆差增大，這些國家也需要借入中長期信貸，以彌補其國際收支的巨額長期逆差。一些發展中國家在 20 世紀 70 年代初曾在國際金融市場籌借了巨額長期資金，用於本國經濟建設，取得了可喜的成就。但到 20 世紀 80 年代初，這些長期信貸進入集中償還階段，此時正值西方國家爆發經濟危機，對來自發展中國家的初級商品的需求銳減；同時貿易保護主義盛行，使發展中國家的商品出口量減少，加之初級商品的國際市場價格下跌，致使一部分發展中國家無力清償到期債務，遂發生國際債務危機，不得不從國際金融市場按苛刻條件借入中長期貸款，用以償付到期債務。

國際銀行信貸若按其保障性的不同，可分為抵押貸款、擔保貸款和信用貸款三類。抵押貸款是銀行憑外國借款人向銀行提交的抵押品作為償還債務的擔保而向該借款人發放的貸款。抵押貸款的保障性是最強的。擔保貸款是銀行憑第三者(保證人)的信用作為外國借款人償還債務的保證而向該借款人發放的貸款。信用貸款是銀行憑外國借款人自身的信用作為償還債務的保證而向該借款人發放的貸款。

三、國際銀行信貸的特點

國際銀行信貸與其他各種國際信貸形式相比，具有如下幾個特點：

第一，國際銀行信貸對貸款的使用一般不加限制，由借款人自主決定。

其他各種國際信貸形式，如出口信貸、項目貸款、政府貸款、國際金融機構貸款，在貸款的使用上都受貸款人的限制；國際銀行信貸在貸款資金的使用上，不受貸款銀

行的任何限制，借款人可根據需要自主地安排使用，可將貸款在任何國家用於任何用途。

第二，國際銀行信貸的資金供應充分，借取方便，歷年貸款規模增長迅速，每筆貸款金額較大。

國際銀行信貸的資金供應充分，如歐洲貨幣的存款總額已從 1970 年的 1,100 億美元，猛增到 1982 年的 20,000 億美元，到 20 世紀 80 年代末再增到 40,000 億美元。自 20 世紀 70 年代以來，每年國際銀行信貸提供的中長期信貸規模增長迅速，1970 年貸款額僅為 47 億美元，到 1981 年增至 1,330 億美元，到 80 年代末增至 2,000 億美元。歐洲貨幣中長期信貸由於不限定用途，借款手續較為簡便，每筆貸款的金額較大，獨家銀行提供的中期貸款每筆額度為數千萬美元，貸款銀團提供的長期貸款每筆額度為 5 億~10 億美元。

第三，國際銀行信貸的信貸條件對借款人較為不利，貸款利率隨行就市，波動頻繁，水平較高，貸款期限相對不長。

首先，就貸款利率而言，政府貸款具有雙邊國際經濟援助性質，屬於低息貸款，一般年息為 1.5%~3%。國際金融機構貸款，一部分屬於向最不發達國家提供的無息貸款；另一部分屬於中息貸款，其利率稍低於市場利率。出口信貸的利率受出口信貸君子協定的約束，並有政府的利息補貼，故其利率比市場利率優惠一些，屬於中息貸款。以上各種中長期信貸的利率均較中長期國際銀行信貸利率優惠。國際銀行信貸的利率屬市場利率，受國際金融市場資金供求等因素的影響，隨行就市，波動頻繁，且無政府提供的利息補貼，故其利率水平較高，屬於高息貸款。

其次，就貸款期限而論，出口信貸的貸款期限，中期為 2~5 年，長期為 5~10 年。政府貸款的平均期限在 30 年左右。世界銀行提供的開發建設項目貸款，其期限為 15~20 年。國際債券的期限一般也在 10 年以上。而中長期國際銀行信貸的期限則相對不長。獨家銀行提供的中期貸款期限一般為 3~5 年，貸款銀團提供的中長期貸款期限一般為 5~10 年，超過 10 年者較為少見。這與出口信貸的貸款期限相當，但遠較政府貸款和國際金融機構貸款的期限為短。

四、國際銀行信貸的規模

國際銀行信貸是由國際商業銀行提供的，而國際商業銀行主要通過吸收各類存款形式從社會各界籌集閒散資金以提供貸款。因此，歸根究柢，國際銀行信貸的規模，最終受國際商業銀行吸收存款的規模所制約。

2001 年世界 1,000 家大銀行的資產總額為 39.63 萬億美元，國際銀行借貸總額約為 38 萬億美元。1995 年在國際資本市場上的借款總額約為 12,580 億美元，OECD 成員國借款約為 11,200 億美元，以美國、德國、日本三國借款最多。

第二次世界大戰結束後，國際金融市場發展迅速，20 世紀 50 年代後期歐洲貨幣市場興起以後，發展更為迅猛，目前它已成為世界上首屈一指的國際金融市場。幾十

年來，歐洲貨幣市場上歐洲銀行的存貸業務均有多倍的增長。歐洲貨幣市場的貸款業務，最初以短期信貸為主，后來中長期信貸才逐漸增長。20世紀70年代以來，中長期信貸增長較快。

必須指出，不應把歐洲貨幣市場的存款總額與歐洲銀行當年實際可貸放的貸款額混為一談。因為：第一，上述歐洲貨幣存款是對存款總額而言的，其中有一部分是銀行相互之間的轉存款，只有把這一重複計算的部分剔除以後，才是歐洲銀行吸收的歐洲貨幣淨存款額，稱為存款淨額。例如，1982年歐洲貨幣存款總額高達20,570億美元，而存款淨額為9,320億美元，存款淨額為存款總額的1/2弱。第二，在各國國內金融市場和傳統的國際金融市場上，商業銀行吸收的各類存款，均應依法向中央銀行交納法定存款準備金，其余部分才能用於發放貸款。歐洲貨幣市場雖無法定存款準備金制度，但各家歐洲銀行為了滿足儲戶提取存款的需要，以及滿足一部分借款客戶臨時追加借款的需要，必須自行保存一部分存款準備金，其余部分才能用於發放貸款。第三，在歐洲貨幣貸款總額中，有一部分是各銀行相互之間的短期同業拆放，或銀行對企業、單位提供的短期信貸，短期信貸以外的部分才是提供的中長期信貸。第四，中長期貸款總額是銀行多年累計貸款的未清償余額，其中多數已在過去多年貸放出去，並不是當年實際可貸放的數額。銀行當年實際可貸額，要取決於下列兩個因素：①當年新流入市場的資金額；②以前貸出當年收回的貸款額。這兩項相加才等於銀行當年實際可貸額，即：

銀行當年實際可貸額=當年新流入資金額+當年收回貸款額

1973—1977年，歐洲貨幣中長期信貸每年實際貸款額為200億~400億美元，1978年猛增至702億美元，1981年高達1,334億美元。其后由於西方國家爆發經濟危機，長期資金需求減少，加之一些發展中國家爆發國際債務危機，國際商業銀行對提供貸款持較慎重態度，因而貸款額有所下降，1983年為739億美元。以后實際貸款額逐漸回升，至20世紀80年代末，每年實際貸款額約為2,000億美元。

歐洲貨幣中長期信貸的借款國有四十多個國家，還有幾家國際機構。這些國家大體上可以分為四類：發達國家、發展中國家、蘇聯東歐國家和國際機構。其中，發達國家借入的中長期信貸占較大比重；發展中國家初期借入額較小，但其增長速度較快；蘇聯東歐國家的借款額不大；國際機構的借款額通常也比較少。

歐洲貨幣中長期信貸所使用的貨幣，始終以美元為主。這是由於在國際經濟貿易往來中，美元一直是主要的計價、結算、支付貨幣；在世界各國的官方儲備中，美元也是主要的國際儲備貨幣。其他歐洲貨幣使用得較少，其中常用的主要是德國馬克(現為歐元)和日元。

第二節　國際銀團貸款

一、國際銀行信貸的方式

短期國際銀行信貸均採取由一國獨家銀行向另一國借款人提供貨幣貸款的方式。中長期國際銀行信貸的方式有獨家銀行貸款和銀團貸款兩種。

獨家銀行貸款亦稱雙邊中期貸款，它是一國貸款銀行對另一國的銀行、政府機構、公司企業提供的貸款，並簽訂書面的貸款協議。每筆貸款金額通常為數千萬美元，最多為1億美元。貸款期限為3~5年，屬於中期貸款。外國借款人借用獨家銀行貸款的籌資成本較低，只包括LIBOR加上利差、管理費和承擔費等。

銀團貸款亦稱辛迪加貸款(Syndicate Loan)，它由一家貸款銀行牽頭，該國的或幾個國家的多家貸款銀行參加，聯合組成一個結構嚴謹的貸款銀團，按照相同條件共同對另一國的銀行、政府機構、公司企業提供的一筆長期巨額貸款。貸款銀團的牽頭經理銀行、代理銀行以及所有參加銀行與另一國借款人之間要簽訂書面貸款協議。銀團貸款比獨家銀行貸款金額大、期限長。每筆貸款金額一般為1億~5億美元，有的甚至高達10億美元。貸款期限一般為5~10年，也有超過10年的。在其他條件相同的情況下，外國借款人借用銀團貸款的籌資成本要比借用獨家銀行貸款的籌資成本高一些，不僅包括LIBOR加上利差，還包括各項費用，例如承擔費、管理費、代理行費、安排費和雜費等。

目前，中長期國際銀行信貸，尤其是歐洲貨幣中長期國際銀行信貸，多採取銀團貸款方式。這是由下述兩個原因造成的：

第一，西方國家金融當局對本國商業銀行向外國銀行、政府機構、公司企業提供貸款，均設定了一定的額度限制。例如，日本大藏省1982年9月規定，日本一家商業銀行對一個國家的短期和中長期貸款總額不得超過該銀行自有資本的30%；大藏省於1983年3月還實行對外貸款總額的限制制度，規定日元貸款總限額為6,000億日元。瑞士政府金融當局規定，瑞士商業銀行對一筆海外銀行貸款額超過1,000萬瑞士法郎，或貸款期限在1年以上者，均須經過瑞士中央銀行批准。總之，在傳統的國際金融市場上，貸款銀行對外國借款人提供貸款的規模，要受該國金融當局制定的金融法令和條例的限制。但在歐洲貨幣市場上，歐洲銀行對外國借款人提供的歐洲貨幣中長期國際銀行信貸，則不受各國金融當局制定的法令和條例的制約。儘管如此，一筆長期、巨額的貸款也絕非一家歐洲銀行所能承擔的。況且銀行願意與更多借款客戶發生貸款關係，並通過這種關係來擴大其業務經營範圍，吸收更多的存款，並向客戶提供各種服務。所以，貸款銀行即使有實力，也不願獨家把資金全部貸放給一個借款人。

第二，西方國家的商業銀行向外國銀行、政府機構、公司企業提供貸款，其最終目的是安全收回貸款並獲得利潤。為了達到這一目的，銀行在貸款時應兼顧安全性、流動性和盈利性，其中首要考慮貸款的安全性，盡量減少貸款的風險。一般地說，

分散貸款可以收到分散風險的效果。所謂分散貸款有兩層含義：一層是借款人的分散，指一家貸款銀行將吸收的各類存款，分散貸給許多借款人使用，每一借款人獲得的貸款額有限；另一層是貸款人的分散，指多家銀行共同向一個借款人提供一筆貸款，每家銀行承擔的貸款額有限。這裡指的是后一種情況。倘若一家商業銀行單獨向外國借款人提供一筆長期、巨額的貸款，其風險就較大。一旦借款人由於經營不善或其他原因以致資金週轉不靈，甚至破產倒閉，銀行貸款就會成為呆帳，使提供貸款的銀行蒙受巨大的損失，遭受沉重的打擊。但是，若由多家銀行聯合起來組成一個貸款銀團，共同向外國借款人提供一筆長期、巨額的貸款，每家貸款銀行所承擔的貸款數量相對較小，可能出現的風險也就相對較小。即使外國借款人資金週轉不靈，甚至破產倒閉，銀行貸款變成呆帳，每家貸款銀行所蒙受的損失也不會很大。

二、國際銀行信貸的組織形式——循環信貸

　　國際銀行信貸的主要資金來源有客戶存款、銀行同業存款和歐洲美元定期存單。由於大多數存款帶有短期性質，如何將存款展期就成為貸款銀行面臨的迫切任務。

　　銀行吸收的短期存款(1個月、2個月、3個月期的存款)逐漸為較長期的存款所取代。1963年，普通存款的平均期限為1年，1964年為3年，20世紀60年代末為5年，其后仍保持這種趨勢。因此，這就為延長國際銀行信貸期限創造了條件，提供信貸的新的組織形式出現了。獨家銀行循環信貸(Revolving Credit)和銀團循環信貸均屬這種新形式。前者，銀行以自己的名義提供循環信貸；后者，銀團的牽頭經理銀行以各參加銀行的名義提供循環信貸。

　　貸款銀行或貸款銀團試圖將短期貸款轉變成中長期貸款，是出現循環信貸的原因。資金流動性問題也起了重要作用。循環信貸不同於傳統信貸之處，就在於它試圖用自己的機制來解決轉變問題和流動性問題。循環信貸是在歐洲貨幣市場上貸款協議規定的時間到期以后，必須對貸款的利率水平重新進行審查後才能提供的一種信貸。循環信貸的主要方式有：①循環歐洲信貸；②復原的循環歐洲信貸；③備用的循環歐洲信貸。

　　循環歐洲信貸在盎格魯-撒克遜各國稱為歐洲貨幣定期貸款。它是最普通的一種貸款方式，其限期不超過5年。借款人可在簽訂貸款協議後一定時期內提取資金，並根據償債日程表償還貸款；該日程表可從借款人提款后某一時間開始。英國各清算銀行從1960年起採用這種貸款方式。貸放歐洲美元的各銀行也從1963年起採用定期循環歐洲信貸。最初這種信貸的利率固定，20世紀70年代初由於國際貨幣體系的崩潰，各銀行開始採用浮動利率提供循環歐洲信貸。

　　復原的循環歐洲信貸最初借款人在獲得這種貸款時，僅預先聲明在提供信貸期限的範圍內於利息調整日改變信貸的利率。最初的一筆復原的循環歐洲信貸是在1966年，由14家銀行組成的一家貸款銀團向伊·比·姆世界貿易公司發放的，貸款總額為3,500萬美元。

備用的循環歐洲信貸帶有準保險的性質。在簽訂取得貸款合同時,實際上並沒有提供貸款,貸款銀行僅僅承擔下列責任,即在合同有效期內,一經借款人申請,即提供歐洲貨幣信貸。這種貸款的期限比前面兩種貸款要短一些,通常為1~3年。如果借款人要求獲得貸款,此種貸款即具有循環歐洲信貸的性質。

貸款銀行也把上述幾種信貸方式結合到一起,採用復原的循環歐洲信貸或循環歐洲信貸,提供備用的循環歐洲信貸。還有將復原的循環歐洲信貸在事後變為循環歐洲信貸的做法。

三、國際貸款銀團

國際貸款銀團是一個結構嚴密的金融機構集團,是由按共同條件將貨幣資金貸給外國某一借款人的牽頭經理銀行(經理銀行)、副牽頭經理銀行、參加銀行和代理銀行所組成的集團。

國際貸款銀團的建立,是各家可能的牽頭經理銀行相互競爭與合作的結果。大多數國際貸款銀團是事後建立的,即在各個可能的牽頭經理銀行為獲得外國借款人的授權而進行競爭以後建立的。競爭勝利者成為牽頭經理銀行,獲得借款人的授權,負責組建貸款銀團;而競爭失敗者往往作為參加銀行參加該銀團。同時,互惠考慮及與牽頭經理銀行的往來關係,是決定銀行能否參加銀團的重要因素。外國借款人也要求與其有關的銀行在銀團中發揮一定的作用。

國際銀團貸款的當事人有兩方:一方是借款人,包括外國銀行、政府機構、公司企業等;另一方是貸款人,即參加該銀團的各家貸款銀行,包括牽頭經理銀行、副牽頭經理銀行、參加銀行和代理銀行。外國借款人與銀團牽頭經理銀行之間的相互關係,與各國國內金融市場上的公司企業與其投資銀行之間的相互關係極為相似。這種相互關係通常是年深日久的,因為它要求貸款銀行詳盡地瞭解借款人的需要、資力、弱點和偏好。在正常情況下,國際貸款銀團在國際金融市場上提供一筆銀團貸款以前,要對市場、貸款方式、期限等加以研究,然后做出決定。

最初,美國投資銀行和英國商人銀行作為國際銀團貸款的牽頭經理銀行,在國際金融市場上發揮顯著作用。后來,隨著國際金融市場日趨成熟,大商業銀行取代了它們的地位。銀團牽頭經理銀行要在國際金融市場上按當時所能獲得的最優惠條件籌措到借款人所需要的資金總額,才能在競爭中立於不敗之地。

銀團牽頭經理銀行連同參加銀行和代理銀行在與借款人簽訂貸款協議以前,要對以下情況進行研究:所供應資金的項目的可靠性;獲得其他銀行同意參加銀團的可能性;貸款期限和償還辦法;確定計價貨幣和支付貨幣;信貸保險的做法等。銀行專業人員要研究借款人的財務活動和投資計劃。在對評估結果感到滿意后,銀行提出適當的貸款方式。若確定採取國際銀團貸款方式,還要進行下列工作:①牽頭經理銀行受借款人的委託,為借款人挑選願意向其提供貸款的各貸款參加銀行。借款人發給牽頭經理銀行一份委託書,作為委託后者代為挑選貸款銀行的授權依據。因為牽頭經理銀

行要履行銀團組織者和領導者的職能,必須獲得授權,否則無法開展工作。牽頭經理銀行則向借款人出具一份義務承擔書,表明願意承擔為借款人組織銀團貸款的義務。②牽頭經理銀行與借款人共同擬訂一份關於借款人財務狀況與其他情況的情況備忘錄,分送對此項貸款有興趣參加的各家銀行,作為后者考慮是否參加銀團的依據。③牽頭經理銀行與借款人談判,商定貸款協議的各項條款。

在一筆國際銀團貸款總額中,牽頭經理銀行的貸款額可以不佔有較大比重,但若佔有較大比重(這一比重通常為貸款總額的 30%~40%),則有關各方對該銀團的信心會增強。當其他銀行獲悉銀團牽頭經理銀行負責提供較大比重的貸款後,也會樂於參與貸款。

國際貸款銀團成員的多寡,取決於貸款規模的大小和信貸風險程度的高低。如果擬予融資的項目風險大,或者借款國的政治局勢不穩定,宜邀請更多家銀行參加銀團。這樣,可以降低每家貸款銀行所承擔的風險。洽談銀團貸款時,借款人應提供備忘錄。該備忘錄全面反應借款人的財務狀況、商務狀況、貸款用途和擔保等內容。貸款銀團要分析借款人最近 5 年的經營活動,審核接受貸款項目的發展前景。至於對外國國有企業的信貸,或由外國政府充當擔保人的信貸,則要收集有關該國政治經濟狀況的資料。

國際銀團貸款有兩種方式:①直接銀團貸款。由國際貸款銀團內各家貸款銀行直接向外國借款人貸款,整個貸款工作,包括各家貸款銀行發放貸款和借款人償還貸款,均由指定的代理銀行統一管理。②間接銀團貸款。由國際貸款銀團的牽頭經理銀行向外國借款人貸款,然後該銀行將參加貸款權分別轉售給各家貸款銀行,貸款工作由牽頭經理銀行統一管理。

四、國際貸款銀團各成員的職責

國際貸款銀團是由多家銀行組成的。根據各家銀行在銀團中所處的地位和所承擔的職責的不同,銀團的成員可分為牽頭經理銀行(經理銀行)、副牽頭經理銀行、參加銀行和代理銀行四類。

(一) 牽頭經理銀行

牽頭經理銀行是國際銀團貸款的組織者和領導者。其主要職責是:①為外國借款人挑選貸款銀行,組成貸款銀團向該借款人貸款;②協助借款人共同編製供各家可能參加貸款的銀行在進行評審時使用的情況備忘錄;③協助律師起草貸款協議和有關法律文件;④代表銀團與借款人談判、協商貸款事宜,並組織銀團成員與借款人簽訂貸款協議。牽頭經理銀行與借款人之間有合同關係,它對借款人的主要責任是根據委託書的規定,組成銀團。牽頭經理銀行對各家參加貸款的銀行的責任是向後者如實介紹借款人的情況。若牽頭經理銀行在情況備忘錄中對重要事實做了不正確的陳述,應對各家參加貸款的銀行因此而蒙受的損失負責。

(二) 副牽頭經理銀行

副牽頭經理銀行的職責不盡一致,有的相當於包銷人的角色,它們保證負責安排

一定比例的銀團貸款。

(三) 參加銀行

參加銀行是同意參加貸款銀團並承擔一定份額貸款的銀行。它們同意參加的最低金額，是接納它們作為銀團成員的條件。通常這一最低金額為 100 萬~200 萬美元。根據銀團提供信貸規模的大小，最低金額也有所不同。

(四) 代理銀行

代理銀行是執行銀團貸款協議的管理者，在直接銀團貸款方式下，貸款銀團指定本銀團的某一成員銀行充當代理銀行；而在間接銀團貸款方式下，則由牽頭經理銀行充當代理銀行。代理銀行在從簽訂貸款協議之日起到貸款全部償清為止的期間內，代表銀團處理與銀團貸款有關的全部管理工作，並與借款人進行日常的直接聯繫。其主要職責是：①充當貸款的中間人。代理銀行是各家參加貸款的銀行與借款人的中間人，主要充當各家參加貸款的銀行發放貸款和借款人償還貸款的中間人。各家參加貸款的銀行不直接向借款人支付貸款，而是將款項付給代理銀行，由后者匯總付給借款人；借款人也不直接向各家參加貸款的銀行償還貸款，而是將款項付給代理銀行，由其按各銀行的貸款份額進行分配。②證實貸款的先決條件業已具備，使貸款協議開始生效。③監督借款人的財務狀況，並向銀團各成員提供有關借款人財務狀況的證明文件。④應付借款人的違約事件。若借款人違約，代理銀行必須確定借款人是否確已構成違約，是否應提請銀團成員做出中(終)止交款和加速到期的決定。

五、國際銀行信貸的風險及其補救方法

(一) 國際銀行信貸的風險

國際銀行信貸存在著各種風險。國際信貸風險大體上可分為商業風險和國家風險兩類。商業風險是由借款人不能如期履行其償還貸款本金和支付利息的義務引起的。為了估計這一風險，銀團牽頭經理銀行要分析借款人的財務狀況，並注意信貸償還的各種不同方案：是用借款人的自有資本，抑或是用借入資本償付；若用借款人的自有資本償付，具體是用自有固定資本，還是用自有流動資金，或折舊、新增利潤來償付。國家風險的內容十分廣泛，包括借款人所在國的政治、經濟、社會等各個方面的風險。銀團牽頭經理銀行要就國家風險進行全面的調查研究工作，並根據對該國的政治、經濟、社會等方面綜合研究的結果，確定該國的國家風險率。根據國家風險率確定對該國的信貸條件(如利率、期限等)以及貸款的最大額度。

(二) 國際銀行信貸與國內銀行信貸的風險比較

國際銀行信貸風險與國內銀行信貸風險相比，究竟哪一種信貸的風險更大一些呢？我們可以從兩個不同的角度加以考察。

從信貸風險的內容來看，國內銀行信貸由於借貸雙方當事人均為同一國家的居民，受同一國家法律的約束，受同一國家金融當局的管理，因而只存在商業風險，並不存在國家風險。國際銀行信貸則不僅有商業風險，而且有內容廣泛的國家風險。從這個

角度看，國際銀行信貸的風險要比國內銀行信貸的風險大得多。

再從貸款對象看，國內銀行信貸的貸款對象較為廣泛，包括國內大中小型公司、合夥企業、個體企業、政府機構、社會團體及個人等。這些借款人的資金力量千差萬別，經營管理水平良莠不齊，因而其償債能力也大相徑庭。由此不難看出，國內銀行信貸的商業風險較大。國際銀行信貸的主要貸款對象是外國私人公司、外國國有企業和外國政府機構。外國私人公司一般為跨國公司或其他大型工商業公司，它們資力雄厚，信譽卓著，加之它們申請的貸款通常由母國政府提供擔保，因而對它們提供信貸的風險相對較小。至於對外國國營企業和外國政府機構提供的貸款，其風險顯然比對國內公司企業貸款的商業風險要小得多。

實際情況如何呢？美國聯邦儲備委員會的一份報告材料顯示，20世紀70年代美國大商業銀行國內貸款的倒帳率要高於國際貸款的倒帳率。例如，美國十家最大的商業銀行1978年國際貸款的倒帳率僅為0.2%。但在20世紀80年代初，一些發展中國家爆發了國際債務危機，國際銀行信貸的風險明顯增大。

（三）國際銀行信貸風險的補救方法

近年來，由於各國借款人對中長期國際銀行信貸資金需求迅速增長，國際金融市場資金緊張程度加劇，從而國際貸款銀行或貸款銀團提供中長期國際銀行信貸的風險隨之增大。這種情況迫使貸款銀行和貸款銀團改善信貸機制，採取各種補救措施，以減輕或避免信貸風險。

國際貸款銀行和貸款銀團一般通過選擇貸款貨幣，採用各種保值條款，使用遠期外匯業務，採用提前或推遲收回貸款，提高利率，實行浮動利率，辦理信貸保險等措施，減少信貸風險。除此以外，還實行貸款證券化。所謂貸款證券化，是指國際貸款銀團要求借款人出具書面借據，並在此基礎上發行小面值證券，分售給中小銀行，以轉移和分散信貸風險。

貸款證券化的具體做法如下：在簽訂國際貸款協議時，借款人應向國際銀團提交關於及時償付貸款、利息、費用的書面借據。該借據的正本交由銀團牽頭經理銀行保管，副本則分送參與貸款的其他各家銀行。這種借據不但執行擔保職能，而且貸款銀團還可在這種借據的基礎上發行一種可以轉售給中小銀行的流動性證券。這種證券的面值一般為1,000美元、10 000美元、100,000美元和500,000美元。有一些中小銀行由於財務狀況較差而未能參加貸款銀團，於是就購進上述證券。投資人憑證券可以像國際債券一樣，獲得利息收益。

近年來，證券常以浮動利率發行。這種證券像歐洲債券一樣，在盧森堡交易所上市。但此種證券交易在交易所並不起很大作用，因為證券買賣大部分在場外進行。因此，浮動利率證券二級市場很像倫敦美元定期存單市場。這種證券的利率，像歐洲貨幣中長期國際銀行信貸一樣，是在4~6家參加銀行的幫助下確定的。浮動利率證券規定最低利率水平，基礎利率加上利差若低於該水平就不應發行。最高利率水平實行得不很普遍。以浮動利率證券作為擔保提供信貸的期限，超過普通歐洲貨幣信貸的期限，

其費用也多於普通歐洲貨幣信貸的費用。

第三節　國際銀行信貸的信貸條件

信貸條件的概念是在資本主義國家經濟立法的基礎上，為保障借貸雙方當事人的合法權益，促進貸款協議的達成，而對借貸雙方的權利義務所規定的條件。

國際銀行信貸的信貸條件主要包括以下三項：①利息與費用；②期限與償還；③貨幣選擇。

一、利息與費用

國際銀行信貸的「價格」或「代價」，是由利息和費用所組成的。其中，利息是信貸「價格」的主要部分。利息對世界經濟、市場行情的微小變動都能做出迅速的反應，因而它是經常變動的；同時，利息的結構和變動也反應了國際金融市場的基本發展趨勢。

短期利率具有靈活性，它在一個產業週期內變動頻繁，波動幅度很大。短期利率的這一特點，是由短期資本運動的特點，尤其是由國際金融市場上借貸雙方當事人的活動中存在的保值動機和投機動機決定的。此外，西方國家政府金融管理機構也利用短期信貸的伸縮作為調節貨幣流通、國際收支和外匯匯率的重要手段。

長期利率在很大程度上依賴於資本的主要供應國的週期性因素。而且，資本的主要供應國的外匯狀況對長期利率也有重大影響。例如，1977年美元國際長期信貸利率的下降，很大程度上是由美元在世界外匯市場上地位的急遽惡化造成的，進而使得在美國的外國債券發行量減少。

國際銀行信貸由於獲得貸款的市場不同、貸款的期限不同、使用的貨幣種類不同，其利率也有所差異。

由於歐洲貨幣市場目前已成為世界最主要的國際金融市場，因而我們著重考察歐洲貨幣市場上國際銀行信貸的利率。

(一) 短期信貸利率

歐洲貨幣市場中最早形成的是歐洲美元市場，隨后才逐步形成歐洲聯邦德國馬克市場、歐洲瑞士法郎市場等。而且歐洲美元市場在整個歐洲貨幣市場中一直占主導地位，倫敦則是歐洲美元市場的中心。短期信貸主要是在銀行同業之間進行的，因此，倫敦銀行同業拆放利率(LIBOR)就成為歐洲美元的主要短期信貸利率。至於銀行對最終借款人提供的短期信貸的利率，要比倫敦銀行同業拆放利率稍高一些，需要在倫敦銀行同業拆放利率的基礎上，加一個利差。這要由貸款銀行與借款人協商來確定。

LIBOR分為貸款利率和存款利率兩種。兩者間差距甚小，在0.25%～0.5%範圍。存貸間的利差是貸款銀行的毛利潤收入。

在倫敦和歐洲大陸各國金融中心城市(如法蘭克福、巴黎、蘇黎世等地)的歐洲貨

幣市場上，專門經營或兼營歐洲貨幣存貸款業務的銀行，稱為「歐洲銀行」（Euro Bank）。在西歐各國，歐洲銀行為數眾多，但並非任何一家歐洲銀行都有資格報出自己的同業拆放利率。如在倫敦歐洲貨幣市場上經營歐洲貨幣存貸款業務的銀行多達幾百家，但有LIBOR報價資格的僅有三十多家大銀行，稱為「主要銀行」。這些主要銀行的特點是：本身業務吞吐量大，能替客戶吸進資金，又能替客戶貸出資金。在通常情況下，如果信貸金額不太大，信貸期限也不太長，這些主要銀行均能滿足客戶的要求。英國的清算銀行、海外銀行、大商人銀行、外國大商業銀行的分行，均為主要銀行。各家主要銀行分別報出自己的LIBOR，各銀行間報價差距約為0.0625%。

歐洲美元短期信貸的利率，按其期限的不同，又有隔夜、7天、1個月、3個月、6個月、12個月期的不同利率。通常期限越短，利率越低；期限越長，利率越高。但有時也會出現例外情況。據英國《金融時報》，2002年2月8日的倫敦銀行同業拆放利率如表2-4所示：

表2-4　　　　　　　　　　倫敦銀行同業拆放利率

（2002年2月8日）　　　　　　　　　　　　　　　單位：%

貨　幣	隔夜	1個月	3個月	6個月	1年
美　元	1.775,00	1.840,00	1.900,00	2.021,25	2.418,75
歐　元	3.315,00	3.339,38	3.354,13	3.391,25	3.580,25
英　鎊	3.439,06	3.978,75	4.040,32	4.151,57	4.525,32
瑞士法郎	1.615,00	1.636,67	1.668,33	1.756,67	2.023,33
日　元	0.050,00	0.057,63	0.090,00	0.092,50	0.102,50

資料來源：英國《金融時報》，2002年2月9~10日

由於歐洲美元短期信貸的期限較短，市場利率變動的風險相對不大，故採用固定利率，即在提供貸款時規定一個利率，該利率在整個貸款期內有效。

歐洲美元短期信貸的利息採取利息先付方法，亦稱貼現法。貸款銀行在提供貸款時，首先將利息額從貸款中扣除，然后將扣除利息后的餘額付給借款人；在貸款到期時，借款人則應按貸款額償還。例如，某貸款銀行對某借款人提供貸款100,000美元，期限3個月，利率(年息)12%，則該貸款銀行先從貸款額中扣除利息額：

$$100,000 \times 12\% \times \frac{3}{12} = 3,000 （美元）$$

然后將扣除利息后的餘額付給借款人：

$$100,000 - 3,000 = 97,000 （美元）$$

在這筆貸款到期時，借款人應償還100,000美元。

利息先付方法的計算公式如下：

$$I = S \times i \times n$$
$$P = S - I = S(1 - i \times n)$$

其中：I 代表利息額；S 代表貸款額，即借款人到期償還額；i 代表利率；n 代表期限；P 代表借款人實得貸款額。

這種利息先付方法，與利息后付方法(即借款人在貸款到期時付息)相比，借款人的利息負擔較重。在採用利息后付方法時，借款人實際借到的全部貸款額如上例為 100,000 美元，到期時才付出利息 3,000 美元。而在採用利息先付方法時，借款人名義上借到 100,000 美元，實際上只借到 97,000 美元，即需付出利息 3,000 美元。其名義利率為 12%，而實際利率則提高為：

$$\frac{3,000}{97,000} \times \frac{12}{3} \times 100\% = 12.37\%$$

其他歐洲貨幣，如歐洲德國馬克、歐洲瑞士法郎、歐洲日元、歐洲法國法郎、歐洲英鎊、歐洲義大利里拉等(2002 年 3 月 1 日起歐元代替了德國馬克、法國法郎、義大利里拉)，在歐洲貨幣市場上，也均有其銀行同業拆放利率。而且，按照期限的不同，上述歐洲貨幣都各有 1 個月、3 個月、6 個月、12 個月期的對應利率。其他歐洲貨幣的短期信貸利率，也有採用固定利率的。

貸款銀行提供短期信貸，僅按市場利率向借款人收取利息，不再另外收取其他費用。

(二) 中長期信貸利率

歐洲美元中長期信貸的利率，是以倫敦銀行同業拆放利率作為計息基礎，再加上一個利差而構成的。

由於倫敦有三十多家主要銀行可以報出自己的 LIBOR，究竟以哪一個 LIBOR 為準呢？貸款銀行和借款人可以在以下四種做法中選擇一種：①借貸雙方根據倫敦歐洲美元市場上各主要銀行的報價，通過協商予以確定。②以兩三家局外的主要銀行的 LIBOR 報價為依據，按其平均 LIBOR 計算。這種局外的主要銀行稱為參考銀行。③按貸款銀行(它本身是一家主要銀行)與另外一家局外的主要銀行的 LIBOR 報價平均計算。④由貸款銀行(或銀團貸款中的牽頭經理銀行)單方面確定。在這四種做法中，第一種做法對借款人最為有利，依次到第四種做法對借款人最為不利。而對貸款銀行的利弊則正相反。故在確定採取何種 LIBOR 問題上，借貸雙方是有矛盾的。

LIBOR 按期限不同又有幾種利率，一般是以 3 個月期或 6 個月期的 LIBOR 作為中長期信貸的計息基礎。

由於歐洲美元中長期信貸的期限較長，短則 3~5 年，長則 10 年以上，在此期間市場利率變動頻繁，波幅巨大，人們對市場利率的變動趨勢又難以事前做出準確的預測，貸款銀行和借款人雙方都盡力避免利率變動所造成的風險和損失。因此，中長期信貸的利率一般不採用一次訂死、全期適用的固定利率，大都採用分期按市場利率變動進行調整的浮動利率。一般是每隔 3 個月或每隔半年根據市場利率變動情況調整一次。例如，有一筆 5 年期的貸款，借貸雙方商定每半年調整一次利率，貸款銀行在提供貸款時首先確定最初半年適用的利率，然后在半年后根據利息調整日前兩個營業日

那天倫敦時間上午 11 時的 LIBOR 報價確定第二個半年適用的利率，以此類推。這樣，一筆 5 年期的貸款，可分為 10 個計息期，利率可變動 9 次。

利差的幅度，則依據貸款金額的大小、貸款期限的長短、國際金融市場資金的供求狀況、貸款所用貨幣風險的大小、借款國和借款人資信的高低而有所不同。利差高的可達 1%~2%，低的僅為 0.25%~0.75%。頭等資信的借款人支付的利差通常最低。期限相對較短的貸款，在整個貸款期內採用一個利差；而期限較長的貸款，在整個貸款期內採用分段計算的利差。例如，一筆 7 年期的貸款，前 3 年和后 4 年分別規定兩個不同的利差。一般是后幾年的利差稍高於前幾年。

貸款利息在每一計息期（3 個月或 6 個月）的期末支付一次，按實際用款額和實際用款天數計算，一年按 360 天計①。其計算公式如下：

$$I = P \times i \times \frac{n}{360}$$

其中：I 代表利息額；P 代表實際用款額；i 代表利率；n 代表實際用款天數。

中長期信貸的利息是分期支付的，表面上是單利，實際上是複合；借款人實際支付的利息比整個貸款到期時一次性支付的利息要高得多，而且計息期越短，借款人的利息負擔越重。所以，在其他條件相等的情況下，借款人爭取計息期長一些較為有利。

亞洲美元中長期信貸的利率，則以新加坡銀行同業拆放利率（SIBOR）為基礎，或以香港銀行同業拆放利率（HIBOR）為基礎，加上一個利差組成。由於亞洲美元市場是歐洲美元市場的一個分支，所以，SIBOR 和 HIBOR 的水平和變動，都要受 LIBOR 的影響。

從 1980 年起，有一部分歐洲美元中長期信貸改以美國國內商業銀行的優惠放款利率為基礎，加上一個利差計息。其具體做法有四種：①借款人在貸款的各個計息期內，有權選用 LIBOR 或美國國內優惠放款利率作為計息的基礎；②由貸款銀行選用兩種利率中的一種作為計息的基礎；③固定以美國國內優惠放款利率作為計息的基礎；④一筆貸款同時用兩種利率作為計息的基礎，一部分用 LIBOR，另一部分用美國國內優惠放款利率作基礎。通常，美國國內優惠放款利率高於 LIBOR，但也有例外情況。

其他歐洲貨幣中長期信貸的利率，有以該貨幣的 LIBOR 作為計息基礎，加一個利差計息的；也有分別以其本國國內金融市場利率作為計息基礎，再加上一個利差計息的。分述如下：

（1）歐洲德國馬克中長期信貸，按 LIBOR 加上一個利差計息；或按德國國內優惠放款利率加上一個利差計息。

（2）歐洲日元中長期信貸，按 LIBOR 加上一個利差計息；或按日本國內長期優惠利率加 1% 計息。

（3）歐洲瑞士法郎中長期信貸，按 LIBOR 加上一個利差計息；或按瑞士國內債券

---

① 除歐洲貨幣市場按 360 天計算外，其他貨幣市場有按 365 天計算的。

發行利率加上1.5%~1.75%的利差計息。瑞士法郎信貸採用固定利率。

(三) 費用

借款人借入歐洲貨幣長期信貸，除了要按期支付利息外，還要支付各項費用。費用依據國際金融市場上信貸資金的供求狀況、貸款期限的長短、貸款金額的大小以及貸款方式的不同而有所不同。通常，貸款期限越長，貸款金額越大，則費用水平越高。銀團貸款方式的費用種類多於獨家銀行貸款方式，主要費用有以下幾種：

1. 管理費

管理費亦稱經理費或手續費。在銀團貸款方式下，借款人須向國際貸款銀團支付管理費(Management Fees)。這是借款人對貸款銀行成功地組織一筆銀團貸款所支付的報酬。管理費是按貸款總額的一定百分比計算的，費率一般為貸款總額的0.5%~1%，一次或分次付清。其具體支付時間有以下三種情況：①簽訂貸款協議時或以后若干天（一般為30天）一次支付。②第一次支用貸款時一次支付。③在每次支用貸款時，按支用額等比例地支付。對借款人來說，以第三種支付方法為最佳；而對貸款銀行來說，則以第一種支付方法最為有利。管理費用在銀團成員間的分配比例因競爭條件不同而不同，一般是按各銀行參加貸款金額的大小，分得一部分管理費。

2. 代理費

代理銀行或牽頭銀行在與借款人聯繫時發生的各種費用開支，如電報費、電傳費、辦公費等，以代理費(Agent Fees)形式由借款人支付，其收費標準視貸款金額的大小和事務的繁簡而定。代理費系按每年商定的固定金額付給代理銀行。在整個貸款期內，直至貸款全部償清，每年支付一次。代理費屬於簽訂貸款協議以后發生的費用。

3. 雜費

這項費用也是在銀團貸款方式下才發生的費用。雜費(Out of Pocket Expense)是指貸款銀團在簽訂貸款協議前所發生的一切費用，其中包括交通費、辦公費、文件繕制費及聘請律師等費用。這些費用均應由借款人負擔，一次付清。其收費標準不一，1億美元的貸款，雜費多則10萬美元，少則4萬~5萬美元。

4. 承擔費

承擔費(Commitment Fees)是指貸款銀行或貸款銀團已按借貸雙方簽訂的貸款協議為借款人籌措了資金，而借款人在用款期內來使用的貸款，因而應向貸款銀行或貸款銀團支付的一種費用。承擔費的費率一般為年率0.25%~0.5%。承擔費的支付方法如下：在整個貸款期內，規定一個用款期，借款人應在用款期內用完貸款額；在用款期內，尚未用完的貸款額，則應繳納承擔費；過期未用的貸款額則自行註銷。例如，有一筆5年期的貸款，規定用款期為半年，在用款期內，借款人對未支用的貸款應支付承擔費，已支用的貸款則開始支付利息。有的貸款協議規定從簽訂貸款協議之日起就應計算承擔費，有的貸款協議規定從簽訂貸款協議之日起1個月或2個月以后才開始計算承擔費。銀行收取承擔費的做法，客觀上促使借款人在簽訂貸款協議后積極地、盡快地支用貸款，有助於加速資金週轉。承擔費按未支用貸款金額和實際未支用天數

计算，每季或每半年支付一次。例如，有一笔为期 5 年的 5,000 万美元贷款，於 1992 年 5 月 10 日签订贷款协议，确定用款期为半年，即到 1992 年 11 月 10 日截止，并规定从签订贷款协议之日 1 个月后，即 1992 年 6 月 10 日起，开始计付承担费，承担费费率为 0.25%。该借款人实际支用贷款的情况如下：5 月 12 日支用了 1,000 万美元，6 月 3 日支用了 2,000 万美元，7 月 12 日支用了 500 万美元，8 月 9 日支用了 700 万美元，四次共支用了 4,200 万美元。到 11 月 10 日用款期截止时，仍有 800 万美元未动用，自动注销。该借款人应支付承担费的情况如下：

5 月 12 日支用的 1,000 万美元和 6 月 3 日支用的 2,000 万美元，两笔共计 3,000 万美元，均在无须支付承担费的期限内，故不付承担费，但均须从实际支用日起支付利息。

从 6 月 10 日至 7 月 11 日止共 32 天，尚有 2,000 万美元贷款未动用，应支付的承担费为：

$$20,000,000 \times 0.25\% \times \frac{32}{360} = 4,444.44（美元）$$

从 7 月 12 日至 8 月 8 日止共 28 天，尚有 1,500 万美元贷款未动用，应支付的承担费为：

$$15,000,000 \times 0.25\% \times \frac{28}{360} = 2,916.67（美元）$$

从 8 月 9 日到 11 月 9 日止共 93 天，尚有 800 万美元贷款未动用，应支付的承担费为：

$$8,000,000 \times 0.25\% \times \frac{93}{360} = 5,166.67（美元）$$

从 11 月 10 日起，贷款未动用部分 800 万美元自动注销，借款人不得再行支取。该借款人累计支付的承担费为：

$$4,444.44 + 2,916.67 + 5,166.67 = 12,527.78（美元）$$

综上所述，欧洲货币中长期信贷的「价格」，实际上是由 LIBOR、利差和各项费用组成的。此外，有的银团贷款除上述费用外，有时还收取安排费（Arrangement Fees）。

二、期限与偿还

（一）期限

国际银行信贷期限的长短，以及国际银行信贷可能的最高期限，不是由人们的主观意志决定的，而要受到客观条件的制约。这可从贷款人和借款人两方面来考察。

从贷款银行方面来看，这要取决於商业银行吸收资金的方式和期限结构。商业银行吸收资金的主要方式是吸收非银行客户的存款，虽然说在欧洲货币市场上银行同业

存款占很大比重，但究其最初來源，或者是銀行直接吸收的非銀行客戶存款，或者是從美國等國國內調入的資金；但后一種情況的資金，追根溯源也來自非銀行客戶的存款。由於商業銀行採取吸收存款方式籌措資金，而不能採用發行金融債券的方式從社會上廣泛地吸收更長期的資金，這一點決定了銀行中長期信貸的最高期限以 10 年為限，不能提供更長期限的貸款。商業銀行吸收的存款以定期存款為主（歐洲銀行吸收的存款全部都是定期存款），按其期限結構來說，其中 1 年以下的短期存款占較大比重，也有一部分中期存款和長期存款。根據銀行業務經營原則，所吸收的短期存款就該用於發放短期貸款或進行短期證券投資，吸收的中長期存款才能用於發放中長期貸款或進行中長期證券投資。這就決定了銀行發放的貸款中，短期貸款和中長期貸款各應占適當的比重，不能全部發放中長期貸款。

再從借款人方面來看，這要取決於借款的預期用途和借款單位的性質。借款人借入資金有各種各樣的預期用途，如公司企業為了補充其營運資本的暫時不足，就要向銀行借入短期貸款；而為了擴大固定資產投資，就要向銀行借入中長期貸款，而且不同行業固定資產投資所需貸款期限也各不相同。國際銀行信貸的借款單位大體上可以分為兩類：一類是私營公司企業；另一類是國有企業和政府機構。歐洲銀行對這兩類不同的借款單位，習慣上分別有一個最高貸款期限。通常，歐洲銀行對私營公司企業提供的歐洲貨幣中長期信貸，最高以 7 年為限，但也有例外；而對國有企業和政府機構提供的中長期信貸，其期限可稍長一些，可達 10 年或 10 年以上。

國際銀行信貸按貸款期限劃分，有短期信貸和中長期信貸兩類。中長期銀行信貸有中期的，一般為 3~5 年，也有長期的，一般為 6~10 年或 10 年以上的。歐洲貨幣中長期信貸基本上是中期貸款，但也常有發放長期貸款的情況，1972 年 12 月的一筆貸款就突破了 10 年期的限制。當時日本銀團提供了一筆 12 年期的 2 億美元貸款。挪威一家輪船公司獲得一筆在期限上創紀錄的歐洲貨幣長期貸款——20 年期的 2,900 萬美元貸款。總之，從 20 世紀 70 年代初起，期限在 10 年以上的歐洲貨幣長期信貸已不再罕見了。歐洲貨幣長期信貸已成為歐洲債券的勁敵。中長期銀行信貸從簽訂貸款協議之日起算，多數在貸款期內分期償還本金，少數在貸款到期時一次償還本金。

中長期國際銀行信貸的期限，一般由寬限期（Grace Period）和償還期（Repayment Period）兩部分組成。寬限期是指借款人提取貸款並可充分運用貸款的時期，借款人在寬限期內無須分期償還貸款本金，只需支付利息。償還期是指借款人在此期間應分期償還貸款本金，到貸款期滿時已陸續付清了貸款本金，並需支付利息。一般地說，貸款期限內寬限期越長，對借款人越有利。

（二）償還

短期國際銀行信貸的本金是在貸款到期時一次償清的。中長期國際銀行信貸的本金償還方式有三種：到期時一次償還；逐年（或每半年）分次等額償還，無寬限期；分次等額或不等額償還，有寬限期。

（1）到期一次償還。這種償還方式適用於貸款金額相對不大，貸款期限相對不長

的中期貸款。

(2) 逐年分次等額償還。這種償還方式適用於貸款金額較大、貸款期限中等的中期貸款。其特點是分次償還，無寬限期。

(3) 分次等額或不等額償還。這種償還方式適用於貸款金額巨大，貸款期限長的長期貸款。其特點是分次償還，有寬限期。在整個貸款期限內，劃定一個寬限期，借款人在寬限期內無須還本，只需每半年按實際貸款額付息一次。寬限期滿後開始還本，每半年還本並付息一次，每次還本金額相等或不相等。

在貸款到期時一次償還貸款本金的情況下，名義貸款期限與實際貸款期限一致；而在貸款期限內分次償還貸款本金的情況下，名義貸款期限和實際貸款期限卻出現了不一致，實際貸款期限要比名義貸款期限短一些。從名義貸款期限求得實際貸款期限的計算公式如下：

$$實際貸款期限 = a + \frac{n-a}{2}$$

其中：n 代表名義貸款期限；a 代表寬限期。

對借款人來說，在上述三種償還方式中，以到期一次償還最為有利。第一，實際貸款期限與名義貸款期限相一致，借款人佔用資金的時間較長；第二，到期才償還貸款本金，借款人償債負擔不重。第三種償還方式尚可接受，因為實際貸款期限雖比名義貸款期限為短，但有幾年寬限期。一般來說，項目的建設期為寬限期，即在項目投資形成效益前的幾年均可不還本，借款人償債負擔相對有所緩和。第二種償還方式則很不利，因為實際貸款期限僅為名義貸款期限的一半，且須從第 1 年起就開始還本，借款人償債負擔較重。

(三) 提前償還

一般地說，一國借款人從外國貸款銀行或國際貸款銀團獲得一筆中長期信貸，在貸款所用貨幣的匯率較為穩定，貸款的利率也較為穩定，而借款人又確有長期資金需要的情況下，貸款期限越長，則對借款人越有利，甚至在貸款期滿時若能得到展期，對借款人就更為有利。

但在有些情況下，借款人提前償還貸款本金，反而較為有利。例如，在下列三種情況下，借款人主動提前歸還貸款就較為有利：

(1) 貸款所用貨幣的匯率開始上漲，並有進一步上浮的趨勢，或匯率一次上浮的幅度較大。此時，借款人若仍按原定期限歸還貸款，則將蒙受巨大的匯率上的損失。在本國自有外匯較多時，或是借款人另有籌措資金的途徑時，則提前償還貸款可以減少匯率波動上的損失。

(2) 在貸款採用浮動利率的條件下，市場利率開始上漲，並有繼續上漲的趨勢；或市場利率一次上漲的幅度較大。此時，借款人若仍按原定期限歸還貸款，則將負擔較重的利息。在本國自有外匯較為充足時，或是借款人能籌措到利息較為優惠的新貸款時，則提前歸還貸款可減輕利息負擔。

(3) 在貸款採用固定利率的條件下，當國際金融市場上利率下降時，借款人就可以籌借利率較低的新貸款，並提前償還原來借入的利率較高的舊貸款，借以減輕利息負擔。

因此，借款人在與外國貸款銀行簽訂貸款協議時，應爭取將提前償還貸款的條款列入貸款協議。

三、貨幣選擇

國際銀行信貸所使用的貨幣，是提供信貸的重要條件之一。20 世紀 70 年代初，以美元為中心的國際貨幣制度崩潰以後，各國貨幣貶值頻繁，各國貨幣間的匯率極不穩定。在這種情況下，慎重選擇貸款所用的貨幣就具有重要意義。

國際銀行信貸所使用的貨幣，都是可以自由兌換的國際通用的貨幣，大體上有四種情況：①採用借款國的貨幣；②採用貸款國的貨幣；③採用第三國的貨幣；④採用某種官方複合貨幣(亦稱結算貨幣)，如特別提款權、歐洲貨幣單位(1999 年 1 月 1 日以歐元代替)等。

在選擇國際銀行信貸所使用的貨幣時，首先應將各國貨幣區分為硬幣和軟幣。在一定時期裡，各國貨幣的對外匯率，由於各國國內通貨膨脹程度不同，也由於各國國際貿易收支狀況以至整個國際收支狀況的差異，有的貨幣趨向升值，有的貨幣則趨向貶值。對於其匯率趨向升值的貨幣，我們稱之為硬幣；對於其匯率趨向貶值的貨幣，我們則稱之為軟幣。但是各國貨幣的軟硬，只是相對的，不是不變的。

在國際銀行信貸中，究竟是選用硬幣好還是選用軟幣好呢？一般地說，對於借款人來說，選用軟幣較為有利。因為該借款人能從軟幣匯率的下跌中得到好處，可以減輕債務負擔。反之，若選用硬幣，借款人就會因硬幣匯率的上升而蒙受損失，加重債務負擔。但是，對於貸款銀行來說，情況卻是相反的，以選用硬幣較為有利。因為該貸款銀行能因硬幣匯率的上升而獲得額外的好處。

可見，國際銀行信貸的借貸雙方當事人的利益是對立的。貸款銀行為了避免貸款所用貨幣在匯率下跌時蒙受損失，就要抬高以這種軟幣提供貸款的利率。反之，借款人在獲得銀行信貸時，如果預期貸款所用貨幣的匯率將會提高，就要壓低以這種硬幣提供貸款的利率。借貸雙方競爭的結果，是在國際金融市場上形成如下的利率格局：以軟幣借債常常要比以硬幣借債的代價昂貴得多，即以軟幣借款的利率高，以硬幣借款的利率低。兩類貨幣的利率有時相差懸殊。例如，1977 年秋美元匯率下跌時期，3 個月期歐洲美元(軟幣)存款利率為 7.25%，這一利率水平比當時 3 個月期歐洲聯邦德國馬克(硬幣)存款利率高出 4 個百分點。同時，3 個月期歐洲瑞士法郎(更硬的貨幣)存款利率在該年年底以前降至 1.5%，到 1978 年年初幾乎降到零。再以倫敦歐洲貨幣市場 1989 年 11 月 6 日各種歐洲貨幣 3 個月期存款利率為例，英鎊為 15.25%，美元為 8.687,5%，聯邦德國馬克為 8.25%，瑞士法郎為 7.875%，日元為 6.625%，最高利率與最低利率相差逾倍。各國金融市場 1989 年 11 月 6 日商業銀行優惠放款利率(年息)

亦相差懸殊：英國為 16%，美國為 10.5%，法國為 10%，聯邦德國為 5.5%，日本為 4.25%。

1999 年 2 月至 2000 年 8 月和 2001 年 3 月日本銀行的零利率政策經歷了從實行至取消再迴歸的過程；2001 年美國聯邦儲備委員會 11 次下調利率，2002 年 11 月 6 日又將聯邦基金利率從 1.75% 降至 1.25%，銀行貼現率從 1.25% 降至 0.75%，兩者降幅均為 50 基本點；1999 年歐元誕生以後，歐洲中央銀行也在將歐元利率下調。因此，21 世紀初國際金融市場正處於低利率時期，但主要貨幣利率之間仍有不同程度的利差。

現將英國《金融時報》2002 年 2 月 9～10 日週末版所載的官方利率、倫敦銀行同業拆放利率和美國市場利率附后，供參考學習，如表 2-5、表 2-6、表 2-7 所示：

表 2-5　　　　　　　　　　　官方利率

（2002 年 2 月 8 日）

貨幣	利率（%）	備註
美元	1.75	2002 年 11 月 6 日降為 1.25%
歐元	3.25	2002 年 12 月 5 日調為 2.75% 2003 年 3 月 6 日又調為 2.5%
英鎊	4	2002 年 2 月 6 日調為 3.75%
日元	0	
瑞士法郎	1.25～2.25	2002 年 5 月 2 日調為 0.75%～1.75%

資料來源：英國《金融時報》，2002 年 2 月 9～10 日

表 2-6　　　　　　　　　倫敦銀行同業拆放利率

（2002 年 2 月 8 日）　　　　　　　　　　　　　單位:%

貨幣	隔夜	1 個月	3 個月	6 個月	1 年
美元	1.775,00	1.840,00	1.900,00	2.021,25	2.418,75
歐元	3.315,00	3.339,38	3.354,13	3.391,25	3.580,25
英鎊	3.439,06	3.978,75	4.040,32	4.151,57	4.525,32
瑞士法郎	1.615,00	1.636,67	1.668,33	1.756,67	2.023,33
日元	0.050,00	0.057,63	0.090,00	0.092,50	0.102,50

資料來源：英國《金融時報》，2002 年 2 月 9～10 日

表 2-7　　　　　　　　　　美國市場利率

（2002 年 2 月 7 日）　　　　　　　　　　　　　單位:%

優惠利率（Prime Rate）	4.75
經紀人放款利率（Broker Loan Rate）	3.50

資料來源：英國《金融時報》，2002 年 2 月 9～10 日

由此可見，在選擇國際銀行信貸所使用的貨幣時，不能單純考慮各種貨幣的軟硬情況，還應把匯率與利率這兩個因素結合起來，綜合考慮，權衡利弊，才能做出正確

的抉擇。例如，某借款人擬借入一筆 4 年期的貸款，當時國際金融市場上有 A、B 兩種貨幣可供選擇。A 國貨幣為硬幣，B 國貨幣為軟幣，當時兩國貨幣的匯率為 A 幣 1 元等於 B 幣 4 元；而且預期 B 國貨幣有進一步下跌的趨勢。假定在 4 年後，A、B 兩種貨幣的實際市場匯率變為 A 幣 1 元等於 B 幣 5 元。借款人可借入 A 國貨幣 100 萬元，或借入 B 國貨幣 400 萬元，從二者中擇一。借款人如果單純從貨幣軟硬出發來考慮，顯然應借入 B 國貨幣 400 萬元，以便在歸還貸款時由於 B 國貨幣匯率下跌，得以減輕債務負擔。但是，以軟幣借款的利率較高，以硬幣借款的利率較低。假定 B 國貨幣的貸款利率為 12%，A 國貨幣的貸款利率為 4%。為簡化起見，再假定這筆貸款是在到期時一次還本付息，即按單利計息。借款人如果把 A、B 兩國貨幣的匯率差異與利率差異兩者結合起來加以考慮，則情況會有所不同。借款人若借入 A 國貨幣，則 4 年期滿時還本付息的本利和共為：

$$100\times(1+4\%\times4)=116（萬元）$$

借款人若借入 B 國貨幣，則 4 年期滿時還本付息的本利和共為：

$$400\times(1+12\%\times4)=592（萬元）$$

按 A、B 兩國貨幣在到期還本付息時的新匯率 1：5 計算，B 國貨幣 592 萬元折合為 A 國貨幣 118.4 萬元。借款人借用 A 國貨幣（硬幣）與借用 B 國貨幣相比，債務減少了 2.4 萬元。顯然，在此以借入 A 國貨幣較為有利。

在各國國內通貨膨脹加劇、各國貨幣匯率波動頻繁而且其波幅擴大的情況下，各國貨幣匯率變動的前景、對貸款所用貨幣的選擇，往往具有決定性的作用。雖然硬幣信貸的利率較低，但貸款銀行仍然願意以硬幣提供貸款。因為當貸款到期歸還時，貸款銀行由於該貨幣的匯率有所上升而獲得額外的收益。反之，借款人在獲得硬幣的貸款時，往往要蒙受損失。例如，一家美國公司設在西歐的分公司，於 1969 年需借入一筆 2,500 萬美元或其等值的 5 年期的貸款。當時在歐洲貨幣市場上有兩種貨幣可供選擇：一種是年息 8% 的歐洲美元，另一種是年息 7% 的歐洲聯邦德國馬克。該分公司單純從利息低廉這一點出發，選擇了歐洲聯邦德國馬克的貸款。但是由於聯邦德國馬克在 1970—1974 年間升值，使該借款人因匯率波動而蒙受的損失，超過了利息低廉所獲得的好處。加上貨幣兌換的開支，借款人所獲貸款的利率超過年息 15%，結果在貸款期內，與借入歐洲美元相比，借款人所蒙受的損失竟高達 750 萬美元。

當借款人與貸款銀行雙方都在貨幣選擇問題上爭執不下時，也可將一筆貸款一分為二，其中一半或一部分按某種硬幣計，另一半或另一部分按某種軟幣計，使借貸雙方都不吃虧，從而達成貸款協議；或是選擇某種官方複合貨幣作為貸款使用的貨幣。

在國際經濟貿易往來中，有些業已形成的國際結算做法，在貨幣選擇上起著限製作用。例如，國際石油貿易的傳統做法是以美元作為計價結算和支付貨幣。因此，儘管在美元匯率堅挺時，進口石油的國家若無力支付，仍需在國際金融市場上借入美元貸款，用以償付進口石油費用。

國際銀行信貸的信貸條件，除上述三個方面以外，還有貸款金額、貸款擔保、市場選擇等。

第四節　國際銀行信貸的法律條款

一、陳述與保證條款

（一）概念

陳述與保證條款是由借款人對其承擔借款義務的合法權限、借款人財務狀況和商務狀況做出真實陳述，並向貸款銀行保證其陳述的真實性。陳述是指借款人在簽訂貸款協議前為使貸款銀行簽訂貸款協議，對與信貸有關的事實做出的陳述。若借款人對事實做出虛假的陳述，貸款銀行可對借款人中止或停止支款，並追索本息，或訴諸法律。保證是借款人在貸款協議中所做出的保證，若借款人違反該保證，貸款銀行可採取相應的救濟方法，以保障自身的利益。

（二）作用

陳述與保證條款的主要作用有：①在談判貸款協議時，借款人對自身借款能力、財務狀況、商務狀況做出陳述，使貸款銀行瞭解借款人的情況，便於貸款銀行確定是否簽訂貸款協議；②若借款人的陳述與保證失實，貸款銀行可根據貸款協議或有關法律，採取適當的救濟方法，以維護自身的利益。

（三）主要內容

1. 借款人法律地位的陳述

借款人法律地區的陳述包括以下幾項內容：①借款人是依法註冊建立的公司，其信譽良好，有簽訂貸款協議和經營各項業務的合法權限；②借款人已獲得簽訂、執行貸款協議的授權，並已簽訂貸款協議；③簽訂、執行貸款協議不違反借款人所在國的法律、法院命令、借款人公司章程，並且與對借款人有約束力的合同或抵押權不相抵觸；④借款人聲明貸款協議有效，對借款人具有法律約束力，並能按協議規定強制執行；⑤借款人已取得為簽訂、執行貸款協議所必需的政府許可；⑥借款人聲明，貸款協議的簽訂、執行、有效性和強制執行效力，無須向政府機關辦理申報、註冊、登記手續；⑦外國法院就貸款協議做出的判決，能在借款人所在國的法院強制執行。

2. 借款人財務狀況和商務狀況的陳述

借款人財務狀況和商務狀況的陳述包括以下幾項內容：①借款人最新的經審計師審定的決算表，真實反應出當時借款人的財務狀況和經營狀況；②借款人未捲入任何訴訟或行政訴訟；③借款人沒有不執行對其有影響的任何合同、法律文書、抵押權項下的義務，也未發生違約事件；④借款人未在現在和未來的全部收入、某項收入、資產上設定任何擔保物權。

（四）對違反陳述與保證條款的救濟方法

當貸款銀行發現借款人的陳述與保證失即時，可採取兩類不同的救濟方法。

1. 合同上的救濟方法

這是指貸款協議上規定的救濟方法，包括以下幾項內容：①貸款銀行發現借款人任何一項陳述失即時，有權中止應發放給借款人的貸款；②貸款銀行發現借款人陳述不真即時，有權解除尚未提取的貸款；③貸款銀行發現借款人陳述不真即時，有權宣告貸款加速到期。

2. 法律上的救濟方法

這是指貸款銀行依據法律的一般原則所採取的救濟方法，包括以下兩項：①援用不得抗辯原則。凡提出不正確的陳述，並已對該陳述的正確性做出保證者，以後不得主張他從前做出的陳述是不正確的，並要求以正確陳述代替不正確陳述。②貸款銀行可依據虛假陳述的一般法律原則，要求撤銷貸款協議，並請求損害賠償。

二、貸款協議生效的先決條件

國際貸款協議簽訂后，須待協議規定的某些條件業已具備時方能生效，這些條件稱為貸款協議生效的先決條件。先決條件的內容可分為兩類：一是涉及貸款協議項下全部義務的先決條件，二是涉及每筆貸款提取的先決條件。

1. 涉及貸款協議項下全部義務的先決條件

規定這類先決條件的目的，是使貸款銀行在取得滿意的書面證據和有關文件，證實貸款協議的一切法律事宜已安排妥當，擔保已落實之前，暫停承擔提供貸款的義務。這類先決條件要求借款人向貸款銀行提交下列文件：①保證書或其他擔保文件；②授權書副本，如公司股東大會或公司董事會的決議、政府批准書；③政府和金融當局的批准書副本；④借款人機構的成立文件，如公司章程；⑤律師意見書。

2. 涉及每筆貸款提取的先決條件

借款人在提取每筆貸款前，還應滿足下列條件：①借款人在簽訂貸款協議時的陳述與保證，在提取貸款日仍保持正確，未發生實質性不利變化，否則貸款銀行有權中止貸款。②未發生任何違約事件，或有可能構成違約的其他事件。若借款人有違約行為，貸款銀行有權中止或終止貸款。

三、約定事項

（一）概念

約定事項（Covenants）的內容主要由借款人向貸款銀行約定他應做何事，不應做何事，或保證他對某些事實的陳述真實可靠。約定事項中最主要的條款有：①消極保證條款；②同等優先條款；③財務約定事項；④保持資產條款；⑤合併條款。

（二）消極保證條款

消極保證（Negative Pledge）條款是借款人向貸款銀行保證，他將不做該條款規定不應做的事。在貸款協議中對消極保證條款的表述是：「在償還貸款以前，借款人不得在他的資產或收入上設定任何抵押權、擔保權、質權、留置權或其他擔保物權，也不得

允許這些擔保物權繼續存在。」

消極保證條款的作用是限制借款人為了其他債權人的利益而在其資產上設定擔保權益的自由，從而使貸款銀行請求償還貸款的權利不致從屬於享有擔保權益債權人的權利。

（三）同等優先條款

在貸款協議中對比例平等條款的表述是：本貸款協議是借款人的直接的、無擔保權益的、一般的、無條件的債務，在這些債務之間以及在借款人的其他無擔保權益的債務之間，其清償的次序應按同等優先原則平等地排列。

同等優先條款的作用在於：若借款人公司破產，可保證無擔保權益的各個債權人都有同等優先獲得清償的權利。

消極保證條款和同等優先條款的區別在於：消極保證條款是為了貸款銀行請求償還貸款的權利不遜於有擔保權益之債權人的權利；同等優先條款是為了使貸款銀行的權利不遜於其他無擔保權益之債權人的權利，至少使貸款銀行的受償次序同借款人的其他無擔保權益之債權人處於同等優先地位。

（四）保持資產條款

在貸款協議中規定保持資產條款的目的，是保持借款人公司的資產完整無損，防止借款人公司喪失、轉移、耗減其資產，致使貸款銀行收回貸款的權利受到威脅，甚至變成呆帳。

保持資產條款包括以下內容：①借款人應對其企業和資產按慣常投保的險別和保險金額，向保險公司投保；②借款人不得任意支付或分派股息，或進行任何其他分配；③借款人除業務正常交易外，不得出售、轉移、出租或以其他方式處理其企業或資產的全部或大部分；④借款人除正常交易外，不得為任何人利益或向任何人貸款、給予信貸、給予補償，或自願為任何人的債務承擔責任。

（五）合併條款

合併條款規定，禁止借款人公司與其他公司合併，以保障貸款銀行的正當權益。借款人公司與其他公司合併，會造成借款人更替，即由合併后新公司取代原借款人公司的地位，借款人公司的資產負債也引起重大變化，這些都可能給貸款銀行帶來嚴重后果。

（六）財務約定事項

貸款協議規定，借款人必須向貸款銀行定期報告其財務狀況，並應保持其財務狀況的規定標準；若借款人違反這些要求，貸款銀行可宣告貸款提前到期，要求借款人提前歸還貸款。

財務約定事項的內容有以下幾項：①提供決算表和財務信息；②保持最低資產淨值；③流動比例條款（流動比例指流動負債與流動資產之比）；④限制分派股息條款。

（七）對違反約定事項的救濟方法

1. 合同上的救濟方法

借款人若違反貸款協議的約定事項，貸款銀行可根據貸款協議中違約事件條款，中止或撤銷借款人提取貸款的權利，並可宣告貸款提前到期，要求借款人立即歸還貸款。

2. 法律上的救濟方法

借款人若違反約定事項，貸款銀行可依據法律一般原則，採取如下救濟方法：①實際履行。要求違反約定事項的借款人按貸款協議規定履行其義務。②禁令。由法院根據原告（此處為貸款銀行）的請求發布命令，禁止被告（此處為借款人）的違約行為。③請求損害賠償。借款人若違反約定事項，貸款銀行可按合同法一般原則，向違約者請求損害賠償。

四、違約事件

（一）概念

違約事件（Event of Default）條款列舉各種可能發生的違約事件；凡發生該條款列舉的任何事件，無論其原因如何，均按借款人違約處理。貸款銀行可採取各種救濟方法，以維護其合法權益。

違約事件有兩類：①違反貸款協議的違約事件；②先兆性違約事件。

（二）違反貸款協議的違約事件

這包括以下四種實際的違約事件：①借款人不按貸款協議規定的期限償付貸款本金、利息、費用。②違反對事實的陳述與保證。③借款人實際財務狀況與約定事項規定不符。④其他任何違反貸款協議的事件，未能在30天內做出補救。

（三）先兆性違約事件

這是指有違約的徵兆，借款人不履行貸款協議規定的義務，僅是一個時間問題，遲早總會違約。貸款協議規定一些先兆性違約事件，是一種早期的警報，使貸款銀行及時採取必要的補救方法，以維護自身利益。先兆性違約事件有以下幾項：①交叉違約條款。凡借款人對其他債務有違約行為，或已宣告其他債務加速到期，或可宣告加速到期，則將視為違反本期貸款協議。②借款人喪失清償能力。凡借款人經司法程序宣告破產或無清償能力，或以書面承認無力清償到期債務，或向債權人出讓財產，或提出出讓財產建議，均視為違約事件。③借款人公司被徵用、國有化、全部或大部分資產收歸公有。④借款人狀況發生重大不利變化。

（四）救濟方法

1. 合同上的救濟方法

在出現違約事件時，貸款銀行有以下三種救濟方法：①暫時中止借款人提取貸款的權利。②取消尚未提取的貸款。③加速已提取的貸款的到期。

2. 法律上的救濟方法

在出現違約事件時，貸款銀行可援用法律賦予的救濟方法：①解除貸款協議。若

借款人違約涉及貸款協議的根本內容，貸款銀行認為借款人毀約，則採用此法。②請求損害賠償。若借款人違約不是根本性的，未達毀約程度，則採用此法。③要求借款人償付到期本息。④在借款人破產時，貸款銀行可申報其全部債權額，並要求清算。

五、稅務條款

在貸款協議中大多規定了稅務條款，其主要內容有：①如果借款人所在國政府因貸款人提供貸款並收取了利息和有關費用而向貸款人徵稅，那麼，這種稅款應全部由借款人支付。②如果貸款人所在國政府因貸款人提供貸款並收取了利息和有關費用而向貸款人徵收除公司所得稅之外的其他稅款，此項稅款應全部由借款人繳付。

貸款人為保證其收益不致減少而設立了上述條款，在貸方市場條件下，借款人一般均接受該項條款。

六、環境改變

在貸款協議中環境的改變一般包括三方面的內容：

（一）不合法

所謂不合法（Illegality），是指在貸款協議生效后，由於有關政府改變了法律和政策，致使借款人繼續承借有關貸款成為不合法，或致使貸款人繼續提供該項貸款成為不合法。對於因借款人所在國法律的變更而形成的不合法，借款人應在法律許可的範圍內，按貸款協議的規定提前償還貸款；對於因貸款人所在國法律的變更而形成的不合法，則在貸款人所在國的法律許可範圍內，由貸款人將提供貸款的責任轉讓給第三國的銀行或金融機構，以保證該項貸款業務不致中斷。否則，借款人應按貸款協議的規定提前償還貸款。

（二）成本增加

所謂成本增加（Increased Cost），一般指貸款協議生效后有關政府部門改變原有法律或政策，致使貸款人要向有關政府部門或機構支付稅款和費用（貸款人所在國向其徵收的公司所得稅除外）。在此情況下，借款人應代貸款人支付有關稅款和費用，並對貸款人在收益方面的損失給予補償；同時，也可要求貸款人將提供貸款的責任轉讓給第三國的銀行或金融機構，以避開「成本增加」的法律或政策，如貸款轉讓不能實現，借款人又不願對貸款人的收益損失加以補償，則借款人應提前償還貸款。

（三）借款利率替換

所謂借款利率替換（Substitute Basis Borrowing）一般指國際資金市場發生異常變化，貸款人無法籌集到提供貸款的資金，或籌資成本超出借款人願意承受的能力限度。這種情況下，貸款人設法將提供貸款的責任轉讓給其他銀行或金融機構。如轉讓目的不能達到，則借款人應提前償還貸款。

七、適用法律與司法管轄權

（一）準據法的確定

國際銀行信貸涉及兩個或兩個以上國家的法律，這就產生該項國際貸款協議應受哪國法律約束的問題，若雙方發生爭議，應根據哪些原則確定它應適用的法律。

準據法（Governing Law）是指借貸雙方當事人在國際貸款協議中明文規定的應適用於該貸款協議的法律；若借貸雙方當事人事前對此未做出具體規定，準據法則指法院根據法院所在國衝突法規則認為應適用於該貸款協議的法律。

準據法可以是某國的國內法，也可以是國際公法。目前世界各國往往選擇英國法或美國紐約州法作為準據法。

準據法的適用範圍主要包括協議的有效性、協議的解釋、協議的效力、協議的履行、協議的解除等方面的問題。

（二）司法管轄權

司法管轄權（Jurisdiction）指借貸雙方在執行貸款協議的過程中發生爭執應在哪個法庭進行訴訟的問題。如在貸款協議中訂明某地法庭對處理雙方爭執擁有「專有管轄權」（Exclusive Jurisdiction），即雙方發生爭執只能到協議中訂明的那個法庭去訴訟，不能去另外地方的法庭；如果貸款協議中訂有某地法庭對處理雙方訴訟擁有「非專有管轄權」（Non-exclusive Jurisdiction），則雙方發生爭執時可在該法庭進行訴訟，也可到貸款協議未指定的其他法庭去訴訟。

第五節　中國如何使用國際銀團貸款

一、中國利用外資概況

自從黨的十一屆三中全會以來，中國堅定不移地貫徹執行改革開放政策。在 2000 年中國人均年國內生產總值為 853 美元，成為總體上達到小康水平的國家。黨的十六大要求在 21 世紀頭 20 年全面建設更高水平的小康社會，在新中國成立 100 周年時達到中等發達國家的水平。這是一項十分艱鉅的任務。為了實現這一宏偉的戰略目標，首先要求全國人民同心同德，艱苦奮鬥，挖掘和利用本國的內部資源、內部資金累積和本國的科學技術力量。與此同時，還應大膽地利用外國資本，引進外國先進技術和先進管理經驗，只有這樣才能加快經濟建設的步伐。

所謂外資是指來自國外的貨幣資金、資本、以物資和技術形態存在的資金。利用外資是指某一國家，尤其是發展中國家，吸收和利用來自國外的貨幣資金、資本、物資技術，以加速本國的經濟發展。第二次世界大戰後聯邦德國、日本經濟的恢復和發展，一些新興工業化國家和地區以及亞、非、拉廣大發展中國家的經濟發展，均與大膽地、有效地利用外資有緊密的聯繫。

世界各國（包括中國在內）利用外資的形式多種多樣，大體上可以歸納為國際投資

和國際信貸。每一大類又各有多種方式。

國際投資是指某一國家或某幾個國家的投資人，以生產資本直接到另一國家投資創辦企業，或與投資對象國的當地投資人共同投資創辦企業。國際投資主要有三種形式：①外商獨資企業；②合資經營企業(在中國為中外合資企業)；③合作經營企業(在中國為中外合作企業)。中國統稱為「三資」企業。國際投資沒有契約性償還義務，不形成一國的對外債務(國際債務)。中國利用外資首先採用國際投資形式。如前所述，國際信貸具有契約性償還義務，借款人要按貸款協議的規定期限還本付息，形成一國的對外債務(國際債務)。中國利用外資也採用各種國際信貸形式。2004年年末，中國尚未清償的外債余額約為2,286億美元，其中國外銀行貸款餘額438億美元，約占19%。

各種國際信貸形式，若按其信貸條件寬嚴(如利率高低、期限長短)，大體上可分為三個檔次。

第一檔，期限特長、利率特低或無息的貸款。這一檔包括政府貸款和國際開發協會貸款兩種。中國利用國際信貸首先就利用了這兩種形式的貸款。

第二檔，期限長、利率比市場利率稍低的貸款。這一檔包括世界銀行貸款、出口信貸、國際債券三種。中國也利用這三種國際信貸形式。

第三檔，期限長，利率較高，系市場利率。這一檔包括國際銀行信貸(含國際銀團貸款)。中國目前僅少量使用這種貸款。

為什麼中國2000年以前沒有大規模地利用國際銀團貸款這種利用外資的形式呢？這是由中國當時的國情決定的。中國2000年前人均年國民生產總值不到800美元，屬於較貧窮的發展中國家。中國有資格獲得期限較長(十年至幾十年)、利率較低的貸款。中國也需要借入這種長期低息貸款，以減輕債務負擔。

綜上所述，中國利用外資，在借款方面應側重於借用期限長、利率低的政府貸款、國際金融機構貸款、出口信貸以及發行國際債券，適當借用國際銀團貸款。

二、中國利用國際銀團貸款的前景

隨著中國經濟的迅速發展和經濟實力的不斷增強，2000年人均年國內生產總值達853美元，成為總體上達到小康水平的國家。按國際上通用的標準，中國已從較貧窮的發展中國家過渡到中等發展中國家，距離新興工業化國家已相去不遠了。籌資成本較低的貸款，如國際開發協會的軟貸款，中國已無資格獲得，外國政府的貸款還可維持。世界銀行硬貸款、出口信貸、國際債券等籌資方式，中國仍可繼續使用。由於中國仍需大量資金來發展經濟，況且2004年年末，中國外匯儲備已達6,099億美元，能夠尋找新的資金來源。預計國際銀團貸款將成為中國利用外資的一種重要形式。一些新興工業化國家和地區利用外資的形式，可供中國借鑑。

中國不僅有必要逐步增加對國際銀團貸款的使用，而且也逐漸具備了利用國際銀團貸款的條件。這可以從兩方面來看。

第一，中國作為國際銀團貸款的借款人，一向具有良好的國際信譽。新中國成立五十多年來中國所借的外債，均能按期還本付息，從未拖欠。目前中國主要是由中國銀行、中國建設銀行、中國工商銀行、中國農業銀行、中國國際信託投資公司、各省市國際信託投資公司在國際金融市場上向外國銀行籌資。這些金融機構的資信較高，如中國銀行曾被國際資信評定機構評為AAA級，中國國際信託投資公司曾被評為AA級，它們完全有能力進入國際金融市場，逐步增加對國際銀團貸款的使用。

　　第二，國際金融市場上借貸資本供應充裕。近幾年每年實際提供的中長期信貸（其中很大一部分是國際銀團貸款）規模都在1,000億美元左右。自1982年一些發展中國家爆發國際債務危機以來，國際銀行界對這類國家在提供新的貸款上持慎重態度；而對信譽良好的國家，包括發達國家和一部分發展中國家，則願意提供新貸款，以解決所吸收資金的出路問題。

三、利用國際銀團貸款應注意的問題

　　首先，中國在利用國際銀團貸款時，應由金融主管部門從宏觀上控制貸款的總規模，使其不超過當前國力許可的範圍。其次，應由每個借款單位努力抓好每筆國際銀團貸款的借、用、賺、還四個環節。具體而言，應注意以下幾個問題：

（一）幣種選擇

　　首先，在選擇國際銀團貸款所使用的幣種時，應把各種可能使用的幣種的匯率和利率兩個因素結合起來，通盤考慮，權衡利弊，做出正確的選擇。其次，擬借用的幣種，要與預期的使用方向相銜接。若一筆國際銀團貸款擬用於從法國進口一套機器設備，最好從國際銀團借入法國法郎，以便直接從法國購進所需的機器設備。若借用美元，則需在外匯市場上兌換成法國法郎，然後才能用於購買。在此期間若美元貶值，借款人將蒙受匯率波動的損失。再次，擬借用的幣種，要與借款人購置機器設備投產后所生產的商品的主要銷售市場相銜接。若借入一筆法國法郎貸款，從法國購置機器設備，投產后的商品也主要在法國市場上銷售，則銷貨所得的法國法郎收入，恰好可用於償還法國法郎借款，可避免匯率風險。應注意的是，現在歐元已代替了法國法郎等歐元區的原有貨幣。

（二）利率選擇

　　國際銀團貸款的利率有兩種計息方法：一種是固定利率，另一種是浮動利率。若市場利率變動頻繁，波動幅度巨大，則以採用浮動利率為佳；反之，若市場利率較為穩定，則可採用固定利率。但在現實經濟生活中，前一種情況占主導地位，后一種情況極為罕見，因此，國際銀團貸款多採用浮動利率計息。

（三）市場選擇

　　國際金融市場有兩種類型：一種是傳統的國際金融市場，另一種是歐洲貨幣市場。借款人若在傳統的國際金融市場上借用國際銀團貸款，要受市場所在國法律的約束，並受該國金融當局的管理，而且所借的款項為該市場所在國貨幣，每年貸款供應量有

限。借款人若在歐洲貨幣市場上借款，則不受任何國家的法律的約束，並不受任何國家金融當局的管理，所借的款項有多種貨幣可供選擇，每年貸款供應量較大。相對而言，借款人從歐洲貨幣市場借入國際銀團貸款較為有利。

(四) 項目選擇

國際銀團貸款一般用於固定資產投資，借款人應選擇國民經濟的關鍵部門和薄弱部門的建設項目，以便促進整個國民經濟的健康發展。就中國目前情況來說，應著重選擇能源、交通、通信、原材料、石化等基礎工業部門的項目。

借款人在選擇貸款項目時，應認真地進行可行性研究，包括技術可行性、財務可行性、經濟可行性、組織機構可行性、社會可行性等方面，並完成可行性研究報告，送主管部門審批。

各類項目投資額的大小，建設週期的長短，投資回收期的長短，均相差懸殊。有些大型建設項目，雖為國民經濟的關鍵項目，但其投資額特別巨大，建設週期特別長，投資回收期更長達數十年，遠非國際銀團貸款所能滿足，應充分利用外國政府貸款、國際開發協會貸款、世界銀行貸款。其他項目則可利用國際銀團貸款來完成。

(五) 落實人民幣配套資金

中國利用國際銀團貸款，一般是用於滿足建設項目中的外匯資金需要，這部分約佔該項目總投資額的一半。建設項目中的另一部分，如土建、國內製造的機器設備等，無須使用外匯資金，但需使用人民幣資金。因此，要建成一個項目，必須同時擁有外匯資金和與之配套的人民幣資金。借款人在從國際金融市場借入國際銀團貸款的同時，還要落實該項目的人民幣配套資金，否則一個項目長期處於在建階段，不能早日竣工投產，無法充分發揮其效益，就會造成資金的極大浪費。

(六) 提高基建投資效益

借款人在借入國際銀團貸款後，應及時地加以運用，使項目能盡快地竣工投產，提高基本建設投資的效益。要提高基建投資的效益，就必須做好基建投資的前期準備工作，使人力(工程技術人員、施工力量)、物力(基建所需建築材料、機器設備)、財力(國際銀團貸款、人民幣配套資金)均得到落實，並加快建設速度。貨幣具有時間價值，如果一個項目本應在5年內建成投產，實際上卻耗費了8年時間，則損失十分巨大。

(七) 提高項目投產後的經濟效益

借款人在項目竣工以後，應迅速組織投產，並做好商品的銷售工作和售後服務工作，避免商品積壓在倉庫內占壓資金。這樣就為按期償還貸款本息創造了條件。

(八) 擴大商品出口

借用國際銀團貸款，一般借用了哪種貨幣，就要以該種貨幣還本付息。因此，借款人在項目竣工投產後所製造的商品，不僅要打開國內商品銷售市場，更重要的是要千方百計地打入國際商品市場，賺取外匯，才能真正如期償還貸款本息。

(九) 合理安排各筆貸款償還期

在一定時期內，一個借款人可能先後多次借用國際銀團貸款。在這種情況下，借

款人應將各筆貸款的償還期錯開，盡量避免多筆貸款集中在某一段時間內償還，這樣會形成償債高峰期，以致借款人無力如期償還貸款。

【參考文獻】

［1］GUNTER DUFEY，LAN H GIDDY. The International Money Market［M］. Upper Saddle River：Prentice-Hall Inc，1978.

［2］WILINAM H BAUGHN，DONALD R MANDICK. The International Banking Handbook［M］. New York：Dow Jones-Irwin，1983.

【思考題】

1. 試述國際銀行信貸的特點。
2. 試述國際銀團貸款流行的原因。
3. 試述國際貸款銀團的組成情況及其各類成員的職責。
4. 試述國際銀行信貸的主要信貸條件。
5. 中國各銀行在世界大銀行中的情況如何？

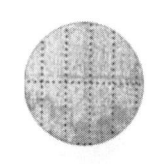

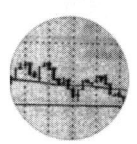

第三章　對外貿易信貸

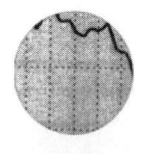

當前，國際上巨額對外貿易合同的簽訂、大型成套設備的出口幾乎沒有不與對外貿易信貸結合在一起的。如果沒有對外貿易信貸，當前世界貿易的規模必會大大縮減，給世界各國的經濟與生產帶來嚴重的后果。

隨著國際大型成套設備貿易的開展，以商業信用形式出現的延期付款等對外貿易信貸難以滿足貿易需要，取而代之的是20世紀70年代興起的以銀行信用為基礎的買方信貸。瞭解對外貿易信貸形式的重大變化，必須瞭解對外貿易銀行、對外貿易的短期資金融通。只有瞭解了這些，才能掌握對外貿易信貸的實質。剖析當前西方國家在出口信貸領域中實行的利息傾銷與利息補貼的目的與背景，以及瞭解、掌握對外貿易信用的一般做法及原則，對中國更好地利用外資、發展對外貿易有著重要的現實意義。

第一節　對外貿易銀行

在各國的銀行制度中，除設有商業銀行專門經營與國內工商業有關的短期信用業務，並辦理與國際結算有關的業務外，很多西方國家還常常設有專業的對外貿易銀行。這些對外貿易銀行有的是私營的，有的是國營的，有的則是半國營的，它們專門經營與對外貿易有關的信貸業務。

在第一次世界大戰以前，一般西方國家還未注意開展對外貿易銀行業務，只有英國等老牌的資本主義國家才注意專門開展這方面的業務，對外貿易銀行特別發達。

在英國作為國際貿易和國際金融中心的發展過程中，逐漸形成一些專營對外貿易資金融通業務的對外貿易銀行。英國的對外貿易銀行有：承兌商號(Acceptance House)、殖民地銀行(Colonial Bank)和海外銀行(Overseas Bank)。

承兌商號也稱商人銀行(Merchant Bank)。它們主要辦理國際貿易中商業匯票的承兌、外匯業務和提供對外貿易信貸，為擴大英國的對外貿易服務，增加英國銀行業的國際金融業務。承兌商號的作用主要是充當各國進出口商與英國商業銀行的仲介。因為承兌商號承兌的匯票是銀行承兌匯票，信用較高，英國的商業銀行可以辦理這種票據的貼現，風險較小，從而將其信貸資金投放於國際貿易與國際金融業務中去。

殖民地銀行和海外銀行是英國在其殖民地或國外設立的經營銀行業務的商業銀行，它們的業務以英國對殖民地和海外的貿易與資本輸出為主，所以也是對外貿易專業銀行。新中國成立前，英國在中國設立的匯豐銀行(Hongkong and Shanghai Banking Corporation)、麥加利銀行(Chartered Bank)就是這類性質的銀行。

第一次世界大戰以後銷售市場問題尖銳化，西方國家開始建立專業的對外貿易銀行，專門從事對外貿易資金貸放和國際結算業務，以促進它們的商品銷售與國際貿易的擴展。

英國政府為減小外貿信貸風險，擴大英國的對外貿易，1919年在資本主義國家中

第一個成立了「出口信貸擔保局」(Export Credit Guarantee Department, ECGD)，為出口信貸提供擔保，以爭奪銷售市場。同時，英國各大商業銀行也日益擴大經營與國際貿易有關的銀行業務，並起著越來越大的作用，從而使承兌商號的業務受到一定的影響。現在英國的承兌商號不僅辦理商業匯票承兌，而且還大量承兌金融票據；有的還為外國政府和企業辦理有價證券的發行工作，以擴大資本輸出，促進本國商品輸出。承兌商號、殖民地銀行和海外銀行，是英國銀行制度的一個環節。

在法國政府的倡議下，法國成立了法國對外貿易國民銀行。該行的主要任務是，用自己的3個月的可以轉期的承兌匯票代替出口商簽發給外國顧客的6～9個月的長期匯票。由於法蘭西銀行接受該行承兌匯票的再貼現，所以，該行的這種業務對法國出口商提供了很大的幫助，為擴大法國出口有一定的促進作用。

在1929—1933年的世界經濟危機爆發以后，國際貨幣信用關係陷於混亂，市場危機更加尖銳，面對倒閉威脅的美國私人銀行，不能也不敢大規模經營對外貿易信貸業務。因此，1934年由國家出資，美國政府成立了兩家進出口銀行，以擴充對外貿易資金供應，促進出口，減緩危機的影響。這種以國庫資金資助財政資本，爭奪國外市場，取得高額壟斷利潤，並且將信貸風險完全轉嫁給國家的做法是國家壟斷資本主義加強的明顯反應。一家進出口銀行辦理美蘇貿易信貸業務，一家辦理美國與其他國家的貿易信貸業務。在1936年，這兩家銀行又合併成「進出口銀行」(EXIMBANK)，專門辦理農產品、工業原料和半製成品出口的9～12個月的短期放款、1～5年的長期放款以及更長期的用於機器設備出口的放款。現在，美國進出口銀行的主要業務為：第一，對進口商(企業)提供信貸支持。其基本方式是對外國進口商(或企業)提供直接貸款，貸款必須用於購買美國商品，用美元清償付息。第二，對國外金融機構提供中期美元信貸額度，由這些機構再貸給買方購買美國產品。第三，對出口商提供信貸支持。其基本方式是為出口商從商業銀行取得的中期(181天～5年)信貸提供擔保。第四，貼現放款。進出口銀行為經營出口信貸的商業銀行提供票據貼現的便利。第五，為促進與美國出口有關的其他活動，進出口銀行還對大型工程的建設、設計等提供資金，為美國的工程承包商在國外所使用的美國大型設備提供政治風險擔保等。

此外，美國進出口銀行為支持美國商品和勞務的出口，還專門撥出資金，發展與獨聯體及東歐國家的貿易。其具體做法有：第一，直接貸款。如進出口銀行對波蘭、羅馬尼亞和南斯拉夫的進口企業或銀行直接提供中長期美元信貸。第二，信貸擔保。對提供資金的商業銀行或其他金融機構提供信貸擔保，保證私人貸款者貸給東歐進口企業用以購買美國商品和勞務的信貸得到償付，進出口銀行收取一定的擔保費。第三，合作貸款。美國進出口銀行對國外金融機構提供中期美元信貸額度，這些合作機構再轉貸給進口單位，用以購買美國的產品和勞務。在東歐，這些合作機構有波蘭、羅馬尼亞的有關銀行。這些貸款期限一般為5年，也可以長一些。第四，中期貼現貸款。這主要是為了支持波蘭、羅馬尼亞的中小額出口貿易。美方商業銀行憑買方開出的期票、匯票(通常為1～5年)，可以要求進出口銀行給予中期貼現貸款。進出口銀行所收

取的貼現貸款利率比商業銀行對東歐的利率低 1%，但不能低於進出口銀行規定的最低貼現率。

從進出口銀行經營的業務內容，可以看出其業務特點：第一，廣開途徑，多方聯繫，為促進美國本國商品的出口服務。進出口銀行不僅對本國出口商貸款，也對外國進口商貸款；不僅對一般商品出口貸款，也對大工程項目及當地費用進行貸款；不僅對商業銀行進行資金再融通，而且還建立了許多金融合作機構，並給予信貸支持，以促進美國商品的出口。第二，廣泛開展信貸保證或信貸保險業務，承擔出口商或一般商業銀行的信貸風險，將信貸發放與信貸保證業務相結合。第三，注意開展與獨聯體及東歐國家的貿易，給予資金支持，但區別對待。這除有其政治目的外，也是為了擺脫經濟危機，緩和其國內生產停滯與失業問題。

1946 年法國也把對外貿易國民銀行改組成法國對外貿易銀行(Banque Francaise du Commerce Exterieur)。它的任務是：通過票據貼現用資金支持法國的對外貿易；辦理承兌業務；提供短期和中期信用；收集國外商情。該行還促進對外貿易機構的設立，甚至參加其業務活動。為恢復戰爭破壞地區的工業而成立的半國營的國民信用銀行(Banque Nationale de Credit)也可以用長期放款支持出口貿易。此外，法國還成立了法國對外貿易保險公司(COFACE)開展對外貿易信用保險業務。

聯邦德國壟斷資本集團，在 1950 年以后，也成立了出口信貸銀行(Ausfuhr Kredit Gesellschafe GmbH，AKA)和聯邦德國復興信貸銀行(Kreditanstalt fur Wiederaufbau, KFW)。出口信貸銀行是在 1952 年由聯邦德國的主要商業銀行合資組成為支持聯邦德國的出口而提供信貸的專業銀行。現參加該行的有 55 家商業銀行，最大的德意志銀行持有該行股份的 26%，最小的銀行持股僅有 1%。出口信貸資金的提供，按各行持股的比例進行分配。該行發放的出口信貸分甲、乙、丙三種基金。甲、乙兩種基金是對出口商的信貸，出口商在備貨生產期即可取得信貸。丙種基金是對進口商的信貸，在這種基金下，出口商在交貨或提供設備投入生產時，AKA 才提供信貸。AKA 提供信貸所收取的利率，一般低於市場利率，並規定只有在有關交易已在聯邦德國赫爾默斯信貸保險公司(Hermes Kreditvericherungs)投保后才能取得貸款。聯邦德國復興信貸銀行是聯邦德國政府為援助發展中國家提供出口信貸的代理人而設立的，其資金不如 AKA 充裕，地位也不如 AKA 重要。

日本政府也於 1950 年建立了「出口銀行」，並於 1952 年改組為日本輸出入銀行。該行在出口方面的業務是：參加其他銀行對機器出口商所提供的信貸，再貼現由其他銀行背書的出口匯票，放款給外國政府及公司，並規定只能用於購買日本商品等。該行進口方面的業務是：對購買國外原料或其他商品的日本公司提供貸款，並貼現與進口業務有關的票據。日本企業公司在購買外國股票或以資金供應其國外分支機構時，日本輸出入銀行也給予貸款，該行也承做進口信用保險業務。根據日本輸出入銀行條款的規定，只有在日本企業不能從商業銀行獲得貸款，而且在投資會擴大其機器裝備出口的情況下，該行才能對它們提供信貸。1999 年 10 月 1 日，日本輸出入銀行與日本

海外經濟協力基金合併為日本國際協力銀行(Japan Bank for International Cooperation，JBIC)。

荷蘭一些商業銀行也於1951年組成出口金融公司，對出口貿易提供中短期信貸。出口信貸擔保局承做信貸保險業務，並可向荷蘭財政部提出再保險，最后風險則完全由荷蘭政府承擔。

各國成立的外貿銀行，其經營的業務內容大同小異，基本相同，都通過發放信貸，促進本國商品的出口，爭奪銷售市場。像比利時，就有民間出資設立的出口信貸公司，而由比利時中央銀行對它們提供利息貼補，並對開闢新市場的貸款免息發放。義大利中央中期信貸銀行在發放出口信貸時，根據出口商使用本國原材料及半成品的不同比例，收取不同利息，其差額可達1.5%。

蘇聯早在1924年就建立了對外貿易專業銀行，經營與外貿有關的銀行業務。現為俄羅斯對外貿易銀行（VTB BANK；VNESHTORG BANK；BANK FOR FOREIGN TRADE），2007年在世界銀行中名列第116位。俄羅斯還有對外經濟銀行（VNESH ECONOM BANK）經營出口信貸和對外經濟合作融資業務，2007年名列第471位。第二次世界大戰后，原東歐國家曾相繼建立了專營對外貿易融資結算及匯兌業務的專業銀行。這些銀行的建立，與這些國家在20世紀70年代前后在西歐獨資或合資設立的十余家銀行相互配合，在發展東西方貿易方面起著重要的作用。

阿根廷、摩洛哥、幾內亞等發展中國家也都在第二次世界大戰后成立了對外貿易銀行。

由此可見，對外貿易銀行是資本主義世界爭奪銷售市場的矛盾加深、國家壟斷資本主義日益加強以及民族解放運動日益高漲的產物。西方國家的對外貿易銀行是壟斷資本集團爭奪銷售市場、進行對外擴張的一個工具。社會主義國家和發展中國家建立的對外貿易銀行，則是發展本國經濟與對外貿易的工具。

第二節　對外貿易信貸的主要形式

信貸是借貸資本運動和資金融通的一種形式。從事對外貿易的進出口商，在商品的採購、打包、倉儲、運輸等每一個階段，以及在與商品進出口相關的製單、簽訂合同、申請開證、承兌、議付等每一個貿易環節，都需要從不同的渠道得到資金融通的便利，加速商品流通，減少資金積壓，促進進出口貿易的完成。這種與進出口貿易資金融通有關的對外貿易信貸形式繁多，名目各異，很難一一列舉，但根據發放信貸資金的對象(授信人)與接受信貸資金(受信人)對象的不同，對外貿易信貸大致有以下幾種形式：

一、商業信用和銀行信用

根據提供信貸的對象不同，對外貿易信貸有時以商業信用(Commercial Credit)形式

存在，有時以銀行信用(Bank Credit)形式存在。

在進口商或出口商之間互相提供的信貸屬於對外貿易商業信用。例如，當進口商在收到貨物單據的相當時間后才支付貨款，這就是出口商對進口商提供了商業信用；當進口商在收到貨物單據以前就付出全部或一部分貨款，那就是進口商對出口商提供了商業信用。

如果進口商與出口商中一方信貸資金的獲得是由銀行或其他金融機構提供的，就構成對外貿易銀行信用。例如，對出口商提供以準備出口或發往國外的貨物為保證的貸款、銀行貼現出口商向進口商簽發的匯票或憑出口商對進口商的債權給予貸款，均屬於對外貿易銀行信用。

必須指出，對外貿易信貸雖也可劃分為銀行信用與商業信用，但二者又聯繫密切，不可截然分割。例如，銀行對出口商提供信用加強了出口商對進口商提供信用的能力。這樣，銀行信用就與商業信用交織在一起。另一方面，銀行對進口商也提供銀行信用。對進口商和出口商提供銀行信用的銀行不限於本國銀行，外國銀行也可對進口商和出口商提供信用。

二、對出口商的信貸和對進口商的信貸

根據對外貿易信貸接受對象的不同，對外貿易信貸又可分為對出口商的信貸與對進口商的信貸。

(一) 對出口商的信貸

對出口商的信貸有進口商對出口商的預付款(Advance)，經紀人(Broker)對出口商的信貸以及銀行對出口商的信貸。

1. 進口商對出口商的預付款

進口商在收到貨物之前，就支付一定金額的貨款給出口商，這是對出口商的預付貨款。進口商對出口商預付的貨款，出口商將來以供貨的方式償還。預付有兩種情況：一種是作為進口商執行合同的保證，通常稱為定金(Downpayment)；一種是進口商對出口商提供信貸。在對外貿易中，預付款究竟屬於前者還是后者，要依據預付金額與貨款總金額的比例關係、預付時間的長短和出口商的情況而定。

如果預付款的期限很短，占交易金額的比重不大，這種預付就是保證性質的預付。出口商是因為擔心在供貨期內貨價下跌，或擔心進口商拒絕執行合同，而要求進口商預付，以此作為執行合同的保證。保證性質的預付款，其金額一般相當於貨價可能下落的額度。如果預付款期限較長，金額較大，那麼，這種預付就是進口商對出口商提供的信貸。

提供信貸性質的預付款，通常是經濟發達國家在發展中國家收購農產品或其他初級產品時所採用的。進口商提供這樣的信貸，其目的在於以最有利的條件收購其急需的產品，借以剝削發展中國家。

發展中國家在從經濟發達國家進口裝備時，一般也要預付貨款。發達國家擔心發

展中國家的進口商不能履約，常要求預付部分貨款，以減少可能遇到的風險。訂購機器設備常用的付款方式有：發出訂單時，支付貨款的1/3；憑發貨單據支付1/3；貨物到岸，買方接受貨物，支付余下部分。美國和英國在出口機器設備時，廣泛採用這種辦法。此外，比較常用的辦法是買方按照設備各部件制成的先后情況付款。

不能把在發展中國家收購初級產品的預付和在發達國家訂購機器設備的預付等同看待。兩種預付具有根本不同的性質。發達國家在發展中國家收購初級產品時，出口商賣出貨物是因急需貨款，被迫接受苛刻的、剝削程度較高的條件；而發達國家出售機器設備的出口商，大都是財力雄厚的大公司，它們一方面希望進口商執行合同，另一方面又不願全部使用自己的資本，或利用銀行信貸來生產設備，才要求進口商預付貨款。發達國家從發展中國家進口農產品的預付款，要收取高額利息；但是發展中國家從發達國家進口設備時的預付款是無息的，並且如無預付，即提高貨價。

發達國家從發展中國家進口農產品的預付款，通常由出口商出具期票作為預付款的擔保；而發展中國家進口機器設備的預付款，則由對方銀行出具履約保函，以防交付預付款后對方不履行合同。

2. 經紀人對出口商的信貸

經紀人在某些發達國家的某些原料和糧食的對外貿易方面，起著很大的作用。英國的經紀人組織特別發達，在簽訂木材、毛皮這類商品的對外貿易合同時，總有經紀人參與。英國和其他國家的經紀人對向它們供應糧食和其他初級產品的外國出口商提供信貸，以壓低收購價格，獲取高額利潤。這些經紀人多半為大公司組織，與銀行壟斷組織有著密切的關係，受到銀行壟斷組織的支持，取得低息貸款。因此，經紀人不但從貿易上取得利潤，而且也從信貸資金的提供上獲取收益。英國經紀人及其有關銀行，利用向外國出口商提供貸款的方式，加強倫敦市場的地位，使英國工業壟斷組織能以有利的條件取得初級產品和糧食。

經紀人通常以下列方式對出口商提供信貸：

（1）無抵押採購商品貸款。經紀人通常在與出口商簽訂合同時便對出口商發放無抵押採購商品貸款。合同規定，在一定時期內出口商必須通過經紀人經銷一定的商品。這種貸款常以出口商簽發的期票為擔保，貸款金額約等於交售給經紀人貨價的25%～50%，償還這種貸款的方法是將這種貸款轉為商品抵押貸款。不過，有時這種貸款按規定期限償還，並不與供貨的時期相同。

（2）貨物單據抵押貸款。除無抵押品貸款之外，經紀人還辦理貨物單據抵押貸款，無抵押貸款就以此項貸款來抵付。經紀人所提供的貨物單據抵押貸款，按貨物所在地的不同可分為出口商國內貨物抵押貸款、在途貨物抵押貸款、運抵經紀人所在國家的貨物抵押貸款或運抵某預定出售地的第三國貨物抵押貸款。

（3）承兌出口商匯票。有時經紀人由於資本有限，就會使用承兌出口商匯票的方式來提供信貸，出口商持承兌的匯票向銀行貼現。經紀人辦理承兌，收取手續費。

經紀人通過提供信貸，以加強對出口商的聯繫與控制。因為這種信貸誘使出口商

必須通過經紀人售出貨物，甚至在他們有可能將貨物直接賣給進口商的情況下，也要通過經紀人出售。

3. 銀行對出口商的信貸

當地銀行和國外銀行，都可以對出口商提供信貸。出口商可以在其出口業務的各個階段，從銀行取得信貸，獲得所需資金。

銀行對有關工業壟斷組織提供無抵押品貸款（Unsecured Loans），用以生產出口商品，特別是出口商獲得外國訂單時，銀行都辦理這種貸款。英國和美國以透支（Over Draft）方式辦理這種貸款，法國和德國以特種帳戶（Special Account）方式辦理。

出口商為了進行採購並累積預定出口的商品儲備，可以國內貨物作抵押從銀行取得貸款。由於貸款銀行多半是出口商的往來銀行，因此，這種貸款一般以透支方式進行。出口商抵押貸款的金額，一般都按貨物市場價的一定比例（50%～70%）貸出，如果貨價下跌，銀行便要求出口商償還部分貸款，以維持符合抵押貸款與原貨價的比例；或者另外提供商品作擔保。貨價的計算，以交易所交易的牌價為準，在交易所無牌價者，由經紀人或銀行代為估價。

一些亞洲的發展中國家，銀行對本國出口商的資金融通提供一種所謂打包放款（Packing Credit）。這種打包放款，從形式上看，屬於抵押貸款。實際上，其抵押對象是尚在打包中而沒有達到可以裝運出口程度的貨物。出口商向銀行申請打包放款，須填打包放款書，規定貸款用途。銀行提供打包放款，不是一次性支付，一般是由銀行給出口商在往來戶外另開戶頭，由出口商陸續支用。

內地商人發運給出口商貨物后，委託銀行向出口商代收貨款，如果出口商由於貨物尚未銷出，無法支付貨款，可以憑信託收據（Trust Receipt）先行提貨裝運出口。這時，銀行憑信託收據對出口商發放貸款。

憑信託收據取得貨物僅限於與銀行關係密切的出口商，因為出口商憑信託收據取得的貨物如能分別保管或加適當標籤，銀行的利益就可以得到保障，如果出口商賣出貨物並將貨物交給進口商，銀行便無法行使其質押權。銀行把這種放款看成是介於有抵押與無抵押之間的一種放款。

出口商貨物裝運出口，可以向銀行申請在途貨物抵押貸款，以此貸款償還國內出口貨物抵押貸款。在途抵押貸款，以提單為抵押品；提單是處置貨物的單據，是對銀行最可靠的擔保品。銀行在辦理在途貨物抵押貸款時，一般都憑裝船提單發放，對待運提單多半不願接受。

出口商取得提單抵押放款時，通常將出口商簽發的匯票同時交給銀行。如果出口商以現金交易方式賣出該批貨物，那麼出口商簽發即期匯票；如系賒售，則簽發定期匯票。在第一種情況下，匯票隨附貨物單據，這個匯票還可作為對銀行的補充擔保品，萬一進口商拒不贖取單據，銀行除對貨物有質押權外，還可以要求出口商支付匯票。在第二種情況下，出口商簽發的是定期匯票，當進口商承兌匯票后，單據便移交進口商，銀行手頭僅保留進口商承兌的匯票。因此，貨物單據就是一種暫時的擔保品，實

際上銀行提供的是匯票抵押貸款。

如果出口商尚未將貨物銷出而先行裝運出口，存儲於進口國家，則可以將該批貨物作為抵押，在當地銀行取得貸款，出口商將棧單交給銀行作為擔保。

(二) 對進口商的信貸

對進口商的信貸有出口商對進口商提供的信貸以及銀行對進口商提供的信貸。

1. 出口商對進口商提供的信貸

西方國家的出口商常以賒售方式銷售商品，以增強商品的競爭力，爭奪銷售市場。出口商對進口商提供的信貸通常稱為公司信貸(Corporation Credit)。公司信貸分為開立帳戶信貸(Open Book Account Credit)與票據信貸(Bill Credit)。

開立帳戶信貸的提供，是建立在出口商和進口商訂立協議的基礎之上的，當出口商將出口商品發運后，將進口商應付貨款借記進口商帳戶，而進口商則將這筆貨款貸記出口商帳戶，進口商在規定的期限內支付貨款。在對外貿易中開立帳戶信貸並不多見，主要用於出售小包裝備品方面。

票據信貸是進口商憑銀行提交的單據承兌出口商匯票，或是出口商將單據直接寄交進口商，后者於一定期間支付出口商的匯票。匯票期限的長短，依商品性質、買方資信以及匯票能否在銀行貼現而定。美國出口商對外國進口商提供信貸的期限有時為 90～120 天。

2. 銀行對進口商提供的信貸

銀行對進口商提供的信貸有承兌信用和放款兩種形式。

(1) 承兌信用(Acceptance Credit)。出口商有時不完全相信進口商的支付能力，為了保障憑票付款，出口商往往提出匯票由銀行承兌的條件。在這種情況下，進口商應取得銀行方面承兌出口商匯票的同意，出口商就不必向合同關係人——進口商提出匯票，而是向進口商的銀行提出匯票。由於銀行同意承兌匯票，它就必須在匯票規定的期限內兌付匯票，進口商則於付款日前將款項交付承兌銀行，以便后者兌付出口商開出的匯票。銀行承兌是銀行對對外貿易融通資金的主要方式之一，銀行承兌對於西方國家的進口業務有著特殊的作用。

承兌信用按下列方式進行：

第一，進口商在洽談進口貿易的同時，與銀行議定請其承兌出口商匯票。

第二，出口商對銀行開出匯票，背書后連同單據交自己往來銀行，請求議付，收回貨款。

第三，議付銀行將匯票單據寄交其代理行轉進口商銀行，后者憑貨物單據承兌匯票。

第四，出口商銀行的代理行將承兌匯票留在該行或在市場上貼現。

第五，匯票到期時，進口商對承兌銀行付款，后者支付承兌匯票。

辦理承兌的銀行不一定是進口商本國的銀行，第三國銀行也可以承兌出口商開出的匯票。例如，法國進口商以銀行承兌的方式從埃及進口棉花，根據埃及出口商的要求，法國進口商可以請求本國銀行轉請英國的銀行承兌埃及出口商開出的匯票，法國

銀行在匯票到期時將進口商應付的款項匯至英國銀行。歐洲大陸各國銀行稱這種信用為承兌—償還信用(Reimbursement of Acceptance Credit)。

出口商有時不願接受銀行承兌信用，而要求進口商用現金支付。在這種情況下，進口商也可以利用銀行信用。進口商同銀行商妥，向銀行簽發匯票，由銀行承兌，進口商以承兌匯票在市場貼現，以貼現所得款項支付給出口商，這種業務稱為再融資(Re-finance)。

（2）放款。銀行對進口商的放款方式主要有兩種：①透支。在進口信貸業務方面，西方國家的銀行對與其關係密切的工商企業提供透支信用。根據契約，銀行允許工商企業向銀行簽發超過其往來帳戶餘額一定金額的支票。②商品抵押放款。通常的方式是銀行應進口商的委託，開立以出口商受益的憑貨物單據付出現款的信用證。出口商提交貨運單據，成為開證銀行代付貨款的保證。

第三節　保付代理業務

一、保付代理業務的概念和歷史

在英國、美國、法國、義大利、日本等國的對外貿易短期融資業務中，普遍盛行一種保付代理(Factoring)業務。對「Factoring」有多種譯法，如譯為「銷售包理」「承購應收帳款」「出口銷售保管」「應收帳款收買業務」「應收帳款管理服務」等，目前譯名漸趨一致，統譯為「保付代理」，簡稱「保理」。保理業務是指出口商以商業信用形式出賣商品，在貨物裝船後立即將發票、匯票、提單等有關單據，賣斷給承購應收帳款的財務公司或專門組織，收進全部或一部分貨款，從而取得資金融通的業務。

財務公司或專門組織買進出口商的票據，承購了出口商的債權後，通過一定的渠道向進口商催還欠款；如遭拒付，不能再向出口商行使追索權。財務公司或專門組織與出口商的關係在形式上是票據買賣、債權承購與轉讓的關係，而不是一種借貸關係。

保理業務在資本主義國家已有較長的歷史。工業革命后，英國紡織工業發展迅速，它們的紡織品多以寄售(Consignment)方式向海外出口，利用這一方式雖然可以擴大紡織品的出口規模，但出口商的資金卻有所積壓。當時英國已存在原始的保理業務，解決了這一矛盾。因為在紡織品出運后，出口商多將有關單據售予經營保理業務的機構，及時收取現金，繼續並擴大紡織品的再生產。

到19世紀，歐洲國家大規模地向美國出售紡織品，上述業務在歐洲大陸又進一步發展。

20世紀初，美國在出口貿易融資中，也開展了保理業務，隨著美國經濟的發展及貿易量的擴大，保理業務也逐年增大。

第二次世界大戰后由於國際貿易的迅速發展，一些國家專門經營保理業務的組織在國外設立了分支機構，並在國際範圍內建立了聯合組織，加強同業之間的聯繫，促進保理業務的進一步發展，加強這一組織在國際結算領域中的地位與作用。這些組織

不僅對紡織品、食品、一般日用品的出口應收帳款給予資金融通，還對電子產品、家具、機械產品的出口帳款給予資金融通，並提供有關服務。

1972年，日本大藏省批准建立了日本第一家保理機構，1973年又成立了第二家保理機構。新加坡也成立了保理機構，發展保理業務，以滿足本國對外經濟發展的需要。隨著國際貿易的發展，更多的企業將參與國際分工，保理業務總額到2005年已增至10,165億歐元，國內保理9,300億歐元，國際保理865億歐元。中國是58.3億歐元，國內保理41.5億歐元，國際保理16.8億歐元。

二、保理業務的程序和內容

(一) 保理業務的程序

出口商以賒銷方式出售商品，為能將其應收款項售予保理機構，取得資金融通的便利，一般都與該機構簽有協議，規定雙方必須遵守的條款與應承擔的責任，協議有效期一般為1年，但近年來不再規定明確的有效期，保理機構與出口商每半年會談一次，調整協議中一些過時的、不適宜的條款。

簽訂協議后，保理業務通過下列具體程序進行：

出口商在以商業信用出賣商品的交易磋商過程中，首先將進口商的名稱及有關交易情況報告給本國保理公司。

出口方的保理公司將上述資料整理后，通知進口方的保理公司。

進口方的保理公司對進口商的資信進行調查，並將調查結果及有關向進口商提供賒銷金額的具體建議通知出口方的保理公司。

如進口商資信可靠，建議的賒銷金額也比較合理、可信，出口方的保理公司即將調查結果告知出口商，並對出口商與進口商的交易加以確認。

出口商裝運貨物后，把有關單據售予出口方的保理公司，並在單據上註明應收帳款轉讓給出口方的保理公司，要求后者支付貨款(有時出口商製單兩份，一份直接寄送進口商，一份交出口方保理公司)。后者將有關單據寄送進口方的保理公司。

出口商將有關單據售予出口方保理公司時，后者按匯票(或發票)金額扣除利息和承購費用后，立即或在雙方商定的日期將貨款支付給出口商。

進口方的保理公司負責向進口商催收貨款，並向出口方保理公司劃付。國際雙保險業務程序見圖3-1。

(二) 保理業務的內容與特點

(1) 保理公司承擔信貸風險(Coverage of Credit Risks)。出口商將單據賣斷給保理公司，這就是說，如果發生海外進口商拒付貨款或不按期付款等情況，保理公司不能向出口商行使追索權，全部風險由保理公司承擔。這是保理業務最主要的特點和內容。

保理公司設有專門部門，有條件地對進口商的資信情況進行調查，並在此基礎上決定是否承購出口商的票據。只要得到該公司的確認，出口商就能以賒銷方式出售商品，並能避免貨款收不到的風險。

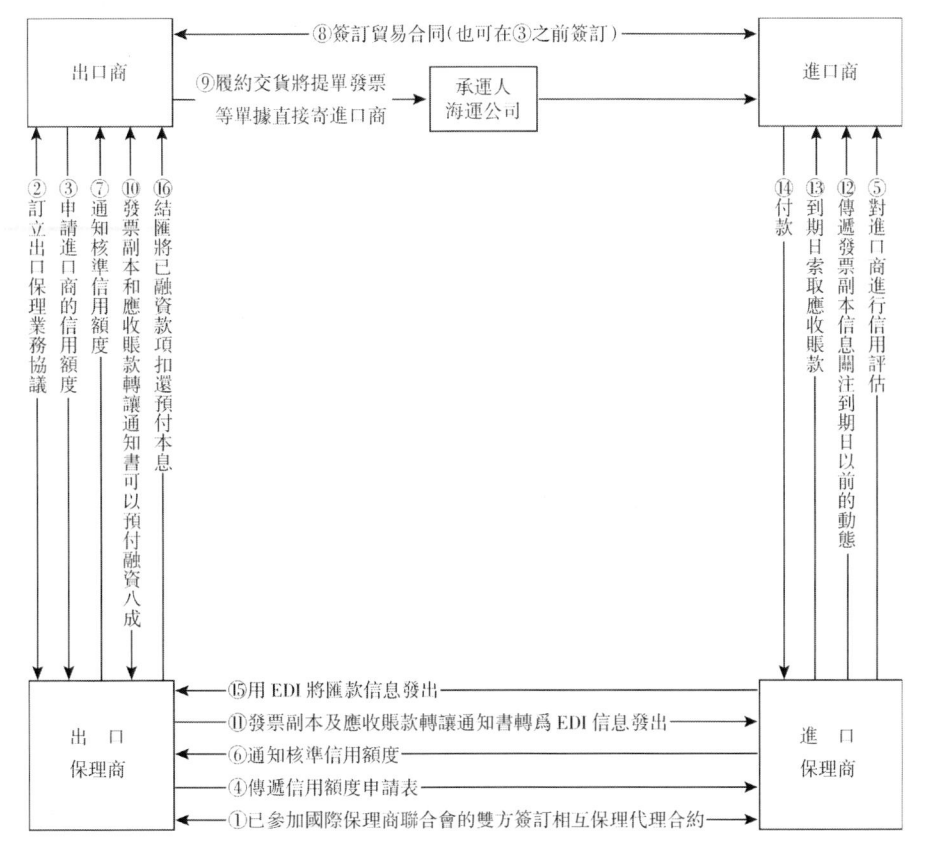

图 3-1　國際雙保理業務程序圖

（2）保理公司承擔資信調查、托收、催收帳款甚至代辦會計處理手續。出賣應收債權的出口商，多為中小企業，對國際市場瞭解不深，保理公司不僅代它們對進口商進行資信調查，並且承擔收取貨款的任務；有時還要求出口商交出與進口商進行交易磋商的全套記錄，以瞭解進口商的負債狀況及償還能力。一些具有季節性的出口企業，每年的出口時間相對集中，它們為減少人員開支還委託保理公司代其辦理會計處理手續等。所以，保理業務是一種廣泛的、綜合的服務，不同於議付業務，也不同於貼現業務。這是保理業務的另一個主要內容與特點。

保理公司具有一定的國際影響與聲譽，並對進口商進行深入的調查；在托收業務中，一般進口商都如期支付貨款，以保持其社會地位與聲譽。

（3）預支貨款（Advance Funds）。典型的保理業務是出口商在出賣單據后，都立即收到現款，得到資金融通。這是保理業務的第三個主要內容與特點。但是，如果出口商資金雄厚，有時也可在票據到期后再向保理公司索要貨款；有時保理公司也在票據到期日以前先向出口商支付80%的出口貨款，其餘的20%俟票據到期進口商付款后再予支付。

(三) 保理業務的類型

從出口商出賣單據是否可立即得到現金的角度來劃分，保理業務可分為兩種：一是到期保理業務(Maturity Factoring)。這是最原始的保理業務，即出口商將與出口有關的單據出賣給保理公司，該公司確認並同意票據到期時無追索權地向出口商支付票據金額，而不是在出賣單據的當時向出口商立即支付現金。二是預支(Advance)或標準(Standard)保理業務。出口商裝運貨物取得單據后，立即將單據賣給保理公司，取得現金。

從是否公開保理公司的名稱來劃分，保理業務又可分為兩種：一種是公開保理公司名稱的保理，也就是在票據上寫明貨款付給某一保理公司；另一種是不公開保理公司名稱的保理，也就是按一般托收程序收款，不一定在票據上特別寫明該票據是在保理業務下承辦的，即不突出保理公司的名稱。

(四) 保理的費用

保理公司不僅向出口商提供資金，而且還提供一定的勞務，所以，它們要向出口商索取一定的費用。該費用由以下兩部分內容構成：

(1) 承購手續費(Commission of Factoring)。這是保理公司對出口商提供勞務而索取的酬金，其中包括：①保理公司提出的、向進口商提供賒銷額度的建議是周密調研的結果，對提供此項勞務，出口商要支付報酬。②對保理公司的信貸風險評估工作應支付一定的報酬。③支付因保存進出口商之間的交易磋商記錄和進行會計處理而產生的費用。

保理手續費一般根據買賣單據的數額每月清算一次。手續費的多少往往取決於交易的性質、金額及信貸、匯價風險的大小。手續費的費率一般為應收帳款總額的1.75%～2%。

(2) 利息。保理公司從收買單據向出口商付出現金到票據到期從海外收到貨款這一時期的利息費用完全由出口商承付。利率根據預支金額的大小，參照當時的市場利率水平而定，通常比優惠利率高2%～2.5%。

出口商如果利用保理形式出賣商品，均將上述費用轉移到出口貨價中，其貨價當然高於以現匯出賣的商品價。

三、保理公司與商業銀行的關係

有的國家為了經營保理公司業務專門建立商行，有的國家則由財務公司經營該項業務。隨著保理業務的開展，西歐五家保理公司於1968年在荷蘭阿姆斯特丹市建立了世界性的「國際保理商聯合會」(Factor Chain International, FCI)。各國保理公司通過該組織互換進口商的資信情報，瞭解進口商的付款能力，從而使貨款收回達到最高比率。這些機構與大商業銀行聯繫密切，資金充裕，業務多樣靈活，得到出口商特別是中小出口商的支持與歡迎。中國銀行於1993年成為「國際保理商聯合會」的成員，交通銀行、中國光大銀行、中信實業銀行、中國工商銀行等12家銀行也先後加入「國際

保理商聯合會」。2005 年 FCI 會員遍及 60 多個國家和地區的 210 家保理公司。

保理商行或商業財務公司一般都是獨立組織，具有獨立法人資格，但它們大多是由大商業銀行出資或在後者的資助下建立的。如在美國的保理公司，一般稱為商業財務公司，其中有 50% 是由商業銀行出資建立的。它們所經營的收購債權、買進票據業務雖與商業銀行所經營的貼現、票據抵押和議付業務在某些方面有相似之處，但進一步比較，就能發現兩者之間的區別：

（1）向出口商提供資金的基礎不同。商業銀行所經營的貼現、議付等票據業務，是在行使追索權的基礎上向出口商提供資金；而保理業務則是在無追索權的基礎上購進出口商的有關票據。

（2）考察資信的重點不同。商業銀行經營的票據業務一般比較注意考察出口商的資信，以保證貸款的收回；而保理業務則比較注意考察海外進口商的資信情況。

（3）業務內容不同。商業銀行經營票據業務的內容是貸款融資；而保理業務的內容則多樣化，有時甚至還代客戶繕製單據。

四、保理業務的作用

（一）對出口商的好處

（1）保理公司代出口商對進口商的資信進行調查，為出口商提供信息和數據，以幫助出口商決定是否向進口商提供商業信用，從而擴大商品銷售。

由於保理公司熟知海外市場情況，它們還經常向中小出口商提出建議，協助其進入國際市場，增強其競爭能力。

（2）出口商將貨物裝運完畢，可立即獲得現金，以滿足營運需要，加速資本週轉，促進利潤增加。

（3）只要出口商的商品品質和交貨條件符合合同規定，在保理公司無追索權地購買其票據後，出口商就可以將信貸風險和匯價風險轉嫁給保理公司。

（4）出口商如果從銀行貸款取得資金融通，就會增加其負債數字，使企業的負債/資產比率上升，惡化資產負債表（Balance Sheet）的狀況，對企業的資信不利，影響其有價證券上市。而出口商利用保理業務，在貨物裝船，出賣票據後，立即收到現金，不僅不會增加資產負債表中的負債，反而會增加表中的資產，改善資產/負債比率，有利於企業有價證券的上市，有利於企業進一步融資。

（二）對進口商的好處

（1）保理業務適用於以商業信用購買商品，進口商通過保理公司進行支付結算。這樣，進口商不需要向銀行申請開立信用證（L/C），不用交付押金，從而減少了資金積壓，降低了進口成本。

（2）經常往來的買賣雙方，可根據交易合同規定，定期發貨寄單，通過保理業務，買方可迅速得到進口物資，按約定條件支付貨款。這樣，大大節省了開證、催證等環節的時間，簡化了進口手續。

（3）在採用保理業務后，儘管出口商將辦理該項業務有關的費用轉移到出口貨價中，從而增加了進口商的成本負擔，但是，貨價提高的金額一般仍低於因交付開證押金而需承擔的利息損失。

五、國際保付代理公約的主要條款與內容

國際統一私法協會於 1988 年 5 月在加拿大渥太華召開會議，並於 5 月 28 日簽署了《國際保付代理公約》。這是有關國際保理業務的一項統一的法律性文件。凡在該公約上簽字的國家均受該公約的約束。中國是簽字國。該公約共有四章二十三條款，從 1995 年 5 月 1 日起生效。現將該公約的主要條款介紹如下，以便在開展此項業務的過程中有所遵循。

（一）公約的適用範圍和總則的主要內容

第一條

1. 公約適用於保付代理合同及應收帳款的轉讓。

2. 保付代理合同的當事人一方為保付代理人，另一方為供應商。

3. 供應商向保付代理人轉讓的應收帳款，其債務人應為法人組織，供應商向個人或家庭出售貨物而產生的應收帳款的轉讓，保付代理人不予受理。

4. 保付代理人至少應履行下述兩項職能：①向供應商提供貸款和預付貨款；②保持應收帳款有關帳目；③托收應收帳款；④防止債務人拖欠付款。

第二條 不同國家供應商與債務人訂立的銷售合同的應收帳款的轉讓產生於任何營業地點，均適用於本公約，並且這些地點和保付代理人營業地所在國均為締約國，則貨物銷售合同與保理合同均受某一締約國的法律管轄。

第三條 公約的適用可以由保理合同雙方當事人排除，或在向保理人送交此種排除的書面通知之時或之后產生的應收帳款方面，由貨物銷售合同雙方當事人予以排除。

第四條 在解釋本公約時，應考慮本公約簽訂的目標與目的，公約的國際性質以及促進其適用的統一與在國際貿易中遵守誠信的需要。

（二）當事人各方的權利與義務

第五條

1. 在保理合同訂立時，供應商已經發生的應收帳款，不因該保理合同沒有單獨指明這些應收帳款的事實而失去其效力。

2. 只要在保理合同有效期內，供應商即可將將來發生的應收帳款轉讓給保理人，而不需做出任何新的轉讓行為。

第六條

1. 如果供應商與債務人之間訂立有禁止轉讓應收帳款的任何協議，供應商向保理人轉讓應收帳款仍應有效。

2. 如果銷售合同的債務人營業地所在國為締約國，並且該國聲明該債務轉讓無效，則此種應收帳款的轉讓對債務人無效。

3. 上述 1 款不影響供應商根據誠信原則對債務人應盡的義務，或者供應商在違反貨物銷售合同有關轉讓方面的條款時應承擔的任何責任。

第七條　供應商向保理人轉讓的應收帳款，包括供應商根據銷售合同取得的對貨物所有權或由此產生的擔保利益的部分或全部轉讓。

第八條　只有在債務人不知道任何其他人對付款的優先權利時，債務人才有義務向保理人付款，而且向債務人發出的書面轉讓通知應滿足下列條件：

1. 是由供應商或經供應商授權的保理人向債務人做出的；

2. 合理地確定了已經轉讓的應收帳款和債務人須向保理人或向其帳戶付款的金額；

3. 付款金額是根據該通知送交之時或之前訂立的貨物銷售合同產生的應收帳款。

第九條

1. 在保理人要求債務人根據貨物銷售合同產生的應收帳款時，如果該要求系由供應商提出時，該合同的債務人可以利用一切抗辯，用以對抗保理人。

2. 在針對享有業已發生的應收帳款的權利的供應商和在根據第八條第 1 款轉讓的書面通知送交債務人之時，該債務人在所取得的請求權方面，也可向保理人行使任何抵消的權利。

第十條

1. 在不損害第九條規定的債務人的權利的情況下，貨物銷售合同的不履行、履行有瑕疵或履行遲延本身並不應使債務人有權收回其付給保理人的款項，如果該債務人有權向供應商收回該款項的話。

2. 在應收帳款方面，如果存在以下情況，有權向供應商收回已經付給保理人的款項的債務人，無權向該保理人收回帳項：①該保理人尚未解除其在該項應收帳款方面對供應商的付款義務；②保理人付款時已經知道在與債務人付款有關的貨物方面，供應商不履約、履約有瑕疵或履約遲延的情況。

（三）再轉讓

第十一條

1. 在應收帳款由供應商根據一個受本公約管轄的保理合同轉讓給保理人時：

（1）在本條（2）款的條件下，第五條至第十條的規定對保理人或后手受讓人所做的應收帳款以后的任何轉讓均適用；

（2）第八條至第十條的規定應適用，如同該后手受讓人是保理人一樣。

2. 給債務人的有關再轉讓通知亦構成給保理人的有關此種轉讓的通知。

第十二條　本公約不適用於保理合同條款所禁止的后來轉讓。

此外，《國際保付代理公約》尚有一章「最后條款」，該章從第 12 至 23 條款牽涉公約的批准、生效手續，以及在兩個或兩個以上締約國領土施行的範圍等問題，在此不予贅述。

六、國際保付代理總規則

國際保理商聯合會為了規範國際保理業務的操作，維護和明確國際保理業務四方當事人的正當權益和責任，1969 年制定了《國際保付代理慣例規則》（Code of International Factoring Customs—IFC）。《國際保付代理慣例規則》經修訂后於 2002 年 7 月更名為《國際保付代理總規則》（General Rules for International Factoring, GRIF）並予以實施，2006 年 6 月和 2007 年 10 月也略有修訂，以統一國際雙保理業務的法律規則。其內容包括 8 個部分、32 個條款：

第一部分是總則，含 1~11 條。該部分對於保理合同、應收帳款範圍、參與雙保理業務的當事人、通用英語和公歷、文書與編碼系統、佣金報酬以及按仲裁規則解決保理商之間的爭議等內容分別予以規定。

第二部分是應收款的讓渡，含 12~15 條。該部分對應收款讓渡的含義、必須以書面形式讓渡、讓渡的有效性、讓渡的有效期限和應收款票據的退還等內容均有具體規定。

第三部分是信用風險，含 16~19 條。該部分對信用風險的含義、承擔信用風險的申請與核准、減少或取消核准、出口保理商讓渡應收帳款的責任等內容均有具體規定。

第四部分是收妥應收款，含 20~22 條。該部分說明了進口保理商的收款責任和對未核准應收款的處理。

第五部分是資金劃撥，含 23~26 條。該部分對如何以及何時劃撥資金、如何處理保函項下付款、遲付和禁止讓渡等內容進行了說明。

第六部分是糾紛，僅第 27 條。該部分說明了處理糾紛的規則和程序。

第七部分是陳述、保證和承諾，僅第 28 條。該部分包含了出口保理商自身以及代表供應商做出的保證和承諾，以及違反上述保證和承諾時進口保理商的權利。

第八部分是其他事項，含 29~32 條。該部分說明了使用保理電子數據交換通信系統、帳戶管理和報告、出口保理商與進口保理商的違規補償等內容。

第四節　中國的對外貿易信貸

中國是社會主義國家，實行社會主義市場經濟體制。從國內外取得資金融通是發展對外貿易、改善外貿企業經營管理的一個大問題。中國的外貿企業從國外取得外幣資金融通，一般均按本章所述的國際慣例進行，而從國內取得本幣資金融通，則按國家銀行公布的對外貿易信貸辦法進行。隨著中國對外經濟關係的發展與國民經濟體制改革的要求，中國的外匯外貿專業銀行在原有的對外貿易貸款對象、範圍之外，又開展了一些新業務，現分述如下：

一、中國外貿貸款的對象、範圍和管理

在中國凡經有關部門批准，以經營進出口業務為主，或為進出口業務提供服務，

擁有一定自有資金，實行獨立核算的企業，都可向中國銀行申請貸款，以滿足商品流轉的合理資金需要。

商品流轉貸款實行資金定額供應，並分定額週轉貸款、臨時貸款、專項貸款三戶分類管理。商品流轉定額貸款是指由銀行根據一定公式計算，然后扣除積壓物資、有問題商品、擠占、挪用等不合理資金占壓款，從而確定一定額度的貸款。商品流轉臨時貸款是企業因臨時性、季節性的資金需要，又遇定額貸款戶資金不足，事先向銀行申請，並提出具體項目和原則，訂出歸還時間，銀行在保證完成全年資金週轉計劃的前提下，逐筆核實貸放，到期收回的貸款。商品流轉專項貸款指從商品流轉定額貸款中劃出的、到期不能歸還的、積壓物資和有問題商品占用的貸款。此項貸款的利息加成收取，並規定期限，按期歸還。為適應外貿發展的需要，更好地發揮經濟效益，外貿企業在組織出口貨源時要切實貫徹以銷定產、以銷定購的原則，如果企業生產和收購沒有銷路的產品和物資，銀行將不予貸款。

二、中國外貿貸款的原則

外貿貸款嚴格堅持與財政資金和基本建設資金分開管理的規定，不得挪用企業流動資金和銀行貸款搞基本建設，購置固定資產；不得用銀行貸款搞職工福利或作為其他財政性開支；未經有關部門批准也不得賒購商品，預付貨款；更不得利用銀行貸款轉手向外貸放。外貿貸款還必須堅持有借有還，並有適銷適用的物資作保證。庫存商品、原輔料要符合出口需要，如果外貿企業購進質量、規模不符合出口要求的商品，銀行將不予貸款。企業發生虧損，不得長期占用銀行貸款，必須於發生虧損的次月底撥齊。逾期未撥的虧損，轉入專項貸款帳戶，加收利息，按期歸還。借款企業必須按年、季向開戶銀行報送借款計劃，銀行與有關部門核定計劃，根據計劃，向外貿企業發放貸款。

三、中國外貿貸款的新業務

（一）出口打包放款

1. 出口打包放款的對象

出口打包放款的對象主要是經營進出口業務的外貿企業以及為進出口業務服務的有關企業。

2. 貸款範圍

上述企業在擴大適銷對路的出口商品貨源時，接到國外開來的信用證或出口成交合同后，為按期、按質、按量完成生產交付任務而需要的資金，可申請此項貸款。貸款只能收購生產出口商品所需的原材料，不能挪作他用。

3. 貸款條件

（1）借款單位應提供外貿企業與境外簽訂的外銷合同或境外來證，以及外貿企業與生產出口商品的企業簽訂的購銷協議或外貿企業間的生產通知單；

（2）借款單位的經營管理好，效益高，信用好，有還款能力；

（3）出口產品在國際市場上適銷對路，換匯成本合理，能如期履約；

（4）借款單位提交「打包放款申請書」、工貿雙方簽訂的「出口打包放款協議」，並附有外貿企業提供的保函；

（5）出口打包放款的期限為購銷合同規定的交貨期，最長不超過1年，貸款逐筆核算，專款專用，到期歸還，每季結息一次。

（二）出口押匯

過去對外貿企業的出口收匯，銀行一直採取「收妥結匯」的做法，即將企業出口單據交銀行后，銀行代為托收，何時從進口商處收進，何時再給出口企業結匯。這會增加其利息支出，不利於出口企業的資金週轉。

為解決上述問題，銀行從1985年開辦出口押匯業務，即出口企業在商品出口后，將全套單據提交銀行，經銀行審核無誤后，將出口貨款提前付給出口企業的一種融資業務。出口企業在提交信用證項下單據時，如需做出口押匯，應填寫「出口押匯申請書」，敘做時無須逐筆申請。

銀行對外貿、工貿企業敘做的出口押匯按年率7.2%計收外幣利息；對「三資」企業，則按押匯日的LIBOR利率計收。銀行根據票據收匯地區的不同計算計息天數。

出口押匯的推行加速了出口企業的資金週轉，為它們提供了生產和收購出口產品所急需的資金，從而擴大了出口，減少了信貸資金的占壓，節省了辦理貸款的時間和手續，有利於提高外貿企業出口工作的效率。銀行通過出口押匯，在出口企業提供單據的當天墊付一筆相應外匯，可減少人民幣信貸資金的投放。

（三）銀行承兌

參照國際通行做法，中國銀行於1986年4月起與其國外分行開展銀行承兌匯票業務。承兌匯票業務分信用證項下承兌、托收項下承兌和協議項下承兌三種形式。在進出口業務中，出口商往往提出匯票由銀行承兌的要求，銀行同意承兌匯票，就必須在匯票規定的期限內兌付匯票，進口商須在付款日之前將款項交付承兌銀行。承兌銀行（中國銀行）須將進口商提供的匯票（包括詳細的商品名稱、裝船通知、合同金額等資料）告知國外分行（或代理行），后者根據國際金融市場（主要指紐約金融市場）的利率情況決定是否敘做此項業務。該業務完成後，國外分行（或代理行）和承兌行按商定的比例獲利。

（四）票據承兌貼現

票據承兌貼現業務是在目前人民幣資金緊缺情況下，銀行向外貿企業提供的一種新的融資渠道。貼現利率實行優惠，一般比同檔次的貸款利率低5%～10%。通過貼現，企業提前收到現款，從而加速了資金週轉，減少了利息支出，避免占用結算貸款，降低了生產銷售成本。

（五）保理業務

1988年中國銀行北京分行曾以「媒介」身分試辦了保理業務。從1992年3月開

始，該行又正式以保理機構身分按上述國際保理業務的運行程序直接從事出口保理業務。

【參考文獻】

［1］劉舒年. 國際信貸［M］. 北京：中國對外經濟貿易出版社，1989.
［2］D P WHITING. Finance of International Trade and Foreign Exchange［M］. London：Macdonald and Evans，1973.
［3］童一平. 國際貿易金融與國際匯兌［M］. 余壯東，譯. 北京：中國財政經濟出版社，1981.
［4］國際統一私法協會. 國際統一私法協會保付代理公約［J］. 法學譯叢，1989(3).
［5］蕭朝慶. 國際保付代理［M］. 北京：中國商務出版社，2005.

【思考題】

1. 試述承兌—償還信用的內容、做法與意義。
2. 簡述保付代理業務的現實意義。
3. 保付代理業務對出口商有何作用？
4. 保付代理業務與貼現業務有哪些區別？

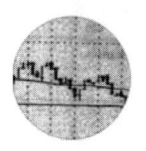

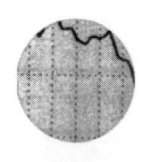

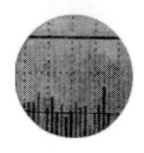

第四章　出口信贷

第二次世界大戰后，隨著科學技術與資本主義生產的迅速發展，戰前資本主義國家對外貿易領域中大型機械設備的出口逐漸為成套設備、工藝技術與技術訣竅的出口所代替，原有的中長期信貸方式已不適用，逐漸被一系列新的信貸方式所取代。本章著重分析第二次世界大戰后出現的新的出口信貸方式，以期瞭解其特點與做法，為我所用。

第一節　出口信貸的概念、發展和作用

一、出口信貸的概念和特點

（一）出口信貸的概念

對外貿易短期信貸的期限一般均在1年以內，只能滿足商品週轉較迅速、成交金額不大的資金需要。而一些大型機械設備的交易，週轉期長，成交額大，在這種情況下進出口商則需要期限較長的信貸支持。因此，經濟發達國家的商業銀行和對外貿易銀行常常向本國的出口商或國外的進口商發放期限為1～5年或5年以上的對外貿易中長期信貸，給予資金融通，以促進本國大型機械設備或成套項目的出口。對外貿易短期信貸與中長期信貸同屬對外貿易信貸，前一融資方式兼顧出口與進口需要，在利率收取與信貸條件方面與本國金融市場上類似的貸款方式相比，沒有顯著的區別，也不受某些國際協定的約束；而后一融資方式，則著重推動本國的出口，特別是資本貨物的出口，利率收取與信貸條件和本國金融市場上類似的貸款方式相比，有顯著的區別，並在不同程度上受國際規定的約束。由於對外貿易中長期信貸的目的在於擴大出口，所以，國際上將對外貿易中長期信貸統稱為出口信貸。

什麼是出口信貸呢？出口信貸是一種國際信貸方式，是西方國家為支持和擴大本國大型設備的出口，增強本國商品的國際競爭力，以對本國的出口給予利息貼補並提供信貸擔保的方式，鼓勵本國的銀行對本國出口商或外國進口商(或其銀行)提供利率較低的貸款，以解決本國出口商資金週轉的困難，或滿足國外進口商在支付貨款方面的資金需要的一種融資方式，它是國家壟斷資本主義爭奪銷售市場的一種手段。

（二）出口信貸的特點

出口信貸的性質，在其特點中得到充分的反應。這些特點是：

（1）出口信貸的利率，一般低於相同條件資金貸放的市場利率，利差由國家補貼。

大型機械設備製造業在西方國家的經濟中佔有重要地位，其產品價值高、交易金額大。在壟斷資本已占領了國內銷售市場的情況下，加強這些資本貨物的出口，對西方國家的生產與就業影響甚大。為了加強本國機械設備的競爭能力，削弱競爭對手，主要發達國家的銀行，競相以低於市場的利率對外國進口商或本國出口商提供貸款，

給予信貸支持,以擴大該國資本貨物的國外銷路。銀行提供的低利率貸款與市場利率的差額則由國家補貼,這是國家壟斷資本主義加強的表現與必然結果。

(2) 出口信貸的發放與信貸保險結合。

由於出口信貸償還期限長、金額大,發放貸款的銀行存在著較大的風險,為了消除出口國家銀行發放出口信貸的后顧之憂,保證其貸款資金的安全,發達國家一般都設有國家信貸保險機構,對銀行發放的出口貸款給予擔保。如發生貸款不能收回的情況,信貸保險機構利用國家資金給予賠償。風險由國家負擔,利潤由壟斷資本獲得,這是國家壟斷資本主義在國際金融領域中的另一表現。發達國家提供的出口信貸一般都與國家的信貸保險相結合,從而加強本國出口商在國外市場的競爭能力,促進資本貨物的出口。

(3) 國家成立專門發放出口信貸的機構,制定政策,管理與分配國際信貸資金,特別是中長期信貸資金。

發達國家提供的出口信貸,直接由商業銀行發放,如因金額巨大,商業銀行資金不足,則由國家專設的出口信貸機構予以支持。如英國曾規定商業銀行提供的出口信貸資金超過其存款18%時,超過部分則由英國的出口信貸擔保局予以支持。美國發放出口信貸的習慣做法是由商業銀行與進出口銀行共同負擔。有的國家對一定類型的出口信貸,直接由出口信貸機構承擔發放的責任。由國家專門設置的出口信貸機構利用國家資金支持對外貿易中長期信貸,可彌補私人商業銀行資金的不足,改善本國的出口信貸條件,加強本國出口商爭奪國外銷售市場的力量。這些出口信貸機構在經營出口信貸保險的同時,還根據國際商品市場與金融市場的變化,適時調整本國的出口信貸政策,以迎接其他競爭對手的挑戰。

二、第二次世界大戰后出口信貸進一步發展的背景

第二次世界大戰以前,隨著資本主義生產的發展、國際貿易的擴大、工業機械設備出口的增加,各國之間的出口信貸業務有較大的發展,發達國家以出口信貸為武器,激烈地爭奪機械設備的銷售市場。在20世紀30年代,發達國家從事出口信貸的公私金融機構與保險組織就建立過同盟組織,企圖通過交流情況,以調和矛盾,減緩鬥爭,促進大型裝備出口的順利發展。第二次世界大戰后,與出口技術及成套設備相結合的出口信貸業務迅速發展,銀行也更多地介入技術貿易之中。這些情況的出現是有其歷史背景的,具體是:

(一)科學技術的發展

隨著原子能的利用、電子技術的推廣、化學工藝技術的革命,戰前發達國家大型機械裝備的出口逐漸被成套設備、工藝技術與Know-How的出口代替。這些項目技術複雜,成本高昂,金額巨大,進口國無力也不可能一次將貨款全部付清,只能依靠信貸來進口。同時,這些項目從建造到投產絕非一年半載即能完成,建成后的效果是否與合同條款的承諾一致尚需經過一定時間的檢驗,如效果良好,進口商(單位)方能如

數付款。進口商的付款能力和大工程項目本身所具有的特點，在客觀上要求出口國提供出口信貸。

(二) 銀行更多地介入貿易

隨著銀行業務的發展與銀行作用的增強，更由於成套設備貸款的某些特殊性，要求銀行本身更多地介入進出口交易的主要環節，這就在信貸方式上提出了新的要求，從而在原有信貸形式上出現了賣方信貸、買方信貸、混合信貸(Mixed Credit)、福費廷等新的出口信貸形式。

(三) 發展中國家的需要

第二次世界大戰后，一系列殖民地、附屬國實現了政治獨立，建立起民族民主國家。它們急需利用發達國家的先進技術，進口必要的成套設備，建設某些大的工程項目，以發展國民經濟，建設自己的國家。但它們的自有資金不足，一時拿不出巨額外匯，除一部分依靠「援助」外，尚需發達國家提供出口信貸。

(四) 經濟危機的影響

第二次世界大戰后，發達國家經濟危機頻繁爆發，西方國家極力想加強出口，以減緩危機帶給它們的影響。為此，它們利用出口信貸和以國家貼補為基礎的信貸擔保制，對某些國家特別是發展中國家提供中長期信貸，以促進成套設備及大工程項目的出口。同時，國際上大量遊資的存在、借貸資本的長期過剩、石油美元的積存，也為這種出口信貸的發放提供了可能。

進入20世紀70年代以后，蘇聯為了增強其經濟、軍事潛力，極想利用西方的技術與設備，開發其邊遠地區，建設其重要的工業部門。而西方國家為克服經濟危機帶給它們的困難，也在一定條件上滿足了蘇聯的需要。在這一時期，西方國家與蘇聯及東歐國家之間的補償貿易大幅增長，促進了出口信貸的進一步發展。

三、出口信貸的作用與弊端

(一) 出口信貸的作用

(1) 集中國際閒散資金，解決進出口商資金短缺的困難，促進成交，發展外貿。在機械設備及技術貿易中，設備價格很高，由於進口商資金不足，或者出口商擔心貨款回收困難，不願以賒銷方式出口，一般很難成交。而發放出口信貸的銀行集中了國際金融市場的閒散資金，作為出口信貸的資金來源，解決了進出口商的資金困難，從而促成交易，發展了國際貿易。

(2) 促進發達國家民間資本的輸出與商品輸出。出口商所在地銀行發放的出口信貸，不限於設備價款的需要，有時對進口商支付貿易合同的定金，以及償還出口信貸本金期間的利息支出，也給予商業貸款。所以，通過出口信貸的發放，不僅擴大了發達國家的商品輸出，也擴大了發達國家的資本輸出。

(3) 加速資金週轉，減少流通費用。在機械設備貿易中，出口商以延期付款方式出賣設備后，只要符合有關條件，出口商可立即得到本國有關銀行發放的出口信貸；

在進口商進口設備時，出口商交貨后，進口商也可得到出口商銀行發放的買方信貸並履行支付義務。這都有利於進出口商資金週轉的加速，減少其流通費用。

（4）有利於進出口商所在國的資源配置和國民經濟的發展。出口信貸促進了機械設備和技術貿易的成交，使進口國與出口國的資源得以充分地利用與合理地配置，促進國民經濟的發展。

(二) 出口信貸的弊端

（1）加重出口國的財政負擔。出口信貸的各種貼補與保險費用的賠償資金，基本來自國家財政，所以，一國出口信貸發放越多，國家財政的負擔越重。

（2）信貸與進口設備相結合，不利於進口商進行價格鬥爭、降低進口成本。利用出口信貸，只能從發放出口信貸國家的廠商購買設備。所以，進口商不能從國際範圍內進口，不能較好地利用出口商的價格競爭，一般其進口成本高於國際招標方式下的進口成本。

（3）使用不當，會加重債務負擔。由於出口信貸的條件有一定的優惠，如引進項目不進行審慎的可行性研究而帶有盲目性，常常會加深債務負擔，引發債務危機。一些發展中國家債務危機的加深，與此不無關係。

總之，在分析出口信貸作用時，既要看到西方國家利用出口信貸爭奪銷售市場的一面，也要看到其積極的作用。一個發展中國家，在利用外資、引進技術時，要加強宏觀管理，細緻地做好可行性研究，做好配套資金的平衡，以減少使用出口信貸消極作用的發生。

第二節　出口信貸的主要類型

第二次世界大戰前出口信貸的形式有四種：第一，直接向進口商或進口商的政府部門發放貸款，指定貸款應購買發放貸款的國家或企業的商品。第二，外貿銀行或商業銀行對出口商提供長期貸款，以支持出口商開拓和爭奪銷售市場。第三，在資本相對「過剩」的國家發行外國進口公司的股票和債券，或發行政府債券，以所得的資金辦理進口。第四，商業銀行或對外貿易銀行對中長期票據進行貼現放款，定期（如半年）清償一次。這些出口信貸形式在第二次世界大戰后仍然沿用。但對銀行來說，在進出口商之間使用得更為普遍的出口信貸形式有：賣方信貸、買方信貸、福費廷、信用安排限額（Credit Line Agreement）、混合信用貸款、簽訂存款協議（Deposit Facility Agreement）、向對方銀行存款等。

一、賣方信貸

在大型機器裝備與成套設備貿易中，為便於出口商以外國進口商延期付款方式出賣設備、技術和勞務，出口商所在地的銀行對出口商提供的信貸就是賣方信貸。發放

賣方信貸的程序與做法是：

第一，出口商(賣方)以賒銷方式或對方延期付款方式向外國進口商(買方)出售大型機械裝備或成套設備。在這種方式下，出口商、進口商簽訂合同后，進口商先支付10%~15%的定金，在分批交貨時，再分期付給10%~15%的貨款，其余70%~80%的貨款在全部交貨后若干年內分期償還(一般每半年還款一次)，並付給延期付款期間的利息。

第二，出口商辦理出口信用保險。

第三，出口商(賣方)向其所在地的銀行商借貸款，簽訂貸款協議，以融通資金。

第四，進口商(買方)隨同利息分期償付出口商(賣方)貨款后，出口商根據貸款協議再用此償還其從銀行取得的貸款。

出口商向銀行借取賣方信貸，除按出口信貸利率支付利息外，還須支付信貸保險費、承擔費、管理費等。這些費用均附加於出口成套設備的貨價之中，但每項費用的具體金額進口商不得而知。所以，延期付款的貨價一般高於以現匯支付的貨價，有的高出 3%~4%，還有的甚至高出 8%~10%。

賣方信貸的程序如圖 4-1 所示：

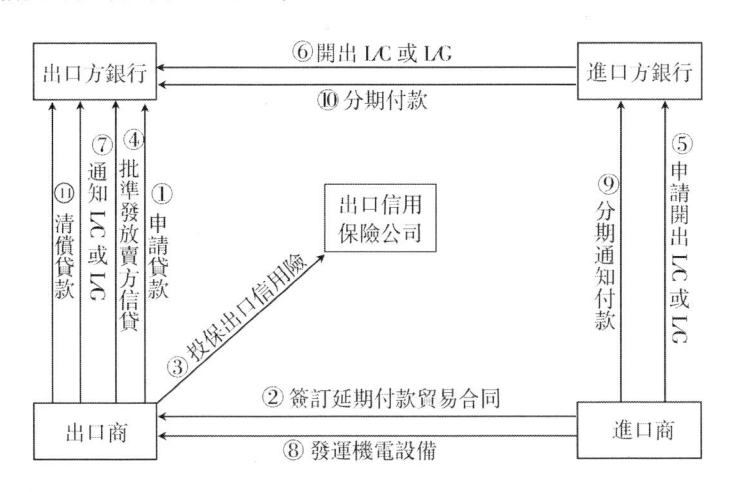

圖 4-1　賣方信貸程序圖

二、買方信貸

在大型機器裝備或成套設備的貿易中，由出口商(賣方)所在地的銀行貸款給外國進口商(買方)或進口商的銀行，以給予融資便利，擴大本國設備出口的貸款方式就叫買方信貸。

賣方信貸是出口商所在地銀行貸款給出口商(賣方)；而買方信貸則是由出口商所在地銀行貸款給進口商(買方)或進口商的銀行，無論貸給前者還是后者均屬買方

信貸。

(一) 直接貸款給進口商(買方)

這種買方信貸的程序與做法是：

第一，進口商(買方)與出口商(賣方)洽談貿易，簽訂貿易合同后，進口商(買方)先繳相當於貨價15%的現匯定金。現匯定金可在貿易合同生效日支付，也可在合同簽訂后60天或90天支付。

第二，在貿易合同簽訂后出口商應投保出口信用險。然后，在預付定金前進口商(買方)與出口商(賣方)所在地銀行簽訂貸款協議，這個協議是以上述貿易合同為基礎的。如果進口商不購買出口國的設備，則進口商不能從出口商所在地銀行取得此項貸款。

第三，進口商(買方)用其借得的款項，以現匯付款條件向出口商(賣方)支付貨款。

第四，進口商(買方)對出口商(賣方)所在地銀行的欠款，按貸款協議的條件分期償付。

(二) 直接貸款給進口商(買方)銀行

這種買方信貸的程序與做法是：

第一，進口商(買方)與出口商(賣方)洽談貿易，簽訂貿易合同，進口商(買方)先繳15%的現匯定金。

第二，在簽訂貿易合同至預付定金前，出口商應投保出口信用險，進口商(買方)的銀行與出口商(賣方)所在地的銀行簽訂貸款協議，該協議雖以前述貿易合同為基礎，但在法律上具有相對獨立性。

第三，進口商(買方)銀行以其借得的款項，轉貸予進口商(買方)，后者以現匯條件向出口商(賣方)支付貨款。

第四，進口商(買方)銀行根據貸款協議分期向出口商(賣方)所在地銀行償還貸款。

第五，進口商(買方)與進口商(買方)銀行間的債務按雙方商定的辦法在國內清償結算。

上述兩種形式的買方信貸協議，均分別規定進口商或進口商銀行需要支付的信貸保險費、承擔費、管理費等費用的具體金額，這就比賣方信貸更有利於進口商瞭解真實貨價，核算進口設備成本。有時信貸保險費會直接加入貿易合同的貨價中。

買方信貸的程序如圖4-2所示。

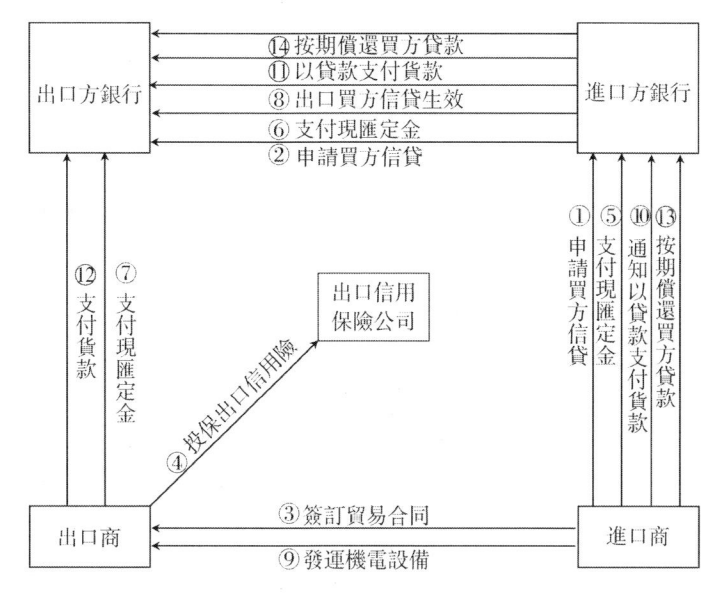

圖 4-2 買方信貸程序圖

三、福費廷

第二次世界大戰后，在資本貨物與設備的對外貿易中，進出口商除利用買方信貸與賣方信貸融通資金外，一種新的中長期資金融通形式——福費廷，從 1965 年開始在西歐國家推行。近年來，福費廷在西歐國家，特別是在德國和瑞士兩國與發展中國家和東歐國家的設備貿易中迅速發展。

所謂「福費廷」就是「Forfaiting」的音譯名，亦稱「包買票據」。這是一種在延期付款的大型設備貿易中，出口商把經進口商承兌及其銀行擔保的、期限從半年以上到五六年的遠期匯票，無追索權（Without Recourse）地售予出口商所在地的銀行（或大金融公司），提前取得現款的一種資金融通形式，它是出口信貸的一種。

（一）福費廷業務的主要內容

第一，出口商與進口商在洽談設備、資本貨物等貿易時，如欲使用福費廷，應與其所在地的銀行或金融公司先行約定，以便做好各項信貸安排。

第二，出口商與進口商簽訂貿易合同，言明使用福費廷。出口商向進口商索取貨款而簽發的遠期匯票，要取得進口商往來銀行的擔保，保證在進口商不能履行支付義務時由其最后付款。進口商往來銀行對遠期匯票的擔保形式有兩種：①在匯票票面上簽章，保證到期付款，這叫 Aval；②出具保函（Guarantee Letter），保證對匯票付款。

第三，進口商延期支付設備貨款的償付票據，可從下列兩種形式中任擇一種：由出口商向其簽發遠期匯票，經承兌擔保后，退還出口商以便貼現；由進口商開具本票（Promissory Notes）並經其銀行擔保后寄交出口商，以便貼現。無論使用何種票據，均

須取得進口商往來銀行的擔保。

第四，擔保銀行須經出口商所在地銀行同意，如該銀行認為擔保銀行資信不高，進口商就要另行更換擔保銀行。擔保銀行確定後，進出口商才簽訂貿易合同。

第五，出口商發運設備後，將全套貨運單據通過銀行的正常途徑，寄送給進口商，換取經進口商承兌了的附有銀行擔保的承兌匯票(或本票)。單據的寄送辦法按合同規定辦理，可以憑信用證條款寄單，也可以跟單托收，但不論有證無證，一般都以通過銀行寄單為妥。

第六，出口商取得經進口商承兌的並經有關銀行擔保的遠期匯票(或本票)後，按照與買進這項票據的銀行(大金融公司)的原約定，依照銀行對出口商無追索權的原則，辦理該項票據的貼現手續，取得現款。

福費廷業務的程序如圖 4-3 所示：

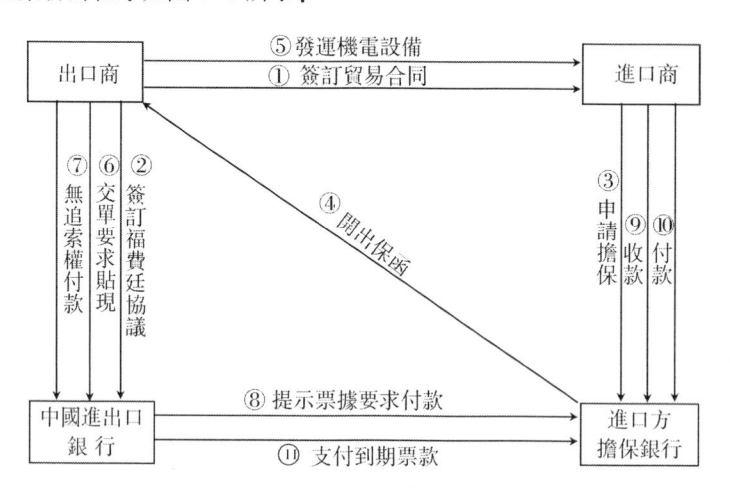

圖 4-3　福費廷融資程序圖

(二) 福費廷與一般貼現的區別

福費廷業務是出口商所在地銀行買進遠期票據，扣除利息，付出現款的一種業務。出口商借助這種業務，及時獲得現金，加速資金週轉，促進設備的出口。福費廷與貼現極其相似，但又不完全相同，其主要的區別在於：

第一，一般票據貼現，如票據到期遭到拒付，銀行對出票人能行使追索權，要求匯票的出票人付款。而辦理福費廷業務所貼現的票據，不能對出票人行使追索權；出口商在貼現這項票據時是一種賣斷，以後票據遭到拒付與出口商無關。出口商將票據拒付的風險完全轉嫁給貼現票據的銀行，這是福費廷業務與貼現的最大區別。

第二，貼現的票據一般為國內貿易和國際貿易往來中的票據；而福費廷則多為與出口設備相聯繫的有關票據。福費廷可包括數張等值的匯票(或期票)，每張票據間隔的時間一般為 6 個月。

第三，貼現的票據有時有的國家規定要有 3 個人的背書(Endorsement)，但一般不

需要銀行擔保。而辦理福費廷業務的票據，必須有第一流銀行的擔保。

第四，辦理貼現的手續比較簡單，而辦理福費廷業務則比較複雜。貼現的費用負擔較低，一般僅按當時市場利率收取貼現息；而辦理福費廷業務的費用負擔則較高，除按市場利率收取利息外，一般還收取下列費用：①管理費，一次性支付；②承擔費，從出口商銀行確認接做福費廷業務之日起，到實際買進票據之日止，按一定費率和天數收取承擔費；③罰款，如出口商未能履行或撤銷貿易合同，以致福費廷業務未能實現，辦理福費廷業務的銀行要收取罰款。上述管理費和承擔費雖均由出口商支付，但最后還是通過提高設備項目的貨價而轉嫁給進口商。

(三) 福費廷與保理業務的區別

福費廷與保理業務雖然都是出口商向銀行賣斷匯票或期票，銀行不能對出口商行使追索權，但是，兩者之間還是有區別的。

第一，保理業務一般多在中小企業之間進行，成交的多為一般進出口商品，交易金額不大，付款期限在 1 年以下；而福費廷業務，成交的商品為大型設備，交易金額大，付款期限長，並在較大的企業間進行。

第二，保理業務不需要進口商所在地的銀行對匯票的支付進行保證或開立保函；而福費廷業務則必須履行該項手續。

第三，保理業務，出口商不需要事先與進口商協商；而福費廷業務則進出口雙方必須事先協商，取得一致意見。

第四，保理業務的內容比較綜合，常附有資信調查、會計處理、代製單據等服務內容，而福費廷業務的內容則比較單一。

(四) 福費廷對出口商與進口商的作用

1. 對出口商的作用

福費廷業務，把出口商給予進口商的信貸交易，通過出口商的票據賣斷，及時變為現金交易，獲得現金，對出口商來說，這一點與買方信貸相似。此外，福費廷業務尚能給出口商帶來下列具體利益：

第一，在出口商的資產負債表中，可以減少國外的負債金額，提高企業的資信，有利於其有價證券的發行。

第二，能夠立即獲得現金，改善流動資金狀況，有利於資金融通，促進出口的發展。

第三，信貸管理、票據托收的費用與風險均轉嫁給銀行。

第四，不受匯率變化和債務人情況變化等風險的影響。

2. 對進口商的作用

對進口商來講，利息與所有的費用負擔均計算於貨價之內，因此，一般貨價較高。但利用福費廷的手續却較簡便，不像利用買方信貸那樣，進口商要多方聯繫，多方洽談。從這一點來講，福費廷與賣方信貸很相似。在福費廷方式下，進口商需要擔保銀行對出口商開出的遠期匯票進行擔保。這時，進口商要向擔保銀行交付一定的保費或

抵押品，其數額視進口商的資信狀況而定。

（五）國際福費廷協會（IFA：International Forfaiting Association）

它是福費廷業務的國際性民間組織，中國銀行是其董事會非執行董事之一。

四、信用安排限額

隨著銀行介入國際貿易業務，其促進並組織進出口成交所起的作用日益增長。20世紀60年代后期，一種新型的出口信貸形式——信用安排限額開始在出口信貸業務中推行。信用安排限額的主要特點是出口商所在地銀行為了擴大本國一般消費品或基礎工程的出口，給予進口商所在地銀行以中期融資的便利，並與進口商所在地銀行配合，組織較小金額業務的成交。

信用安排限額有兩種形式：一是一般用途信用限額（General Purpose Credit Line），有時也叫購物採購一攬子信用（Shopping Basket Credit）。在這種形式下出口商所在地銀行向進口商所在地銀行提供一定的貸款限額，以滿足對方許多彼此無直接關係的進口商購買該出口國消費品的資金需要。這些消費品是由出口國眾多彼此無直接關係的出口商提供的，出口國銀行與進口國銀行常常相互配合，促成交易。在雙方銀行的總信貸限額下，雙方銀行採取中期貸款的方式，再逐個安排金額較小的信貸合同，給進口商以資金融通，用以向出口商支付貨款。較小信貸合同的償還年限為2~5年。二是項目信用限額（Project Credit Line）。在這種形式下出口國銀行向進口國銀行提供一定貸款限額，以提供進口國的廠商購買出口國的基礎設備（Capital Goods）或基礎工程建設（Programme of Capital Works）所需的資金。這些設備和工程往往由幾個出口商共同負責，有時甚至設有一個總的承包者。項目信用限額與一般信用限額的條件與程序相似，不過借款主要用於購買工程設備。

五、混合信貸

這種貸款方式是賣方信貸與買方信貸形式的新發展。在賣方信貸形式下，根據國際慣例規定，進口商要向出口商支付占貨款一定比例的現匯定金，在買方信貸形式下進口商要支付設備價15%的現匯定金，其余85%的設備貨款用進口商從出口國銀行取得的貸款支付，但貸款不得用於當地費用支出。特別是在20世紀80年代，由於經濟合作與發展組織國家共同擬定的出口信貸利率一再調高，與國際金融市場利率形成倒掛局面，不利於西方國家增強出口設備的競爭能力。因此，出口國為擴大本國設備的出口，增強本國出口設備的競爭能力，在出口國銀行發放買方信貸的同時，出口國政府還從預算中提出一筆資金，作為政府貸款，或給予部分贈款連同買方信貸一併發放，以滿足進口商支付設備價款的需要。政府貸款收取的利率比一般出口信貸的利率更低，這就更有利於促進該國設備的出口。政府貸款或贈款占整個貸款金額的比率視當時的政治經濟情況及出口商或進口商的資信狀況而定，一般占貸款金額的30%~50%。這種為滿足同一設備項目的資金融通需要，將買方信貸與政府貸款或贈款混合貸放的方

式即為混合信貸。這一形式近幾年來有較大的發展。

西方國家提供混合貸款的形式大致有兩種：①對一個項目的融資，同時分別提供一定比例的政府貸款（或贈款）和一定比例的買方信貸。例如，義大利和法國提供的混合信貸中政府貸款占52%，買方信貸占48%。對政府貸款（或贈款）和買方信貸應分別簽署貸款協議，兩個協議中各自規定其不同的利率、費率和貸款期限等融資條件。②對一個項目的融資，將一定比例的政府貸款（或贈款）和一定比例的買方信貸混合在一起，然后根據贈予成分的比例計算出一個混合利率。例如英國的 ATP[①] 方式和瑞典方法就是這樣。這種形式的混合信貸只簽一個協議，當然其利率、費率和貸款期限等融資條件也只有一種。

六、簽訂「存款便利」

出口商所在地銀行在進口商銀行開立帳戶，在一定期限之內存放一定金額的存款，並在期滿之前保持約定的最低額度，以供進口商在出口國購買設備之用。這也是提供出口信貸的一種形式。中國銀行曾在 1978 年與英國簽訂過這樣的「存款便利」，代中國進口機構用該項存款在英國購買設備。「存款便利」一般適用於中、小型項目。

第三節　買方信貸

第二次世界大戰后，在機械和成套設備貿易中，出口國的銀行或金融機構，根據項目的性質、進口商的資信狀況以及當時國際金融市場的具體情況，直接向出口商、進口商或進口商銀行提供上述各種形式的出口信貸，以擴大本國的設備出口。在各種出口信貸形式中，使用較為廣泛的當推買方信貸，其中出口國銀行直接將款項貸給進口商銀行的這一買方信貸形式，使用得尤為普遍。據統計，第二次世界大戰后，特別是 20 世紀 70 年代以后，法國通過這種買方信貸形式貸出的款項約占其出口信貸總額的 70%。可見，買方信貸這一形式是非常重要的，必須對其進行更深入的研究。

一、買方信貸廣泛使用的原因

（一）買方信貸能提供更多的融通資金

賣方信貸與買方信貸在出口信貸中使用得較多。從賣方信貸產生的歷史來看，出口商首先以賒銷或對方延期付款方式出賣設備，由於資金週轉不靈，才由本國銀行給予資金支持，即交易的開端首先從商業信用開始，最后由銀行信用給予支持。最近二十年來，國際上成套設備及大工程項目的交易增多，金額大、期限長。由於商業信用本身存在局限性，出口商籌措週轉資金感到困難，因此，由出口商銀行出面直接貸款給進口商或進口商銀行的買方信貸迅速發展起來。買方信貸屬銀行信用，由於銀行資

[①] ATP 為 Aid and Trade Provision（援助和貿易法案）的簡稱。為了鼓勵銀行發展長期固定利率貸款，政府用注入 ATP 資金的方式來軟化貸款條件，從而降低出口信貸利率，延長出口信貸期限。

金雄厚，提供信貸能力強，高於一般廠商，所以國際利用買方信貸，大大超過賣方信貸。

(二) 買方信貸對進口方的有利因素

首先，採用買方信貸，買方的工業部門和外貿部門可以集中精力進行技術條款(設備質量、效能、交貨進度、技術指標等)及商務條件(價格或付款條件等) 的談判；而信貸條件則由雙方銀行另行協議解決。由於合同系按現匯條件簽訂，不涉及信貸問題，可以避免信貸因素摻雜在內而使價格的構成混淆不清。

其次，由於對出口廠商系用即期現匯成交，在貨價的確定上，不再考慮利息因素，就物論價，而一般進口商對商品屬性、商品規格、質量標準及價格構成又較熟悉，這就使進口商在貿易談判中處於有利地位。

最后，辦理信貸的手續費用系由買方銀行直接付給出口方的銀行，費用多寡由雙方協商規定，與賣方信貸相比手續費較低。

(三) 買方信貸對出口方的有利因素

首先，使用賣方信貸方式時，出口商既要組織生產，按合同要求的條件組織交貨，同時又要籌集資金，考慮在原始貨價之上，以何種幅度附加利息及手續費等問題。而採用買方信貸，則系收進現匯，不涉及信貸問題，可以集中精力按貿易合同規定的交貨進度組織生產。

其次，按照西方國家法律，如英國，工商企業每年要公布一次該企業的資產負債表。使用賣方信貸，在公布其資產負債表時，立即反應出企業保有巨額應收帳款，就會影響其資信狀況與其股票上市的價格，而使用買方信貸則可避免出現這種情況。

最后，金額大、期限長的延期付款，會影響出口商資金週轉的速度。使用買方信貸，出口商交貨后，立即收入現匯，可加速其資本週轉。

(四) 買方信貸對銀行的有利因素

買方信貸的發展也與出口國銀行減輕風險的考慮及其新作用有關。一般來講，貸款給國外買方銀行的風險要比貸款給國內企業的風險更小，因為銀行的資信一般高於企業，故出口方的銀行更願承做買方信貸業務。此外，買方信貸的發展也是銀行萬能壟斷者作用加強的必然結果。第二次世界大戰后，出口國銀行的新作用之一就是幫助企業推銷產品，出口國銀行提供買方信貸，既能幫助出口國廠商推銷產品，加強銀行對企業的控制；同時又有助於銀行資金在國外尋求出路。列寧有關資本輸出的論述再一次證實：買方信貸是資本輸出促進商品輸出的典型例證，是第二次世界大后資本輸出與商品輸出相結合的新反應。金融資本日益介入國際大型貿易合同的談判，並在貿易談判中起著決定性的作用。

由於買方信貸比賣方信貸更有利於進出口雙方洽談貿易、組織業務，加上銀行新作用在第二次世界大戰后的進一步增強，國際金融領域中買方信貸的使用，從20世紀60年代末開始，大大超過了賣方信貸。

當然，買方信貸的發展，也不能完全排除賣方信貸的使用，因為賣方信貸本身畢

竟還有一定的便利之處。這就是它牽涉的關係面少，手續也較為簡便；而買方信貸牽涉的關係面多，手續也較繁雜。所以，有些進出口商在貨價比較適合的情況下，也還採用賣方信貸。

二、買方信貸的一般貸款原則和條件

發達國家提供買方信貸的總貸款原則一般是相同的，它是 1978 年 4 月西方國家在《官方支持出口信貸的指導原則協議》[*Arrangement on Guidelines for Officially Supported Export Credit*，簡稱「君子協定」(Gentlemen's Agreement)] 中共同擬定的；貸款條件則不盡相同。貸款條件是由出口商所在地銀行與進口商(或其所在地銀行)在簽訂的買方信貸協議中分別確定的。

(一) 買方信貸的貸款原則

第一，接受買方信貸的進口商只能以所得的貸款向發放買方信貸國家的出口商、出口製造商或在該國註冊的外國出口公司進行支付，不能用於第三國。因貸款利率低，政府補貼利差，擴大出口的實惠不能被他國所得。

第二，進口商利用買方信貸限於進口資本貨物(Capital Goods)，如單機、成套設備及有關技術和勞務等，一般不能用貸款進口原材料、消費品等。一些國家發放的買方信貸有時也允許用於進口非資本貨物，如船舶、飛機、軍用品、衛星站等，但要另訂協議，另外規定條件。

第三，提供買方信貸的國家出口的資本貨物限於是該國製造的，如該資本貨物的部件系由多國產品組裝，則本國部件應占 50% 以上。個別國家規定外國部件不能超過 15%，有的國家規定只對資本貨物本國製造的部分提供信貸。

第四，貸款只提供貿易合同金額的 85%，船舶為 80%，其餘的 15% 或 20% 要付現匯。貿易合同簽訂或生效至少要先付 5% 的定金，一般付足 15% 或 20% 的現匯後才能使用貸款。

第五，貸款償還均為分期償還，一般規定半年還本付息一次，還款期限有長有短。

(二) 買方信貸的貸款條件

第一，買方信貸所使用的貨幣。各國提供買方信貸所使用的貨幣不盡相同，大概有三種情況：一種情況是使用提供買方信貸的國家的貨幣，如日本用日元，澳大利亞用澳元，比利時用比利時法郎，德國用德國馬克。2002 年 3 月 1 日起歐元區 12 國均用歐元。另一種情況是提供買方信貸的國家的貨幣與美元共用，不同貨幣使用不同利率，如法國、義大利、英國、加拿大。最後一種情況是使用美元，但也可用提供買方信貸的國家的貨幣，如瑞典用美元，但也可用瑞典克朗。

第二，申請買方信貸的起點。進口商利用買方信貸購買資本貨物都規定有最低起點，如所購買資本貨物的金額未達到規定的起點，則不能使用買方信貸。這一規定的目的在於促進大額交易的完成，擴大出口國資本貨物的銷售。各國對買方信貸規定的起點不盡相同，如英國向中國提供買方信貸的起點最初規定為 500 萬美元，現出口合

同金額必須超過 100 萬英鎊。

第三，買方信貸的利率與利息計算方法。經濟合作與發展組織 1999 年《官方支持出口信貸的指導原則協議》的第 15 條和第 16 條規定，官方支持的貸款與融資應用最低利率（Minimum Interest Rates），即商業參考利率（Commercial Interest Reference Rate，CIRR），其構成由貨幣國從下列兩項中選定后加 100 基本點（Basis Point，B. P.）：①還款期大於或等於 5 年者按 3 年期政府債券收益率計算；還款期大於 5~8.5 年者按 5 年期政府債券收益率計算；還款期超過 8.5 年者按 7 年期政府債券收益率計算。②對所有還款期均按 5 年期政府債券收益率計算。但韓國圜例外，規定按韓國 5 年期國家住房債券收益率加 100 基本點計算。參加方可以改變其基本利率計算系統，但應在 6 個月前通知各參加方。CIRR 利率每月 15 日調整一次。

此外，對於核電站的出口信貸最低利率為特別商業參考利率（Special Commercial Interest Reference Rate，SCIRR），僅是所加基本點為 75B. P.，但例外者日元僅加 40 基本點，貸款期可長達 15 年。

與利率相關的利息計算方法，各國也不一樣。如借取美元一年按 360 天計算，借取馬克、日元一年按 365 天計算。按 360 天計算比按 365 天計算借入者將多付年率 0.138,9% 的利息。一年按 365 天計，年利率為 10%；如果按 360 天計，實際年利率則為 10.138,9%。國際通用的計息時間為「算頭不算尾」，即當天借款當天計息，還款當天不計息。

第四，買方信貸的費用。使用買方信貸除支付利息外，尚需支付管理費，費率一般為 1‰~5‰，有的國家規定在簽訂信貸協議后一次支付，有的規定每次按支取貸款金額付費。承擔費的費率為 1‰~5‰，每 3 個月或 6 個月按未支用貸款的余額計付一次，有的國家有時不收取承擔費。對於信貸保險費，有的國家規定由進口商付，有的規定由出口商付，有的在信貸協議中規定由進口商銀行付，費率一般為貸款金額的 2.5%。法國的信貸保險費率較低，為 0.5%~1.5%；德國的信貸保險費率較高，約為 5%。

第五，買方信貸用款手續。出口商銀行與進口商銀行簽訂買方信貸總協議，規定貸款總額，一俟進口商與出口商達成交易，簽訂貿易合同需用貸款時，根據貿易合同向進口國銀行申請，經批准後即可使用貸款。如中國使用英國、澳大利亞、挪威等國買方信貸的手續就是這樣。但有的國家規定除簽訂買方信貸總協議之外，根據貿易合同，還要簽訂具體協議，如中國使用加拿大、義大利、法國、比利時、瑞典的買方信貸時就是這樣。

第六，買方信貸的使用期限與還款期。使用期限是指對總協議規定的總額在何時以前應辦理具體申請手續或另簽具體貸款協議的期限。但一經辦理申請獲得批准或另簽具體貸款協議，就應按批准的具體協議規定辦理，不再受總協議期限的限制。

還款期根據進口設備的性質和金額而定，一般有三種類型：

單機一般在貨物裝船后 6 個月開始分期還款，但也有國家按提單日期、支用貸款日期或合同規定的裝運日期計算還款期。

有的國家規定成套設備在基本交貨完畢或最終交貨后6個月開始還款；有的規定在交接驗收后6個月開始還款；也有的規定在保證期滿后6個月開始還款。

　　勞務一般在合同執行完畢后或分段執行后6個月開始還款。

　　買方信貸協議中的有關法律條款與商業銀行國際貸款協議中的法律條款相似，前者有些條款比后者簡單，這裡不再重複。

三、發達國家在提供出口信貸方面的協調

　　提供出口信貸，確有擴大一國出口貿易的作用。但是，隨著資本主義國家經濟危機的加深、市場爭奪的加劇，各國在提供出口信貸時競相採取降低利率、延長償還期、降低現金收取比例等手段，企圖削弱對方，占領市場，這不僅會進一步激化各國之間的固有矛盾，還會導致一國政府對出口信貸貼補金額的劇增，影響一國政府的財政地位與對外支付地位。為了緩和矛盾，減少傾軋，發達國家在推行出口信貸政策措施方面一直力求協調彼此之間的行動。早在1934年，發達國家的公私信貸保險組織就在瑞士伯爾尼組成了「信貸及投資保險人國際聯盟」，簡稱「伯爾尼聯盟」（Berne Union），其宗旨在於促進成員之間交換出口信貸保險方面的情況，協調信貸競爭。「伯爾尼聯盟」屬於民間機構，它的號召對各成員國沒有約束力。聯盟成立後，尚未展開活動就爆發了第二次世界大戰，聯盟的活動隨即中止。第二次世界大戰後，隨著戰後的經濟恢復，資本貨物等出口開始增加，各國壟斷資本集團又開始競相提供條件優惠的信貸，市場鬥爭趨向尖銳。為此，1953年「伯爾尼聯盟」的成員召開會議，達成一項協議，其主要內容是：

　　第一，根據不同商品類別確定提供出口信貸的最高償還期：資本貨物為5年，半資本貨物為3年，耐用消費品為18個月，原料和消費品為6個月。

　　第二，國家信貸保險機構不承擔全部出口信貸風險，出口商本身必須承擔一定比例的風險，以促使出口商審慎地選擇客戶，注意進口商的資信調查。

　　第三，進口商購買商品，不能全部依靠出口商所在地銀行提供的出口信貸。在出口商將貨物發運或承建工程完工前，進口商應先自付貨價15%或20%的現匯。

　　但是，這些協議規定，不能在會員國徹底貫徹。在20世紀50年代後半期有不少國家為了加強競爭能力，不遵守協議規定，向外國進口商提供償還期在5年以上的長期外貿貸款。面對競爭加劇的局面，聯盟成員於1961年對1953年的協議規定加以「澄清」，聲明1953年的協議規定適用於賣方信貸，並重申賣方信貸的償還期不得超過5年。然而，對那些由政府批准的特大工程項目的買方信貸協議並且其償還期超過5年者則予以默認。「伯爾尼聯盟」協議的一些規定雖不能得到完全貫徹，但它在控制會員國提供信貸的償還期和促進各國出口信貸保險機構的技術與業務交流方面仍起著重要作用。

　　從20世紀60年代初開始，在協調出口信貸政策措施方面，歐洲經濟共同體和經濟合作與發展組織亦起著日益重要的作用。

根據《羅馬條約》第92條和第112條的規定，出口信貸是歐洲經濟共同體應當考慮的主要貿易政策之一。1960年歐洲經濟共同體建立一個共同協作小組，專門協調成員國的出口信貸政策，並研討出口信貸程序。

1963年經濟合作與發展組織建立了一個常設的「出口信貸擔保小組」，研究並評價成員國的出口信貸與融資政策問題。1976年7月經濟合作與發展組織的成員國就長期出口信貸條件達成了「一致同意」（Consensus）的協議，即一致同意接受出口信貸的進口商應支付的最低現金額（貨價的15%）、最低利率、最長償還期以及成員國之間有關信貸條件的商討方式等。在此基礎上各成員國通過會談、討論，達成了經濟合作與發展組織的《官方支持出口信貸的指導原則協議》，該協議於1978年4月1日開始生效。

《官方支持出口信貸的指導原則協議》簡稱OECD國家的《君子協定》；它雖是一個正式協定，却沒有強制力量，其效力來源於各參加國在道義上的承諾。近年來《君子協定》原則的運行機制不斷得到改善，對參加國執行紀律和增加透明度的要求越來越高，使《君子協定》的效力進一步得到保證。

對於《君子協定》的主要原則，在本節買方信貸的一般貸款原則和條件中已進行了闡述，其中有些原則，如對還款期限（富有國家為5年，中等水平國家為8.5年，相對貧窮國家為10年）的規定、最低利率的規定、不同資本貨物還款開始期的規定等，參加國是絕對不能背離的；如遇特殊情況，參加國背離有關原則，必須事先通知，以便其他參加國採取相應行動。此外，從1987年開始，參加國發放的混合信貸中包含的贈予成分從當時的25%增至30%，1988年6月又增至35%，對最不發達國家提供混合信貸的最低優惠成分為50%，這些內容先后在《君子協定》條款中加以規定。

OECD《君子協定》已於1991年、1999年、2005年三次修訂，2005年12月1日生效，參加者有澳大利亞、加拿大、歐洲共同體（1999年含奧地利、比利時、丹麥、芬蘭、法國、德國、希臘、愛爾蘭、義大利、盧森堡、荷蘭、葡萄牙、西班牙、瑞典、英國，2005年版未說明）、日本、韓國、新西蘭、挪威、瑞士和美國。內容包括：本文4章66條；附件11項，附件Ⅰ、Ⅱ、Ⅲ，分別針對船舶、核電站、民用飛機的出口信貸；附件Ⅺ是定義。更名為《官方支持出口信貸的安排》（*Arrangement on Officially Supported Export Credits*）。

第四節　中國使用的外國買方信貸

中國的出口信貸業務是在改革開放以後，為了利用國外資金進口機電產品和關鍵設備，促進四化建設，由中國銀行辦理外國買方信貸開始的。1978—1988年的十餘年間，中國銀行先後與法、德、意等16國銀行簽訂了總金額約為133億美元的買方信貸總協議。1980年開始，中國銀行受中國政府委託，配合對外經濟貿易部陸續承辦了英國、法國、義大利、加拿大、瑞典、挪威、瑞士、奧地利、西班牙九國的政府混合貸款。兩者總數超過400項，已完成結清約140項，繼續進行者約260項。此後，每年

均有新簽協議，按借入、發放、支款、還本付息的環節循序進行。后來，中國工商銀行、中國建設銀行、中國農業銀行、中國交通銀行等也相繼開始辦理進口買方信貸。1994年中國進出口銀行成立，也辦理進口買方信貸業務。2004年年末，中國外債余額為2,286億美元，其中買方信貸達119億美元，約占外債余額的5.20%。買方信貸業務仍是中國利用外資的方式之一。

一、中國銀行經營的外國買方信貸

2000年以來，中國銀行特色信貸業務中有「三貸」貸款之稱的，是指外國政府貸款、外國政府混合貸款和外國買方信貸，但在實際經營過程中，時常涉及外國政府贈款、外商貼息貸款和配套商業貸款，故在此一併分述如下：

（1）外國買方信貸系指在出口國政府資助下，由出口方銀行向進口商或進口方銀行(中國銀行)提供的信貸，用以購買中國從提供買方信貸的銀行所在國的出口商所供應的機電設備等資本貨物、技術以及支付規定的勞務費。

（2）外國政府貸款系指出口國政府向進口國政府提供的長期低息或無息貸款，中國銀行經財政部授權作為轉貸銀行轉貸外國政府貸款與國內借款單位。

（3）外國政府混合貸款。它分為兩種形式：一種是由外國商業銀行負責融資，政府給予利息補貼，體現政府提供優惠的貸款，僅簽訂一個信貸協議，使用一個貸款利率；另一種是由一筆外國政府貸款或贈款與一筆外國出口信貸相結合的貸款，需簽訂一個政府貸款或贈款協議和一個買方信貸協議，使用兩個利率的貸款。

（4）外國政府贈款系指出口國政府向進口國政府提供的贈予款項，用於兩國政府間贈款議定書中確定的項目。中國銀行經財政部授權可用之與買方信貸結合辦理外國政府混合貸款。

（5）外商貼息貸款系指在買方信貸的基礎上，由出口商提供利息補貼而向買方銀行提供的優惠貸款。

（6）配套商業貸款系指為支付外國買方信貸項下的定金部分而由外國銀行提供的一般商業貸款，利率上可給予適當優惠。

二、中國進出口銀行辦理的進口買方信貸

1994年，中國進出口銀行作為中國的政策性銀行成立之后，為了支持中國境內出口企業增強其在國際市場上的競爭能力，也從外國銀行借入出口信貸，然后轉貸給國內出口企業，用於支持國內企業從國外引進技術、設備，擴大其出口產品生產能力，提高出口產品質量，促進出口產品升級換代。這是一種以擴大出口為目的的進口買方信貸及其轉貸業務。進口買方信貸主要採用兩種形式：

（1）國外提供出口信貸的銀行，預先向中國進出口銀行提供總的貸款額度，簽訂買方信貸總協議，規定總的貸款原則和條件，經國內項目落實，需要使用貸款時，再分別由國內使用單位向中國進出口銀行提出申請，經審查同意后，由中國進出口銀行

與外國銀行簽訂項目貸款分協議，並按其規定與國內借款人簽訂轉貸協議。

（2）國內借款人準備從某國引進的項目已經落實，向中國進出口銀行提出項目貸款申請，經審查同意受理后，由中國進出口銀行與外國銀行直接簽訂進口買方信貸協議，並按該協議與國內借款人簽訂轉貸協議。

2006年12月14日，中國進出口銀行和美國進出口銀行達成兩行「關於中期貸款協議」的標準文本，對2,000萬美元以下的項目提供融資，中國財政部為貸款提供擔保，美國進出口銀行也為貸款提供中期出口信貸擔保。它有利於促進美國先進技術設備對華出口，也是中美在主權擔保融資領域的合作。

第五節 中國提供的出口信貸

1994年7月1日開業的中國進出口銀行是中國的政策性銀行。為擴大中國機電產品和成套設備等資本性貨物的出口提供政策性金融支持，該行堅持政策性辦行方向，實行自主保本經營和企業化管理的經營模式。

一、中國進出口銀行經營的出口賣方信貸

1. 貸款原則

根據國家的金融方針政策和信貸計劃，本著「擇優扶植」和「以銷定貸」的原則發放出口賣方信貸，並確保資金的安全性、流動性和效益性。

2. 出口賣方信貸的貸款種類

貸款種類包括項目貸款、中短期額度貸款、對外承包工程貸款、境外加工貿易貸款和境外投資貸款。

3. 貸款貨幣

貸款貨幣為人民幣/外幣。

4. 貸款金額

貸款金額最高不超過出口成本總額減去定金和企業自籌資金后的餘額，其中外匯貸款金額最高不得超過進口用匯總額。

5. 貸款期限

項目貸款期限一般不超過15年，中短期額度貸款不超過3年。

6. 貸款利率

人民幣貸款執行中國人民銀行確定的出口賣方信貸優惠利率。1999年6月10日規定對成套和高技術產品貸款利率為4.05%，低技術和一般產品為4.77%。

外匯貸款利率按中國進出口銀行公布的外匯貸款利率確定。

7. 申請條件

（1）出口合同金額不低於30萬美元。

（2）出口商品的中國製造部分符合中國出口原產地規則的有關規定。對外承包工

程項目在中國採購的機械、施工設備、技術服務和材料應占合同總額的15%以上。

（3）外國進口商以現匯支付的定金比例，原則上船舶不低於出口合同總價的20%，成套設備不低於15%。

（4）外國進口商資信可靠，已取得進口許可，並能提供經中國進出口銀行接受的外國銀行付款保證。

（5）出口商提供還款擔保並辦理出口信用保險。

2001年中國進出口銀行批准出口賣方信貸264項，批貸金額達497.3億元人民幣，實際發放417.4億元人民幣，年末貸款餘額647.2億元人民幣（含4,734萬美元）。貸款主要投向對外承包工程、機電產品、成套設備和船舶出口以及境外投資。

二、中國進出口銀行經營的出口買方信貸

中國進出口銀行出口買方信貸業務是指向外國借款人（進口商或進口方銀行）發放的中長期信貸，用於外國進口商即期支付中國出口商貨款，以促進中國貨物和技術服務的出口。

1. 貸款對象

借款人為中國進出口銀行認可的外國進口商或外國銀行，或進口國財政部或其他政府授權的機構。借款人資信良好，具有償還貸款本息及支付相關貸款費用的能力。

出口商為獨立企業法人，具有中國政府授權機構認定的實施出口項目的資格，具備履行商務合同的能力。以機電產品、大型成套設備等資本性貨物和高新技術產品及服務的出口為主。出口貨物的中國成分應不低於50%。

2. 貸款金額

對出口船舶的貸款，一般不超過合同金額的80%；對出口其他產品和服務提供的貸款，一般不超過合同金額的85%。合同金額應不低於200萬美元。

3. 貸款期限

貸款期從首次提取貸款之日起至協議規定的最后還款日止，最長不超過15年。

4. 貸款利率

貸款利率參照經濟合作與發展組織公布的商業參考利率。2003年1月15日至2月14日，5年期美元利率為3.23%，歐元利率為4.16%。

5. 申請條件

（1）借款人應向中國進出口銀行支付管理費、承擔費和風險費等貸款費用。

（2）出口貨物的中國成分不低於50%。

（3）外國進口商以現匯支付的定金比例不低於合同金額的15%，船舶不低於合同金額的20%。

（4）借款人提供可接受的還款擔保，必要時提供進口國國家主權級擔保。

（5）中國境內的出口商應投保以中國進出口銀行為受益人的出口信用保險。

6. 貸款協議與還款擔保

貸款批准后由中國進出口銀行與借款人簽訂貸款協議，保證人向中國進出口銀行出具還款擔保函。

7. 貸款的發放與償還

中國進出口銀行按貸款協議發放貸款。

借款人按貸款協議支付貸款費用，償還貸款本金和利息。貸款本利一般每半年等額償還和付息一次。

三、中國銀行經營的出口信貸

中國銀行是 1912 年成立的中國最早經營外匯業務的銀行，歷史悠久，作風穩健，國際信譽極高，海外分支行遍布世界主要金融中心。2001 年年末中國銀行各項外匯存款余額為 637.86 億美元，外匯貸款余額為 412.17 億美元。中國銀行從 1980 年開始辦理出口信貸業務，其中既有出口賣方信貸，也有出口買方信貸，其貸款條件與中國進出口銀行的規定相似，主要區別如下：

（1）出口合同總金額，對買方信貸不低於 100 萬美元；對賣方信貸不低於 50 萬美元，而且延期付款期不短於 1 年。

（2）出口賣方信貸貸款貨幣為人民幣或美元，貸款金額最高不超過出口合同總金額的 85%。出口買方信貸的貸款貨幣為美元，貸款金額最高不超過出口合同總金額的 80%～85%。

（3）出口買方信貸的出口貨物中國國產率，對成套設備應不低於 70%，對船舶應不低於 50%。

（4）貸款期限一般不超過 10 年。

【參考文獻】

［1］劉舒年. 國際信貸［M］. 北京：中國對外經濟貿易出版社，1989.

［2］戴維·K. 艾特曼. 跨國公司金融［M］. 北京：北京大學出版社，2005.

［3］惠廷. 國際貿易金融與國際匯兌［M］. 童一平，余壯東，譯. 北京：中國財政經濟出版社，1981.

［4］靳榮. 賣方信貸不等於延期付款［N］. 國際商報，1990-03-29.

【思考題】

1. 指出賣方信貸與買方信貸的共同點與不同點。
2. 對借款企業來說，買方信貸與商業銀行貸款相比，有什麼優點？有什麼缺點？
3. 試述福費廷與保付代理業務的異同。
4. 試述買方信貸的主要程序，並指明重點步驟的要害問題。

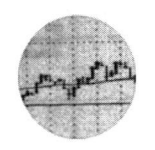

第五章　出口信用保險

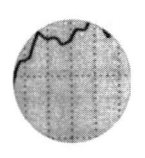

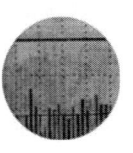

第一節　出口信用保險概況

一、出口信用保險的定義

出口信用保險（Export Credit Insurance 或譯為「出口信貸保險」）是對出口商按信貸條件出口商品，在買方不能按期付款時，承擔賠付貨款的一種保險。它也是政府為了鼓勵出口而實行的一種出口信貸擔保（Export Credit Guarantee），保證貸款不受或少受損失的補償措施。

國際貿易中，買方不能按時付款的風險常有出現：既有買方失信不肯按時付款或資金週轉不靈無力付款的情況，也有買方因非商業性原因或政治原因無法付款的情況，如戰爭、政治動亂、政府法令變更等；又如原本不限制進口的商品改為禁止輸入，已登記申請的進口許可證又被撤銷等。對此，如果出口商投保了出口信用保險，承保機構對保險責任範圍內的損失，可賠償貨款的 80%～95%，這不但使出口商收取貨款得到保證，而且還可以使出口商的該項出口更易獲得銀行貸款或方便出口商融通資金。

二、出口信用保險的起源

出口信用保險源於 19 世紀中葉的英國、法國、德國和瑞士等歐洲國家的國內信用風險保險。19 世紀末，英國出於本國商人以海船向澳大利亞運輸貨物的需要，開辦了出口信用保險。第一次世界大戰以後，一些歐洲國家為了維護和發展其對外儲備，促進出口增長，開辦了出口信用保險業務，於是便產生了「出口信用保險」這一概念。1919 年英國政府開辦了官方出口信用機構，以鼓勵發展當時被認為具有高風險的對東歐地區的出口貿易。

從那時起，世界上越來越多的發達國家和發展中國家日益認識到出口信用保險制度在促進對外貿易、增加就業機會、改善國際收支地位等方面所起的重要作用。此外，由於政治動亂、貿易糾紛和進口國在外匯短缺條件下限制向出口國支付外幣等因素引起的國際貿易信用風險，使出口商及投資者對出口信用保險產生了日益強烈的需求，從而進一步促進了出口信用保險的發展。

三、出口信用保險的特點

（1）出口信用保險承保的是被保險人在國際貿易中，因境外原因不能出口或者貨物發運後不能收回貨款的風險，包括商業性風險和政治性風險。

（2）出口信用保險是政府鼓勵發展出口貿易的重要措施，其目的在於通過承擔國際貿易中的收匯風險鼓勵企業出口創匯。

（3）出口信用保險是政策性保險，不以營利為目的，力求在長期經營中維持收支

平衡。

（4）出口信用保險與出口貿易融資是結合在一起的，是出口信貸的重要組成部分，是出口商獲得信貸資金的條件之一。

（5）國家財政是承保風險的最終承擔人。

（6）出口信用保險承保的是一般商業性保險機構不願或無力承保的業務。

四、出口信用保險承擔的風險

出口信用保險主要承擔被保險人在經營出口業務的過程中遭遇的商業風險和政治風險。

1. 商業風險

商業風險又稱買家風險，具體表現是：

（1）買方宣告破產或實際喪失償付能力。

（2）買方拖欠貨款超過一定時間（通常規定4個月或6個月）。

（3）買方在發貨前無理終止合同或在發貨後不按合同規定贖單提貨。

2. 政治風險

政治風險又稱國家風險或非商業風險，具體表現是：

（1）買方所在國實行匯兌限制。

（2）買方所在國實行貿易禁運或吊銷有關進口許可證。

（3）買方所在國頒布延遲對外付款令。

（4）買方所在國發生戰爭、動亂等。

（5）發生致使合同無法履行的其他非常事件，如自然災害等。

五、出口信用保險的經營原則

（1）自願原則。出口企業自願投保，承保機構自主決定承保。

（2）誠信原則。出口企業必須如實提供情況，不得隱瞞或虛報。

（3）風險共擔原則。保險保障並非百分之百，除承保機構承擔大部分保險責任外，出口企業仍需按比例承擔少量損失。

（4）合理收費原則。保險費按實際風險大小分檔計算合理負擔。

（5）事先投保原則。保險必須在實際風險有可能發生之前辦妥，合同保險要求在貿易合同生效之前辦妥保險手續，出運險要求在貨物出運前辦妥保險手續。

（6）保密原則。被保險人不得向包括買方在內的其他人透露保險的存在。

（7）債權不放棄原則。取得保險賠償的前提是被保險人將對原債務人追償。

（8）等待賠償原則。保險賠償須在債務到期後滿一定時間方能支付。

六、出口信用保險的種類

1. 出運保險與合同保險

出口信用保險按保單責任開始的時間分為出運保險與合同保險。

(1) 出運保險負責貨物出運后收不到貨款的損失。

(2) 合同保險不僅負責出運后收不到貨款的損失，還負責貨物出運前由於買方破產、單方面終止合同或發生政治風險的事件等以致貨物無法出口給被保險人的損失。

2. 短期保險與中長期保險

出口信用保險按信用期限的長短分為短期保險與中長期保險。

(1) 短期保險僅承保信用期不超過一年的出口合同。

(2) 中長期保險則承保信用期一年以上的出口合同。中長期保險又分為賣方信貸保險、買方信貸保險和海外投資（政治風險）保險。

3. 特定方式承保與總括方式承保

出口信用保險按其採取的承保方式可分為特定方式承保和總括方式承保。短期保險大多採取總括方式進行承保。這種方式要求出口企業投保其保單適用範圍內的全部出口，不得僅選擇其中一部分客戶或一部分業務投保。中長期保險大多採用特定方式承保，即一個合同一審查方式的承保。

4. 短期出口綜合保險、中長期出口信用保險、出運前風險保險和海外投資保險

出口信用保險按保險業務又可分為短期出口綜合保險、中長期出口信用保險、出運前風險保險和海外投資保險（政治風險保險）。

(1) 短期出口綜合保險。所謂「短期」是指出口合同的信用期限最長不超過一年。所謂「綜合險」是指採取總括方式進行承保。在綜合險保單下，出口企業只能投保其適用於保單承保範圍的全部出口，而不能只選擇其中一部分業務投保。

短期出口信用險在絕大多數情況下採用綜合險保單。這是因為，承保方需要分散風險。如果投保集中於最差的國別和最差的買家，保險實際上將無法運行。綜合險對於絕大多數出口企業也是劃算的，因為只有實行總括方式才能使保險費降低到可接受的水平。保單規定，凡是採用付款交單（D/P）、承兌交單（D/A）、賒帳（O/A）等商業信用付款條件、信用期不超過180天的出口，均可投保短期出口信用保險。如經保險公司書面同意，信用期也可延長至360天。

短期出口信用綜合險一般規定賠償比例為保單責任範圍內損失的90%，其目的在於既使出口企業得到充分的風險保障，又不致使出口企業產生過分依賴保險的不良心理，松懈對收匯風險的控制與管理。需要指出，在買方拒收貨物的情況下，賠償比例一般規定為80%。對於管理較差的出口企業、風險較大的買家或國家，保單也可能規定更低的賠償比例。

(2) 中長期出口信用保險。中長期出口信用保險主要適用於資本性貨物的出口。資本性貨物主要是指機械、電子、成套設備及飛機、船舶等大型運輸工具。資本性貨

物出口往往伴隨著技術和勞務的出口，有時表現為公路、橋樑、水電站或火電站等工程項目的承包。由於這類貨物出口合同金額較大，買方通常要求延期付款，由於延期付款時間長，出口商存在著較大的出口收匯風險。中長期出口信用保險旨在解除出口企業出資本性貨物的后顧之憂，以便他們大膽參與國際競爭，擴大本國大型機電產品和成套設備的出口，推動本國機電工業發展。由於融資方式不同，中長期出口信用保險又分為買方信貸保險和賣方信貸保險。

（3）出運前風險保險。「出運前風險」是指在貨物發運前並非由於出口商方面的原因而終止出口合同所造成的風險。合同終止可能是商業風險造成的，如買方破產、買方違約不付定金、不付預付款、不按期開出信用證，或買方單方面宣布合同終止等；也可能是政治風險造成的，比如買方所在國政治、經濟形勢惡化，政策法令改變等，致使合同無法履行。出運前風險有可能給出口商帶來損失。如果是非標準的、轉賣性差的商品，批量比較大的訂單，后果可能更加嚴重。對於中長期資本貨物的出口，由於生產週期長、占用資金多、合同責任複雜，因出運前風險造成損失的可能性比較大。因此，出口企業在投保中長期出口信用風險時需慎重考慮，決定是否需要安排出運前風險的保險。在賣方信貸項下，中長期出口信用保險可附加承保出運前風險，保險單自合同生效即開始負責。在買方信貸項下，如果商務合同及貸款協議規定不能保證出口商在合同終止的情況下仍享有從貸款項下得到支付貨款的權利，出口商則需要考慮另外辦理出運前風險的保險。在短期出口信用保險中，保險公司僅對買方違約保險單承保出運前風險。

出運前風險的保險費，也是按時間長短和風險大小計算。出運前保險的賠償金額以出口商已發生的直接成本為基礎進行計算。

（4）海外投資（政治風險）保險。海外投資（政治風險）保險承保出口企業在從事海外投資的活動過程中進口國政治、社會、法律的影響造成的投資損失：①沒收，指進口國對外國投資企業徵用、沒收或國有化，致使其投資全部或部分歸於喪失；②禁止匯兌，指進口國或任何與項目還款有關的第三國政府頒布法令實行外匯管制，禁止或限制匯兌；③戰爭，指因進口國與本國或與任何有關的第三國發生戰爭、敵對行為，以及內戰、革命、叛亂、暴動或其他騷亂等，以致不能繼續經營投資所在國的企業。

第二節　國外的出口信用保險

一、國外出口信用保險的出現

在國際貿易中，短期信貸與中長期信貸業務開展以後，出口商或銀行對進口商提供的信貸，常因進口企業倒閉或喪失支付能力，不能收回款項而遭受損失。在第一次世界大戰以前，美國、英國和德國的一般保險公司就開始經營國際信貸保險業務，但業務並不太多。出口商一般採取貼現無追索權的匯票的方式來擺脫風險，避免損失。

第一次世界大戰以後，西方國家之間爭奪市場的鬥爭更加尖銳，進口限額制與外匯管制的普遍推行，使國際貿易中出口信貸的風險更大，進一步阻礙了出口貿易的擴展。為了解決利用出口信貸促進出口與出口信貸風險增大之間的矛盾，西方國家先後成立了專門的信貸保險公司，集中經營信貸保險業務。如德國在1917年成立了經營信貸保險業務的赫爾姆斯保險公司，1918年英國專門從事對外貿易資金融通的英國貿易公司設立了信貸保險公司，1919年美國各出口公司成立了製造商對外信用保險公司，1927年法國成立了法蘭西信貸保險公司，這些公司專門經營對外貿易方面的信貸保險。

二、私人信用保險公司不適應危機深化的危險

本來信貸保險業務的發展，是作為推動出口的一個手段。但是，在資本主義經濟危機，特別是在1929—1933年經濟危機的影響下，國際上工商企業大量倒閉，巨額債務強制清理，私人信貸保險公司的保費收入，不足以彌補其賠償損失的支出；如果私人信貸保險公司為維持營業，提高保險費率，則又限制了外貿企業的大量投保，並使信貸保險更局限於對最不可靠的債務人提供信貸保險業務。這種局限性阻礙了信貸保險業務的開展，因為任何保險都要有數量眾多的保險對象才能發展起來。由於1929—1933年經濟危機的打擊，私人保險業務不能得到發展，各國保險公司經常出現停付股息的情況。私人信貸保險業務的萎縮，進一步影響了對外貿易的開展，使信貸保險所具有的爭奪銷售市場、減弱經濟危機影響的重要作用消失殆盡。

隨著資本主義經濟危機和貨幣、信用危機的加深，西方國家社會經濟動盪，外匯管制盛行，對外貿易企業在投保信貸保險時，越來越要求將政治風險與貨幣風險列為投保對象。但主要西方國家的私人保險公司為避免損失，均不承保這種風險。如法國的烏爾本保險公司以及英國的許多保險公司就在保單中註明：凡是政府公布延期支付、戰爭、革命、暴動等事件造成的風險，本公司不負責賠償。可見，私人信貸保險公司的經營能力與業務狀況已不適應危機深化的局面，起不到促進出口、減弱危機影響的作用。代表壟斷資本利益的西方國家政府，面對這種窘境，承擔起下述責任：或由政府直接出面成立國家保險公司，經營信貸保險業務；或指定原來的私人保險公司代替國家經營信貸保險業務，一切損失與虧損均由國家財政負擔。這樣，私人出口信貸保險就進入了國家擔保階段。

三、國外出口信用保險機構的類型

國外出口信用保險機構，大體上可分為5種類型：

（1）政府設立的專門機構，例如英國出口信用擔保局（ECGD 或譯為出口信貸擔保局）、挪威出口信用擔保局（GIEK）、日本通產省輸出入保險局下設的日本出口和投資保險課（NEXI）等。

（2）國營全資或控股公司，例如澳大利亞出口融資與保險公司（EFIC）、加拿大

出口發展公司（EDC）、捷克出口擔保和保險公司（EGAP）、匈牙利出口信用保險有限公司、波蘭出口信用保險公司（KUKE）、葡萄牙信用保險公司（COSEC）等。

（3）政府授權主導的私營公司，例如法國對外貿易保險公司（COFACE）、德國赫爾姆斯信用保險公司（EH GERMANY）等。

（4）國營進出口銀行，例如美國進出口銀行（US EXIMBANK）、土耳其出口信貸銀行（TURK EXIMBANK）、泰國進出口銀行（THAI EXIMBANK）等。

（5）世界銀行集團的「多邊投資擔保機構」（MIGA）。

四、主要國家出口信用保險機構簡述

（一）英國

英國政府於1919年成立了出口信貸擔保局（Export Credits Guarantee Department, ECGD），通過承擔出口貨物的保險和擔保業務，減小外貿信貸風險的影響，便利出口商從銀行和其他金融機構得到資金融通，以擴大對外貿易。英國出口信貸擔保局屬於政府的獨立機構，在成立之初按照議會法案及1948年通過的《出口擔保和海外投資法案》從事活動，后幾經修改，目前按照1991年議會在1978年頒布的《出口擔保和海外投資法》基礎上修改的新法案進行經營和管理。

英國出口信貸擔保局的主管單位是英國的貿易工業部，其總裁通過貿易部長向英國的貿工大臣負責。出口信貸擔保局代表國家來承做出口信用保險和擔保業務，因此與財政部的關係也十分密切。財政部有責任保證和指導出口信貸擔保局在承擔風險上的合理性和分散性。對承保金額超過1億英鎊以上的項目，或是一些具有特殊性的項目，出口信貸擔保局需要與財政部協商，經批准后方可承保。實際上這體現出財政部在特殊重大問題上擁有否決權。但對於一般性業務和項目，出口信貸擔保局有權決定，而財政部也從不干預出口信貸擔保局的日常業務。

1991年，英國出口信用擔保局幾乎將其全部的短期險業務賣給了荷蘭出口信用保險局（NCM），而將自己的主要精力集中在中長期出口信用保險業務和投資保險業務上。

（二）澳大利亞

澳大利亞於1956年成立了官方出口信貸機構「出口融資與保險公司」（Export Finance & Insurance Corporation, EFIC），成立之初只是為大宗產品的出口提供信用保險服務，通過承保出口信用風險，幫助出口商擴大非信用證支付條件下的出口。出口融資與保險公司從1974年開始承辦直接融資業務。

澳大利亞出口融資與保險公司管理和經營業務的法律依據是《1991年出口融資與出口信用保險公司法》。根據該法的規定，澳大利亞出口融資與保險公司的主要任務是：通過提供出口信用保險和出口融資服務，鼓勵發展澳大利亞的出口貿易；鼓勵澳大利亞銀行和其他金融機構為出口提供信貸支持；管理聯邦政府援助支持的軟貸款項目；提供有關出口信用保險和出口融資的信息和諮詢服務。

澳大利亞出口融資與保險公司擁有政府撥給的 600 萬澳元（約合 460 萬美元）的資本金。政府對公司業務實行免稅政策，並對其債務實行完全擔保。政府除了在《1991 年出口融資與出口信用保險公司法》中對出口融資和保險公司所能承擔、擔保債務的最高限額及所能提供貸款的最高限額做了規定外，在財務管理上，澳大利亞出口融資與保險公司也分設了兩個不同的帳戶來管理和經營出口信用業務。「商業帳戶」下的業務一般要求自負盈虧，「國家利益帳戶」主要承保風險高、金額大，對促進出口有重要作用的項目，但事先要向主管部門報告，獲得批准。「商業帳戶」和「國家利益帳戶」都以國家的財政為最后擔保，只不過擔保的程度和程序有所區別。

（三）加拿大

加拿大於 1971 年成立的出口發展公司（Export Development Canada，EDC），是政府成立的以商業金融機構的形式來運作，專門為出口活動提供信貸、信用保險和擔保的金融機構。它可以在自己的帳戶上承保；若風險較大，也可以在政府帳戶上操作。同時，它還是直接貸款人。它不僅利用優惠利率條件向出口企業提供融資，而且向出口商提供政治和商業風險的保險，還提供混合貸款，以及向中、小企業提供出口融資支持。

加拿大出口發展公司註冊資本為 15 億加元，其中大部分信貸資金是以政府信譽在國際資本市場上籌措的，籌資成本低於向財政部直接借款。該公司在發放貸款時，利率完全根據籌資成本而定，國家不給予利率補貼。但風險大、限期長、商業上不可行但國家利益需要的項目可以列入「加拿大帳戶」，該帳戶的項目可以從財政部獲得資金支持，因此，加拿大出口發展公司在資金籌措上可以得到政府的有力支持。

加拿大出口發展公司向國會負責，但法律規定其業務需經外貿部長批准。對於一些特殊業務問題，須上報外貿部批准並徵得財政部的同意。

在財務核算上，加拿大出口發展公司分兩個帳戶管理項下的業務，即「加拿大帳戶」和「公司帳戶」。國家要求，在一般情況下，公司帳戶應做到保本經營，無須政府補貼。如果某些項目在商業上有很大風險，但從國家利益和政策上考慮又需要給予支持，這時可以在外貿部的指示和財政部的同意下，將業務記入「加拿大帳戶」，在此帳戶下發生的一切賠付責任，均由財政部從國庫直接支付，而不致影響「公司帳戶」的效益。分兩個不同的帳戶管理和經營所承擔的業務，有利於出口信用機構強化經營管理，防止濫用國庫資金，又可以對某些必需的項目及時給予支持。特別是對重要項目、高風險項目的信貸、保險，均由外貿部會同財政部做出決定。這樣可以確保國家外貿政策和財政政策的協調統一。

（四）法國

為了支持法國的出口業務，1946 年法國成立了法國對外貿易保險公司（Compagnie Francaise d'Assurance pour le Commerce Exterieur，COFACE），承辦政策性出口信用保險業務。目前，法國對外貿易保險公司有兩項基本職能：一是經營商業性出口信用保險業務；二是代表國家承辦政策性出口信用保險業務。

關於政策性出口信用保險業務，國家財政經濟工業部與法國對外貿易保險公司簽訂了專門的財政協議。首先，財政協議對評估支付法國對外貿易保險公司的承辦費用做出了規定。其次，對法國對外貿易保險公司的服務質量、工作效率和效益也做出了特別的規定。最后，財政協議對佣金的支付問題也做出了明確的規定。

為了較好地監督和執行政策性保險業務，國家財政經濟工業部在法國對外貿易保險公司董事會派駐了兩名專員，負責對公司日常運作進行監督和管理。另一項特殊機制是，根據保險法典，政策性保險不是私營企業所能夠擔保的，國家必須承擔一切風險。為滿足政策性保險和商業性保險的核算需要，法國對外貿易保險公司相應制定了分開記帳、獨立核算的財務管理制度。如屬於政策性出口信用保險，法國對外貿易保險公司收取的保費收入、支付的理賠費用和追償的欠款收入，均列入國家政策性業務的核算範圍。

法國對外貿易保險公司每年向財政經濟工業部提出國別出口信用政策的建議，決策權屬於部際委員會及國家有關政府部門。在規定的國別限額和保險期限內，法國對外貿易保險公司擁有廣泛的業務授權。根據風險程度的不同，將國家劃分為7類風險等級，對保險費率也做了相應的規定。最好的國家是第1級，法國對外貿易保險公司的授權範圍是在35,000萬法郎以下，承保期限不超過7年；最差的國家是第7級，法國對外貿易保險公司的授權範圍是在400萬法郎以下。根據以往的統計，約有50%的政策性保險業務是在授權範圍之內，並由法國對外貿易保險公司直接辦理的。未經授權的業務，法國對外貿易保險公司預先進行審查並擬出審查意見報告，交由部際委員會討論。

部際委員會主管國家政策性保險業務，其成員包括財政經濟工業部國庫司、對外經濟關係司、預算司、外交部、工業部國務秘書、法國國民信貸和外貿銀行、法國發展基金（CFD）以及法國對外貿易保險公司的項目代表，如有必要，政府行業主管部門可派代表參加，如涉及農業的由農業部代表參加，涉及軍工的由國防部代表參加。部際委員會的主席由對外經濟關係司司長擔任。

部際委員會的決策機制採取協商一致的辦法，並由對外經濟關係司負責協調各方面的意見，但該司司長擁有最后決策權。部際委員會每15天召開一次會議，由財政經濟工業部對外經濟關係司國別處主持。會議首先由法國對外貿易保險公司介紹項目，通過的項目決議要形成會議紀要，並由對外經濟關係司司長簽字。

20世紀80年代初，法國對外貿易保險公司的短期險業務，約有80%分保給政府，列入政府帳戶核算。2000年時，該比例已降至20%以下，而越來越多的短期險業務的分保業務已進入私營再保險市場。

（五）德國

聯邦德國於1952年成立了出口信貸銀行，其主要任務是為擴大德國的出口提供出口信貸。該行發放的出口信貸分為A、B、C三種基金。A、B兩種基金是對出口商的信貸，出口商在備貨生產期內即可取得信貸資金。C種基金是對進口商的信貸，出口

商在交貨或提供設備投入生產時，出口信貸銀行才提供信貸。出口信貸銀行提供的出口信貸，不僅利率優惠，而且規定只有在有關交易已在聯邦德國赫爾姆斯出口信貸保險公司（Hermes Kreditvessicherungs-AG，屬私營公司）投保後才能取得貸款，從而與出口信用擔保機構相配合，取得了很好的信貸效果。

1949年，聯邦德國為了明確赫爾姆斯保險公司受政府委託代為辦理出口信用保險業務的地位，頒布了一項特別的法律。法律明確規定，赫爾姆斯保險公司不僅代表政府辦理這項業務，而且是以政府的名義提供出口信用保險，是為政府代銷這種保險。赫爾姆斯公司在為政府辦理業務之後，有權按協議收取一定的費用，但却不承擔保險項下的任何賠償責任。赫爾姆斯保險公司與德國政府的這種關係，在赫爾姆斯保險公司為政府代銷的保險單中寫得十分清楚。可見，出口信用保險在德國是名副其實的國家保險。

聯邦德國通過部際委員會對出口信用保險機構進行監督，部際委員會成員主要來自政府經濟部、財政部、經濟合作發展部和外交部。對一些重要的業務，還需徵求央行和出口信貸集團專家們的意見。並不是所有的項目均要提交到部際委員會進行討論和審議。赫爾姆斯保險公司被授權決定500萬馬克以下項目的承保；經濟部和赫爾姆斯保險公司共同組成的一個預委會被授權決定500萬馬克至1,500萬馬克的項目的承保，所以大部分項目並不需要提交到部際委員會討論和審議。只有當項目特別大或風險特別高，需要政府各部門共同商議時，才提交到部際委員會。

從實踐上看，德國的部際委員會完全是一個實際的工作性質的機構。委員會的主席由德國經濟部對外經濟政策司出口保險與融資處的一個副處長擔任，部長通常不參加這個委員會。部際委員會每三個星期召開一次會議，參加會議的除了各有關部門的官員外，還有赫爾姆斯保險公司的高級業務人員，此外還有12位來自出口界和銀行界的特約專家。他們屬於榮譽職位，由政府和商會提名，任期4年，不取報酬。在討論和審批項目的過程中，採取協商和討論的方式，不採取投票表決的方式，當然，最後會議應做出明確的決定，對提交的項目是承保還是不承保。但是，在有爭議的情况下，通常是再進行小範圍的磋商，加以協調，或由代表回去向部裡請示後下次再議。

（六）美國

美國進出口銀行（US EXIMBANK），是一個獨立的政府金融機構，在提供買方信貸和賣方信貸保險的同時，還直接提供貸款。

1934年，美國成立了進出口銀行（EXIMBANK），專門辦理農產品、工業原料和半成品出口的9~12個月的短期信貸、1~5年的中長期信貸以及更長期的用於機器設備出口的貸款。1945年，美國進出口銀行被確定為聯邦政府的獨立機構，提供進出口融資、信用保險和擔保服務。

美國進出口銀行是一個通過議會立法成立的政府獨立機構，由參眾兩院的獨立機構撥款委員會決定撥款。美國進出口銀行依據1945年頒布的《進出口銀行法》的規定，從事貸款、擔保和信用保險等金融業務，以支持美國製成品、農產品及其他產品

和服務的出口，維持和增加就業機會，提高國民收入水平。美國進出口銀行不僅由政府撥款設立，而且由政府提供營運資金，其資金來源的主渠道是聯邦政府財政部的直接借款，用於發放中長期貸款。截至 1998 年 9 月 30 日，美國進出口銀行擁有自有資本金 15.7 億美元（其中財政撥付資本金 10 億美元，留存收益 5.7 億美元）。

美國進出口銀行向國會負責，具體地講，它由參眾兩院的「銀行業務管理委員會」負責管理，由參眾兩院的「獨立機構撥款委員會」負責撥款。美國進出口銀行依據美國《進出口銀行法》經營貸款、擔保和信用保險等金融業務，以支持美國產品出口。美國《進出口銀行法》於 1945 年頒布后，經過多次修訂，它十分明確並具體地規定了美國進出口銀行應遵循的出口信用政策、各項業務的做法以及業務權限的最高限額。美國進出口銀行的宗旨是擴大製成品、農產品及其他產品和服務的出口，維持和增加就業，提高國民收入水平，並且通過為出口活動融資和保險，幫助私營企業創造和保持在美國的就業機會。它的行長（董事長）、第一副行長（副董事長）及董事會成員，均由美國總統在徵得參議院同意后任命。國會對進出口銀行的業務經營活動進行監督，進出口銀行每年必須向國會遞交一份關於其經營狀況和競爭力水平的詳細報告，所有超過 1 億美元的最終承諾及有關對核電站開發的承諾均需經國會批准。國會還負責批准該行每年度的最高預算計劃。原則上講，美國商務部可以通過下屬的「貿易促進協調委員會」對進出口銀行的有關政策發表意見，但却無權就進出口銀行的經營等具體問題做出決議。美國財政部也只是按照國會的決定，給進出口銀行撥款或貸款，不介入進出口銀行具體業務的審議以及具體項目的審批等。美國進出口銀行實際上直接對美國國會負責。

2004 財政年度報告顯示，美國進出口銀行出口信用保險額為 45.61 億美元（短期險 36.49 億美元、中長期險 9.12 億美元），擔保額為 85.33 億美元（長期擔保 71.12 億美元、中期擔保 5.41 億美元、流動資金擔保 8.80 億美元），貸款額為 2.27 億美元，均為長期貸款。

2006 年 12 月 14 日美國進出口銀行和中國進出口銀行完成中方借款人與美方貸款人「關於中美主權擔保融資合作中期項目貸款協議」標準文本，將為 2,000 萬美元以下的項目提供融資，中國財政部為借款擔保擔保，美國進出口銀行為貸款提供中期出口信貸擔保。顯示中美在主權擔保融資領域的合作。

（七）捷克

捷克出口擔保和保險公司（Export Guarantee and Insurance Corporation，EGAP）是政府成立的全資公司。

捷克出口擔保和保險公司的短期商業風險業務在自己的帳戶上運作，此類業務在私營市場上進行分保（再保險）。所有政治風險（包括短期和長期業務）和中長期商業風險業務均由國家專項基金支持。作為有限責任公司，這些出口信用保險機構通常可以將其股份賣給私營公司。

（八）日本

日本貿易保險體系始建於第二次世界大戰之后，對日本「貿易立國」發展戰略的

實施和國民經濟的恢復起到了很大的促進作用。直到 2001 年 4 月前，日本貿易保險一直由日本政府直接辦理，執行機構為通產省國際貿易管理局的進出口保險課。在五十多年的運作期間內，日本貿易保險的總承保額高達 3,800 萬億日元，占日本出口總額的 20%，賠款總額為 2.4 萬億日元，有力地支持了日本企業拓展海外市場，包括出口以及海外投資業務。

2001 年，日本政府出資 1,000 億日元成立了具有獨立行政法人地位的日本貿易保險公司（Nippon Export and Investment Insurance，NEXI），旨在進一步拓寬業務涵蓋範圍，更有效地滿足日本企業多樣化的需求。日本貿易保險公司的業務範圍包括了貿易保險、海外投資保險以及融資擔保等。目前日本貿易保險公司經營的主要業務有短期出口信用保險、中長期出口信用保險、項目融資、投資保險和聯合貸款保險以及擔保等。

（九）韓國

韓國出口信用保險體系建於 20 世紀 60 年代末，最早由韓國再保險公司（Korean Reinsurance Corporation，KRC），兼營韓國出口保險業務，由政府提供 100 萬美元的出口保險基金。1992 年 7 月，在重新修訂的韓國《出口保險法》的基礎上，韓國出口保險公司（Korean Export Insurance Corporation，簡稱 KEIC，亦稱韓國輸出保險公司）成立了。它作為韓國的官方出口信用保險機構，由韓國政府全資擁有。韓國出口保險公司的宗旨是通過提供出口信用保險、擔保和海外投資保險來促進韓國出口貿易和海外投資業務的發展。

韓國的商務、工業和能源部（Ministry of Commerce，Industry and Energy）是韓國出口保險公司的主要監管部門，另有來自財政部、外交部等政府部門的代表組成「執行委員會」對韓國出口保險公司的運作行使顧問職能。韓國出口保險公司每年承擔的最大風險限額由韓國國會批准，主要經營短期、中長期出口信用保險業務、投資保險業務以及履約保函等擔保業務。

（十）世界銀行集團的「多邊投資擔保機構」

多邊投資擔保機構（Multilateral Investment Guarantee Agency，MIGA）是世界銀行集團的五個成員之一，1988 年成立，有 157 個成員。它是世界銀行集團最年輕的機構，1990 年才開始簽署第一筆擔保合同。

多邊投資擔保機構的宗旨是，向外國私人投資者提供包括徵收風險、貨幣轉移限制、違約、戰爭和內亂風險在內的政治風險擔保。它通過向成員國政府提供投資促進服務，加強其吸引外資的能力，從而促使外國投資流入發展中國家。

截至 2001 年年末，多邊投資擔保機構的承保總額累計已達 103.4 億美元，促進對外直接投資（FDI）近 500 億美元。

五、國外出口信用保險的主要業務內容

（一）保險方式

（1）逐筆提供出口信用保險。出口商對外國進口商提供了開立帳戶或票據信用，

在開立帳戶和匯票的期限內，以其全部金額投保。

（2）一定時期的出口信貸保險業務。保單所保的對象為一定時期內出口商向一家或數家外國進口商供貨的信貸業務，其期限不超過 12 個月；同時還規定了對買方提供信貸的最高額度，這一額度是計收保費的一個依據。出口商與出口信貸保險公司簽訂這種保險契約后，自然不必以上述的開立帳戶和票據信用投保了。

（3）一年內全部貿易金額的信貸保險。保險合同所保的對象為一年內全部貿易額項下的信貸可能遭受的損失，同時預定可能遭受損失的正常比例。此項比例是出口商（企業）的通常虧損比例，在計算出口商品價格時也已包括在內。保險公司只承保超過該比例一定比例的風險。保險公司在承保全部貿易額項下可能遭受的損失時，常常規定如果出口商向進口商提供信貸的額度超過一定的金額，就必須事先徵得保險公司的同意。

（二）一般賠償原則

信用保險公司承保的出口信貸，只負擔一部分風險，一般不超過信貸總額的 75%，其餘部分仍由投保人負擔。其目的是促使出口商在提供信貸時進行慎重的調查。保險公司在訂立保險合同時，通常要預估買方的信用能力，並決定公司收取多少保費。

出口信貸投保應在風險發生之前，如果發生風險，保險公司要對投保人賠償。出口商承擔的信貸風險有兩種情況：一是債務人不能到期付款，二是債務人的財產不足以償還全部欠債。這兩種情況在信貸保險上都被認為是發生了無支付能力的風險。但無支付能力的含義有時指前者，有時指后者。英國保險單中註明所謂無支付能力就是法庭宣告債務人破產，法庭決定管理債務人的財產，法律批准部分滿足債權人的要求，法院清理公司財產或自動清理等。

有時買方可能一時缺乏資金，未能償付債款，但在財產清理后即可全部償還所欠債務。未按時付款誠然使債權人不能收進應收的資金，但不能認為已經發生了損失。保險公司承保無支付能力風險，這裡的無支付能力系指債務人的財產不足以償還債權人的債務的意思。根據這種解釋，信貸保險公司僅在最后確定損失時才進行賠償。不過，保費較高時，保險公司也可能同意在匯票被拒付並出具拒絕證書后的幾天內賠款。

英國保險公司規定，損失發生后 30 天內應進行賠償，如在 12 個月內未能決定損失數額，保險公司先支付出其賠付數額的 3/4，在確定損失數額時，再進行調整。

（三）投保最高額度的規定

由於國家壟斷資本主義調控作用的增強，凡本國出口商或銀行向外國進口商或銀行提供信貸，西方國家政府都規定必須在國家信貸保險機構投保，債務不能收回的風險完全由國家負擔。私營保險業務的投保額度通常規定為信貸總額的 75%，即一旦貸款不能收回，25% 的損失由投保人負擔。而第二次世界大戰后，在國家擔保的情況下，投保的最高額度一般為貸款總額的 80%～90%，如瑞士出口風險保證部對本國銀行、信貸機構規定的最高額度就是貸款總額的 80%～95%，有的國家甚至高達 100%。債務人如果喪失支付能力，其損失完全由國家承擔，個別壟斷資本家不承擔任何風險。

（四）承保的風險險種

私人信貸保險業務多數不承擔政治險及外匯管制險，而在國家擔保下，除承保經濟風險外，一般還承保政治險。美國進出口銀行就按規定承保政治險和商業險。政治險包括戰爭、敵對和內戰險，徵用和沒收險，不能兌換美元險以及註銷進口許可證險等。商業險包括拖延違約險和買方無力償付險等。只投保政治險也是完全可以的。

有些國家承保的範圍相當廣泛，如英國出口信貸擔保局對「綜合短期償付」承保的風險就包括下述 9 項內容：買方破產；買主未能在其接受的貨物到期后 6 個月內付款；買主未能提取運送給他的貨物；買方國家政府或必須經第三國付款的政府頒布外債全面延期支付法令；買方國家政府全部或部分阻止合同實施的其他措施；在英國國外產生的阻礙或拖延與合同有關的付款或定金交割的政治事件、經濟困難立法或行政措施；貨幣貶值；阻止合同履行的戰爭或其他事件；對英國出口許可證的撤銷或未展期，以及法律禁止或限制從英國出口貨物。

一些西方國家，面對大型工程項目和國際經濟合作加強的情況，為爭奪出口市場，消除通貨膨脹和其他事件帶給本國出口商的不利影響，還開展了一些新的信用保險業務。如：

（1）通貨膨脹險。英國規定對從簽訂合同日起至實際裝船為止所發生費用的上升部分中的一部分，可以由英國出口信貸擔保局彌補。另外，英國還規定製造期或工期在兩年以上的大型生產資料或海外建設工程，因物價上漲而遭受的損失可投保。法國也有類似的規定。這是純粹的國家貼補，絕非保費收入可彌補的。

（2）國際合作保險。英國規定對大型國際合作項目的出口，其金額超過 2,000 萬英鎊者，因其他成員企業倒閉，或因其他經濟事故而使本國企業受到損失的，由國家信貸機構擔保，給予補償。

（3）工程參與者無力償付險。因大工程項目的其他國家參與者未按合同履行義務，本國參與者增加的開支或遭受的損失，由國家承保。

（4）保證的再保證。按出口商的委託，由銀行發出的各種保證，由國家保險機構給予再次保證。英國規定該項業務僅限於 2,000 萬英鎊以上的現匯合同或純現匯合同。比利時、義大利國家信用保險機構還承保投標保證（Bid Bond）、履約保證（Performance Bond）、預付款退還保證及保留最后保證支付的保證等再保證業務。

（五）出口國生產比率的規定

一般西方國家均規定向國家信貸擔保機構投保的出口信貸，必須是本國製造與生產的產品或裝備，以促進本國商品的出口，保護本國壟斷集團的利益。如瑞士出口風險保證部規定，向它投保出口信貸的產品，必須是瑞士貨物，如附有外國貨物，根據情況只允許 10%～30%。如果外國貨物超過上述百分比，將不能由瑞士出口風險保證部承保，而應通過產地國家的出口信貸保險部門來辦理保險。

（六）保費的收取與組成

保費收取的多少，視買方資信、買方國家的情況、投保金額與貸款比例、保險期

限及償還日程而定。英國出口信貸擔保局根據進口國與進口商情況的不同而使用不同的保費率，出口信貸擔保局規定英國出口信貸對國外進口商使用的費率應保密，不得外泄。據瞭解英國對中國的買方信貸使用的費率為4%~5%，對其他國家收取的費率最高達5%~6%。美國一般按實際投保金額的0.5%~2.5%收費。瑞士收費則較低，約3‰（每年）。由於影響保費率高低的因素甚多，對不同國家、不同廠商的不同資信情況收費均不相同，費率差別較大。

保費收取的辦法，各國也不相同，大致有三種情況：

（1）一次性收取。保費一次交付。如比利時的投保人在得到保險承諾后，即開始支付保費；義大利在國家信貸保險公司出具保單時，要付100%的保費；瑞士在保單發出日一次計收保費。

（2）分期徵收。如英國中長期貸款的信貸保證，即根據各個險種的不同等級和不同時期的收費目標，分期徵收。

（3）基本保險費與時間保險費混合徵收。如德國將保險費劃分為基本保險費和時間保險費。保險期分生產階段和信貸階段。生產階段不論進口公司的身分（國營或私營），基本保險費率均按0.75%徵收。信貸階段，私營進口公司基本保險費率是1.5%。國營進口公司的基本費率是：不超過300萬馬克的部分為1%，300萬馬克以上至500萬馬克的部分為0.75%，超過500萬馬克的部分為0.5%。基本保險費率為一次性費率，一次徵收。私營進出口公司的時間保險費率是每月0.1%，從信貸日后第7個月開始按信貸余額計算。國營進口公司的時間保險費率是每月0.4‰，信貸時間在兩年或兩年以內者每月0.5‰，從信貸期開始按信貸余額計算。英國短期償付擔保的保險費率收取辦法與德國的大致相似。

（4）按貸款余額徵收。對所有的擔保均按季度並按貸款余額徵收0.125%的擔保費；對外匯擔保則按季度並按貸款余額收取0.25%的擔保費。

六、主要國家出口信用保險滲透率（承保率）

承保率占同期出口額的比例如下：

1999年世界平均水平	12%
德國	26%
法國	21%
日本	39%
韓國	13%

第三節 伯爾尼協會與 OECD《君子協定》規則

一、國際信用與投資保險人協會

國際信用與投資保險人協會（International Union of Credit and Investment Insurers，曾譯為信貸和投資保險人國際聯盟）是 1934 年由英國、法國、義大利、西班牙四國的出口信用保險機構在伯爾尼創立的國際性民間組織，所以簡稱 BERNE UNION（中文譯為伯爾尼協會或伯爾尼聯盟）。它是出口信用保險的先行者們為了就出口信用保險的承保技術、信息交流、追償損失等共同關心的問題進行討論和國際合作而建立的國際組織。它的秘書處為其常設機構，1975 年已從巴黎遷至倫敦。

（一）伯爾尼協會的宗旨

伯爾尼協會的宗旨是：使出口信用保險和對外投資保險的基本原則得到國際普遍承認；建立和維護國際貿易的信用規範；在培育良好的投資環境、發展和維護海外投資準則方面進行國際合作。

為實現上述目標，協會成員將彼此交換信息，並向協會提供其完成出口信用保險和投資保險任務所掌握的信息；在協商的基礎上，研究執行共同計劃；密切協作，在適當的情況下，採取協調行動；密切與其他國際組織在出口信用保險和海外投資保險方面的合作。

1939—1945 年第二次世界大戰期間，伯爾尼協會停止了活動。1946 年協會恢復活動后，對政治風險和商業風險的承保更加重視。雖然國家控制的組織和代表國家承保政治風險的私人保險公司開始加入伯爾尼協會，但其成員均是作為保險人而不是作為政府代表加入伯爾尼協會。

1970 年，伯爾尼協會中從事海外投資業務的成員成立了投資擔保委員會（Investment Guarantee Committee），專門討論海外投資保險中遇到的問題，后來，他們還邀請從事海外投資保險的一些非會員參加他們的會議。1974 年 6 月，伯爾尼協會對章程進行了修改，允許海外投資保險人入會。

在業務研討和信息交換中，伯爾尼協會成員主要從四個方面的交流中受益：一般承保的運作；商業風險；政治風險；特別案例。

伯爾尼協會在國家風險評估中的作用既不表現為親自評估國家風險，也不表現為組織會員評估國家風險，而是表現為成員間彼此幫助提供機會並創造一種機制。國家風險評估雖然通過會議期間會場內外的討論來完成，但更多的交流是靠休會后成員間的電信和電話交流去實現。

（二）伯爾尼協會的組織機構

伯爾尼協會設置全體會議、會長、副會長、管理委員。協會的一切活動都由管理委員會討論決定。會長、副會長和管理委員會由全體會議選舉產生，任期一年。有

關出口信用保險的事務由出口信用保險委員會（Export Credit Insurance Committee）處理，有關投資保險的事務由投資保險委員會處理。上述兩個委員會均選出一名主席和一名副主席，任期一年。全體會議每年舉辦兩次，一次是年會（Annual General Meeting），另一次稱全會（General Meeting）。出口信用保險委員會和投資保險委員會也在此期間舉行會議。1999年在伊斯坦布爾的年會上，將出口信用保險委員會劃分為短期出口信用保險委員會（Short-Term Export Credit Insurance Committee）和中長期出口信用保險委員會（Medium/Long-Term Export Credit Insurance Committee）。上述兩個委員會連同投資保險委員會（Investment Insurance Committee）都是專業技術性委員會。

伯爾尼協會的秘書處，現設在倫敦，由秘書長（Secretary-General）負責處理日常事務。

伯爾尼協會有時也召開工作會議（Workshop）和研討講座（Seminar），1997年的項目融資講座和2002年的全會都是在北京舉行的。

1. 出口信用保險委員會的職責

出口信用保險委員會的成員有責任迅速並準確地回答其他成員擬對談判中的出口合同提供信用銷售的信用期限的詢問。會員之間能經常就放帳的信用期限進行交流，這種交流是成員能夠拒絕支持不必要的長期信用的主要手段之一。在世界銀行和經合組織的共同安排下，任何一個支持信用期超過5年的協會會員均應向協會秘書處做出翔實的報告，並由秘書處將此信息通知其他的協會成員。

對特定的商品，協會會員已就通常應支付的最長信用期限達成了協議。這些特定的商品包括：家養動物、紙張和紙漿、化肥和殺蟲劑、公共汽車、集裝箱和臨時拖車、向某些市場出口的羊毛、高速行駛的卡車和卡車底盤、農業生產資料。

在會員們提供信用的基礎上，秘書處還將負責編輯信用信息和債務追付機構的名錄。當發生私人和公共買方違約、合同失效、買方支付發生困難和延遲匯兌時，會員應立即通知秘書處。在伯爾尼年會上，會員能就承保、各進口市場的政策和有關支付條件趨勢交換意見。協會中技術問題的研究委託交給常設技術分會去完成。技術分會的報告旨在對協會成員進行技術指導，而不是規範他們運作。出口信用保險委員會每年組織研討會，從事國家風險評估、承保等專業領域的人員將匯聚一堂，交換各自的觀點和經驗。

1999年10月伯爾尼協會在伊斯坦布爾召開的會議上，決定將出口信用保險委員會分設為短期出口信用保險委員會和中長期出口信用保險委員會。

2. 投資保險委員會的職責

按照伯爾尼協會章程的規定，該機構將在優化投資環境、發展和維護海外投資保險原則方面開展國際合作。該委員會將交換賠款支付和簽訂雙邊協議方面的信息。在例會中，該委員會討論的主要議題是特定國家的投資政策、賠款記錄、成員擔保體制的新發展和承保技術等問題。該委員會還設立了一個技術小組專門處理投資保險中的

技術問題。

(三) 伯爾尼協會會員資格

申請加入伯爾尼協會的機構必須具備下述條件：

(1) 從事出口信用保險或出口信用擔保，或經營海外投資保險業務至少2年以上。

(2) 年保費收入至少為200萬瑞士法郎，或年承保業務量至少為2億瑞士法郎（2002年分別改為500萬美元和4.5億美元）。

(3) 從事出口信用保險的申請人必須同時承保政治風險商業風險；從事海外投資保險的申請人必須直接為一般的政治風險，包括沒收、戰爭和限制匯兌提供保險。

伯爾尼協會將邀請審查合格的申請人作為觀察員出席伯爾尼協會會議，在他們以觀察員身分出席四次會議或有關委員會會議后，下一次的全體會議將決定他們是否被接納為正式會員。協會不設準會員席位。

伯爾尼協會的會員來自多方面各種性質機構：政府部門、國營公司、準國營公司、私營公司和進出口銀行。

有些會員可將部分業務（例如短期商業保險和政治風險保險）列入私營帳戶。而有些會員則將一些業務記入政府帳戶。

2003年伯爾尼協會共有來自43個國家和地區（含香港、臺灣等地區）的52個會員，包括世界銀行集團的多邊投資擔保機構MIGA和泰國進出口銀行及希臘出口信用保險組織這兩個觀察員。

1998年中國人民保險公司已入會，現由中國出口信用保險公司為其會員。

在伯爾尼協會會員中，歐洲會員最多，有奧地利、比利時、塞浦路斯、捷克、丹麥、芬蘭、法國、德國、希臘、匈牙利、義大利、荷蘭、挪威、波蘭、葡萄牙、斯洛文尼亞、西班牙、瑞典、瑞士、英國20個國家；亞洲太平洋其次，有澳大利亞、中國、印度、印度尼西亞、日本、韓國、馬來西亞、新加坡、斯里蘭卡、泰國10個國家以及中國臺北和中國香港地區。美洲再次，有加拿大、美國、阿根廷、百慕大、巴西、牙買加、墨西哥7個國家和地區。中東有以色列、土耳其。非洲有南非和津巴布韋。另外泰國進出口銀行和希臘出口信用保險組織為觀察員。

(四) 伯爾尼協會會員

(1) 以色列對外貿易風險保險有限公司，特拉維夫（IFTRIC）

The Israel Foreign Trade Risks Insurance Corporation Ltd., TELAVIV

(2) 南非，非洲信用擔保保險有限公司，約翰內斯堡（CGIC）

Credit Guarantee Insurance Corporation of Africa Ltd., JOHANNESBURG

(3) 土耳其出口信貸銀行，安卡拉（TURK EXIMBANK）

Export Credit Bank of Turkey, ANKARA

(4) 津巴布韋信用保險有限公司，哈拉雷（CREDSURE）

Credit Insurance Zimbabwe Ltd., HARARE

（5）澳大利亞出口融資與保險公司，悉尼（EFIC）

Export Finance & Insurance Corporation, SYDNEY

（6）中國出口信用保險公司，北京（SINOSURE）

China Export & Credit Insurance Corporation, BEIJING

（7）臺北中國輸出入銀行，臺北（TEBC）

Taipei Export-Import Bank of China, TAIPEI

（8）香港出口信用保險公司（局），九龍（HKEC）

Hong Kong Export Credit Insurance Corporation, KOWLOON

（9）印度出口信用擔保有限公司，孟買（ECGC）

Export Credit Guarantee Corporation of India Ltd., BOMBAY

（10）印度尼西亞出口保險公司，雅加達（ASEI）

Asuransi Ekspor Indonesia, JAKARTA

（11）日本出口與投資保險課（日本貿易保險），東京（NEXI）

Nippon Export and Investment Insurance, TOKYO

（12）日本出口與投資保險課巴黎事務所（日本貿易保險），巴黎（NEXI PARIS）

Nippon Export and Investment Insurance, PARIS,

Export and Import Insurance Department, JETRO-PARIS

（13）韓國輸出保險公社，首爾（KEIC）

Korea Export Insurance Corporation, SEOUL

（14）韓國輸出保險公社巴黎代表處，巴黎（KEIC PARIS）

Korea Export Insurance Corporation Paris Representative Office

（15）馬來西亞出口信用保險公司，吉隆坡（MECIB）

Malaysia Export Credit Insurance Berhad, KUALA LUMPUR

（16）新加坡信用保險有限公司，新加坡（ECICS）

ECICS Credit Insurance Ltd., SINGAPORE

（17）斯里蘭卡出口信用保險公司，科倫坡（SLECIC）

Sri Lanka Export Credit Insurance Corporation, COLOMBO

（18）泰國進出口銀行，曼谷（THAI EXIMBANK）（觀察員）

Export-Import Bank of Thailand, BANGKOK (Observer)

（19）奧地利出口信貸管制銀行，維也納（OEKB）

Oesterreichische Kontrollbank Aktiengesellschaft, VIENNA

（20）比利時國家保險局，布魯塞爾（OND）

Office National du Ducroire, BRUSSELS

（21）塞浦路斯工商部出口信用保險服務局，尼克西亞（ECIS）

Export Credit Insurance Service, Ministry of Commerce & Industry, NICOSIA

(22) 捷克出口擔保和保險公司，布拉格（EGAP）
Export Guarantee and Insurance Corporation，PRAGUE

(23) 丹麥出口信用基金，哥本哈根（EKF）
Eksport Kredit Fonden，COPENHAGEN，DENMARK

(24) 芬蘭擔保委員會，赫爾辛基（FINNVERA）
Finnvera Plc.，HELSINKI，FINLAND

(25) 法國對外貿易保險公司，巴黎（COFACE）
Compagnie Francaise d'Assurance Pour le Commerce Esxterieur，PARIS

(26) 德國赫爾姆斯信用保險公司，漢堡（EH GERMANY）
Euler Hermes Kreditversicherung's-AG，HAMBURG

(27) 德國德意志儲備有限公司，漢堡（PWC）
PWC Deutsche Revision AG，HAMBURG

(28) 希臘出口信用保險組織，雅典（ECIO）（觀察員）
Export Credit Insurance Organization，ATHENS（Observer）

(29) 匈牙利出口信用保險有限公司，布達佩斯（MEHIB）
Hungarian Export Credit Insurance Ltd.，BUDAPEST

(30) 義大利國家出口信用保險服務局，羅馬（SACE）
Istituto per i Servizi Assicurativi del Credito all'Esxportazione，ROMA

(31) 德國赫爾姆斯信用保險公司羅馬辦事處，羅馬（EH SIAC）
Euler Hermes SIAC，ROMA

(32) 荷蘭貿易信用保險局，阿姆斯特丹（ATRADIUS）
ATRADIUS Credit Insurance NV，AMSTERDAM，NETHERLANDS

(33) 挪威出口信用擔保局，奧斯陸（GIEK）
Garanti-Instituttet for Eksportkredit，OSLO

(34) 波蘭出口信用保險公司，華沙（KUKE）
Export Credit Insurance Corporation，WARSAW，POLAND

(35) 葡萄牙信用保險公司，里斯本（COSEC）
Companhia de Seguro de Creditos，S.A.，LISBON，PORTUGAL

(36) 斯洛文尼亞出口公司，盧布爾雅那（SEC）
Slovene Export Corporation Inc.，LJUBLJANA

(37) 西班牙出口信用保險公司，馬德里（CESCE）
Compania Espanoia de Seguros de Credito A la Exportacion，MADRID，SPAIN

(38) 西班牙出口信用保險有限公司，馬德里（CYC）
Compania Espanola de Seguros de Credito Y Caucion S.A.，MADRID，SPAIN

(39) 瑞典出口信用管理局，斯德哥爾摩（EKN）
Exportkreditnamnden, STOCKHOLM, SWEDEN
(40) 瑞士出口風險擔保局，蘇黎世（ERG）
Geschaftsstelle fur die Exportrisikogarantie, ZURICH, SWITZERLAND
(41) 英國出口信用擔保局，倫敦（ECGD）
Export Credits Guarantee Department, LONDON
(42) 德國赫爾姆斯英國分公司，倫敦（EHUK）
Euler Hermes UK, LONDON
(43) 阿根廷出口信用保險公司，布宜諾斯艾利斯（CASC）
Compania Argentina de Seguros de Credito a la Exportacion, BUENOS AIRES
(44) 百慕大主權風險保險有限公司，哈密爾頓（SOVEREIGN）
Sovereign Risk Insurance Ltd., HAMILTON, BERMUDA
(45) 巴西出口信用保險有限公司，里約熱內盧（SBCE）
Seguradora Brasileira de Credito a Exportacao S/A, RIO DE JANEIRO, BRAZIL
(46) 牙買加國家進出口銀行，金斯頓（EXIM J）
National Export-Import Bank of Jamaica Ltd., KINGSTON
(47) 墨西哥國民出口商業銀行，墨西哥城（BANCOMEXT）
Banco Nacional de Comercio Exterior S.N.C., MEXICO
(48) 加拿大出口發展局，渥太華（EDC）
Export Development Canada, OTTAWA
(49) 美國全球貿易和政治風險保險公司，紐約（AIG）
AIG. Global Trade & Political Risk, NEW YORK
(50) 美國海外私人投資公司，華盛頓（OPIC）
Overseas Private Investment Corporation, WASHINGTON
(51) 美國對外信用保險管理公司，紐約（FCIA）
FCIA Management Company Inc., NEW YORK
(52) 美國進出口銀行，華盛頓（US EXIMBANK）
Export-Import Bank of the United State, WASHINGTON
(53) 蘇黎世緊急市場解決機構，華盛頓（ZURICH）
Zurich Emerging Markets Solutions, WASHINGTON
(54) 多邊投資擔保機構，華盛頓（MIGA）
Multilateral Investment Guarantee Agency, WASHINGTON

資料來源：伯爾尼協會2003年年報和伯爾尼協會2004年7月7日會員名單。

（五）伯爾尼協會會員的業務規模

1982—2001年，伯爾尼協會會員在世界範圍內提供的出口支持達7.334萬億美元，

對外直接投資支持約 1,390 億美元，賠付款總額約 1,740 億美元。

2001 年的承保額為 4,720 億美元［出口信用險 4,550 億美元（短期險 3,950 億美元，中長期險 600 億美元），投資險 170 億美元］，保險費收入為 44.3 億美元（出口信用險 38.3 億美元，投資險 6 億美元），出口信用保險賠付額為 44.4 億美元，追償收入額為 77.7 億美元。

2001 年年末的承保余額為 5,080 億美元，其中：出口信用保險承保余額為 4,360 億美元，投資保險承保余額為 720 億美元。2001 年伯爾尼協會會員總體的承保額：短期出口信用保險業務是主要部分，占 83.7%；中長期出口信用保險次之，占 12.7%；投資保險較少，僅占 3.6%。

2003 年的承保額有了巨大的增長，從 2002 年的 4,990 億美元增長到 6,508 億美元，猛增了 1,518 億美元，增幅達 30%。短、中、長期出口信用保險額為 6,360 億美元，占當年世界出口貿易總額 9.1 萬億美元的 7%。突出的是短期出口信用保險呈現大跳躍的態勢，從 2002 年的 4,175 億美元躍增至 5,696 億美元，增長了 1,521 億美元，增幅達 36%。

二、OECD《君子協定》對出口信用保險與擔保的規定

OECD 是 Organization for Economic Cooperation and Development 的英文縮寫，即「經濟合作與發展組織」。

《君子協定》是《官方支持出口信貸的指導原則協議》的中文簡稱，英文為「Arrangement on Guidelines for Officially Supported Export Credits: Gentlemen's Agreement」。

1999 年 4 月 1 日生效的《君子協定》第 20～24 條和 2005 年 12 月 1 日生效的更名為 *Arrangement on Officially Supported Export Credits — 2005 Revision*（《官方支持出口信貸的安排——2005 修訂版》）第 23～29 條對出口信用保險與擔保有如下規定：

（一）風險範圍

出口信用保險與擔保承保出口信貸中不付款的風險範圍為主權信用風險（Sovereign Credit Risk）、國家信用風險（Country Credit Risk）和進口商/借款人信用風險。

主權信用風險是指政府即財政部或中央銀行還款的誠意和信用。

國家信用風險是對一國償還外債與信譽的評價，它涉及五個方面的因素：①進口商/借款人/擔保人的政府或負責還款的國家機構發布停止償還貸款的命令。②導源於第三國的政治事件和/或經濟困難或者採取立法/行政方面的措施，阻止或拖延有關信貸項下的資金劃撥而使貸款的償還拖延或不能兌現。③進口商/借款人的國家採取法律措施，宣布以當地貨幣償還對外欠款，但是由於匯率波動，用當地貨幣兌換貸款貨幣時，其還款的實際價值不夠借債資金劃撥時的債務金額。④第三國阻止該項貸款償還的任何其他措施和決定。⑤在有關國家發生了不可抗力事件，從而影響該國對外債務

的償付，如戰爭（含內戰）、徵用、革命、叛亂、內亂、龍捲風、洪水、地震、火山爆發、海嘯和核事故。

OECD《君子協定》將國家信用風險分為7級，第1級風險最低，第7級風險最高。秘書處應公布可適用的國家風險分級。

（二）最低保險費率

最低保險費率（Minimum Premium Rate，MPR）是投保主權信用風險、國家信用風險和進口商/借款人風險時，出口信用保險機構向投保人收取的保險費不應低於最低保險費率，如果高於最低保險費率亦不視為違反規定。確定最低保險費率的原則如下：

（1）最低保險費的收取要反應出投保險別的風險水平；保險費收入要足以抵補保險機構的長期營業成本和損失。

（2）國家信用風險分為7級風險類別，對每一級的風險各國均應制定對應的最低保險費率，各級別最低保險費率的劃分界限應清楚，不相混淆。風險最高的第7級可高於對應的最低級保險費率。

（3）對於標準產品收取最低基準保險費是承保95%的保險，該95%的承保比例可根據風險金額按比例調整。

（4）理賠期為6個月，6個月賠償等待期的利息在承保範圍之內，投保人無須另交附加的保險費。

（5）直接貸款/融資的投保比例可達100%的標準產品。

（6）對高收入的OECD成員方（按世界銀行標準劃分，2004年人均國民總收入不低於10,066美元的國家）沒有確定最低保險費率，但加入國不得適用低於市場定價的保險費率。

（7）國家信用風險最低保險費為主權信用風險最低保險費的90%，即可在主權信用風險最低保險費的基礎上酌減10%。

（8）最低保險費率以信貸本金額的百分比表示。保費在第一次提款日全額支付。

（三）調整最低保險費率的相關條件

1. 調整最低保險費率的原因和相關條件

由於保險機構對出口商/金融機構提供不同類別的保險服務，具有加強其競爭力的效果；由於保險品種的類別和質量不同，其產生的競爭效果也不同。為了協調與中和這種不同的效果，保險機構一般可借助於下述三種通用的或比較標準的相關條件對最低保險費率加以調整：

（1）承保的百分比。

（2）賠償的等待期，即從進口商/借款人的付款到期日至保險人/擔保人應負責向出口商/金融機構償付的日期。

（3）承保賠償等待期的利息無須額外繳費。

2. 相關條件在調整最低保險費率中的運用

（1）次標準產品，主要指不承保賠償等待期利息的保險或承保賠償等待期利息，但可適當加費的保險。

（2）標準產品，主要指直接貸款/融資或承保賠償等待期利息而無須加費的保險。

（3）超標準產品，主要指無條件的擔保。

保險機構根據上述原則確定其最低保險費率。但是，承保的比例超過或不足95%者，應對最低保險費率加以調整，或者增加，或者減少。

（四）保險費情況反饋

會員方出口信用保險機構必須按期反饋該國保險費及最低保險費率的實施情況。

三、英國 ECGD 對國家和地區風險的分級

2003年4月4日英國ECGD對144個國家和地區的風險分級如下：

1級風險1個：僅中國臺北地區。

2級風險15個：中國、中國香港特別行政區、中國澳門特別行政區、韓國、智利、捷克、波蘭、馬來西亞、科威特等。

3級風險19個：墨西哥、印度、以色列、卡塔爾、南非、泰國、沙特阿拉伯、立陶宛等。

4級風險8個：阿爾及利亞、克羅地亞、埃及、伊朗等。

5級風險13個：保加利亞、羅馬尼亞、俄羅斯、越南、菲律賓、秘魯等。

6級風險18個：孟加拉、巴西、印度尼西亞、土耳其、哥倫比亞等。

7級風險70個：阿爾巴尼亞、阿根廷、古巴、朝鮮、蒙古、緬甸、尼泊爾、巴基斯坦等國和一些非洲國家。

四、英國 ECGD 的保險費率

2003年6月11日英國ECGD計算的對8國3年期買方信貸和賣方信貸的保險費率：2級國家風險的費率分別為1.71%和1.70%；6級國家風險的費率分別為4.90%和4.82%。費率水平似乎偏高，實際投保時可能會有協商餘地，綜合例示參考表5-1：

表5-1　　　　　　　　英國出口信貸擔保局保險費率

國　別	國家風險級別	買方信貸費率(3年期)(%)	賣方信貸費率(3年期)(%)
巴西	6	4.90	4.82
哈薩克斯坦	6	4.90	4.82
斯里蘭卡	5	3.89	3.83
菲律賓	5	3.89	3.83
埃及	4	3.13	3.09

表5-1(續)

國　　別	國家風險級別	買方信貸費率(3年期)(%)	賣方信貸費率(3年期)(%)
墨西哥	3	3.26	2.24
印度	3	2.26	2.24
韓國	2	1.71	1.70

註：此表缺7級和1級險別的數據
資料來源：2003年6月10日的ECGD網頁

第四節　中國的出口信用保險

一、中國發展出口信用保險的歷程

改革開放以後，為促進中國產品特別是機電產品的出口，中國政府積極幫助出口企業提高國際競爭能力，開拓新興市場，增強防範和規避出口收匯風險的能力，加強風險管理意識，提高貿易安全性，並且逐步發展出口信用保險業務。出口信用保險為出口企業提供了一定的收匯保障，有助於出口企業更加靈活地運用多種貿易結算方式，大大提高了出口企業在國際市場上的競爭力，進一步推動了產品出口，擴大了就業，促進了國民經濟的增長。

中國出口信用保險的發展歷程大體可分為三個階段：

(一) 中國人民保險公司開辦出口信用保險

為了配合中國機電產品的出口，適應國際貿易的通常做法，出口企業在以信用支付方式出口產品時，常以遠期、延期、分期付款支付方式，銷售資本性出口貨物。因此需要借助出口信貸來滿足出口企業的資金需求，銀行在發放出口信貸的過程中，出口信用保險的作用，顯得日益重要，有助於減小出口商和出口信貸貸款銀行雙方的風險。

為了配合中國銀行開辦的出口賣方信貸和出口買方信貸，1986年中國人民保險公司成立了出口信用保險部，1988年財政部設立了出口信用風險基金，中國人民保險公司（The People's Insurance Company of China, PICC）開始辦理出口信用保險。為加快與國際接軌和進入世界市場，1992年中國人民保險公司申請加入「國際信用與投資保險人協會」（International Union of Credit and Investment Insurers，簡稱伯爾尼協會，英文簡稱Berne Union；曾譯為「信貸和投資保險人國際聯盟」或「伯爾尼聯盟」），1996年成為「伯爾尼協會」的觀察員，1998年正式成為「伯爾尼協會」會員。2001年中國人民保險公司承保的出口信用保險額約為25億美元。中國人民保險公司開創的中國出口信用保險業務，在探索中穩步增長，成功進入了出口信用保險國際市場，到2001年止持續經營達15年之久，為中國的出口信用保險奠定了良好的基礎。

(二) 中國進出口銀行成立保險部——雙軌經營中國的出口信用保險

1994年7月1日，政策性的中國進出口銀行（The Export & Import Bank of China，

簡稱 EXIMBANK）成立，內設保險部，經辦政策性出口信用保險業務。從而形成了雙軌經營兩家辦理的局面。

到 1999 年年底，中國開辦出口信用保險業務 10 年來，累計承保總金額 144 億美元，出口信用保險承保額占同期出口額的比例（即承保率）約為 1%。當時，世界平均承保率約為 12%。其中，日本為 39%、德國為 36%、法國為 21%、韓國為 13%。與這些國家相比，中國還有較大的差距。現將 2000 年 1～10 月中國出口信用保險業務統計表（表 5-2）列示於下供參考：

表 5-2　　　　　2000 年前 10 個月中國出口信用保險業務統計表

	保險額 （萬美元）	保費 （萬美元）	費率 （%）	賠款 （萬美元）	賠付率 （%）
進出口銀行	109,371	2,921	2.67	108	3.70
短期	21,985	126	0.57	1	0.79
中長期	87,387	2,795	3.20	107	3.83
保險公司	225,028	4,418	1.96	2,249	50.91
短期	151,274	1,229	0.81	743	60.46
中長期	73,754	3,189	4.32	1,506	47.22
總　計	334,399	7,339	2.19	2,357	32.12

註：保險公司一欄的數據不含廣東省

資料來源：蒲小雷，韓家平．企業信用管理典範［M］．北京：中國對外經濟貿易出版社，2001．

（三）中國出口信用保險公司成立，專營中國的出口信用保險

2001 年 12 月 11 日中國成為世界貿易組織第 143 名正式成員一週後，2001 年 12 月 18 日，中國出口信用保險公司（China Export & Insurance Corporation，縮寫 SINOSURE，簡稱「中國信保」）在北京成立，將中國進出口銀行保險部和中國人民保險公司出口信用保險部的出口信用保險業務合而為一，中國信保成為中國專營的政策性出口信用保險公司。中國信保遵循「政策性保險，市場化經營」的原則運作，參照國際慣例，通過政策性出口信用保險手段，加大對貨物、技術和服務出口，特別是對高技術、附加值大的機電產品和成套設備等資本性貨物出口的支持力度，在信用保險、出口融資、信息諮詢、應收帳款管理等方面，為對外經貿企業提供快捷、完善的服務。中國信保主動貼近市場，真正關心出口企業利益，為出口企業積極開拓海外市場提供收匯風險和出口融資保險，以支持國內企業的國際化生存和發展。

2001 年中國出口信用保險公司還接替了中國人民保險公司成為「國際信用與投資保險人協會」的會員並且於 2002 年在北京成功承辦了「伯爾尼協會」年度大會。

中國出口信用保險公司 2002 年承保金額為 27.5 億美元，比 2001 年增長了 15.2%，保費收入為 5.6 億元人民幣，其中：

短期出口信用保險額為 17.5 億美元，占總保額的 63%，比 2001 年增長 17.9%；承保覆蓋了對 122 個國家或地區的出口，對美國、香港特別行政區、德國、日本、韓國的短期出口信用保險列前 5 位，占 51%。

中長期出口信用保險額為 9.3 億美元，占總保額的 34%，比 2001 年增長了 3%；對孟加拉國、伊朗、巴基斯坦三國的中長期出口信用保險約占 60%，擔保金額為 7,138 萬美元，占總保額的 3%。

2003 年中國出口信用保險公司完成承保額 57.1 億美元，比 2002 年增長 107.6%；出口信用保險額占出口總額的比率即業務滲透率為 1.3%；短期險承保額為 42.6 億美元，比 2002 年增長了 143.6%；中長期險承保額為 13.6 億美元，比 2002 年增長了 45.5%；海外投資保險取得了零的突破，保險額達 1.1 億美元，擔保額為 9,847 萬美元。

中國信保 2002—2005 年累計支持的出口和投資額已達 429.8 億美元，向出口企業支付賠款 3.8 億美元，追回拖欠帳款近 2 億美元，帶動 43 家銀行融資的 1,166 億元人民幣。2006 年承保金額 295.7 億美元，約占中國當年出口總額的 3%。

中國信保已全面系統掌握了全球 189 個國家和地區的風險狀況，將國家風險參考評級劃分為 9 級，2005 年 12 月 8 日首次發布「國家風險分析報告」。

二、中國出口信用保險的法規與政策措施

(一) 中國出口信用保險的法規

(1) 中國保險監督管理委員會是中國出口信用保險的監督管理機構。

(2) 2003 年 1 月 1 日起實施修訂的《中華人民共和國保險法》應為中國出口信用保險所遵循的法律。該法第一條和第二條僅規範商業保險行為，第九十二條第（一）款規定了信用保險為保險公司的業務之一。該法對於出口信用保險未予明確規範。

(3) 中共中央國務院 2003 年 12 月 31 日制定了《關於促進農民增加收入若干政策的意見》，其中「有關擴大優勢農產品出口的條款」對「完善農產品出口政策性信用保險制度」做出了規定。

(4) 2004 年 7 月 1 日開始實施修訂的《中華人民共和國對外貿易法》的第五十三條規定國家通過進出口信貸、出口信用保險、出口退稅及其他促進對外貿易的方式，發展對外貿易。中國已將出口信用保險立法作為促進對外貿易發展的方式之一。

(二) 政府財政資金啟動和風險基金的建立

中國人民保險公司成立於 1949 年，系國營保險公司，中國進出口銀行成立於 1994 年，是國營政策性銀行。兩者均由政府財政部撥付啟動資金，營運出口信用保險業務。

中國出口信用保險公司成立於 2001 年，是政策性國有獨資保險公司，註冊資本為人民幣 40 億元，財政部已注入人民幣 35 億元以啟動出口信用保險業務。

從 1988 年中國人民保險公司開辦出口信用保險業務起，財政部和中國人民保險公司即為出口信用保險建立了風險基金。由財政部撥付的以及從累積、捐贈等多種方式、渠道轉入的出口信用保險風險基金，到 2001 年約為 1.2 億美元，為出險賠償和營運提供了一定的資本保障。但是還沒有達到世界上行業基金風險管理 1：20 的保險風險基金與保險責任余額比例，今後仍需逐步累積，盡力增加風險基金。

中國出口信用保險機構辦理出口信用保險的歷史如圖 5-1 所示：

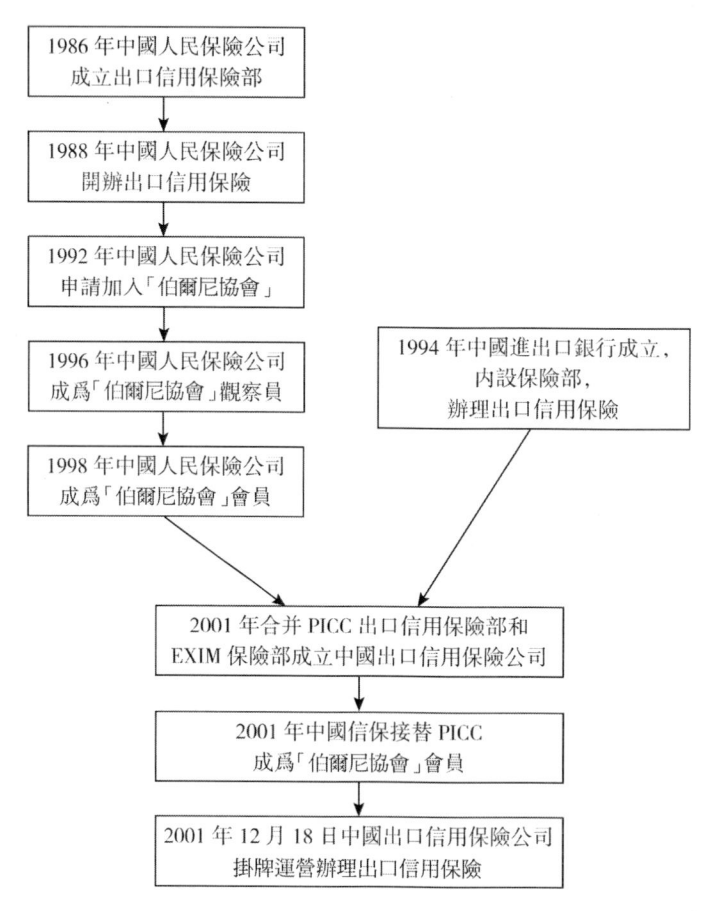

```
┌─────────────────────────┐
│ 1986 年中國人民保險公司  │
│   成立出口信用保險部    │
└───────────┬─────────────┘
            ↓
┌─────────────────────────┐
│ 1988 年中國人民保險公司  │
│     開辦出口信用保險    │
└───────────┬─────────────┘
            ↓
┌─────────────────────────┐
│ 1992 年中國人民保險公司  │
│    申請加入「伯爾尼協會」│
└───────────┬─────────────┘
            ↓                    ┌─────────────────────────┐
┌─────────────────────────┐      │ 1994 年中國進出口銀行成立，│
│ 1996 年中國人民保險公司  │      │       內設保險部，       │
│  成爲「伯爾尼協會」觀察員│      │    辦理出口信用保險     │
└───────────┬─────────────┘      └───────────┬─────────────┘
            ↓                                ↓
┌─────────────────────────┐
│ 1998 年中國人民保險公司  │
│   成爲「伯爾尼協會」會員 │
└───────────┬─────────────┘
            ↓
┌───────────────────────────────────────────┐
│ 2001 年合并 PICC 出口信用保險部和         │
│ EXIM 保險部成立中國出口信用保險公司       │
└───────────────────┬───────────────────────┘
                    ↓
┌───────────────────────────────────────────┐
│   2001 年中國信保接替 PICC                │
│       成爲「伯爾尼協會」會員              │
└───────────────────┬───────────────────────┘
                    ↓
┌───────────────────────────────────────────┐
│ 2001 年 12 月 18 日中國出口信用保險公司   │
│    掛牌運營辦理出口信用保險               │
└───────────────────────────────────────────┘
```

注：PICC 爲中國人民保險公司的英文名縮寫；EXIM 爲中國進出口銀行的英文名縮寫；中國信保是中國出口信用保險公司的簡稱；「伯爾尼協會」即「國際信用與投資、保險人協會」

圖 5-1　中國出口信用保險機構辦理出口信用保險歷史沿革圖

（三）出口信用保險承保國別限額

為了減少風險損失，降低賠付率，針對不同國家或地區政治性和商業性風險狀況及其程度的高低，結合進口國的需要及中國對其出口產品的多少，適當規定對不同國家或地區的承保限額，以此作為出口信用保險風險管理的政策措施之一，亦屬必要。

商務部和各外貿出口企業與中國信保密切協商，按對方風險的高低及雙方供需的可能，共同規定國別限額，並應及時、靈活、適當地調整國別限額，既要規避風險又要有利於擴大出口。

（四）保險費率的合理恰當規定與適度調整機制

世界貿易組織（WTO）和經濟合作與發展組織（OECD）均要求各國（或地區）的出口信用保險機構保持長期收支平衡。中國出口信用保險公司也是按「政策性保險，

市場化經營」的原則運作的，起碼要保本經營，略有盈余才能繼續經營和進一步發展。與此同時出口信用保險機構還要考慮投保人的出口成本及其承擔能力，使投保人在投保出口信用保險后，既規避了風險又能獲得一定的出口利潤。因此出口信用保險機構必須合理、恰當、適度規定出口信用保險費率、收費時間和收費方法，並及時靈活地進行必要的彈性調整，使之既能適應出口信用投保和承保的供需情況，又能趨同國際水平。

調研資料表明，2000 年 1~10 月中國出口信用保險的平均費率約為 2.19%，其中短期險費率不到 1%。出口企業宜將之計入成本，並對進口買方保密，這樣既可保障出口收匯安全，又能靈活運用多種支付方式擴大出口，還可以便利出口貿易融資。

（五）適應國家緊急需要創設特殊險種

為了配合國家方針政策和適應政府的緊急需要，出口信用保險機構針對國內外實際情況，創設特殊險種，彌補和完善社會保障體系亦屬必要。例如針對周邊國家和中國發現高致病性禽流感疫情，在歐盟、日本等進口國實施技術壁壘和「封關」措施而使有關出口企業遭受損失的緊急情況下，中國信保專門設計了「低費率、廣覆蓋、簡便投保、快捷賠付」的政策性「農產品出口特別保險」，並於 2003 年 10 月 17 日在青島國際農產品交易會上推廣、介紹、進行試點，為中國農產品的出口起到了「保駕護航」的作用。

（六）信貿協作機制

出口信用保險在中國的開創與穩步發展，都是伴隨著推動出口、方便出口融資、力保出口收匯安全而實施的。應爭取將商務部（原外經貿部）的領導、對外貿出口企業的協調以及中國信保的各項工作結合起來，為擴大出口，繼續制定各種切實可行的具體措施。2003 年 12 月 25 日商務部和中國出口信用保險公司聯合召開的「出口信用保險與外經貿協作會議」及其定期召開聯席會議的機制就是很好的典範，也體現了社會主義市場經濟的優勢。

（七）銀保合作機制

中國出口信用保險公司已分別與工、農、中、建四大國有商業銀行簽訂了總協議，建立起全面合作關係。中國出口信用保險公司還與國家開發銀行、中國進出口銀行、中國農業發展銀行三家政策性銀行共同推動政策性出口信用保險。擴大出口，不能缺少與國內各股份制、地方性商業銀行的重點聯繫，相應的代理合作也應受到關注並付諸實施。

（八）出口信用保險的再保險

再保險（Re-Insurance）亦稱分保，保險人將其承擔的保險業務以分保形式，部分轉讓給其他保險人的業務稱為再保險，以避免風險集中，用分散風險的方法來保證營業穩定，擴大承保能力。國外早在 1852 年就設立了德國科隆再保險公司。1863 年又出現了瑞士再保險公司。1927 年智利建立的卡佳（CAJA）再保險公司屬於國家經營的再保險公司。

中國出口信用保險公司於 2003 年 10 月 24 日與德國慕尼黑再保險公司簽訂首份再

保險合同，從 2003 年 11 月 1 日起，中國信保將其所有業務按 50%的比例，以一年期限分保給慕尼黑再保險公司，以獲得其再保險保障。這種保險形式與國際接軌，具有國際化風險意識，有助於出口信用保險機構規避風險，擴大自身的承保能力和抗風險能力，有利於減輕國家財政負擔，充分體現了中國出口信用保險公司「政策性保險，市場化經營」的運作理念，俾能產生實效。隨后，2004 年年初，中國出口信用保險公司又與 10 家外國商業保險公司和數家外國「出口信用機構」（Export Credit Agency, ECA）建立了分保合作機制。

此外，中國出口信用保險公司與中國再保險集團有限公司的分保合作機制，也是大有裨益的。

三、中國出口信用保險公司組織機構（2004 年）

中國出口信用保險公司的組織機構如圖 5-2 所示：

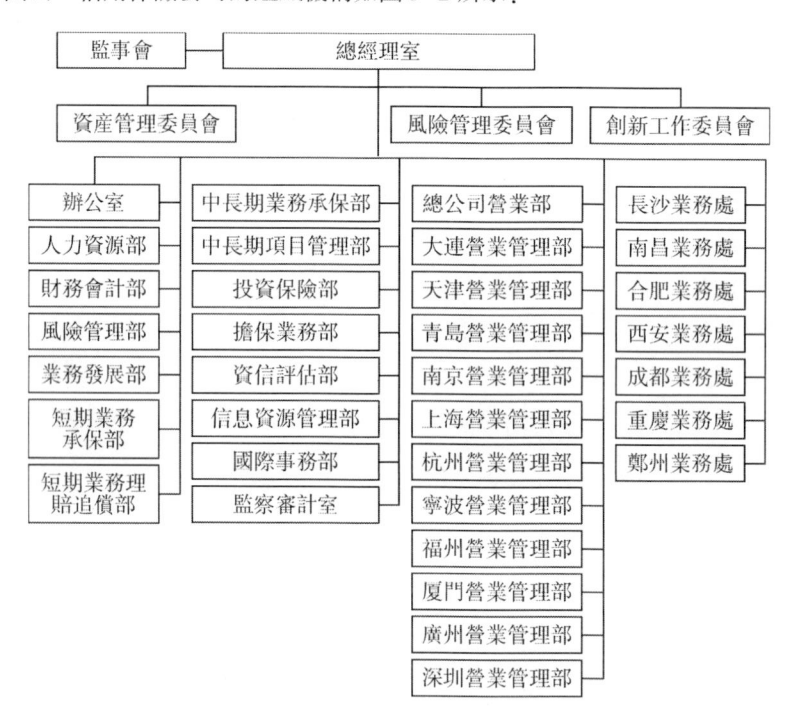

圖 5-2　中國出口信用保險公司組織機構

四、中國出口信用保險公司的保險種類

（一）短期出口信用保險

短期出口信用保險承保信用期限不超過 180 天的出口收匯風險。但根據投保人的要求，經中國信保審理同意后，承保的信用期限可延至 360 天。

主要支持消費品以及部分機電產品、成套設備的出口。其特點是覆蓋面廣，可為

出口企業的所有常規出口業務提供保障，成為企業風險管理機制的組成部分。中國信保成立后，開發了非信用證統保、信用證保險、特定買方保險、特定合同保險、買方違約保險等產品。形成比較完整的短期出口信用保險產品序列，為出口企業提供了充足的選擇余地。2004年中國信保又推出了農產品出口特別保險、勞務出口保險和出口票據保險這三種產品。其中農產品出口特別保險是為支持中國農產品出口專門設計的。主要承保進口國頒發禁令、提高檢驗檢疫標準等，以限制中國農產品進口導致的風險。勞務出口保險主要承保勞務出口過程中因勞務人員違約、雇主違約、破產而產生的風險以及勞務出口對象國發生的政治風險等。該產品可適應因取消勞務出口履約保證金而產生的新的勞務出口保障需求。出口票據保險承保銀行買斷出口票據后的收匯風險，目的是推動銀行為出口企業提供更便捷的融資。

（二）中長期出口信用保險

中長期出口信用保險承保信用期限在一年以上的收匯風險，主要支持大型機電產品、成套設備的出口及海外工程承包項目。這類項目金額大、期限長，融資需求強烈，項目的收匯風險較大。中長期出口信用保險主要有出口買方信貸保險和出口賣方信貸保險兩種形式，分別適用於不同的出口融資方式。由於中長期出口項目自身的特點是項目的數量不很多，且與進口國的國家風險高度相關，所承保的累計責任余額很大。所以，該保險的承保能力與國家財政的支持力度有很大關係。中國出口信用保險公司根據自身的資本金規模，再結合國家的外交、外貿政策，加強了對重點國家、重點行業、重點項目的支持，努力使有限的資源得到充分合理的運用。

（三）海外投資保險

海外投資保險承保中國企業在海外的投資及其收益因投資所在國政治風險而出現的損失。設立海外投資保險的目的是貫徹「走出去」戰略，鼓勵中國企業進行境外投資。企業投保該險種后，不但可以轉移經營之外的因素導致的風險，還可以大大提高投資的成功率。

（四）一系列擔保產品

中國信保可向出口企業提供非融資類擔保和融資類擔保兩大類產品。非融資類擔保包括投標保函、履約保函、預付款保函、質量維修保函、海關免稅保函、保釋金保函、租賃保函等；融資類擔保包括打包放款擔保、出口押匯保險、賣方信貸擔保、項目融資擔保等。通過使用這些擔保產品，出口企業的信用等級將得到提升，融資條件將得到滿足，開拓海外市場的能力將大大增強。

第五節　短期出口信用保險實務

短期出口信用保險（Short-Term Export Credit Insurance）是指出口貿易合同中規定的付款期限不超過180天的出口信用保險，但經「中國信保」書面同意，付款期限也可延長到360天。

一、短期出口信用保險的險種

（一）信用證保險（L/C Insurance-Letter of Credit Insurance）

1. 適保範圍

承保出口企業以不超過 180~360 天遠期付款不可撤銷跟單信用證支付方式，從中國出口或轉口貨物、技術或服務的收匯風險。

它是保障出口企業作為信用證受益人，按照信用證規定，通過境內議付行或交單行向開證銀行提交了單證相符、單單相符的貨運單據后，因發生政治風險或商業風險，不能按期收到應收帳款的損失，由保險公司予以賠償的保險。

2. 承保的商業風險

（1）開證銀行破產，指開證行破產、停業或被接管。

（2）開證銀行拖欠，指在單證相符、單單相符情況下，開證銀行超過最終付款日 30 天仍未支付信用證項下款項。

（3）開證銀行拒絕承兌，指在單證相符、單單相符的情況下，開證銀行拒絕承兌遠期信用證項下的匯票單據。

上述開證銀行均指含保兌信用證的保兌銀行。

3. 承保的政治風險

（1）開證銀行（含保兌銀行，以下從略）所在國家或地區頒布法律、法令、命令、條例或者採取行政措施，禁止或者限制開證銀行以信用證載明的貨幣或其他可自由兌換貨幣向被保險人支付信用證款項。

（2）開證銀行所在國家或地區或者信用證付款須經過的第三國頒布延期付款令。

（3）開證銀行所在國家或地區發生戰爭、內戰、叛亂、革命或暴動，導致開證銀行不能履行信用證項下的付款義務。

（4）除該保險單另有規定外，導致開證銀行無法履行信用證項下的付款義務，並經保險人認定屬於政治風險的其他事件。

（二）特定合同保險（Specific Contract Insurance）

1. 適保範圍

承保出口企業以非信用證支付方式，在某一特定出口合同項下應收帳款的收匯風險。適用於較大金額的機電產品和成套設備的出口，合同金額不少於 100 萬美元。支付方式為跟單托收的付款交單（D/P）、承兌交單（D/A）或賒銷（O/A）等。付款期限一般不超過 180 天，亦可擴展承保至 360 天。

2. 承保的政治風險

（1）買方所在國家或地區頒布法律、法令、命令、條例或者採取行政措施，禁止或者限制買方以合同發票載明的貨幣或者其他可自由兌換的貨幣向被保險人支付貨款。

（2）買方所在國家或地區頒布法律、法令、命令、條例或者採取行政措施，禁止買方所購的貨物進口。

（3）買方所在國家或地區頒布法律、法令、命令、條例或者採取行政措施，撤銷已頒發給買方的進口許可證或者不批准進口許可證有效期的展延。

（4）買方所在國家或地區，或者貨款須經過的第三國頒布延期付款令。

（5）買方所在國家或地區發生戰爭、內戰、叛亂、革命或暴動，導致買方無法履行合同。

（6）經保險人認定屬於政治風險的其他非常事件導致買方無法履行合同。

3. 承保的商業風險

（1）買方破產或者無力償付債務，指買方破產或者喪失償付能力。

（2）買方拖欠貨款，指買方收到貨物後，違反銷售合同的約定，超過應付款日仍未支付貨款。

（3）買方拒絕接受貨物，指買方違反銷售合同的約定，拒絕接受已出口的貨物。

（三）特定買方保險（Specific Buyer's Insurance）

特定買方保險是承保出口企業對一個或幾個特定買方以非信用證支付方式出口的應收帳款收匯風險的保險。

1. 適保範圍

（1）貨物、技術或服務從中國出口或轉口。

（2）支付方式為跟單托收的付款交單（Documents Against Payment，D/P）和承兌交單（Documents Against Acceptance，D/A），以及賒銷（Open Account，O/A）等。

（3）付款期限一般不超過180天，亦可擴展至360天。

2. 承保的政治風險

承保的政治風險是指買方所在國家或地區發生戰爭、撤銷進口許可證、貨物被禁止進口、頒布延期付款令、禁止或限制匯兌等國家風險。

3. 承保的商業風險

承保的商業風險是指買方拖欠貨款、拒絕受領貨物並拒絕付款、買方破產或無力償還債務等風險。

（四）統保保險（Whole Turnover Insurance）

統保保險承保出口企業所有以非信用證支付方式出口的收匯風險。它是補償出口企業按合同規定出口貨物後，因政治風險或商業風險而發生的出口收匯應收帳款經濟損失的保險。

1. 適保範圍

（1）貨物、技術或服務從中國出口或轉口。

（2）支付方式為跟單托收的付款交單（D/P）和承兌交單（D/A）或賒銷（O/A）等。

（3）付款期限一般不超過180天，亦可擴展至360天。

2. 承保的商業風險

承保的商業風險是指買方拖欠貨款、拒絕受領貨物並拒付貨款，買方破產或無力

償還債務的商業風險。

3. 承保的政治風險

（1）買方所在國家或地區頒布法律、法令、命令、條例或者採取行政措施，禁止或限制買方以合同發票載明的貨幣或其他可自由兌換貨幣向被保險人支付貨款，或者禁止買方所購的貨物進口，或者撤銷已頒發給買方的進口許可證，或者不批准進口許可證有效期的展延。

（2）買方所在國家或地區，或者貨款須經過的第三國頒布延期付款令。

（3）買方所在國家或地區發生戰爭、內戰、叛亂、革命或暴動，導致買方無法履行合同。

（五）綜合保障保險（Comprehensive Cover Insurance）

綜合保障保險承保出口企業所有以信用證和非信用證付款方式出口的收匯風險。

1. 承保範圍

包括信用證保險和統保保險的適保範圍。

2. 承保風險

包括信用證保險和統保保險所承保的商業風險和政治風險。

3. 責任限額

包括最高賠償限額和信用限額。

（1）最高賠償限額是指在保險單有效期內，保險人對被保險人按保險單規定，申報的出口可能承擔賠償責任的累計最高賠償額。

（2）信用限額又包括被保險人自行掌握信用限額和保險人批覆信用限額。

被保險人自行掌握信用限額是保險人在「國家（地區）分類表」承保條件內，自動賦予被保險人對特定買方出口或者在特定開證銀行開立的信用證項下的出口，可能承擔賠償責任的最高限額。

保險人批覆的信用限額是保險人對被保險人向特定買方出口或者在特定開證銀行開立的信用證項下的出口，可能承擔賠償責任的最高限額。

被保險人應就保險單適保範圍內的出口，按每一買方或者每一開證銀行，分別向保險人書面申請信用限額。經批覆的信用限額對其生效后的相應出口有效。該限額在保險單有效期內除特別註明外，均可循環使用。

保險人批覆的信用限額生效后，被保險人自行掌握信用限額自動失效。當風險發生重大變化時，保險人有權以書面形式通知被保險人撤銷或修改信用限額，並適用於該通知中列明的生效日期后的出口。

4. 可能損失

政治風險或商業風險發生后，即買方或開證銀行破產、拒絕接受貨物、拒絕承兌、拒絕付款等情況發生之日起 10 個工作日內，被保險人應向保險人提交「可能損失通知書」；被保險人應在開證銀行拖欠貨款后 15 個工作日內向保險人提交「可能損失通知書」；對於買方拖欠貨款，被保險人應在應付款日后 60 天內向保險人提交「可能損失

通知書」。

自被保險人提交「可能損失通知書」之日起，保險人對該買方或者該開證銀行批覆的信用限額及被保險人自行掌握信用限額自動被撤銷。

5. 索賠

被保險人應在提交「可能損失通知書」后 4 個月內向保險人填報「索賠申請書」提出索賠。

6. 定損核賠

保險人在受理被保險人的索賠申請后，應在 4 個月內核實損失原因，並將核賠結果書面通知被保險人。

（六）買方違約保險（Insurance Against Buyer's Breach of Contract）

買方違約保險承保出口企業以分期付款（Installment Payment）方式簽訂的商務合同項下，因買方違約而產生的出運前和出運後的收匯損失風險。但商務合同中的分期付款間隔期不得超過 360 天。

1. 適保範圍

（1）貨物、技術或服務從中國出口或轉口。

（2）出口的機電產品、成套設備以及對外工程承保、對外勞務合作等。

（3）投保產品價值中的中國製造成分一般不低於 70%。船舶的中國製造成分不低於 50%。

（4）合同金額不低於 100 萬美元，其中預付款比例一般不低於 15%。

（5）支付方式按工程或服務進度分期付款，最長付款間隔期不超過 360 天。

2. 承保的政治風險

（1）買方所在國家或地區發生戰爭、內戰、叛亂、革命或暴動導致買方無法履行合同。

（2）買方所在國家或地區頒布法律、法令、命令、條例或者採取行政措施禁止買方所購貨物進口，禁止或限制匯兌，限制外匯寄出。

（3）買方所在國家或地區撤銷已頒發給買方的進口許可證，或者不批准進口許可證有效期的展延。

（4）買方所在國家或者地區或貨款須經過的第三國頒布延期付款令。

（5）經保險人認定的屬於政治風險的其他非常事件導致買方無法履行合同。

3. 承保的商業風險

承保的商業風險主要包括：買方拒絕付款；買方單方面解除合同；買方惡意變更合同；買方破產或者無力償付債務。

（七）國際商帳追收業務（International Debt Claim and Capital Retrieval Business）

1. 業務範圍

對於企業未投保出口信用保險而出現的逾期應收帳款（Receivable Debt），由中國信保代為追收。

2. 特點

中國信保遵循「無效果、無報酬」原則受理除某些特殊地區外的國際商帳追收業務，只有在追回欠款時，才以追回款為基數向委託人收取佣金費用。如果沒有追回欠款，則不收取任何費用。但是在追收過程中，遇到應採取法律行動等原因，需對外支付公證費、認證費、資產調查費等費用時，中國信保將預先徵求委託人的同意，並得到書面確認后才支付相應費用，之后再向委託人收取這些費用。

客戶遇到逾期帳款，向中國信保諮詢商帳追收業務時，在雙方簽署委託追收協議前，也不收取任何費用。

3. 國際商帳追收業務的流程圖和說明

國際商帳追收業務流程如圖 5-3 所示：

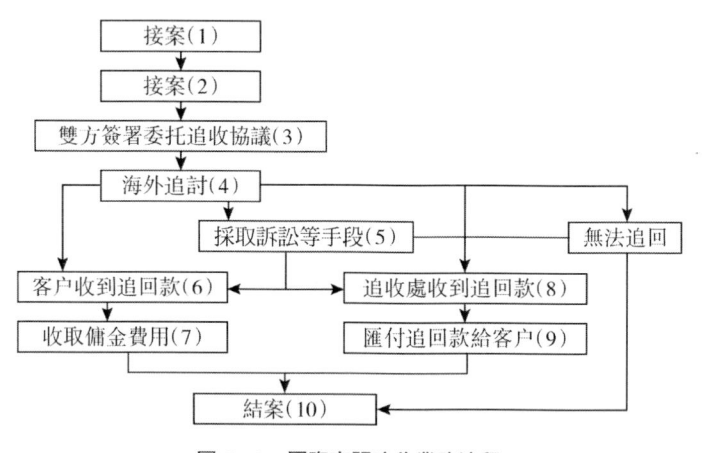

```
接案(1)
  ↓
接案(2)
  ↓
雙方簽署委托追收協議(3)
  ↓
海外追討(4)
  ↓
採取訴訟等手段(5)        無法追回
  ↓                      
客戶收到追回款(6) ← → 追收處收到追回款(8)
  ↓                      ↓
收取佣金費用(7)        匯付追回款給客戶(9)
         ↓
       結案(10)
```

圖 5-3 國際商賬追收業務流程

註釋：

(1) 客戶可與國際商帳追收處聯繫和報送案件。中國信保收到相關材料（包括相關合同、發票、提單、報關單、裝箱單、仲裁、訴訟判決書、貿易往來函電、案情說明等）后，將對案件進行初審、編號並發出《收到案件確認書》給客戶，如需進一步補充資料，也會及時通知客戶。

(2) 中國信保在審查案件資料后，根據案件所在地、帳齡、債務金額等要素，向客戶提供《報價確認函》。

(3) 客戶接受報價后，中國信保會將《委託追收協議書》和 Debt Collection Trust Deed 提供給客戶，客戶簽字蓋章后寄回中文正本兩份和英文正本一份，中文協議經雙方簽字蓋章后生效。

(4)《委託追收協議書》生效后，中國信保會立即展開追收行動，並隨時與客戶溝通，定期向客戶提供《案情進展報告》，使客戶及時瞭解追收進展。

(5) 如果一般的追討方式無效，中國信保會根據實際情況進行研究，如認為訴訟等手段可行，在確定成本后向客戶提出建議，未得到客戶的書面確認，佣金和費用不會有變化。

(6) ~ (7) 如債務人直接將欠款匯給客戶，中國信保會及時與客戶聯繫確認，並發送《收款通知單》給客戶，收取相應的佣金和費用。

(8) ~ (9) 如中國信保收到債務人或追收渠道匯來的追回款，會及時發送《追回款通知》給客戶，並在扣除相應佣金和費用后，盡快將追回款匯給客戶。

(10) 在債務人還清欠款或認為案件無可追性的情況下，中國信保會發送《結案通知》給客戶。

（八）出口票據保險（Export Bill Insurance）

出口票據保險是以提供出口融資的銀行為被保險人，通過承保出口票據下付款人的商業信用風險和付款人所在國的政治風險，為融資銀行貼現或押匯的出口票據提供收匯安全保障，幫助出口企業獲得銀行融資便利的保險。

1. 被保險人條件

從事出口票據融資業務的各類銀行。

2. 保險適用範圍

本保險適用的出口票據是指符合以下條件的匯票：

（1）匯票系以托收方式包括付款交單（D/P）、承兌交單（D/A）及不可撤銷信用證（L/C）方式為付款條件的出口合同項下的跟單匯票；

（2）匯票的出票人為中國境內註冊的、有出口經營權的企業；

（3）匯票的付款期不超過一年；

（4）匯票項下涉及的有關貨物從中國出口。

3. 保險責任範圍

（1）承保的商業風險

承保的商業風險包括付款人破產、付款人逾期未付款、付款人拒絕承兌或付款。

（2）承保的政治風險

承保的政治風險包括：付款人所在國（或地區，下同）實施外匯管制、限制或禁止外匯匯兌；付款人所在國實施進口管制、限制或禁止被保險人貼現或押匯票據項下的貨物進口；付款人所在國或貨款需經過的第三國頒布延期付款令或政府間達成債務重組的協議；付款人所在國發生戰爭、革命、內戰、叛亂、暴動、騷亂；由保險人合理認定在中國以外的國家或地區發生的被保險人和付款人均無法控制的其他非常事件。

4. 保費計算及損失賠償

（1）保費計算公式：保險費＝保險金額×費率

（2）保險金額等於匯票的票面金額。

（3）費率測算依據主要有以下三個，①付款人所在國家的風險類別，分為五類，從一類到四類，費率由低到高，第五類屬於不保國家；②按付款方式，L/C、D/P、D/A，費率由低到高；③按付款期限，由即期到360天，費率由低到高。

根據以上因素，保險費率由0.1%到2.3%不等，並按照實際發生的每一筆融資業務計收保費。發生損失后，出口票據保險最高賠償比例可達到95%。

5. 出口票據保險的作用

（1）有利於加強銀行對票據融資業務的風險管理，保障銀行的資金安全和經營穩定；

（2）有利於鞏固銀行的老客戶的老業務，發展新客戶新業務；

（3）在有效規避風險的基礎上，銀行通過靈活的融資政策，放寬對出口企業票據融資業務的限制條件，提高銀行競爭力，擴大業務規模和效益；

（4）擴大出口企業在融資和收匯風險保險方面的靈活選擇空間和渠道；

（5）方便出口企業資金融通，尤其是解決了中小企業融資難的問題，加速了企業資金流動，增強了企業的出口競爭力。

6. 各方關係示意圖（圖5-4）

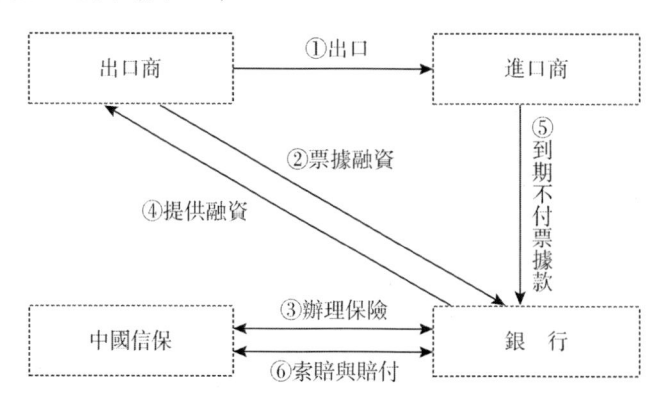

```
出口商 ──①出口──→ 進口商
  ↑                    │
  │②票據融資           │⑤到期不付票據款
  │                    ↓
  │④提供融資
  │
中國信保 ──③辦理保險──→ 銀 行
        ←─⑥索賠與賠付──
```

圖5-4 出口票據保險各方關系示意圖

（九）農產品出口特別保險（Agricultural Products Export Special Insurance）

農產品出口特別保險是為支持中國農產品出口專門設計的政策性信用保險，主要承保中國產品出口后，買方辦理進口報關前，進口國頒發禁令、提高檢驗檢疫標準等，限制中國農產品進口導致中國出口商損失的風險。它是針對國外技術性貿易壁壘和「封關」措施專門設計的一種低費率、廣覆蓋、投保簡便、賠付快捷的風險保障手段。

2003年5月12日，日本以從中國出口的鴨肉中分離出兩例高致病性禽流感病毒為由，突然宣布停止進口中國禽肉產品。

2003年5月20日，日本厚生勞動省又以從中國冷凍菠菜中查出兩例毒死蜱含量超過檢測標準為由，全面禁止進口中國冷凍菠菜。

這種技術壁壘的封關退貨對中國出口企業造成重大損失。2003年10月17日在第三屆青島國際農產品交易會上中國出口信用保險公司就及時介紹並試點推廣了「農產品出口特別保險」。

1. 保險對象

所有擁有農產品出口經營權的企業。

2. 保險責任

承保農產品在出口之後，買方辦理進口通關手續之前，因買方國家和地區頒布禁止進口令、提高檢驗檢疫標準、增加檢驗檢疫項目或突然變更許可文件而無法入關的風險，並對中國出口企業因此遭受的損失給予補償。

3. 投保方式

採用定額統保、年繳保費的方式承保。不區分國家、買家或產品種類。投保人根據其上一自然年度海關統計的農產品出口總額，加上適當的增長額，確定本年度的投

保金額，以政策性低費率（2‰）計算保費並一次性繳付。

4. 定損核賠

不設賠償等待期，出險后被保險人可直接報損並按事先約定的賠償比例獲得賠償；若在保險有效期內多次遇到「封關」事件，還可以多次提賠；被退回的農產品由被保險人自行處理並保有殘值處理回收所得。

（十）勞務出口保險（Overseas Labour Insurance）

勞務出口保險主要承保勞務出口過程中，因勞務人員違約，雇主違約、破產而產生的勞務出口風險以及勞務出口對象國發生的政治風險等。這種保險可以滿足因勞務出口履約保證金取消而產生的新的勞務出口保險需求。

二、短期出口信用保險業務操作簡要流程

短期信用保險操作流程如圖 5-5 所示：

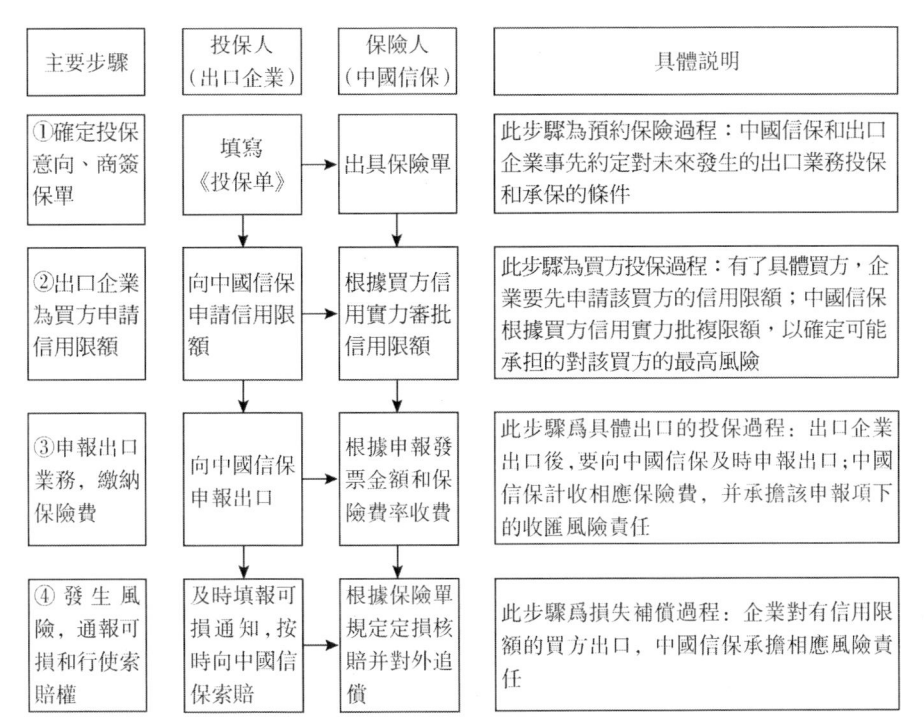

主要步驟	投保人（出口企業）	保險人（中國信保）	具體說明
①確定投保意向、商簽保單	填寫《投保單》	出具保險單	此步驟為預約保險過程：中國信保和出口企業事先約定對未來發生的出口業務投保和承保的條件
②出口企業為買方申請信用限額	向中國信保申請信用限額	根據買方信用實力審批信用限額	此步驟為買方投保過程：有了具體買方，企業要先申請該買方的信用限額；中國信保根據買方信用實力批複限額，以確定可能承擔的對該買方的最高風險
③申報出口業務，繳納保險費	向中國信保申報出口	根據申報發票金額和保險費率收費	此步驟為具體出口的投保過程：出口企業出口後，要向中國信保及時申報出口；中國信保計收相應保險費，并承擔該申報項下的收匯風險責任
④發生風險，通報可損和行使索賠權	及時填報可損通知，按時向中國信保索賠	根據保險單規定定損核賠并對外追償	此步驟為損失補償過程：企業對有信用限額的買方出口，中國信保承擔相應風險責任

圖 5-5　短期信用保險操作簡要流程

第六節　中長期出口信用保險實務

中長期出口信用保險（Medium and Long-Term Export Credit Insurance）是承保信用期限在 1 年以上的出口收匯風險的保險，主要支持大型機電產品、成套設備出口和海外工程承包項目。這些出口項目金額大、期限長、融資需求強烈。項目的出口收匯風

險也比較大，因此需要政策性的出口信用保險支持來擴大其出口。並且鼓勵信貸機構為中國出口商和購買中國商品及服務的外國進口商提供信貸或融資便利。中長期出口信用保險的種類有出口買方信貸保險和出口賣方信貸保險。

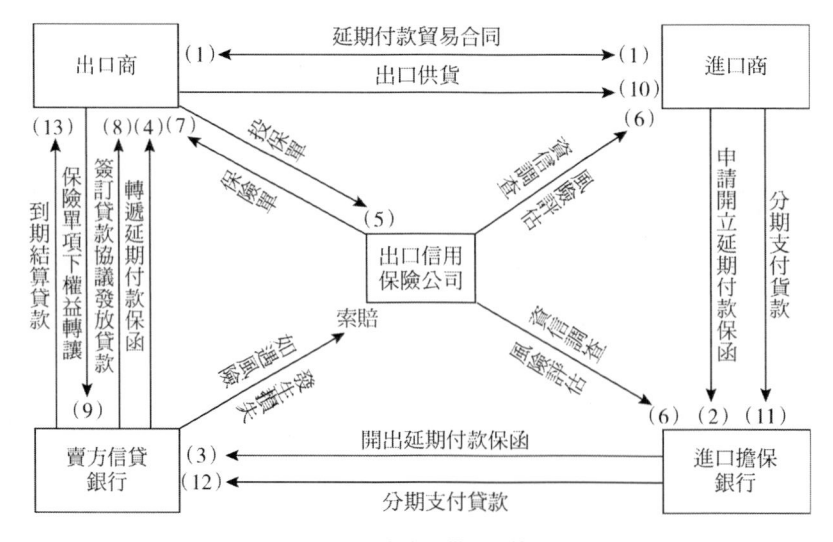

一、出口賣方信貸保險

出口賣方信貸保險（Supplier's Credit Insurance）是對中國出口商以延期付款方式出口設備承保出口收匯風險的保險。

1. 對中國出口商承保的風險

(1) 進口商和擔保人破產；
(2) 進口方自付款日起6個月仍未按合同支付貨款，而且擔保人也未履行合同；
(3) 進口國頒布法律，使進口商合法欠債和改變付款貨幣種類；
(4) 進口國發生政治事件、經濟困難，阻礙或延誤進口商履行付款義務；
(5) 進口國政府的相關政策致使合同無法執行；
(6) 進口國發生戰爭、暴亂，致使合同無法執行。

2. 投保條件

(1) 出口商是中國法人，有3年以上的出口經驗；
(2) 出口合同金額一般不低於100萬美元或等值貨幣；
(3) 預付款或現金支付部分不低於合同金額的15%；
(4) 信用期限原則上不短於1年，不超過10年；
(5) 出口項目中的中國成分一般不低於70%，船舶一般不低於50%；
(6) 買方、債務人、擔保人的風險在可接受範圍內；
(7) 進口國政局穩定。

3. 出口賣方信貸保險簡要程序圖（圖5-6）

圖5-6 出口賣方信貸保險簡要程序

二、出口買方信貸保險

出口買方信貸保險（Buyer's Credit Insurance）是保障出口買方信貸貸款銀行按照貸款協議的規定，按期足額收回貸款本金和利息的保險。

1. 承保對象

承保對象為提供出口買方信貸貸款的銀行。

2. 承保風險

出口買方信貸保險承保借款人和擔保人因政治和商業原因不能遵照協議規定償還貸款本金和利息的風險。

3. 投保條件

（1）與出口賣方信貸保險的 7 條投保條件相同。

（2）外資銀行申請出口買方信貸保險的附加條件：①在中國設有營業性機構；②資產規模不低於 100 億美元；③在過去 3 年中有經營出口信貸業務的記錄。

4. 出口買方信貸保險的簡要程序

（1）出口商投保買方信貸保險支付保險費程序見圖 5-7。

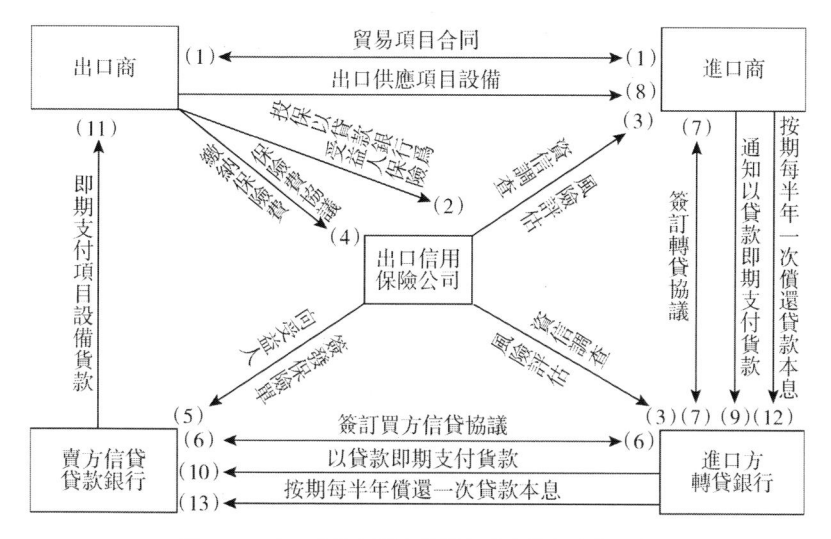

圖 5-7　出口商投保買方信貸保險支付保險費程序

(2) 貸款銀行投保支付保險費為被保險人的出口買方信貸保險簡要程序見圖5-8。

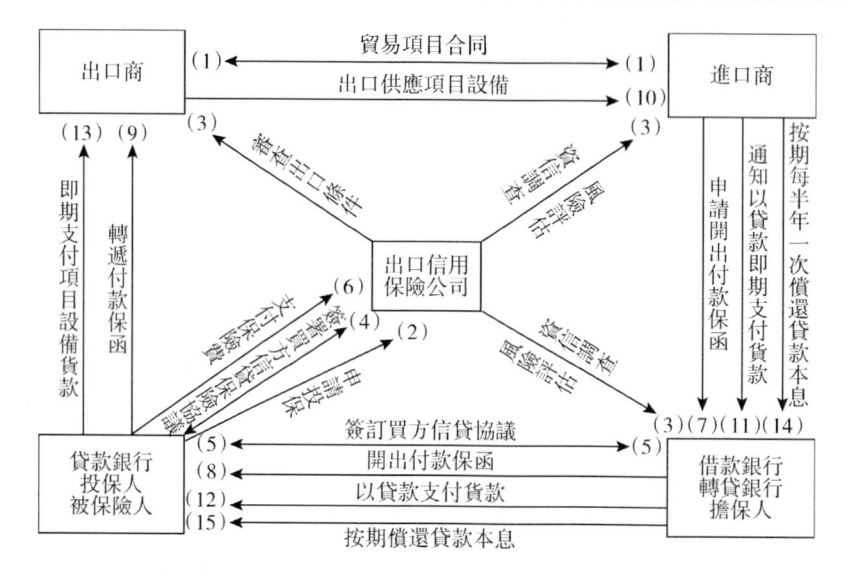

圖 5-8　貸款銀行投保支付保險費爲被保險人的出口買方信貸保險簡要程序

三、出口賣方信貸保險與出口買方信貸保險的區別

1. 投保的必要性

賣方信貸保險沒有完全的必要投保，有時由出口商自行決定是否投保。

買方信貸保險有完全的必要性，不保不貸，投保可貸。

2. 信貸保險與貸款協議是否直接聯繫

賣方信貸保險不與貸款協議直接聯繫，貸款銀行可視情況決定是否要求出口商投保出口賣方信貸保險。

買方信貸保險與貸款協議直接聯繫，須對貸款銀行承擔無條件投保責任。

3. 最高賠償責任

賣方信貸保險通常只負責出口合同中延期付款金額的90%。

買方信貸保險按照貸款本金及利息之和承擔最高可達100%的賠償責任。

4. 賠償等待期

賣方信貸項下的賠償等待期通常為6個月。

買方信貸項下的賠償等待期為3個月。

5. 保險費率

賣方信貸保險費率略低於買方信貸保險費率。

6. 保險受益人

買方信貸保險的貸款銀行直接作為保險的受益人。

賣方信貸保險保單的受益人為投保的出口商，只有在辦理出口信用保險權益轉讓

的前提下，貸款銀行才可獲得直接保障。

【參考文獻】

［1］蕭朝慶. 出口信用保險［M］. 北京：中國商務出版社，2005.

［2］中國出口信用保險公司. 出口信用保險資訊［Z］. 2004.

［3］中國出口信用保險公司. 短期和中長期出口信用保險簡介［Z］. 2004.

【思考題】

1. 簡述出口信用保險的定義、特點和承保的風險。
2. 簡述出口信用保險的種類。
3. 簡述國外出口信用保險的主要業務內容。
4. 簡要介紹伯爾尼協會（BERNE UNION）及其會員類型。
5. 簡述 OECD《君子協定》對出口信用保險的規定。
6. 簡要介紹中國開展出口信用保險的歷程。
7. 簡要介紹短期出口信用保險的種類和簡要流程。
8. 簡要介紹賣方信貸保險和買方信貸保險的基本內容、區別和簡要流程。

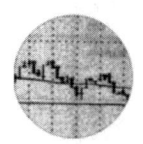

第六章　項目貸款

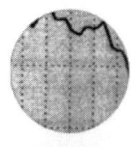

20世紀70年代以後，國際金融市場推出一種新型的借貸方式——項目貸款(Project Financing)。它是大型工程項目籌措資金的一種新形式。中國20世紀80年代興建平朔煤礦時，就是利用這種形式在國際範圍內籌措資金的。一般中小型工程項目也可利用這種形式進行籌資。研究這種借貸形式的特點、內容及各種風險的擔保問題具有重要的現實意義。

第一節　項目貸款的產生、概念及參與人

一、項目貸款的概念

一國政府或一個部門為興建工程項目除可向世界銀行申請貸款外，一般還可利用政府貸款、商業貸款等方式籌措所需資金。貸款人主要根據工程主辦單位(Sponsor)的信譽和資產狀況，附之以有關單位(如中央銀行)的擔保而發放貸款。但是，隨著國際上的自然資源的大力開發，交通、運輸工程的興建和擴展，所需資金的數額非常巨大，單靠工程主辦單位的自身力量很難從國際資本市場籌得資金，同時單靠一種借款方式也很難滿足項目本身的資金需要。大型工程項目的發展需要一種新的貸款方式，這種貸款方式應具有以下特點：

第一，貸款人不以主辦單位的資產與信譽作為發放貸款的依據，而是以為營建某一工程項目而組成的承辦單位(Project Entity)的資產狀況及該項目完工後所創造出來的經濟收益作為發放貸款的依據。因為項目所創造的經濟收益是償還貸款的基礎。傳統的貸款方式是向主辦單位發放貸款，而這種貸款是向承辦單位發放貸款。兩種方式的差異如圖6-1所示：

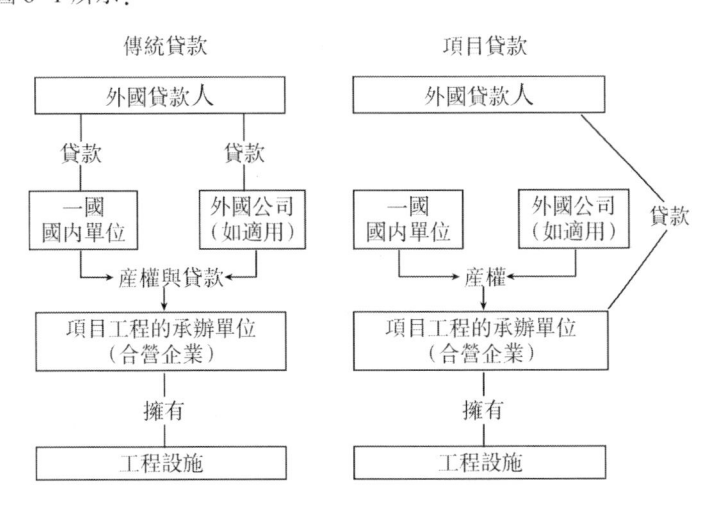

圖6-1　傳統貸款與項目貸款方式的區別

第二，不是一兩個單位對該項貸款進行擔保，而是與工程項目有利害關係的更多單位對貸款可能發生的風險進行擔保，以保證該工程按計劃完工、營運，有足夠的資金償還貸款。

第三，工程所需的資金來源多樣化，除從上述來源取得貸款外，還要求外國政府、國際組織給予援助，參與資金融通。

20世紀70年代以后，這種新的貸款方式——項目貸款，在實踐中產生了。它在一些具有較大國際影響的大型項目的建設中發揮了重大作用，如像英國北海油田、美國阿拉斯加天然氣輸送管道、香港九龍海底隧道等項目都採用了項目貸款這種融資方式。

什麼是項目貸款呢？項目貸款就是為某一特定工程項目而發放的貸款，它是國際中長期貸款的一種形式。發放項目貸款的主要擔保是該工程項目的預期經濟收益和其他參與人對工程停建、不能營運、收益不足以還債等風險所承擔的義務；而主辦單位的財力與信譽並不是貸款的主要擔保對象。

二、項目貸款的參與者及其作用

項目貸款具有多方面的參與人，參與人的有關擔保，對貸款的取得和項目的完工起著關鍵作用。項目貸款的參與人和它們的職責與作用是：

(一) 主辦單位

主辦單位即項目的主管單位和部門，它從組織上負有督導該項目計劃落實的責任。貸款雖非根據主辦單位的保證而發放，但如果發生意外情況，導致項目所創造的收入不足以償付債務，那麼主辦單位在法律上負有拿出差額資金，用以償債的責任。所以，貸款人發放貸款時，對主辦單位的資信情況也十分關注。

(二) 承辦單位

承辦單位也稱項目單位，是為工程項目籌措資金並經營該工程的獨立組織。承辦單位有獨資的，也有與外商合資的，其職責的重要性已如前述。

(三) 外國合夥人

承辦單位選擇一個資力雄厚、信用卓著、經營能力強的外國合夥人的好處在於：①可利用其入股的產權基金(Equity)；②它有可能對該項目另外提供貸款；③它可協助該工程項目從國外市場融通資金。外國合夥人的資信狀況是貸款人提供貸款的重要考慮因素。

(四) 貸款人(Lender)

根據工程項目的具體情況，國內外的信貸機構、各國政府和國際金融組織均可成為工程項目的貸款人。

(五) 設備供應人(Supplier)

項目設備的供應人對保證項目按時竣工起著重要的作用。運輸機械設備、電力、原材料等供應商的資信與經營作風，也是貸款人在決定是否發放貸款時需考慮的因素

之一。爭取以延期付款方式向供應商支付貨款，是承辦單位獲得信貸資金的一條渠道。

（六）工程產品的購買人或工程設施的用戶

償還項目貸款的資金主要來自項目產品銷售或設施供人使用后的收入。因此，購買人（或用戶）承擔的購買產品（或使用設施）的合同義務，為貸款的償還提供了可靠的保證。購買人（或設施用戶）有時是一個，有時是幾個，它們的資信狀況是能否取得貸款的最重要因素。

（七）工程師和承包公司

工程師和承包公司是工程技術成敗的關鍵因素，他們的技術水平和聲譽是能否取得貸款的因素之一。

（八）外國政府官方保險機構

銀行等私人信貸機構向工程項目提供貸款，常常以能否取得外國政府官方信貸保險機構的信貸保險為先決條件，這些機構也是項目貸款的主要參與人。著名的外國政府信貸保險機構有美國的海外私人投資公司，英國的出口信貸擔保局，法國的對外貿易保險公司，德國的赫爾默斯信貸保險公司等。

（九）託管人（Trustee）

在國際大型工程項目的資金籌措中，往往有託管人介入。它的主要職責是直接保管從工程產品購買人（或設施用戶）處所收取的款項，用以償還對貸款人的欠款。託管人保證在貸款債務清償前，承辦單位不得提取或動用該筆款項。

第二節 項目貸款的類型、工程規劃與風險管理

一、項目貸款的主要類型

（一）無追索權項目貸款

無追索權項目貸款是指貸款機構對項目的主辦單位沒有任何追索權，只能依靠項目產生的收益作為還本付息的來源，並可在該項目的資產上設立擔保權益。此外，項目主辦單位不再提供任何信用擔保。如果該項目中途停建或經營失敗，其資產或收益不足以清償全部貸款，貸款人也無權向主辦單位追償。這種類型的項目貸款對貸款人的風險很大，一般很少採用。

（二）有限追索權的項目貸款

這是目前國際上普遍採用的一種項目貸款形式。在這種形式下，貸款人除以項目收益作為償債來源，並可在項目單位的資產上設定擔保物權外，還要求與項目完工有利害關係的第三方當事人提供各種擔保。第三方當事人包括設備供應人、項目產品的買主或設施的用戶、承包商等。當項目不能完工或經營失敗，而項目本身資產或收益不足以清償債務時，貸款機構有權向上述各擔保人追索。但各擔保人對項目債務所負的責任，僅以各自所提供的擔保金額或按有關協議所承擔的義務為限。通常所說的項目貸款，均指這種有限追索權的項目貸款。

二、可行性研究與工程規劃

工程項目的上馬應建立在周密、審慎、健全的可行性研究(Feasibility Study)與規劃的基礎上。它是提出興建工程項目的先決條件。承辦單位要聘請各方面的專家進行高質量的可行性研究，制訂出確保工程完工並對其存在的問題提出解決辦法的全面規劃，按規劃進行施工、管理、組織、籌資、營運。貸款人在決定對項目提供貸款前都要審慎地研究該項目的可行性與規劃，以確保貸款的安全。在規劃中一般應包括以下幾方面的問題：

（一）經濟可行性(Economic Viability)

首先，要根據大量的數據，衡量該工程項目的總體效益及全面性、合理性。其次，要根據該國經濟發展戰略要求，衡量該項目與國家的各項計劃相銜接的程度。最后，對該項目的潛在市場要進行充分詳盡的分析，根據市場信息與條件，核算項目的成本與費用，並對世界市場的價格趨勢做出科學的預測與分析。只有通過分析說明該工程所生產的產品(或設施提供的勞務)在國內外市場與其他供應者相比具有不可抗拒的競爭性，銷售市場才有保證，才能確保項目的收入和貸款的償還。潛在市場分析是經濟可行性研究中最重要的一環。

（二）財務效益的可行性

在財務效益分析中，首先應對投資成本、項目建設期內的投資支出及來源、銷售收入和稅金、產品成本(包括固定成本和可變成本)和利潤、貸款的還本付息(即按規定利潤和折舊費等資金歸還項目貸款本息)這五個主要項目進行預測。然后再以預測出的數據為依據，以靜態法和現值法來分析項目的財務效益，從而判斷項目的盈利能力，說明項目的財務效益是可行的。反應財務效益的主要指標有正常年度利潤、貸款償還期、整個項目壽命期的收益額和收益率，以及影響收益額和收益率的有關因素等。

（三）銷售安排(Marketing Arrangement)

要確定推銷該工程產品的方法，如果產品是向為數不多的顧客出售，則應隨著工程的完工和投產而安排好預銷合同。由於產品銷售具有合同保證，減小了貸款到期不能歸還的風險。銷售安排對貸款人的資金安全和承辦單位對外籌資都有較大的影響。

（四）原材料和基礎設備的安排

原材料供應要可靠，要有計劃，並且應制定長期供應合同，合同條件要與該工程的經濟要求相適應。如果項目屬於能源開發，就必須使貸款人確信項目資源儲藏量是足夠整個貸款期內開發的。對於運輸、水電、排水等基礎輔助設施必須做出安排，其建設進度與所需資金應與工程本身的規劃協調一致；對基礎工程的材料供應也要做好安排。

（五）費用估計(Cost Estimate)

對於工程項目費用的正確估計是十分重要的。它對工程項目經濟效益的發揮、產品的競爭力、工程本身的財務狀況及還債能力都具有重大的影響。對工程費用的估計

要實事求是，盡可能精確，要考慮到建設期間的利息、投資后對流動資金的需求、偶然事件和超支問題，並且應充分考慮通貨膨脹的發展趨勢對費用的影響。

估算費用開支時，應安排一定數額的不可預見費用和應急資金，用以彌補意外事件造成的延期竣工損失，以及因超預計的通貨膨脹率和其他突發事件的影響而增加的費用開支。

（六）環境規劃

選定項目建設的地域，要適應項目本身的發展，項目對周圍環境的影響要為該地區所容許。考慮不周或違反環境保護法，往往會使工程建設時間推遲，甚至導致工程廢棄。

（七）貨幣規劃

工程項目在建造與營運階段的各個環節均發生貨幣收支，規劃中要安排好不同貨幣之間的銜接，最大限度地防止匯率風險。如果以硬幣籌資，而產品銷售收入均為軟幣，在償還貸款時就要蒙受匯率損失。收支脫節的情況更應極力避免。

（八）財務規劃

根據工程的設計要求和規模，確定總的籌資額度；根據工程項目的結構特點及性質，確定籌措資金的來源與渠道；根據工程建設時間的長短，分別確定建設階段與營運階段的籌資安排；根據主辦單位與合夥人的資財情況，確定以產權和借款方式籌措資金的總額，並對各具體籌資渠道、借款期限和條件等提出建議。

三、項目貸款的風險管理

一個工程項目儘管有了嚴密的可行性研究與規劃，貸款人仍然擔心由於不可控制的原因，以致貸款不能按期收回。為此，貸款人常常要求項目參與人或與項目有共同利害的關係人做出擔保，保證在工程建設進行階段發生費用超支或中途停建的情況時，由他們負責償還貸款。貸款人還要求，工程一經建成並已投產，如果發生工廠開工不足甚至不開工的情況，擔保人也負有償還全部貸款的責任。只有這些風險得以防止，項目融資才能順利實現。現將工程建設過程中影響貸款償還的風險與克服這些風險的措施列舉如下：

（一）建設階段的風險

1. 費用超支風險

由於建造、通貨膨脹、環境和技術方面出現問題，或由於政府的新規定或幣值波動，工程建造的實際費用可能超出原來的估計數字，如不解決超支的問題，工程項目會因資金缺乏而半途而廢，貸款的歸還也要落空。

為了解除貸款人的后顧之憂，對可能發生的超支資金，必須通過預訂合同的方式予以落實。解決的辦法有：①由發起人提供超支資金，並簽訂不規定限額的承擔超支資金協定；②由貸款人提供一定數額的超支資金；③由國家銀行提供一定金額的備用信貸；④由項目產品的購買者(或設施用戶)提供；⑤由希望工程完工的政府提供。

2. 不能按期完工的風險

貸款人需要得到工程項目具體完工日期的保證，以免貸款到期不能收回。按規劃的要求，選擇質量高、經營作風良好的工程師與承包商，是工程按期完工的重要保證。

3. 中途停建的風險

即使有了完成工程建設的足夠資金，但技術、政治或其他經濟原因也可能致使工程建設中途停頓，從而使償還貸款的資金來源中斷。為防止這類事件的發生，貸款人常要求工程項目的主建單位或項目產品的購買人(或設施用戶)，或其他信譽良好的機構給予擔保，同意在工程中途停建時，由擔保人承擔貸款的歸還責任。

(二) 營運階段的風險

如前所述，與其他貸款形式不同，項目貸款的最大特點是以項目產品(提供勞務)的收益作為貸款的擔保，即由產品購買人(或設施用戶)通過合同義務以購買產品(使用設施)所應支付的款項來償付貸款。充分利用產品購買人(或設施用戶)的信譽與資財實力來償付貸款是項目貸款的最大優點。但是，在營運階段，如果因不可預見的原因，出現工程停工或開工不足，進而導致項目停產或產品不足，就無法按合同向產品購買人(或設施用戶)提供產品和服務。后者當然會不支付或少支付貨款，這樣就會導致償還貸款的資金來源中斷或資金不足，使貸款人蒙受損失。為防止貸款人因工程停止或開工不足而蒙受上述風險，一般需簽訂下述合同加以保證：

1. 最低支付額合同(Minimum Payment Contract)

如果工程項目產品為國際市場的緊缺商品，如石油、天然氣、礦產品，產品購買人(或設施用戶)對這些產品有迫切的需要，則購買人與承辦單位之間常常簽訂最低支付額合同。合同規定產品購買人(或設施用戶)即使未購到產品或未使用設施，也承擔向貸款人支付一定最低金額，以抵償承辦單位對貸款人應付債務的義務。最低支付額合同當事人之間的關係如圖6-2所示：

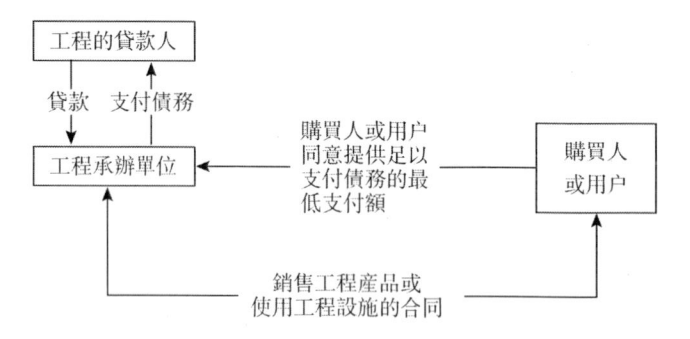

圖6-2　最低支付額合同當事人之間的關系

2. 差額支付協議(Deficiency Payment Agreement)

差額支付協議規定由工程項目的東道國、中央銀行或跨國公司參與對貸款償付進行擔保。它們與承辦單位簽訂差額支付協議，對工程所得的收益與債務償還額之間的不足部分，承擔支付義務。因為它們常與工程項目的完成有共同的利害關係。差額支

付協議當事人之間的關係如圖 6-3 所示：

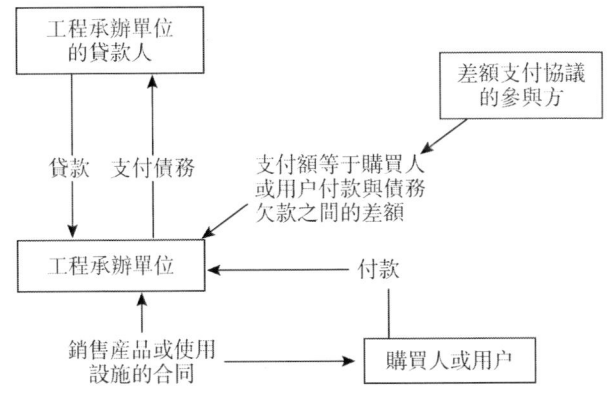

圖 6-3　差額支付協議當事人之間的關係

3. 直接擔保（Direct Guarantee）

由工程項目的東道國的信用卓著的銀行、承辦單位的外國合夥人或其他外商擔保，如工程收益不足以償還債務，由保證人償付該工程的債務。需要說明的是直接擔保並非直接承擔還債義務，僅是承諾償還或有負債（Contingent Liabilities），即在承辦單位不能償還債務時，保證人才承擔債務的償還義務。直接擔保當事人之間的關係如圖 6-4 所示：

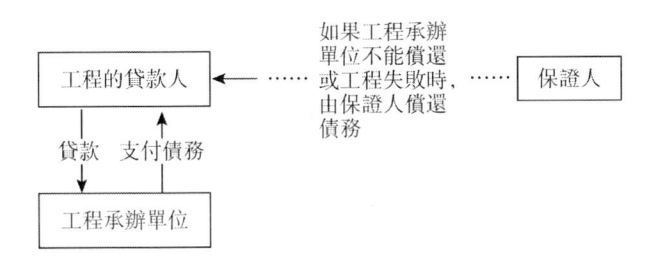

圖 6-4　直接擔保當事人之間的關係

綜上所述，無論是無追索權項目貸款，還是有限追索權項目貸款，均需做好可行性研究與工程規劃；而對於有限追索權項目貸款，一定要取得與項目完工有利害關係的當事人的各種擔保，做好風險管理。

第三節　項目貸款的籌資來源

可行性研究與規劃的制定、防範貸款風險措施的落實，為項目資金的籌措奠定了基礎。一個大的項目所需的資金是從何處獲得的呢？興建工程項目的資金來源有兩個大的渠道，即股本投資和舉借貸款，股本投資是由工程項目的主辦單位（或東道國政

府)和外國合夥人(如採取合資經營方式)以現金(外匯或本幣)或實物投入。主辦單位和東道國政府常以承擔可行性研究、初步工程、提供水的使用權、提供礦產開採特權或其他實質性資產作為實物投資,外國合夥人則以提供專利、先進技術設備和Know-How等作為實物投資。工程項目所需資金的另一個來源渠道則為借款。在現代國際工程項目籌資中,借款所占的比重要大大高於股本投資的比重。一個大的工程項目可以從哪些渠道取得借款呢?各渠道借款的優缺點又如何呢?

(一) 政府間雙邊貸款

政府間雙邊貸款是項目資金的一個來源。政府貸款分為兩種形式:一是無償贈予,二是低息長期貸款。

政府貸款的優點是:低息或無息,並且費用低。它的缺點是:①貸款的政治性強,受兩國外交關係及貸款國預算與國內政策的影響大,一旦政治環境發生變化,貸款常會中斷;②所得貸款或援助限於從發放貸款與提供援助的國家購買商品或勞務,承辦單位不能用於投標競爭或就地生產,不利於降低工程成本。

(二) 出口信貸

從發達國家的出口信貸機構取得出口信貸也是工程項目籌資的主要來源。它的優點是:①利率固定;②利率水平低於市場利率;③所得貸款可用於資本貨物的購買;④出口國競爭激烈,承辦單位可選擇一最有利的出口信貸方案。它的缺點是:①貨價與低利因素抵消后,因所得貸款限於在貸款國使用,購進設備的質量不一定是最好的,並且價格可能高於直接從第三國購買或招標購買;②出口信貸的利率不因借款貨幣軟硬的不同而變化,增加承辦單位對幣種變換因素的考慮;③出口信貸通常為中期而非長期,並不能用於支付全部工程費用。

(三) 世界銀行及其附屬機構——國際開發協會的貸款

這部分貸款是項目籌資的主要來源,用於與項目有關的基礎工程建設及其他項目內容。其優點是:①利率固定且低於市場利率,可根據工程項目的需要確定較為有利的寬限期與償還辦法。②世界銀行與國際開發協會對工程項目提供的貸款要在廣泛的國際廠商中進行競爭性的招標,這樣就可最大限度地壓低項目建設成本,保證項目建設採用的技術最為先進。③該組織以資金支持的項目其基礎是紮實的,工程都能按計劃完成。④該組織提供資金支持的項目帶有一定的技術援助成分。其缺點是:①手續繁雜,項目從設計到投產所需的時間較長。②貸款資金的取得在較大程度上取決於該組織對項目的評價。③該組織所堅持的項目實施條件,如項目收費標準與構成、項目的管理方法、項目的組織機構等,與東道國傳統的做法不一致,東道國有時也被迫接受上述項目實施條件。④該組織對工程項目發放的貸款,直接給予工程項目中標的外國廠商,借款國在取得貸款時,無法知道這筆貸款對其本國貨幣或項目的核算貨幣會帶來怎樣的影響,不易事先進行費用的核算比較。

(四) 世界銀行與其他信貸機構的混合貸款

這種籌資方式是指從世界銀行與私人資本市場共籌資金,取得混合貸款,供同一

工程項目使用。混合貸款的優點是：①世界銀行作為國際金融機構，與商業銀行和其他信貸機構一同參與籌資，使風險大大降低，否則私人銀行不敢貿然向工程項目貸款。②由於有世界銀行的參與，資金安全有保證，私人貸款的利率可能較低。混合貸款的缺點是：混合貸款談判所需時間更長，手續更複雜。

（五）聯合國有關組織的捐贈與援助

聯合國開發計劃署（United Nations Development Program）、聯合國天然資源開發循環基金（United Nations Revolving Fund for Natural Resources Exploration）對工程項目提供用於可行性研究的資金，並提供技術援助。從這些來源取得的資金既可用於可行性研究，也可用於工程準備工作。但是取得這種資金的手續比較複雜，並且必須歸還。

（六）商業銀行貸款

項目承辦者可從國內和國外商業銀行為工程項目取得貸款。它的優點是：①與上述各種形式相比，從商業銀行取得貸款易於談判，手續簡單，所需時間短。②商業銀行貸款經該國政府或國會批准後，可隨時取現。③使用商業銀行貸款沒有任何限制，可用於向第三國購買資本貨物、商品、勞務。工程承辦單位可以在國際招標購買工程設備，以降低工程成本。④與上述貸款形式相比，商業銀行的貸款協定條款，對工程施工與工程收益的使用，限制較少。⑤從商業銀行貸款，可以借取各種貨幣，便於事先估計貨幣風險，加強工程成本核算。它的缺點是：①貸款按市場利率收取，籌資成本可能高於以上籌資形式。②多數採用浮動利率，難以精確計算工程成本。③除收取利息外，還收取其他費用，如承擔費、管理費、安排費、代理費、雜費等，並且還要規定在借款銀行保有最低存款額等，從而提高了總的借款費用。④商業銀行提供資金雖無一定限額，但有時出於對國際及借款國總體政治風險的估計，也會限制其貸款發放額度。

（七）發行債券

在國外市場發行債券也是工程籌資的一種形式。發行債券利率固定，期限長，並且由於債券投資人分散、廣泛，資金使用不受限制。但是，受市場利率與供求關係的影響，通過發行債券能否籌集到預計數額的資金，籌資者不能準確把握；而且發行債券的利率比世界銀行貸款的利率高，貸款期限也較前者短。債券發行後還要設立專門機構，配備專門人員，關注該債券在市場的動態並進行管理。

（八）供應商提供的信貸

對工程項目的大供應商所提供的價值較高的設備，供應商允許承辦單位以延期付款的方式支付貨款。這實際上是向工程項目提供了資金。採用這種方式，供應商會抬高設備的貨價，增大項目成本，實質上是高價籌資。

可見，項目籌資的渠道較多，形式多樣。根據工程結構的不同，主體工程、附屬工程完工期限長短的不同，項目各組成部分對資金要求的特點不同，承辦單位可以選擇從比較經濟的渠道籌措資金，綜合運用不同來源的資金，使資金的作用得到最大限度的發揮，最終降低項目的造價。由於籌資工作手續複雜，接觸面廣，專業知識強，

承辦單位常委託財務代理人負責籌資和管理。

在制定籌措資金規劃的談判中，還應考慮貸款的利率、其他費用負擔、幣種、匯率變化、貸款期限、償付方法等諸多問題，從總體上考慮多元籌資方式的利害得失，並且應做到對貸款借入和償還期限與工程本身建造和營運階段的財務狀況相一致。

現將多元融資后，項目貸款各方參與人的相互關係圖解如下（圖6-5）：

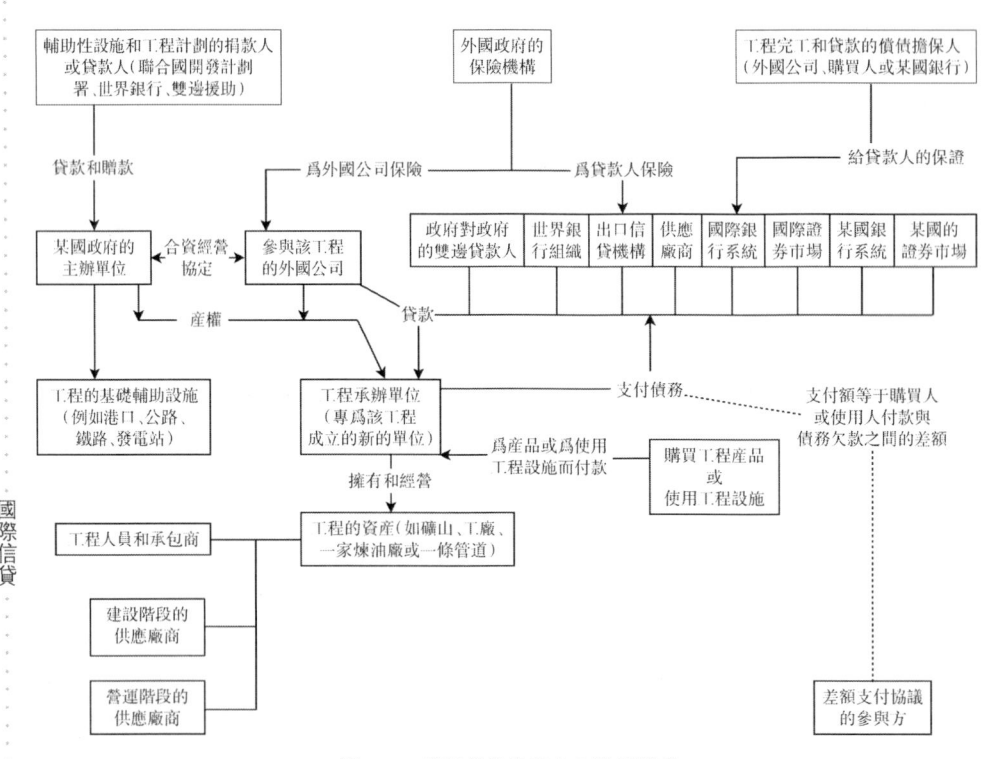

圖6-5 項目貸款參與人之間的關係

第四節 項目貸款的管理原則與內容

商業銀行、國際金融組織和政府機構等，在向項目單位發放項目貸款時，都進行較為嚴格的審查評估管理和監督，以期貸款發揮預期效果，保證貸款按時收回。各貸款機構的貸款原則、管理程序和監督內容可能不盡相同，但其總的做法與精神是一致的。在此對世界銀行和中國投資銀行(中國投資銀行是世界銀行的轉貸銀行，1998年12月中國投資銀行總行並入國家開發銀行)有關項目貸款的管理原則和內容，進行說明。

一、項目貸款的原則

項目貸款的原則，也即發放項目貸款的基本要求，主要包括：

險也比較大，因此需要政策性的出口信用保險支持來擴大其出口。並且鼓勵信貸機構為中國出口商和購買中國商品及服務的外國進口商提供信貸或融資便利。中長期出口信用保險的種類有出口買方信貸保險和出口賣方信貸保險。

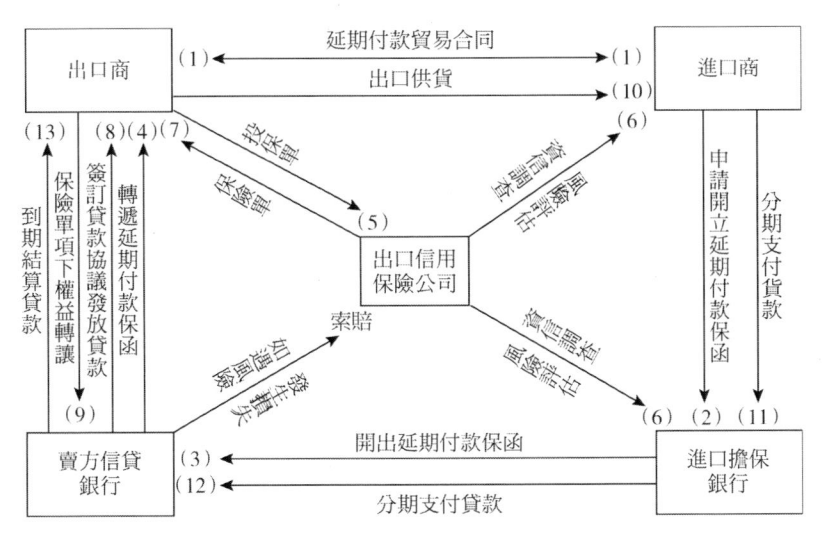

一、出口賣方信貸保險

出口賣方信貸保險（Supplier's Credit Insurance）是對中國出口商以延期付款方式出口設備承保出口收匯風險的保險。

1. 對中國出口商承保的風險

（1）進口商和擔保人破產；
（2）進口方自付款日起6個月仍未按合同支付貨款，而且擔保人也未履行合同；
（3）進口國頒布法律，使進口商合法欠債和改變付款貨幣種類；
（4）進口國發生政治事件、經濟困難，阻礙或延誤進口商履行付款義務；
（5）進口國政府的相關政策致使合同無法執行；
（6）進口國發生戰爭、暴亂，致使合同無法執行。

2. 投保條件

（1）出口商是中國法人，有3年以上的出口經驗；
（2）出口合同金額一般不低於100萬美元或等值貨幣；
（3）預付款或現金支付部分不低於合同金額的15%；
（4）信用期限原則上不短於1年，不超過10年；
（5）出口項目中的中國成分一般不低於70%，船舶一般不低於50%；
（6）買方、債務人、擔保人的風險在可接受範圍內；
（7）進口國政局穩定。

3. 出口賣方信貸保險簡要程序圖（圖5-6）

圖5-6 出口賣方信貸保險簡要程序

研究過程中，要收集有關資料，細緻分析。因為從國家有關部門批准可行性研究報告，到銀行考慮是否發放貸款，其間有一個過程，在此過程中原來的數據或情況可能有所變化，故貸款銀行應仔細分析。初選階段的審查重點是項目建設的必要性，評估階段的審查重點是項目的可行性。

3. 審批

銀行內部進行最后審查，批准貸款條件、貸款程序、提款辦法等，並簽署貸款合同。

4. 支付款

根據貸款協議、年度投資計劃和年度貸款計劃，按照採購合同、施工合同和建設進度，及時供應資金，並監督資金合理使用，以保證項目順利完成，及時發揮投資效益。

5. 回收

貸款項目投產后，要按照年度還本付息計劃，審查企業財務報表，核實新增利潤、折舊以及外匯收入，督促企業按期還本付息。

6. 考核

在項目建成投產后，還款期結束前后，銀行要對貸款項目進行全面總結，考核效益情況，檢查銀行工作質量，從中總結經驗，吸取教訓，以改進今后的工作。

三、項目貸款監督與管理的主要內容

在項目貸款程序的管理工作中，發放貸款的機構還需進行一定的監督，只有在監督中發現問題，才能及時督促和幫助項目單位解決問題，從而達到管理的目的。監督的內容很多，現主要對項目準備時期、項目執行時期和項目投產時期的監督內容加以說明。

（一）項目準備時期

自列為備選項目起到簽訂貸款合同止的時期內，監督管理的主要內容有：

（1）幫助建立和調整項目管理機構。健全的管理是順利實施項目規劃的重要前提。同時，還應按不同的施工方式落實項目的施工機構。這是進入項目執行期前必須完成的準備工作。

（2）對技術設備採購的督促檢查。重點是對引進技術和設備的前期工作進行督促和幫助，督促企業及時向國外詢價、考察，做好招標、比價的準備工作，以便合同簽訂后引進和採購工作能盡快進行。對國內設備的採購也應開始訂貨，落實生產廠家。

（3）對初步設計和概算的審查分析。項目正式批准后，督促企業做好項目初步設計，並進行審查，同時審查概算，防止超過原來批准的投資總額。

（4）對貸款合同的監督審查。督促項目單位與貸款機構簽訂貸款合同，並審查貸款合同生效的先決條件是否具備、還款資金是否有保障、擔保文書是否備齊等。

（二）項目執行時期

項目執行時期即項目建設期，自簽訂貸款合同起至項目建成投產止的時期。這是

對項目進行監督的最主要時期。監督管理工作的主要內容有：

（1）對貸款合同中規定的支款前提條件是否已經滿足進行審查，否則不能支款。

（2）對技術設備及其價款結算和支付的監督。重點是對引進技術和進口設備的監督。一是督促項目單位及時做好各項採購工作，取得符合技術要求、價格適宜的設備；二是對技術設備價款的結算和支付進行事前檢查，促使項目單位按計劃採購並節約資金。

（3）對工程施工及價款的結算和支付進行監督。一是督促項目單位組織好建築安裝工程施工，並幫助解決存在的問題；二是對工程價款和其他費用的結算和支付進行事前檢查，促使其按計劃、按進度施工並節約用款。

（4）對項目執行和資金使用等情況進行檢查並處理遇到的問題。

（5）在竣工驗收時進行檢查監督。主要是在工程接近完工階段，對設備試車情況和工程收尾情況進行檢查，幫助解決影響工程收尾的問題，促使工程竣工投產。

（三）項目投產期

項目投產期是指從項目投產起至還清全部貸款本息止的時期。這一時期內監督管理的主要內容有：

（1）對生產經營情況的檢查。主要通過報表分析和現場檢查，瞭解項目投產後能否達到設計生產能力，經營是否盈利，是否完成了出口創匯計劃等。如存在問題，應幫助分析原因，督促改進。

（2）對還本付息情況的檢查。主要檢查是否按計劃、按合同規定還本付息。如發現問題，要督促借款人盡早設法償還。

（3）項目結束后的事後評價。這是對項目建設、投產工作和貸款管理工作的全面總結。企業和貸款機構從不同角度進行分析、評價，既總結項目的經驗教訓，又分析貸款機構工作的得失。貸款機構通過反饋，改進今後的信貸工作。

第五節　項目貸款發展的背景及性質

項目貸款自20世紀70年代產生后，在發達國家與發展中國家都獲得了極大的發展，其原因是：

（1）資本主義國家為減緩經濟危機和能源危機的影響，促進了項目貸款的發展。

第二次世界大戰後，特別是20世紀70年代以後，資本主義國家生產長期停滯，危機深化；同時由於石油提價，資本主義國家普遍發生能源危機。資本主義國家政府為了緩和經濟危機與能源危機的影響，緩和社會矛盾，都積極進行大型工程項目的建設，以帶動有關部門的生產發展，部分地解決能源缺乏的問題。例如，英國北海油田、美國天然氣輸送管道以及許多國家的核電站都是在這一時期興建的。一些發展中國家，為發展本國經濟，滿足國際市場對燃料、礦產以及其他初級產品的需要，也掀起興建大型工程項目的熱潮，例如巴西採掘業的發展、委內瑞拉石油的開採、博茨瓦納有色

金屬礦石的開採。這些項目的興建，符合壟斷資本的需要，獲得了信貸機構的支持，同時，大的跨國公司為急於掌握和利用自然資源，也願意承擔購買某些能源、礦產品的義務，從而促進了項目貸款的發展。

(2) 國際資本市場和私人信貸機構，為減緩提供大量資本的壓力與風險，要求國際機構參加對特定項目的多元融資。

大型工程所需資金動輒以百億元計，這對各國的國內資金市場和國際資金市場都是嚴峻的挑戰，私人信貸機構和國際資本市場無力提供如此多的資金，更不敢獨自承擔工程項目本身存在的巨大風險。工程本身及私人信貸機構要求有更多的組織，特別是國際組織、國際金融機構和政府機構對工程項目提供貸款或援助，分擔私人資本市場的壓力，減少私人放款的風險。這樣，在20世紀70年代后的實踐中，逐漸形成了項目貸款這種多元融資的新形式。

(3) 國家壟斷資本主義在國際信貸與投資領域中作用的增強，促進了項目貸款形式的出現。

第二次世界大戰后，國際信貸投資環境更加不穩定，鬥爭更加尖銳，私人資本越來越依靠國家政治經濟力量的支持，以開闢和擴大穩定可靠的投資環境和資本貸放場所。國家壟斷資本利用各種方式對私人資本的投資與放款加以庇護，以保證超額壟斷利潤的獲得。就是在這種情況下，政府或國際機構和私人混合貸款的形式出現了，由國家給予利息貼補的出口信貸進一步加強，在同一項目中，由國際金融組織承擔基礎工程貸款而私人承擔設備購置貸款的交叉貸款方式也發展起來了。這一切都是國家壟斷資本主義在國際信貸投資領域中作用加強的體現。

(4) 國際壟斷資本戰略目標的推行，使項目貸款進一步擴大。

第二次世界大戰后，國際金融組織普遍建立，20世紀70年代以後其業務進一步發展。國際金融機構，如世界銀行發放貸款的資金，一部分來自私人資本市場，一部分來自會員國所繳納的資本，其中主要是發達國家繳納的資本。從這個意義上講，國際金融組織的貸款業務是國際大壟斷資本集團的資本輸出。它們所掌握的借貸資本的投向，既要符合國際壟斷資本的發展戰略目標，又要保障私人投資的安全。就是在這種指導原則下，世界銀行批准對某些國家的項目給予基礎工程貸款。由於項目中的基礎工程需要的資金多，週轉期長，風險大，世界銀行多承擔此項貸款任務；項目的其他部分，如設備購置等所需資金相對較少，週轉期較短，風險較小，則由私人貸款承擔，以保障私人壟斷資本的利益。

(5) 生產國際化與專業化協作的發展，促進了工程項目的技術聯合與資金聯合。

一個大的工程項目不僅需要國際資本的資金支持，而且需要先進的國際技術。隨著科學技術革命的發展而出現的生產國際化與國際專業化協作，加上跨國公司的技術和資金支持，為工程項目奠定了基礎。如R-1800載重汽車，其發動機由瑞典製造，控制設備是德國產品，底盤和彈簧是美國貨，車身由義大利生產，而裝配則在美國完成。一個項目通過使用各國提供的出口信貸，選擇各國最先進的技術，利用不同國家

供應商所給予的商業信用——延期付款，購買各國最先進的設備與成品。特別是在國際化協作深入發展，跨國公司的關係日益密切的情況下，某一工程的成敗與各跨國公司的根本利益密切相關。這就促使一些跨國公司接受對工程項目的擔保，承擔工程不能完工或中途停頓的風險。

（6）國際壟斷組織既想防止直接投資的風險，又想達到佔有能源產品的目的，這促進了項目貸款的推廣。

能源產品以及礦業、化工等產品是國際壟斷組織發展生產的必需物資，是實現它們對外經濟發展戰略的基礎。國際壟斷組織常採取間接的方式，促進這些項目建成，以獲得工程產品，而避免直接投資。特別是對涉及發展中國家的項目不願意直接投資，不願直接承擔風險，以防占壓資金。項目融資的一些原則與做法符合併體現了國際壟斷組織的主觀要求，所以在20世紀70年代以后得到了巨大發展。

第六節　項目貸款與利用外資和 BOT 融資

一、項目貸款與利用外資

黨的十一屆三中全會以後，中國有關部門在利用外資、加速中國四化建設方面取得了一定的經驗。中國已經利用過的融資方式有銀團貸款、發行債券、商業貸款、租賃、舉辦合資企業吸收外國投資、使用外國政府的援助或貸款、使用出口信貸等。

項目貸款也是一個可行的途徑。利用項目貸款對中國的好處是：

第一，項目貸款不以主辦單位如中國政府或某部門為考慮因素，而是以項目的預期收益作為主要考慮因素來發放。項目本身的收入是償還貸款的資金來源；貸款是貸給為項目而組成的經濟實體，也即承辦單位。這個承辦單位可能是由地方機構組建的，也可能是與外國資本合營的。這樣就會減輕中國政府的直接對外負債，提高對外融通資金的能力。

第二，將來償還項目貸款的外匯，無須動用國家財政資金或國家外匯儲備，而來源於產品承購（或設施用戶）的公司。

第三，國家或政府只承擔完工保證的義務（也可由國內有關單位進行保證），一旦工程竣工，保證責任即告解除。

第四，精確的可行性研究與規劃是取得項目貸款的前提，各種計劃都經過專家與高級技術人員的精密計算與比較，從而可保證項目的經濟效益，降低項目的建設成本。

第五，承辦單位一般可與外商合營，共事的過程便於我方學習國外先進管理經驗，便於培養和鍛煉幹部，提高企業的經營管理水平。

第六，工程貸款所取得的資金在運用過程中，有一部分可採取競爭性的招標方式，與延期付款和補償貿易方式相比，設備的貨價或工程的造價可能更便宜。

第七，有助於中國合理地、多樣化地利用外資。

但是，使用項目貸款對中國來講也有一些不利之處，主要有：

第一，要向有關方面提供中國國民經濟基本情況的各種數據。
第二，承辦單位的成員及組成情況，要經參加項目貸款的有關方面審核。
第三，各種保證要通過各方貸款人的審查。
第四，手續複雜，聯繫面廣，從項目的初議、各種保證及貸款協議的簽訂，至最后借到資金著手興建，往往需要幾年的時間。
第五，貸款成本較高並且部分貸款的使用範圍受到一定的限制。

由此可見，在國際生產聯合與專業化協作日益發展的條件下，項目貸款是國際壟斷資本、國家壟斷資本與私人壟斷資本聯合進行資本輸出的一種新形式。它保證了壟斷資本集團對能源及礦產品的獲取，促進了國際壟斷資本集團對外經濟發展戰略目標的實現。對於發展中國家來講，如果政策適宜，使用得當，項目貸款也會成為加速本國資源開發、發展本國經濟的一種手段。

二、BOT 融資

20 世紀 80 年代以前，各國的基礎設施建設主要由政府投資主辦。隨著經濟發展，國家基礎設施建設所需資金日益增加，政府財政和公用事業部門為籌措基礎設施建設資金所承擔的債務亦與日俱增。一些基礎設施建設項目轉向民營，BOT 融資方式也因此發展起來。

（一）BOT 融資方式的概念

BOT（Build-Operate-Transfer）即「建設—經營—轉讓」之意，指政府授予私營機構組成的項目公司以「特許權協議」（Concession Agreement），批准其參與國家公共基礎設施建設。項目建成后由該項目公司營運一定時期，待其收回籌資本息並獲得利潤后，再將整個項目交給政府部門的一種互惠互利分配項目資源、風險和利益的融資方式。

（二）BOT 融資的特點

它是由私人投資者組成項目公司，從項目所在國政府獲取「特許權協議」作為項目開發、建設、營運和融資的保證。

（三）特許權協議的主要內容

（1）批准項目公司開發建設和經營項目，給予使用土地、獲取原材料方面的便利條件。

（2）政府按照固定價格購買項目產品或政府擔保項目產品的最低收入。

（3）融資安排中一般要求項目公司將「特許權協議」的權益轉讓給貸款銀行作為抵押，有些貸款銀行要求政府提供一定的從屬貸款，或貸款擔保作為融資的附加條件。

（4）由本國公司或外國公司作為項目的投資者和經營者來籌集資金，進行基礎設施建設並承擔風險。

（5）項目公司在特許期限內擁有項目設施，負責項目設施的營運和維護，通過收取使用費或服務費回收投資並取得合理利潤。

（6）特許權協議期滿終止時，政府以固定價格或無償收回項目所有權。

（7）BOT 融資主要用於資本技術密集型項目以及市政、交通、道路、電力、通信、環保等項目。

（四）BOT 融資的演化方式

（1）BTO(Build-Transfer-Operate)，建設—轉讓—經營。

（2）BOO(Build-Operate-Own)，建設—經營—擁有。

（3）BLT(Build-Lease-Transfer)，建設—租賃—轉讓。

（4）BOOT(Build-Operate-Own-Transfer)，建設—經營—擁有—轉讓。

（5）DBFO(Design-Build-Financing-Operate)，設計—建設—融資—經營。

中國銀行已將 BOT 作為新型融資產品進行經營。

第七節 項目貸款的國際案例

一、博茨瓦納的採礦工程項目貸款

20 世紀 70 年代初，博茨瓦納政府決定利用項目貸款開採位於該國一偏僻地區的銅鎳礦。毫無疑問，該工程的開發，不僅需要建設採礦設施，還需建造水、電、運輸交通等基礎工程。茲將其參與者、基礎工程設施的籌資計劃、採礦設施的籌資計劃、籌資特點與優點介紹如下，作為我們使用項目貸款的參考。

（一）參與者

該工程的主辦單位為博茨瓦納政府和兩家大的國際礦業公司——美國的阿邁克斯公司(Amax of the United States)和南非的英美公司(Anglo America of South Africa)。聯邦德國的一家大公司——金屬公司(Metallegesellschaft)是產品的主要購買人。向該工程提供貸款的主要貸款人有世界銀行，美國、加拿大的援外機構，南非的出口信貸署和聯邦德國復興信貸公司。

（二）基礎工程的籌資計劃

基礎工程的籌資計劃如表 6-1 所示：

表 6-1　　　　　　　　　　基礎工程籌資計劃

貸 款 人	使 用 方 向	貸款期限（年）	貸款金額（百萬美元）
世界銀行	公路、鐵路、住房和一部分供水工程	20	32
加拿大的雙邊援助	發電站	50	29
美國的雙邊援助	輸水管道	30	15
國際開發協會	初步設計和工程	50	3
英國的雙邊援助	初期的供水工程		1.5

(三) 採礦設施的籌資計劃

採礦設施籌資來源及金額如下：

(1) 產權和主辦單位的預付款項(博茨瓦納政府擁有15%的產權，它提供土地、礦權，並且折合為產權，不提供現金) 4,660萬美元。

(2) 南非提供的出口信貸1,800萬美元。

(3) 復興信貸公司的貸款6,800萬美元。

(四) 籌資的特點和優點

最大的特點為以共同的義務作為貸款的擔保，如美國的阿邁克斯公司、南非的英美公司和聯邦德國的金屬公司對世界銀行提供的貸款進行擔保。阿邁克斯公司和英美公司還承擔完工保證，如果費用超支，它們將提供超出部分的資金。聯邦德國政府的一個機構和南非政府的一個保險機構提供保險。

聯邦德國金屬公司與該工程簽訂了一個為期10年的購買銅鎳產品的合同，雖然該公司未簽訂最低支付額條款，但也有利於該工程從各方貸款人處取得貸款。此外，一些與該工程有關的公司還同意承擔供水、供電和市政設施的最低支付額，為世界銀行向基礎設施提供貸款做出擔保。可見，這一大型工程主要是通過有關方面的合同義務與風險擔保而取得各種貸款的。

二、英國開發北海油田項目貸款案例

(一) 概況

1977年據專家勘測估計，屬於英國領海範圍內的北海油田儲油量為30億~40億噸，相當於220億~340億桶(美制)。英國政府為了控制石油的開發與生產，專門成立了開發北海油田的承辦單位——英國國家石油公司(British National Oil Corporation, BNOC)。由於開發費用很高，並且開採過程需要國際石油鑽探部門的技術支持，所以，英國國家石油公司聯合私營石油公司共同開發。英國國家石油公司為保證北海油田的石油產品能在本國提煉，並供應本國市場，同意按國際市場價格購買開採出的51%的石油產品。從這個角度講，英國國家石油公司既是承辦單位的一方，同時又是購買者。

(二) 資金的來源、數額和籌資條件

英國政府提供英國國家石油公司早期所需的一部分資金。在未經證實的地區進行勘探的費用是英國國家石油公司的主要開支，按該公司與私營公司的入股比例，它承擔了自己應負擔的份額。在勘探與開發階段所需的主要開支均需從外部籌借。英國國家石油公司從美國、英國的12家商業銀行借款8.25億美元，貸款期限為8年，寬限期為4年。寬限期不需要償還本金，因在頭4年中尚處於勘探開發階段，儲量不明；后4年為償還期，這時油田處於生產階段，分8次償還貸款本金，每半年償還本金的1/8。這筆貸款的取得既無英國財政部的擔保，也不以英國國家石油公司的股權作為抵押。

在總額為 8.25 億美元的貸款中，6.75 億美元由在美國的一些美國銀行和英國銀行提供，其餘的 1.5 億美元在英國安排提供。美國提供的貸款利率最初定為優惠利率的 113%；在英國提供的貸款利率比倫敦銀行同業優惠放款利率高 1%。此外，美國提供的貸款包括一項 2.25 億美元的信用限額，英國國家石油公司可在限額內簽發商業票據，利用此項限額，利用限額除支付利息外尚需交納 0.5%～1%的承擔費。

(三) 意義及特點

英國國家石油公司既不是以政府的名義，也不是通過政府的擔保借得資金，而是以自己的名義籌借開發油田所需的大部分資金。貸款人發放貸款，雖然考慮了英國國家石油公司的股權，但不要求以該公司的股權作為擔保。在一定程度上，貸款人承擔了石油儲量不足的風險。

貸款期限 8 年、寬限期 4 年的規定，使英國國家石油公司於第 5 年才開始償還貸款，與油田預期產生收益的時間相適應，有利於其資金週轉。

銀行給予英國國家石油公司簽發商業票據的信用限額，使該公司可在短期內靈活運用這部分貸款，費用較低。

與英國採用上述項目貸款形式開發北海油田不同，挪威政府與此同時為開採其所屬的北海油田也成立了國油公司(Statoil)，該公司不是以自己的名義借款用以支付開發費用，而是由政府以「挪威王國」的名義，通過財政部籌集資金，然後把籌集到的資金轉交國油公司，用於勘探和開發支出。顯然，這種籌資方式不屬於項目貸款的範疇。

此外，美國賓夕法尼亞石油公司(Pennz-oil Corporation)在開發其近海石油的作業中，則採用了項目貸款的另一種形式。

為滿足勘探開發需要，賓夕法尼亞石油公司投資組成了一家獨立的子公司，賓夕法尼亞石油公司則作為主辦單位，擁有該子公司 80%的股份，享有 80%的表決權。

這家子公司通過向美國公眾出售股票和長期債券，為勘探開發籌集到資金 1.3 億美元，其餘所需資金，待探明石油儲量後，在開發階段通過銷售產品支付協議取得。

【參考文獻】

[1] 劉舒年. 國際信貸 [M]. 北京：中國對外經濟貿易出版社，1989.
[2] 沈達明，馮大同. 國際資金融通的法律與實務 [M]. 北京：對外貿易教育出版社，1985.
[3] PETER K NEVIT. Project Financing [M]. London：Euromoney Publications，1983.
[4] 中國投資銀行. 工業貸款項目評估手冊 [M]. 北京：中國投資銀行，1983.

【思考題】

1. 試述項目貸款和與項目相結合的貸款的異同。
2. 試述項目產品購買協議在項目貸款中的作用。
3. 項目貸款的主要特點是什麼？
4. 為項目貸款提供的擔保有哪些主要內容？
5. 試述 BOT 融資的概念與特點。

第七章　政府貸款

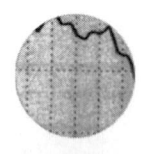

第一節　政府貸款的概念、性質與作用

一、政府貸款的概念

政府貸款是指一國政府利用財政或國庫資金向另一國政府提供的優惠性貸款。

政府貸款是以國家政府間的名義提供與接受而形成的。貸款國政府使用國家財政預算收入或國庫資金，通過列入國家財政預算支出計劃，向借款國政府提供貸款。因此，政府貸款一般由各國的中央政府經完備的立法手續批准后予以實施。政府貸款通常是建立在兩國政府政治經濟關係良好的基礎之上的。

二、政府貸款的性質

政府貸款是具有官方經濟開發援助性質的優惠貸款。

根據聯合國貿易發展會議1983年第六屆貿發大會決議，發達國家向發展中國家提供的官方援助，應占其國民總收入（GNI）的0.7%。在1985年或不遲於20世紀80年代後半期，即1990年，應將其國民總收入的0.15%給予最不發達國家。

經濟合作與發展組織原規定，為發展援助項目提供結合援助的信貸，其贈予成分可分為15%以下、15%以上、25%以上三檔。1987年7月，經濟合作與發展組織將贈予成分標準從25%提高到30%；1988年6月又將贈予成分標準提高到35%。

因此，按照國際慣例，優惠性貸款必須含有25%、30%或35%以上的贈予成分。

三、贈予成分的概念和計算公式

（一）贈予成分的概念

贈予成分（Grant Element，GE）是根據貸款的利率、償還期限、每年償還次數、寬限期和綜合貼現率等數據計算出來的衡量貸款優惠程度的綜合性指標，即按貸款面值的贈予因素所占的百分比。

經濟合作與發展組織的發展援助委員會（Development Assistance Committee，DAC）對於貸款「贈予成分」的定義是：貸款的最初票面價值與折現后的債務清償現值的差額，通常以百分比表示，即該差額占貸款面值的百分比。[1] 其英文版定義為：The Grant Element is the excess of the loan's face value over the sum of present values (at market rate of interest) of all repayment, expressed as a percentage of the face value. The market rate is by convention assumed to be 10%.[2] 中文譯為：贈予成分系指貸款面值超過償還總額按市場利率折成現值的差額，以占貸款面值的百分比表示。市場利率按慣例假設

---

[1] 佚名.1985年世界發展報告[M].北京：中國財政經濟出版社，1986：78.

[2] World Development，1983年11期，第335頁。

為 10%。

這樣，政府貸款的利率越低，償還期限越長，寬限期越長，其贈予成分也就越大。「贈予成分」有時亦稱為「捐助成分」。

衡量政府貸款是否屬於優惠性質以及它的優惠程度如何，應以其「贈予成分」的百分比是否超過 25%、30% 或 35% 來確定。

(二) 贈予成分的計算公式

國際上通用的贈予成分計算公式，是經濟合作與發展組織的發展援助委員會所規定的公式。具體為：

$$GE = 100 \times (1 - \frac{R/A}{D})[1 - \frac{\frac{1}{(1+D)^{AG}} - \frac{1}{(1+D)^{AM}}}{D(AM-AG)}]$$

其中：GE 代表贈予成分；R 代表貸款的年利率；A 代表每年償付次數；D 代表貸款期內每年市場綜合貼現率，一般按綜合年率 10% 計算；G 代表寬限期，即第一次貸款支付期至第一次還款期之間的間隔；M 代表償還期(以年計算)。

在實際計算時，對於市場的綜合貼現率 D 均應除以每年償付次數 A。

按此公式計算：無息貸款，寬限期 10 年，償還期 30 年，每半年還款 1 次，其贈予成分是 82.65%；年利率 3% 的貸款，寬限期 5 年，償還期 20 年，每半年還款 1 次，其贈予成分是 46.25%；年利率 3.25% 的貸款，寬限期 3 年半，償還期 13 年，每半年還款 1 次，其贈予成分是 35.16%；年利率 4% 的貸款，寬限期 3 年，償還期 13 年，每半年還款 1 次，其贈予成分是 30.32%；年利率 5% 的貸款，寬限期 5 年半，償還期 10 年，每半年還款 1 次，該項貸款的贈予成分是 25.26%。

政府貸款的贈予成分，均應超過 25%、30% 或 35%，因而屬於具有國際經濟官方開發援助性質的優惠性貸款，亦可稱為軟貸款。

鑒於各國出口信貸貨幣不一，市場利率不同，統一用一個固定的 10% 的貼現率來計算贈予成分就不太合理。經濟合作與發展組織對於貼現率分兩步進行了改革：

第一步：從 1987 年 7 月開始，實行區別貼現率(Differentiated Discount Rate, DDR)，將市場商業參考利率(Commercial Interest Reference Rate, CIRR)和 10% 的固定貼現率平均作為區別貼現率。其計算公式為：

$$DDR = \frac{CIRR + 10\%}{2}$$

第二步：從 1988 年 7 月開始，計算區別貼現率的方法，改為從固定 10% 的貼現率減去市場商業參考利率除以 4，然後再加上市場商業參考利率即為區別貼現率。其計算公式為：

$$DDR = \frac{10\% - CIRR}{4} + CIRR$$

經濟合作與發展組織制定的商業參考利率如表 7-1 所示：

表 7-1　　　　　　　經濟合作與發展組織——商業參考利率

國家貨幣	貸款期限(年)	2007-11-15 2007-12-14	年利率 (%)	2007-10-15 2007-11-14	年利率 (%)
澳大利亞元		7.51		7.38	
加拿大元	≤5	5.27		5.25	
	>5~8.5	5.28		5.27	
	>8.5	5.30		5.30	
捷克克朗		5.23		5.28	
丹麥克朗	≤5	5.25		5.27	
	>5~8.5	5.25		5.30	
	>8.5	5.25		5.34	
匈牙利福林		7.86		7.95	
日元	≤5	1.93		1.91	
	>5~8.5	2.18		2.16	
	>8.5	2.34		2.31	
韓國圓		6.49		6.44	
新西蘭元		7.96		7.63	
挪威克朗		5.82		5.75	
波蘭茲羅提		6.62		6.62	
瑞典克朗	≤5	5.24		5.13	
	>5~8.5	5.28		5.17	
	>8.5	5.30		5.19	
瑞士法郎	≤5	3.53		3.42	
	>5~8.5	3.67		3.67	
	>8.5	3.82		3.88	
英鎊	≤5	6.05		6.12	
	>5~8.5	6.02		6.09	
	>8.5	6.00		6.06	
美元	≤5	5.01		5.06	
	>5~8.5	5.20		5.20	
	>8.5	5.33		5.33	
歐元	≤5	5.12		5.11	
	>5~8.5	5.16		5.16	
	>8.5	5.23		5.23	

註：每月調整一次

資料來源：OECD 2007 年 11 月 9 日巴黎（www.ecd.org）

四、政府貸款的作用

　　政府貸款具有優惠性質，利率比較低，償還期限又比較長。在兩國政治外交、經濟關係良好時期，進行雙邊之間的政府貸款，易為雙方政府所接受，從而有利於達成

協議。它的作用在於：

第一，擴大提供貸款國家的商品輸出。

提供政府貸款的國家，除現匯貸款以外，在支付貸款時，一般都規定必須用以購買提供貸款國家的資本貨物、技術和勞務，從而擴大貸款國家的產品出口，特別是機電設備等資本貨物的輸出，有利於其國民經濟的發展。

第二，帶動提供貸款國家的資本輸出。

20世紀80年代中后期以來，西方發達國家常常將提供政府貸款與發放出口信貸結合起來，亦即提供政府混合貸款。這樣就以官方政府貸款來帶動出口信貸的發展，從而為其民間資本尋找出路，擴大了該國的資本輸出。

第三，促進使用貸款國家的經濟發展。

政府貸款是低息、長期的優惠性軟貸款，借入成本較低，對於使用貸款國家開發資源、進行基礎設施建設、發展生產、提高工業水平、增強出口創匯能力、促進國民經濟發展，均能起到一定的促進作用。

第四，增進提供和使用貸款國家雙方政府之間的經濟貿易技術合作，有利於雙方友好關係的發展。

通過政府貸款，進行經濟技術合作，促進兩國之間的商品交換，既有利於雙方國民經濟的發展，又能增進彼此之間的友好關係。特別是發展中國家之間，相互提供各種形式的政府貸款，從無到有、從少到多，日益發展。這種平等互利、互相援助的「南南合作」，對於促進發展中國家獨立發展各自的民族經濟、發展團結友好的互助合作關係具有重要的意義。

五、影響政府貸款的因素

政府貸款既然是一國政府利用國庫財政資金向外國政府提供的優惠貸款，必然會受到各種政治、經濟因素的影響與制約。這些因素是：

1. 雙方政局是否穩定，兩國外交關係是否良好

穩定的政局和良好的外交關係，是提供和使用政府貸款的基礎。政府貸款的前提是提供貸款與借入貸款國家的政局基本上處於穩定狀態或者趨於穩定，至少提供貸款國家的政府相信或者希望借款國家的政治局勢趨於穩定。此外，提供貸款國家如果政局不穩定，也很難對外提供政府貸款。

提供貸款與借入貸款的兩國政府相互之間的政治、外交關係的好壞，信念準則的異同，也是影響政府貸款提供和增減的重要因素。

2. 提供貸款國政府的財政收支狀況

國家財政收支狀況良好時，該國政府所能提供的政府貸款可能多一些；而當該國政府財政收支狀況惡化時，提供的貸款就會少一些。但是，實行財政赤字政策的國家，即使預算赤字很大，也會對外提供一定額度的政府貸款。

除財政收支以外，也有的國家按照國民生產總值來確定對外經濟援助和官方信貸

的規模。

3. 提供貸款國的國際收支情況

一國向外國提供優惠性質的政府貸款，會影響其國際收支狀況，表現為國際收支付方(借方)的增加；當借款國還款或支付利息而使貸款國有本息收入時，則表現為國際收支收方(貸方)的增加。因此，當一國的國際收支狀況良好，國際收支順差並擁有相當的外匯儲備時，提供的貸款可能就會多些；反之亦然。

4. 借款國使用政府貸款的社會經濟效益

政府貸款雖然屬於低息或無息的長期優惠貸款，但是關鍵仍在於借款國政府對該類貸款的運用是否得當。如果項目選得準，貸款運用得當，項目建設速度快、質量好，管理水平高，社會經濟效益明顯，促進了國民經濟增長，則借款國借入的政府貸款就會有所增加，貸款國也願意提供貸款。否則，政府貸款不但難以增加，可能還會減少。

六、政府貸款與國際經濟援助的關係

政府貸款是國際經濟援助或者官方開發援助的一種貸款類型，但又不完全等同於國際經濟援助或官方開發援助。兩者的相同點是，都用國家財政資金向其他國家提供貸款，一般都需經提供貸款國家的議會按法律程序批准。兩者的不同點是：國際經濟援助或者官方開發援助，既可以是全部無償贈予的，也可以是贈予成分高於25%、30%或35%的有償借貸；政府貸款不是全部無償贈予，而是優惠性的有償借款，即本金必須償還，利息按雙方協議的規定既可無息，也可低息。此外，政府貸款是以一國政府的名義直接向外國政府提供的貸款；國際經濟援助或官方開發援助也可以通過國際金融機構向某一國政府提供。

第二節　政府貸款的機構、種類和條件

一、政府貸款的機構

政府貸款是利用國家財政資金進行的借貸，一般均由政府的財政部或者政府授權的經濟部、外交部辦理，也有由政府設立的專門機構辦理的。各國情況不同，現在選擇幾個主要國家的政府貸款機構分述如下：

(1) 美國國際開發署(Agency for International Development, AID)。它是根據美國1961年的對外援助法(The Foreign Assistance Act of 1961)成立的，隸屬美國國務院，代表美國政府專門辦理對外開發援助和政府貸款的半獨立機構。總部設在華盛頓特區。美國國際開發署在六十多個國家設有派駐機構。

(2) 日本海外經濟協力基金(Overseas Economic Cooperation Fund, OECF)。它成立於1961年，是專門辦理日本政府向發展中國家提供開發援助和雙邊政府貸款的機構，受轄於日本政府經濟企劃廳，其總裁由內閣總理大臣任命。1999年10月1日日本海外經濟協力基金與日本輸出入銀行合併成立日本國際協力銀行(Japan Bank for Inter-

national Cooperation，JBIC)，此后官方開發援助政府貸款和國際金融業務就由日本國際協力銀行辦理，它已在全球設立了 27 個代表處和 1 個聯絡處。

（3）科威特阿拉伯經濟發展基金會(Kuwait Fund for Arab Economic Development，KFAED)。它是按照科威特國第 35 號法律，於 1961 年成立的官方金融機構，是當前發展中國家中提供雙邊政府貸款的主要機構之一。

（4）德國復興信貸銀行。德國復興信貸銀行建於 1948 年，是根據公共法建立的銀行，總部設在法蘭克福，資本 10 億馬克（合 5.15 億美元），其中 8 億馬克來自聯邦政府，2 億馬克來自州政府。德國復興信貸銀行是一個具有政治和經濟雙重性質的銀行，一方面它通過提供投資貸款、出口信貸和擔保來促進德國經濟的發展，另一方面它自己貸款或根據政府援助計劃贈款給發展中國家。它的官方職能是由德國政府聯邦經濟合作部授權的。

（5）法國經濟財政預算部的國庫司和對外經濟關係司(Ministere de Economic des Finances et Budget，Direction du Tresor，Direction des Relations Economiques Exterieures)。

（6）挪威國際開發署(Norwegian Agency for Development Cooperation，NORAD)。它成立於 1968 年，原隸屬於挪威發展合作部(Ministry of Development Cooperation)。自從 1990 年 1 月挪威發展合作部與外交部合併以后，挪威國際開發署就成為一個獨立的機構。

（7）韓國經濟發展協力基金(EDCF)和韓國輸出入銀行與外匯銀行分別辦理審批、協議貸款與支付貸款的業務。

（8）丹麥外交部國際開發署(DANIDA)，芬蘭外交部國際開發署(FINNIDA)，瑞典國際開發署(SIDA)，加拿大國際開發署(CIDA)，英國海外開發署(ODA)，澳大利亞國際發展援助局，荷蘭發展援助局(NEDA)。

（9）瑞士對外經濟部(BAWI)，西班牙經濟財政部國際信貸協會(ICO)，奧地利工商財政部和奧地利監督銀行(OKD)。

（10）北歐投資銀行(Nordic Investment Bank)，1976 年 8 月 2 日在赫爾辛基開業，它是為丹麥、芬蘭、冰島、挪威、瑞典北歐五國政府按照北歐部長理事會批准的章程進行運作，遵循北歐發展基金貸款條件辦理貸款的多邊金融機構。

（11）中國進出口銀行(The Export-Import Bank of China)，是中國政府的全資政策性銀行，1994 年成立，是中國政府對外優惠貸款的唯一承貸行和外國政府對華貸款的主要轉貸行。中國進出口銀行的總行設在北京，此外還設有上海分行、國內 8 地代表處、科特迪瓦阿比讓市中西非代表處和南非約翰內斯堡東南非代表處。到 2002 年止，中國進出口銀行已與海外 129 家銀行建立了代理行關係。

二、政府貸款的種類

政府貸款可以概括為六種，按照是否計算和支付利息可以分為無息貸款與計息貸款，按照貸款使用支付的標的又可分為現匯貸款、商品貸款和與項目結合的貸款，如

果將政府貸款與出口信貸相結合使用則為政府混合貸款。

（1）無息貸款。這是最優惠的貸款，不必計算和支付利息，但要收取一定的手續費，一般不超過1%。

（2）計息貸款。這種貸款必須計算和支付利息。它的利息率通常比較低，年利率一般為1%~3%。除貸款利息之外，有時也規定借款國須向貸款國政府支付不超過1%的手續費。

（3）現匯貸款。這是指貸款國政府向借款國政府提供可以自由兌換的貨幣貸款，由借款國根據自己的需要予以使用。還款期內借款國須償還同種可自由兌換的貨幣。在支付利息和手續費時，亦使用同種可自由兌換的貨幣。

（4）商品貸款。這是指貸款國政府向借款國政府提供規定品種數量的原材料、機器、設備等商品，計價匯總作為貸款。至於商品貸款是以貨物償還還是以可自由兌換貨幣償還，則由雙方協商確定。

（5）與項目結合的貸款。這是指貸款國政府向借款國政府提供的雙方協議的建設項目所需的成套機器設備、原材料、設計技術圖、專利許可證、專家指導、人員培訓和勞務技術服務等，計價匯總作為貸款額度。至於該筆貸款是用貨物償還還是用自由兌換貨幣償還，兩國政府間根據具體情況有不同的規定。

（6）政府混合貸款。這是指將政府提供的低息優惠貸款或政府提供的無償贈款與出口信貸結合使用而組成的一種貸款。由於國際貿易市場競爭激烈，西方貿易保護主義盛行，經濟合作與發展組織成員國家內部矛盾重重，特別是從1982年起，官方支持的出口信貸利率一再調高，年利率最高曾達到10.7%，甚至與國際市場利率形成倒掛的局面，西方國家產品的出口越來越困難。因此，西方國家利用經濟合作與發展組織《君子協定》中可以與出口信貸結合提供部分援助或贈予的規定，開始考慮將政府提供無償贈款或政府低息貸款與出口信貸結合使用。混合貸款方式既有助於降低原出口信貸利率，增加產品出口，緩解經濟困難，又有助於發展與借款國的財政合作關係。

三、政府貸款的條件

（一）政府貸款的標的

政府貸款的標的應該是貨幣金額，而且常以貸款國的貨幣表示，有時也以第三國貨幣表示。它是每筆政府貸款規模的標誌。但政府貸款實際使用與支付的標的，又可以用不同方式表示，比如：可自由兌換貨幣，明確貸款貨幣名稱與金額；某些種類商品的數額及其計價貨幣總值；某些建設項目的名稱、生產經營規模及其所需資金的總額。

（二）政府貸款的利息與利率

政府貸款既可以無息，即可以不計算、支付利息；又可以計息，但利率較低，年利率一般為1%~3%，當然也有年利率高達5%的例外情況。按規定政府貸款的贈予成分應高於25%，甚至高於35%，因此，它的貸款利息率不宜再高。

(三) 政府貸款的費用

政府貸款中的無息貸款或低息貸款,有時按規定應由借款方向貸款方支付一定百分比的管理費,或稱手續費,常按貸款總額計算,在規定的時間內一次性支付。管理費率有 0.1%、0.4%或 0.5%幾種,一般不應超過 1%。

對於計息的政府貸款,有時還規定應由借款方向貸款方支付一定百分比的承諾費,或稱承擔費。承諾費是因貸款方在用款期內為借款方準備了支付貸款的資金而向借款方收取的一種補償費用。承諾費一般也以年率計算,按未提取貸款金額的 0.125%~0.25%計收。承諾費一般規定每半年交付一次,也有每季交付一次的,通常和利息同時交付。承諾費的計算公式為:

$$承諾費 = \frac{未使用貸款額 \times 未使用的實際天數 \times 承諾費年率}{360（或 365）}$$

多數國家提供的政府貸款不收取費用。

(四) 政府貸款的期限

政府貸款除免付利息或低息等優惠外,一般貸款的期限較長。政府貸款屬於中長期貸款,其期限一般為 10 年、20 年、30 年,有的甚至長達 50 年。

政府貸款的期限均應在貸款協議中明確規定。貸款期限具體劃分如下:

(1) 貸款的用款期(Availability Period),或稱支款(提款)期(Drawdown Period),即使用貸款的支付期限,一般規定為 1~3 年,有的長達 5 年。

(2) 貸款的寬限期亦稱恩惠期,即貸款開始使用以後只支付利息而不必償還本金的期限,一般規定為 5 年、7 年或者 10 年。這種定義方法將貸款的用款期包含在寬限期內。另一種定義方法是將貸款的用款期排除在寬限期之外,即從最后一次支款或從用款期結束之日至第一次還款日之間的間隔時間,一般為 5~10 年。

(3) 貸款的償還期(Repayment Period),即還款的期限,一般規定從某年開始在 10 年、20 年或者 30 年之內,每年分 2 次償還貸款本金並支付應付利息。

(五) 政府貸款的採購限制

政府貸款雖屬優惠性質,但它畢竟要為提供貸款國家的政治、外交和經濟利益服務。政府貸款中,除很少使用的現匯貸款外,對於商品貸款或與項目結合的貸款,通常規定了採購限制條件。

第一,借款國借入貸款,必須用於購買貸款國的資本貨物、技術、商品和勞務,從而帶動貸款國貨物、技術和勞務的出口。

例如,經濟合作與發展組織下屬的發展援助委員會共有 17 個發達國家成員國,1977 年提供政府間雙邊貸款約 44 億美元,其中沒有任何採購限制的約 15 億美元,約占 1/3;具有部分採購限制的達 11 億美元,僅占 1/4;具有全部採購限制的達 18 億美元,占 2/5 強。20 世紀 80 年代以來,西方國家對貸款的採購限制逐漸放松,美國、英國、德國、日本等國均同意以貸款支付部分當地費用。

第二,要求借入貸款的國家以公開的國際招標方式或從經濟合作與發展組織其他

成員國以及發展援助委員會所規定的發展中國家和地區的「合格貨源國」進行採購。這是採購限制放鬆、採購地區擴大、採購方式更具競爭性的條件。

第三，使用政府貸款時，可以結合使用貸款國一定比例的出口信貸。這樣，既可帶動貸款國的民間金融資本輸出和商品輸出，又可以在使用出口信貸時獲得進口國應付的15%～20%的現匯收入。

四、政府貸款的特點

首先，政府貸款是以政府名義辦理的政府之間的貸款，因此，往往需要經過各自國家的議會通過，完成應具備的法定批准程序。

其次，政府間貸款一般是在兩國政治、外交、經濟關係良好的情況下進行的，是為一定的政治、外交、經濟目的服務的。

再次，政府貸款屬於中長期無息或低息貸款，具有援助性質。

最后，政府貸款一般要受貸款國的國民生產總值、國家財政收支與國際收支狀況的制約。因此，它的規模不會太大。

第三節　第二次世界大戰后政府貸款的發展與官方發展援助

政府貸款並不是第二次世界大戰以後才有的，但它以國際經濟援助的形式出現並得到巨大的發展，却是在第二次世界大戰以後，而且與戰後的國際政治、經濟形勢有著密切關係。

第二次世界大戰期間，無論是英、法等戰勝國，還是德、意、日等戰敗國，以及大批陷入戰爭中的國家，都受到戰爭的嚴重破壞。戰爭結束時，這些國家生產停滯，通貨膨脹，民不聊生，整個經濟瀕於崩潰。唯有美國由於參戰較晚，而且地處大洋彼岸，其本土不但沒有遭受戰火的破壞，而且戰時的軍事工業還得以迅速發展。1945年第二次世界大戰結束時，美國經濟無論在工農業生產、對外貿易還是黃金儲備等許多方面，均執西方國家之牛耳，成為超級大國。

第二次世界大戰結束后，對遭受戰爭重創的西歐各國和日本來說，當務之急是恢復國民經濟。但這些國家都十分缺乏為恢復經濟所必需的資金和設備，美國則以「馬歇爾計劃」向西歐提供巨額的經濟技術援助，同時也以占領地區救濟基金、占領地區復興基金方式，向日本提供大量經濟技術援助。美國的目的，除了為其資本輸出和商品輸出以及戰爭剩餘軍事物資尋找出路之外，還帶有很大程度的政治性，既是為了恢復西歐、日本的經濟，從而鞏固西歐、日本的資本主義制度，又是為了增強自身實力與當時形成的社會主義陣營相抗衡。

20世紀50年代，主要西方國家的經濟已經恢復，實力加強，國際經濟援助的重點逐步由西歐各國轉向發展中國家，而且西歐各國和日本后來也成為提供援助的國家。

同時，第二次世界大戰結束后，亞洲、非洲廣大殖民地的人民日益覺醒，民族解

放運動蓬勃發展，掙脫了殖民主義的枷鎖紛紛獨立。擺在已經取得獨立的發展中國家面前的是發展民族經濟的艱鉅任務。經濟、科學、技術十分落後，資金、人才極端匱乏的新興獨立的發展中國家，正需要獲得國際方面的經濟援助。西方工業發達國家，為增強其在發展中國家的政治影響，在擴大資本輸出與商品輸出的同時，急欲獲取這些國家生產的初級產品。因此，它們對亞洲、非洲新興國家的需要，提供了有條件的「國際經濟援助」。

20世紀60年代以來，為了促進新興獨立國家民族經濟的獨立發展，中國在對外援助八項原則和「平等互利、講求實效、形式多樣、共同發展」方針的指導下，對發展中國家也提供了極其有益的經濟援助。

1983年第六屆聯合國貿易和發展會議決議規定，發達國家向發展中國家提供的官方援助，應占其國民總收入的0.7%，並應在1985年或不得遲於本十年的后半期即1990年，將其國民總收入的0.15%給予最不發達國家。1992年2月11日第八屆聯合國貿易和發展會議報告，將人均國民收入不足600美元的國家列為最不發達國家。

目前，全球約有10億人口處於絕對貧困狀態，發展中國家總體債務高達2.2萬億美元，為實現聯合國千年發展目標、縮小南北差距、消除貧困、減免債務、增加援助資金，應加強國際發展合作，促進普遍發展、實現共同繁榮，使經濟全球化朝著均衡、普惠、共贏的方向前進。2005年聯合國在成立60周年之際，要求富裕國家在2015年前，將其GNI的0.7%用於發展援助。中國和八國集團均已承諾增加援助資金並減免重債貧國的債務。

一、發展援助委員會成員國政府提供的官方發展援助

（一）官方發展援助的定義

官方發展援助（Official Development Assistance，ODA）是官方機構為促進發展中國家的經濟發展和提高發展中國家人民的生活水平，向發展中國家和多邊機構提供的贈款或贈予成分至少為25%的貸款。

官方發展援助的定義是經濟合作與發展組織發展援助委員會於1969年在其《關於援助財政條件和方式的建議》中制定並通過的。1972年又規定各成員國援助年度計劃的平均贈予成分應達到84%，對最不發達國家的條件應更為優惠。1978年又建議補充規定每個成員國全部援助年度協議額中的贈予成分應達到86%，其中對最不發達國家應達到90%，對每個最不發達國家援助的贈予成分在3年內平均應達到86%。此規定到1992年仍在執行。

（二）官方發展援助的規模

1970年通過的《聯合國第二個十年國際發展戰略》規定，發達國家對發展中國家提供的官方發展援助淨交付額占其國民總收入（Gross National Income，GNI）的比重應達到0.7%，這一官方援助指標也是發展援助委員會用以衡量各成員國對國際發展合作事業所做貢獻或所承擔責任的綜合性指標。1981年聯合國第一屆最不發達國家會議又

通過了發達國家對最不發達國家的官方發展援助淨交付額應占其國民總收入0.15%的援助指標。挪威、荷蘭、瑞典、丹麥四國早在20世紀70年代就已達到0.7%的官方發展援助水平，1990年已超過0.9%的水平。挪威的發展援助水平在1990年高達1.17%，荷蘭政府1992年表示要在幾年內將1.5%的國民收入用於發展援助。1994年法國的官方援助水平為0.64%，而有些富國平均只占0.3%，還沒有達到該項援助指標。

1980—1990年，發展援助委員會18個成員國的援助淨交付額從237億美元增加到541億美元，實際數額約增加37%，年平均實際增長近3%，在國際官方發展援助總額中所占比重從67.3%上升到84.5%。現將2004年發展援助委員會22國所提供的官方發展援助淨交付額和占GNI的百分比列表（表7-2）於下，以供參考：

表7-2　　　　　　　　　　2004年OECD-DAC-ODA金額表

	國　家	ODA金額（百萬美元）	ODA/GNI（%）		國　家	ODA金額（百萬美元）	ODA/GNI（%）
1	澳大利亞	1,465	0.25	13	盧森堡	241	0.85
2	奧地利	691	0.24	14	荷　蘭	4,235	0.74
3	比利時	1,452	0.41	15	新西蘭	210	0.23
4	加拿大	2,537	0.26	16	挪　威	2,200	0.87
5	丹　麥	2,025	0.84	17	葡萄牙	1,028	0.63
6	芬　蘭	655	0.35	18	西班牙	2,547	0.26
7	法　國	8,475	0.42	19	瑞　典	2,704	0.77
8	德　國	7,497	0.28	20	瑞　士	1,379	0.37
9	希　臘	464	0.23	21	英　國	7,836	0.36
10	愛爾蘭	586	0.39	22	美　國	18,999	0.16
11	義大利	2,484	0.15				
12	日　本	8,859	0.19		總　計	78,569	0.25

註：OECD為經濟合作與發展組織的英文縮寫，DAC為發展援助委員會的英文縮寫，ODA為官方發展援助的英文縮寫

資料來源：OECD官方網站，2005年4月11日和9月23日網頁資料（www.oecd.org）

2004年OECD 22國的官方發展援助（ODA）總額為785.69億美元，占其國民總收入（GNI）的0.25%，挪威、盧森堡、瑞典、丹麥、荷蘭五國提供的ODA均已超過GNI的0.7%，甚至達到0.8%以上；葡萄牙為0.63%，法國0.42%，英國0.36%，德國0.28%；但日本為0.19%，美國僅占0.16%。2005年9月14日在聯合國成立60周年會議上，中國呼籲發達國家把國民總收入的0.7%用於官方發展援助。

二、美國的政府貸款

（一）美國對外援助的有關立法

美國的對外援助是根據其有關立法進行的，由總統掌握，納入國家預算。1948年美國國會通過了《對外援助法》，該法成為對外經濟技術援助的法律依據。1950年通過的《國際開發法》是有關對外經濟技術援助的立法。1952年又將經濟技術援助和軍事援助一併歸入到《共同安全法》。1961年啟用《對外援助法》，中間幾經修改補充而沿用至今。《對外援助法》除了與其他有關立法協調配合實施之外，美國國會還制定了一系列派生立法，作為實施《對外援助法》的補充手段。與《對外援助法》關係密切的立法還有《美國出進口銀行法》《農產品開發銷售480公法》《和平隊法》和《商品信貸公司法》等。

（二）美國對外援助的種類

美國的對外援助是按援助條件和對受援國的要求進行分類的。基本類別為：轉讓援助、信貸援助和其他援助三大類。

（1）轉讓援助。這類援助是在三大類中條件最為優惠的，是具有一定贈予性質的援助，但往往也附有一定的條件，而且多半是政治性的條件。轉讓援助包括軍事援助和經濟援助。經濟技術轉讓援助，主要是農產品處理的援助（包括解救饑荒、緊急救濟和有關食品的運輸費用等）和和平隊援助等項目。

（2）信貸援助。這類援助多屬於政府間低息長期貸款協議項下的經濟援助。貸款以美元提供和償還。接受貸款援助的國家限於較為貧困的發展中國家，即按1976年的美元計算，年人均國民收入低於550美元的國家。這種貸款在一定年限內償還，通常是有利息的，但比商業信貸優惠。利息率的高低基本上取決於兩國政府的關係、相互之間的需要程度和當時國際金融市場的利率水平等因素。

（3）其他援助。這類援助包括通過國際金融機構的投資貸款，在農產品援助項下對受援國拖欠應償付本金、利息或其他開支的延緩支付援助。

（三）美國國際開發署對外提供的貸款與援助種類

（1）發展援助(Development Assistance)，目的在於促進欠發達國家和地區的經濟發展。

（2）安全防務援助(Security Supporting Assistance)，主要是為了促進某些對美國安全具有重要意義的國家和地區的經濟、政治穩定。

（3）用於和平項目的食品出口(Food for Peace Program)，旨在擴大和發展美國的農產品出口市場並且幫助世界上缺糧的地區。

（4）國際災害援助(International Disaster Assistance)，用以補救外國因自然災害遭受的損失。

（5）私人和自願合作項目(Private and Voluntary Cooperation Program)，旨在向有利於改善國外人民生活水平的私人和自願合作項目提供援助。

(6）住宅擔保項目（Housing Guarantee Program），向美國私人投資者提供擔保，促進他們向有益於改善友好國家低收入家庭居住條件的住宅項目提供貸款。

美國國際開發署的開發援助貸款又可分為與項目結合的貸款和非與項目結合的貸款。美國《對外援助法》對國際開發署貸款的基本條件規定為：貸款利率在前10年最低為2%，其后則是3%；貸款期限最長不超過40年；寬限期在10年以內。政府機構借款，不要求擔保；私人機構借款則要求借款國政府提供擔保。對於借款國使用貸款的採購限制，貨物供應者與勞務提供者的國籍均應是美國。借款國的採購文件、投標人的選擇以及最后合同的達成，都必須經國際開發署批准。

（四）美國對外援助與經濟援助的分佈

1990年美國實際支付的外援額為113.66億美元，比1989年的76.76億美元增加了48%，居西方國家之首。主要是因為免除了埃及12億美元的軍援債務，加上本應在1989年撥付給多邊機構的援助款推遲到1990年才撥付，從而形成官方發展援助的高增長。

美國國際開發署所提供的對外經濟和技術援助額[①]1984年是56.84億美元；1985年是81.32億美元；1986年是74.46億美元；1987年是63.55億美元；1988年是57.05億美元；2004財年是86.82億美元。援助的地區和國別分佈如下：

（1）非洲14.45億美元，其中埃塞俄比亞1.32億美元，蘇丹1.16億美元，烏干達0.84億美元，肯尼亞0.67億美元，盧旺達0.61億美元，納米比亞0.59億美元，厄立特里亞和南非各為0.54億美元。

（2）近東15.24億美元，其中埃及5.72億美元，以色列4.77億美元，加沙西部銀行0.75億美元，約旦1億美元。

（3）亞洲19.17億美元，其中阿富汗三項共計10.71億美元，巴基斯坦2億美元，印度尼西亞1.22億美元，印度1.09億美元。

（4）歐洲5.77億美元，其中土耳其和塞爾維亞各為0.99億美元，馬其頓0.79億美元，保加利亞0.45億美元。

（5）歐亞地區6.09億美元，其中俄羅斯1.02億美元，烏克蘭0.94億美元，亞美尼亞0.75億美元，格魯吉亞0.74億美元。

（6）拉丁美洲和加勒比海地區5.7億美元，其中玻利維亞0.53億美元，海地0.52億美元，秘魯0.50億美元。

現將2004財政年度美國國際開發署援助各地區的專項分佈金額表附后供參閱（見表7-3）。

[①] 該資料來源於美國國際開發署《1988年年報》第803頁的「美國對外經濟援助表」和「2004財政年度報告表4B」。

表 7-3　2004 財政年度美國國際開發署援助各地區專項分佈金額表

單位：萬美元

	CSH	DA	CSH/DA	ESF	AEEB	FSA	PL.480	總計
1. Africa（非洲）	47,252.0	49,378.0	96,630.0	7,406.1	—	—	40,465.7	144,501.8
2. Asia & Nast（亞洲和近東）	27,475.0	35,174.0	62,649.0	291,388.4	—	—	5,348.7	359,386.1
3. Europe & Eurasia（歐洲和歐亞）	600.0	—	600.0	13,470.0	44,237.5	58,353.7	1,659.1	118,320.3
4. Latin America & Caribbean（拉丁美洲和加勒比）	14,750.0	26,784.0	41,534.0	8,449.8	—	—	7,186.7	57,170.5
5. Bureau for Economic Growth, Agriculture & Trade（經濟增長農業和貿易局）	—	15,081.0	15,081.0	—	—	—	—	15,081.0
6. Bureau for Global Health（全球衛生局）	32,802.0	—	32,802.0	—	—	—	—	32,802.0
7. Bureau for Democracy, Conflict & Humanitarian Assistance（民主,衝突,人道援助局）	513.0	7,722.0	8,235.0	—	—	—	—	8,235.0
(1) American Schools and Hospitals Abroad（美國國外學校和醫院）	—	1,872.0	1,872.0	—	—	—	—	1,872.0
(2) Food for Peace（和平項目食品）	—	511.2	511.2	—	—	—	—	511.2
(3) Private and Voluntary Cooperation（私人和自願合作項目）	—	2,303.8	2,303.8	—	—	—	—	2,303.8
(4) Conflict Management and Mitigation（衝突緩和處理）	—	980.0	980.0	—	—	—	—	980.0
(5) Democracy and Governance（民主治理）	513.0	2,055.0	2,568.0	—	—	—	—	2,568.0

表7-3(續)

	CSH	DA	CSH/DA	ESF	AEEB	FSA	PL 480	總計
8. Legislative and Public Affairs（立法和公共事務）	—	196.0	196.0	—	—	—	—	196.0
9. Bureau for Program & Policy Coordination（項目政策協調局）	530.0	598.0	1,128.0	—	—	—	—	1,128.0
10. Global Development Alliance（全球發展聯盟）	—	1 500.0	1,500.0	—	—	—	—	1,500.0
11. International Organizations/Partnerships（國際組織/夥伴）	57 036.0	—	57,036.0	—	—	—	—	57,036.0
12. Special Concerns（特別關注）	1,459.4	1,249.9	2,709.3	—	—	—	—	2,709.3
13. Central PL 480（中央公法480）	—	—	—	—	—	—	64,539.8	64,539.8
14. State Department Initiatives（國務院/外交部提議）	—	—	—	5,616.6	—	—	—	5,616.6
總計	182,417.4	137,682.9	320,100.3	326,330.9	44,237.5	58,353.7	119,200.0	868,222.4

註：CSH 代表兒童生命健康基金，DA 代表發展援助，ESF 代表經濟扶助基金，AEEB 代表對東歐和波羅的海國家援助，FSA 代表自由扶助法，PL 代表公法

三、日本的政府貸款

(一) 日本政府貸款機構

日本政府主管對外經濟援助的部門有外務省、大藏省、通商產業省和經濟企劃廳。對外經濟援助的政策和重要項目必須由內閣會議協商確定，並做出決策。日本政府對發展中國家進行經濟援助的執行機構是於 1961 年 3 月 16 日成立的「海外經濟協力基金」。它是根據 1960 年 12 月 27 日公布的《海外經濟協力基金法》(1960 年第 173 號法案)而設置的，其前身是日本輸出入銀行於 1958 年 10 月成立的「東南亞開發協力基金」。日本政府為了使對外經濟援助與日本輸出入銀行提供的貸款相區別，於 1961 年 3 月將「東南亞開發協力基金」從日本輸出入銀行中分離出來，改名為「海外經濟協力基金」(以下簡稱「基金」)，並劃歸日本政府經濟企劃廳。「基金」成立初期，僅對日本企業提供一般貸款和投資，對發展中國家政府和企業提供延期付款的間接信貸。從 1966 年起，才對發展中國家提供直接貸款。

早在 1958 年，日本輸出入銀行就承辦了政府交辦的東南亞開發協力基金業務，亦曾負責海外的援助計劃。日本政府規定，自 1975 年 7 月 1 日起，凡貸款的贈予成分超過 25%者均屬於「基金」的業務範圍，贈予成分在 25%以下的貸款則屬於日本輸出入銀行的業務範圍。1999 年 10 月 1 日日本「海外經濟協力基金」與日本輸出入銀行合併成立日本國際協力銀行(JBIC)繼承辦理兩機構的官方開發援助政府貸款和國際金融業務，但仍分帳目核算收支。2001 年日本國際協力銀行在海外設有 27 個代表處和 1 個聯絡處。此外，日本國際協力事業團(Japanese International Cooperation Association，JICA)也授命執行日本政府雙邊的對外開發援助，但主要是辦理無償資金援助和技術援助。

(二) 日本對外經濟援助與合作的形式

1. 日本對發展中國家的經濟援助與合作

日本對發展中國家的經濟援助與合作，按其性質可分為三類 (見圖 7-1)：

第一類是官方開發援助。它必須符合下述三個條件：①應通過政府或政府的有關代理機構，提供給發展中國家和國際機構；②主要是為了促進發展中國家的經濟發展和福利事業；③必須屬於優惠性質，贈予成分不得低於 25%。

第二類是其他官方資金。主要類型有：①贈予成分低於 25%而不夠優惠的官方相互交易，或者雖有 25%或以上的贈予成分但主要目的是促進日本的出口；②政府及中央金融機構以國際金融市場條件所取得的由銀團發行的債券。

第三類是民間資金。這是由民間部門以出口信貸、海外投資等形式提供的資金。

2. 官方開發援助

日本對發展中國家經濟援助的最重要形式是官方開發援助。它可分為兩類：一類是多邊援助，即向國際機構(聯合國開發組織、世界銀行、地區性開發銀行)提供的援助；另一類是雙邊援助，約占日本官方開發援助總額的 2/3。雙邊援助的形式又可分為以下三種。

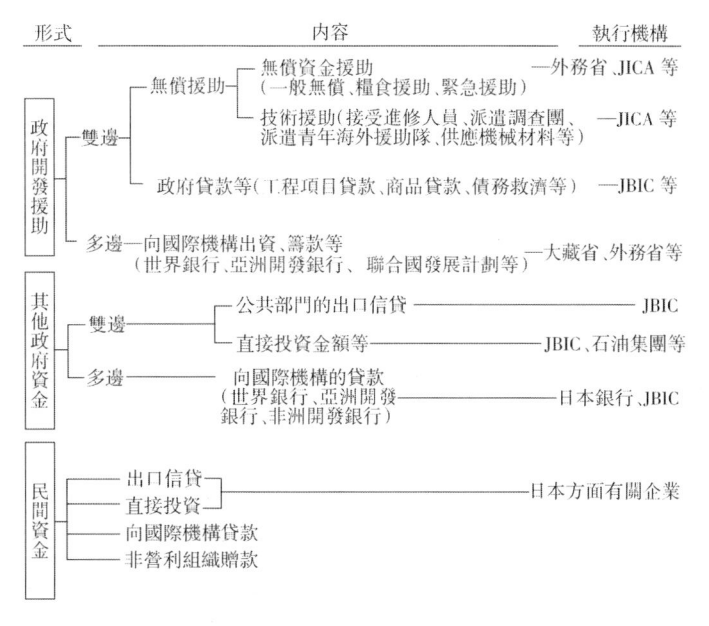

```
形式              内容                              執行機構

政府開發援助 ─┬─ 雙邊 ─┬─ 無償援助 ─┬─ 無償資金援助 ──────────── 外務省、JICA 等
              │         │             (一般無償、糧食援助、緊急援助)
              │         │           └─ 技術援助(接受進修人員、派遣調查團、── JICA 等
              │         │             派遣青年海外援助隊、供應機械材料等)
              │         └─ 政府貸款等(工程項目貸款、商品貸款、債務救濟等) ── JBIC 等
              └─ 多邊 ─── 向國際機構出資、籌款等 ─────────── 大藏省、外務省等
                         (世界銀行、亞洲開發銀行、聯合國發展計劃等)

其他政府資金 ─┬─ 雙邊 ─┬─ 公共部門的出口信貸 ──────────── JBIC
              │         └─ 直接投資金額等 ──────────────── JBIC、石油集團等
              └─ 多邊 ─── 向國際機構的貸款 ──────────────── 日本銀行、JBIC
                         (世界銀行、亞洲開發銀行、非洲開發銀行)

民間資金 ─┬─ 出口信貸
          ├─ 直接投資 ─────────────────────── 日本方面有關企業
          ├─ 向國際機構貸款
          └─ 非營利組織贈款
```

圖 7-1　日本對外經濟援助形式與執行機構圖

（1）貸款。由「基金」實施，既可以直接貸給某國政府或政府代理機構，又可以向日本企業提供資金用於在發展中國家的合作項目。

日本對外國政府提供的貸款種類有：①與項目結合的貸款。提供給動力、交通、電信、工業、農業、社會公共事業等行業的特定開發項目，作為採購設備材料、技術服務等必需的資金。②設備供應貸款。主要提供國家開發計劃中特定部門和地區開發項目為採購設備所需的資金。③商品貸款。提供為進口各種雙方同意的商品所需的資金。④兩步貸款。通過發展中國家的開發金融機構，向某項開發計劃提供的資金。⑤技術服務貸款。提供工程準備階段諮詢服務(包括可行性研究的修改和補充以及採購標書的準備工作)所需的資金。

（2）無償援助，即贈款。由日本國際協力事業團歸口負責。無償援助指無償資金援助。它包括：①一般無償援助，是對發展中國家難於得到貸款的開發項目(如建醫院、培訓中心、購買卡車或公共汽車等)提供所需資金；②糧食援助，即向發展中國家提供進口食品所需的資金和提供以增產糧食或提高農業生產能力為宗旨的糧食生產援助；③緊急援助，指救災的贈款。

（3）技術援助，亦屬於無償援助，由日本國際協力事業團歸口負責。技術援助分四種：①接受受訓人員；②派遣技術人員；③提供設備；④工程項目援助。

（三）「基金」和日本國際協力銀行對各國政府貸款的規模

「基金」成立以來，對外提供的官方發展援助不斷增長，1990 年已達 43 億美元，占日本提供的官方發展援助總額 92.4 億美元的 46.5%；1989 年提供了 39.4 億美元，占日本官方發展援助總額 89.6 億美元的 44%，占發展援助委員會當年提供的官方發展

援助總額467.1億美元的8.4%，所占份額在發展援助委員會各國中僅次於美國、法國、德國而居第四位，它已成為世界主要金融開發機構之一。2001年3月31日JBIC—ODA貸款餘額已達106,866億日元。

「基金」成立以來，累計約對70個國家的1,584個項目提供了貸款，總額為96,828.27億日元；1990—1999年各財政年度對各國政府約100個項目提供了總額超過1萬億日元的政府貸款。但2000財政年度日本國際協力銀行的官方發展援助減至68個項目，合計6,674億日元。但是，其貸款條件有所改善，1990年財政年度的政府貸款條件為：平均年利率2.61%，平均貸款期限28年(含9年2個月的寬限期)，贈予成分平均達到了59%，採購條件僅需採用國際招標方式。現將2001年4月1日日本國際協力銀行官方發展援助的日元貸款條件列示於此，如表7-4所示：

表7-4　　　　日本國際協力銀行官方發展援助的日元貸款條件

(2001年4月1日)

國家類型	1999年人均GNP	項目設備 普通項目 年利率(%)	還款年(寬限年)	標準環境項目 年利率(%)	還款年(寬限年)	特殊環境項目 年利率(%)	還款年(寬限年)	諮詢服務 改善環境條件 年利率(%)	還款年(寬限年)	左欄外之諮詢 年利率(%)	還款年(寬限年)
最不發達國家	OECD DAC LLDC	1	30(10)	1	30(10)	0.75	40(10)	0.75	40(10)	1	30(10)
低收入國家	不超過755美元	1.8	30(10)	1.3	30(10)	0.75	40(10)	0.75	40(10)	1.8	30(10)
中低收入國家	756美元~1,445美元	2.2	30(10)	1.7	30(10)	0.75	40(10)	0.75	40(10)	1.8	30(10)
中收入國家	1,446美元~2,995美元	2.2	25(7)	1.7	25(7)	0.75	40(10)	0.75	40(10)	1.8	25(7)
中高收入國家	2,996美元及以上	3	25(7)	2.5	25(7)	1.8	25(7)	1.8	25(7)	1.8	25(7)

特別日元貸款的貸款條件：年利率為0.95%，還款期為40年，含寬限期10年

註：LLDC為英文Least Less Developed Country的縮寫，GNP代表國民生產總值

資料來源：日本國際協力銀行2001年次報告書，日文版，第126頁和JBIC—ODA Loan Report 2000

(四)「黑字還流」貸款

「黑字還流」貸款(Capital Recycling Loan)是在1986年威尼斯西方七國首腦會議上，當時的日本首相中曾根迫於其他國家的壓力，答應將日本對外貿易巨額順差中的部分資金，向國際金融機構提供贈款，以及通過「基金」、日本輸出入銀行或民間銀行向發展中國家提供長期、低息貸款。其目的是將日本的國際貿易順差資金回流到發展中國家，以促進發展中國家出口產業的發展和緩解債務困難，實現國際貿易收支的平衡。日本政府於1986年開始創辦「黑字還流」貸款時，最初打算在1987—1989年這3年中提供300億美元；不久又在1987年5月日本實施的緊急經濟措施中，將貸款金額增加到650億美元，在1987—1991年這5年中陸續提供，其中100億美元專對重債國發放，作為緩和這些國家債務危機的國際協作措施。截至1990年財政年度，「基金」已向29個發展中國家提供了73筆「黑字還流」貸款，總金額約為1.193,5萬億

日元，折合 87 億美元。在 1990 年財政年度中，對墨西哥和菲律賓的貸款約占 1/3。

關於「黑字還流」貸款的條件，「基金」和日本輸出入銀行提供的貸款兩者存有差別。「基金」貸款年利率為 2.5%，貸款期為 30 年，含 10 年寬限期；日本輸出入銀行的貸款年利率為 4.8%，貸款期為 20 年，含 10 年寬限期。

需要指出的是，「基金」和日本輸出入銀行所提供的貸款均稱為「黑字還流」貸款，但「基金」提供的貸款屬於政府貸款，而日本輸出入銀行提供的貸款不屬於政府貸款，而是屬於該行辦理的非與項目結合的貸款。

（五）特別日元貸款

為促進受亞洲金融危機影響的亞洲國家恢復生產和進行經濟改革，1998 年 11 月日本政府承諾在從 1999 年至 2001 年這 3 年中提供總額為 6,000 億日元的貸款。

（六）日本國際協力銀行的業務運作、資金運轉結構以及日元貸款程序項目週期

日本國際協力銀行的業務運作如圖 7-2 所示：

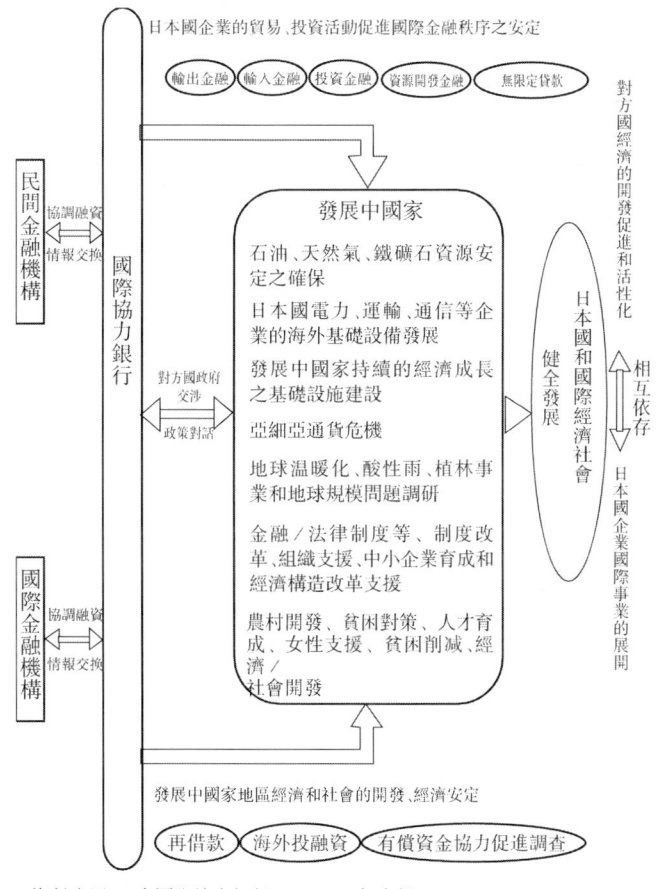

資料來源：日本國際協力銀行 ２００１年次報告書

圖 7-2　日本國際協力銀行業務運作圖

日本國際協力銀行的資金運轉結構如圖 7-3 所示：

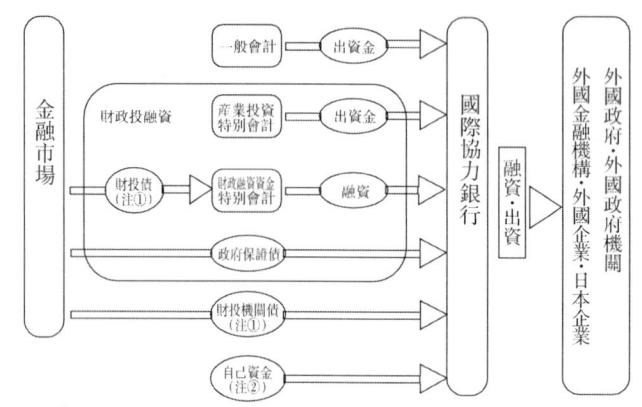

圖 7-3　日本國際協力銀行資金運轉結構圖

注：①2001年 4 月財政投融資制度改革後資金調度構造
　　②回收金等
資料來源：日本國際協力銀行 2001 年次報告書

日本國際協力銀行日元貸款程序項目週期如圖 7-4 所示：

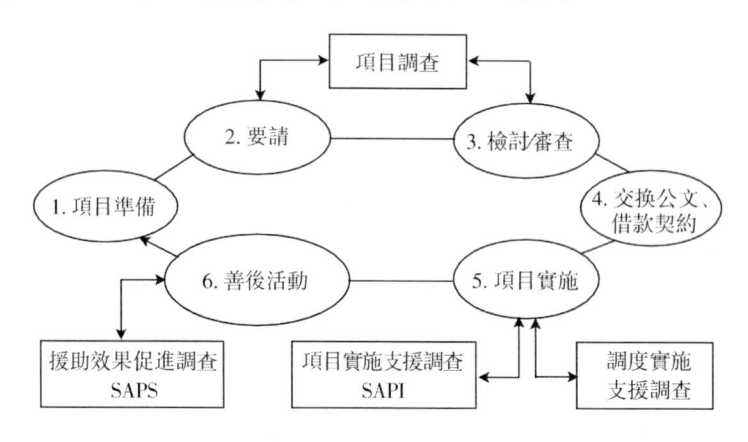

資料來源：日本國際協力銀行 2000 年次報告書

圖 7-4　日本國際協力銀行日元貸款程序項目周期圖

四、德國的政府貸款

（一）德國政府貸款機構

德國政府對發展中國家提供經濟援助的主管機構是德國政府的經濟合作部，該部成立於 1961 年。在此之前，由德國政府經濟部和外交部兼管對外經濟援助工作。經濟合作部是主管機關，具體執行機構為隸屬該部的復興信貸銀行，或稱重建銀行和技術合作公司。

(二) 德國政府貸款的兩種形式

1. 資本援助

資本援助是德國對外經濟援助的主要部分，一般採取提供優惠貸款方式，主要用於受援國的基礎設施(如交通、能源、電信)、農業(如農、林、漁、牧業)、工業(如食品、制糖、紡織、化肥)、社會設施(如供水、學校) 等方面。資本援助貸款由復興信貸銀行具體提供。貸款貨幣均使用德國馬克。資本援助貸款根據受援國經濟發展程度的不同，劃分為四種類型，分別提供不同條件：

第一類國家是人均年國民生產總值低於 100 美元的最貧窮的發展中國家。從 1978 年起對這類國家只提供無償贈款，不再提供貸款。

第二類國家是因 1973 年石油價格上漲而受影響最大的發展中國家。對這類國家提供最優惠貸款，貸款利率為 0.75%，貸款期限為 50 年(含寬限期 10 年)。

第三類國家是較發達的發展中國家。對這類國家提供的貸款，利率為 4.5%，貸款期為 20 年(含寬限期 5 年)。

第四類國家是不屬於上述三種類型的其他發展中國家。對這類國家提供的貸款，利率為 2%，貸款期為 30 年(含寬限期 10 年)。

資本援助貸款一般是根據受援工程項目的進展情況分期支付的。原則上，受援國沒有使用貸款從德國採購物資設備的義務；但實際上，德國政府提供的經濟援助貸款中，有 3/4 用於從德國採購進口物資設備。

2. 技術援助

一般採用無償贈予方式。這種援助是幫助受援國掌握某工程項目的技術，以便受援國盡快地獨立經營。技術援助由技術合作公司具體實施。

(三) 德國提供雙邊經濟援助的程序

發展中國家先向德國政府提出申請，申請國須提供有關本國經濟形勢、財政、金融、外貿、國民收支以及外債等方面的情況資料。

申請提出后，德國政府委託復興信貸銀行或技術合作公司進行審查，並實地考察，瞭解申請國的經濟結構、發展前景，受援項目對申請國的經濟作用等。

審查完畢后，上述機構向政府提出審查報告和具體意見，以便兩國政府簽訂意向書，確定援助項目的具體內容。

德國政府批准援助項目后，復興信貸銀行或技術合作公司即與受援國簽訂貸款協議或技術援助協議。復興信貸銀行或技術合作公司要對貸款或贈款的專款專用和工程項目的整個過程進行監督。

德國政府從 20 世紀 50 年代起向發展中國家提供經濟援助，從 1950 到 1978 年提供的經濟援助總值為 573 億聯邦德國馬克，1979 年為 50 億聯邦德國馬克，1989 年為 49.53 億美元(如按 1 美元兌 1.7 馬克折合約為 84 億聯邦德國馬克)，2004 年為 74.97 億美元，占 GNI 的 0.28%。1992 年 6 月 19 日德國經濟合作部宣布，德國政府將向中國提供 2.25 億馬克(約合 1.5 億美元)的發展援助，主要用於中國的環境保護事業和經濟改革。

第四節　中國使用外國的政府貸款

中華人民共和國成立不久，為了迅速恢復國民經濟，順利地進行第一個國民經濟五年建設計劃，在利用中國內部累積資金的同時，也利用了外部資金。為此，蘇聯與中國於 1950 年 2 月 14 日簽訂了由蘇維埃社會主義共和國聯盟政府向中華人民共和國政府提供 3 億美元貸款的協定。這是中國政府與外國政府簽訂的第一個政府貸款協定。隨後，1951—1953 年，在抗美援朝戰爭中中國因使用蘇聯的軍事物資而形成貸款，1958—1960 年，中國在「大躍進」和國民經濟暫時困難時期，因貿易逆差而形成對蘇聯政府的「欠帳」，總額累計約 15 億美元。這些債務，中國已於 1965 年全部提前清償完畢，從而成為當時沒有外債的國家。

1978 年黨的十一屆三中全會以後，在「對內搞活經濟，對外實行開放」的方針指引下，中國改變了過去近二十年不使用外國政府貸款、不負外債的政策，開始積極、穩妥、有效地利用國外資金，尤其是低利、長期、優惠的外國政府貸款，以促進中國的社會主義現代化建設。所以，從 1979 年開始，中國政府陸續與日本、科威特、丹麥、比利時、義大利、奧地利、瑞士、西班牙、法國、德國、瑞典、芬蘭、挪威、波蘭、韓國、以色列、澳大利亞、俄羅斯、美國、英國、加拿大、荷蘭、盧森堡這 23 個國家以及北歐投資銀行分別簽訂了政府貸款的雙邊協定。截至 2000 年年末，上述國家政府對中國承諾的政府貸款累計總金額約 428.9 億美元，實際使用總金額約 368.15 億美元。2001 年年末，中國 1,701 億美元的外債餘額中，屬政府性質的外債餘額為 237 億美元，約占 13.93%。由此可見，政府貸款已經成為中國利用外資的重要渠道之一。1999 年起，政府貸款歸口財政部管理，指定 7 家轉貸銀行和 46 家採購代理公司具體辦理。2004 年年末，外國政府貸款餘額為 322 億美元，約占中國外債總餘額的 14%。

一、中國使用外國政府貸款的原則

中國使用外國政府貸款的目的是：加速中國的社會主義現代化建設；加強能源、交通、通信、原材料等基礎工業和設施的建設以增強綜合國力；引進先進技術設備和現代化管理經驗；解決外匯資金不足的困難，借入優惠性貸款以利提高經濟效益；增強中國獨立自主、自力更生進行經濟建設的能力；密切政府之間的外交關係，促進各國人民之間的友好往來。總之，中國在接受和使用外國政府貸款時，一定要堅持獨立自主、自力更生、無損國家主權、不附加政治條件、平等互利、條件優惠、友好合作、不強加於人的原則。

二、中國使用外國政府貸款的種類

中國使用的外國政府貸款概括起來可分為下列三種類型：

（1）根據政府貸款的用途，可劃分為與項目結合的貸款和商品貸款。

與項目結合的貸款（Project-tied Loan）是外國政府承諾對中國確定的建設項目提供所需資金的貸款。例如，日本政府對中國建設石臼所港、秦皇島港、兗石鐵路、京秦鐵路提供貸款；科威特政府對中國建設廈門國際機場，建立湖南人造板廠、安徽寧國水泥廠，為烏魯木齊石油化工廠的化肥項目提供貸款；丹麥政府對中國建設黑龍江乳品廠，北京牛奶公司購買酸奶設備，吉林新中國糖廠擴建提供貸款；比利時政府承諾為中國建設河南姚孟發電廠提供貸款；1987年法國政府承諾對中國撫順的環氧乙烷設備項目提供貸款。

　　商品貸款（Commodity Loan）是外國政府提供中國購買機器、工具、材料、物資等商品所需資金的貸款。1979—1984年，日本政府曾承諾向中國提供的1,300億日元的商品貸款即屬於此類。

　　（2）按照政府貸款是否計付利息，可劃分為無息貸款與計息貸款。

　　無息貸款是借款國不必向貸款國支付利息，僅需償還本金的貸款。1980年以來，中國從丹麥和比利時兩國政府借入的政府貸款就是無息貸款。

　　計息貸款是借款國必須按照協議規定的利率和費率計算利息和費用，並向貸款國按期還本付息的貸款。1950年蘇聯對中國的借款，20世紀80年代以來日本、科威特等國政府對中國的貸款就是計息貸款，利率比較低，年利率從1.5%、3%至3.5%不等。科威特政府貸款還規定借款國支付利息時需另加0.5%的手續費。

　　（3）按照政府貸款的特性，可劃分為純政府貸款、政府混合貸款、「黑字還流」貸款與特別日元貸款。

　　純政府貸款是不與其他種類貸款相混合的政府貸款。例如，日本海外經濟協力基金向中國提供的三次日元貸款就是純政府貸款。

　　政府混合貸款是指外國政府提供的贈款或低息優惠貸款必須和出口信貸結合使用。它是將兩種貸款作為一個整體，至於兩者所占的比例，由雙方政府協議規定。政府混合貸款的構成比例在兩國的財政議定書中有兩種不同的條文：

　　一種是：「本政府貸款將和出口信貸混合使用，按以下比例提供給有關項目：

××××項目：政府貸款15%，出口信貸85%；

××××項目：政府貸款40%，出口信貸60%；

××××項目：政府貸款50%，出口信貸50%。」

　　在每個項目中，政府貸款與出口信貸所占的比例不必相同。

　　另一種是：「本協定提供政府貸款的總金額為××××瑞士法郎。該貸款同協定第×條規定的中國銀行同瑞士銀團所簽訂的××××瑞士法郎銀行信貸是一個整體（以下稱上述兩筆信貸為混合貸款）。本貸款項下的支付部分分別按瑞士銀團所提供的貸款額度以1:1的比例進行。」即每個項目中政府貸款與出口信貸所占的比例相同。

　　20世紀80年代以來，中國使用的外國政府貸款，除日本、科威特、德國提供的屬純政府貸款以外，丹麥、比利時、義大利、瑞士、瑞典、法國、英國、荷蘭、盧森堡、西班牙等國向中國提供的貸款基本上都是不同形式的混合貸款。看來，這已成為

發達國家向中國提供政府貸款的主要形式。

「黑字還流」貸款是指1988年日本政府承諾以其對外貿易順差中的部分資金向中國提供1,000億日元的長期低息貸款，其中700億日元貸款通過日本海外經濟協力基金提供，借款人為中國對外經濟貿易部，1999年轉為財政部；300億日元貸款通過日本輸出入銀行提供，中國銀行總行作為借款人。兩者全部用於出口商品基地的建設，以中小型項目為主；對現在有出口能力的企業進行技術改造，使之增加出口產品品種，提高產品質量和檔次，擴大出口創匯能力。對於輕工業、紡織工業、化學工業、有色金屬工業方面的貸款，先由中國對外經濟貿易信託投資公司辦理轉貸工作，1995年4月1日轉由中國進出口銀行承辦轉貸工作；對於機械電子工業產品方面的貸款，由中國銀行辦理轉貸工作。日本「黑字還流」貸款將在2018年結束。

特別日元貸款是日本承諾於1999—2001年這3年間向遭受亞洲金融危機損失的國家提供的總額為6 000億日元的貸款。日本已於2000年和2001年向北京市城市鐵道建設和西安咸陽機場擴建項目提供了172億日元的特別日元貸款，由中國進出口銀行轉貸，年利率為0.95%，還款期40年，寬限期10年。

三、中國使用外國政府貸款的貨幣、利率與期限

（一）中國使用外國政府貸款的貨幣

外國向中國提供政府貸款所使用的貨幣有兩種情況：多數國家規定使用貸款國的法定貨幣，如日本政府對中國貸款使用日元，科威特政府使用科威特第納爾，丹麥政府使用丹麥克朗，比利時政府使用可兌換比利時法郎，奧地利政府使用奧地利先令，英國政府使用英鎊，瑞士政府使用瑞士法郎；少數國家規定可以使用第三國法定貨幣，如1950年中國從蘇聯政府的借款就曾以美元計算，1986年加拿大政府宣布向中國提供3.5億加元的等值美元優惠貸款，義大利的政府貸款亦使用美元。另外，在政府混合貸款中，也有在政府貸款部分使用貸款國法定貨幣，而在出口信貸部分使用第三國法定貨幣的情況。例如，1987年芬蘭和1985年法國向中國提供的政府混合貸款中的出口信貸部分就可以選擇使用美元、日元、聯邦德國馬克或瑞士法郎。

（二）中國使用外國政府貸款的利率

需計息的政府貸款，年利率一般為1%～5%，由雙方政府協商確定，屬於低息優惠性利率。

混合貸款中出口信貸部分的利率，一般按照簽訂商務合同之日經濟合作與發展組織《君子協定》通用的年利率。如果使用模式利率（Matrix Rate），無論貸款貨幣和期限相同與否，利率均一樣；如果使用商業參考利率，由於貸款貨幣與期限不同，則利率亦有差異。

例如，1989年中國使用西班牙政府混合貸款的年利率，按政府貸款美元合同計算為2%，按比塞塔合同計算為3%；出口信貸部分按OECD條件，年利率為8.3%。

1987年9月16日至1988年1月15日挪威對中國提供政府混合貸款的年利率，對

償還期為15年、寬限期為3年者，規定為：美元4.35%，英鎊4.4%，日元2.7%，聯邦德國馬克3.15%。同時還規定，混合貸款必須由挪威出口信貸擔保局擔保，所需擔保費由買方負擔，一次性支付。

(三) 中國使用外國政府貸款的期限

中國使用外國政府貸款的期限，也同樣分為貸款的用款期(支款期或提款期)、寬限期和償還期。

貸款的用款期，一般規定在貸款協議簽訂的當年或1~3年、1~5年內，按照項目建設的進度或採購的實際需要提取貸款。

貸款的寬限期一般有3年、5年、7年或10年等不同的規定。

貸款的償還期，一般規定開始償還的時間和最後清償的年度和日期，以及在償還期內每年償付貸款本金和利息的次數與日期。償還期有10年、15年、20年、30年、35年或40年等不同的規定，每年償付一次或兩次。

四、中國使用外國政府貸款的採購方式

在中國與外國政府簽訂的貸款協議中，均規定了使用貸款採購物資、商品的方式或限制條件，大體上可以歸納如下：

1. 自由採購(Non-ICB)

借款國可自由選擇供應商，採購所需的設備物資。貨款以其借入的貸款支付。這種規定一般僅適用於金額較小的採購合同。例如，日本政府在貸款協議中規定1億日元以下的合同可以自由採購，1984年曾將金額標準提高到3億日元，1987年又再次提高到5億日元，凡合同金額在5億日元以下者，均可自由採購。但是，1990年開始又加強了限制，不論金額大小，應盡量採用國際競爭性招標方式採購。

2. 國際競爭性招標(International Competitive Bidding，ICB)

借款國採購所需的物資、設備、商品時，須正式公開刊登招標廣告，使合格供應商以均等機會公平競爭投標，定期當眾開標，中標後簽訂採購合同。

國際競爭性招標的主要程序如下：

準備招標文件→刊登招標廣告→發售標書→限期投標(應附投標保證書)→定期公開開標(當眾宣讀投標廠商、名稱與報價)→資格審查與評標→決標→簽訂合同

3. 資格預審後的議價比價國際性採購

對供應商進行資格預審(Pre-qualification)，然後邀請報價，進行比價後，擇優採購。

4. 從合格貨源國採購

貸款協議中規定，借款國採購所需商品時，必須從規定的合格貨物供應來源國家採購，又稱為合格貨源國(Eligible Source Countries)。例如，日本貸款協議規定，合格貨源國為經濟合作與發展組織的所有成員國和發展援助委員會所規定的發展中國家。合格貨源國有時以附錄列明。

5. 從貸款國採購

在雙邊政府貸款協定中，有時規定僅限於從貸款國採購所需物資設備，以促進貸款國產品的出口。例如，丹麥、荷蘭、挪威、英國、法國、義大利、比利時等國對中國的貸款均有此規定。

6. 從借款國採購

這種形式的政府貸款協議中常常會附加一些條件。例如，規定中國廠商只能參與國際公開招標的投標，如果中標，則可在中國採購。此外，如果中國被列為合格貨源國，亦可在中國採購。中國與外國簽訂的政府貸款協議，有的將中國列入了合格貨源國，有的則未列入。有的政府借款協議規定某項或數項設備物資可在借款國購買；還有的貸款協議規定在借款國採購的合同須經貸款國有關機構批准後方能生效。

五、中國使用外國政府貸款的程序

新中國成立以來，中國與許多國家政府簽有政府貸款協議。20 世紀 80 年代后，中國使用日本政府貸款的金額較大，截至 2000 年 3 月，累計協議已達 2.47 萬億日元。但近年來對華日元貸款呈逐年減少趨勢，而且日本政府決定於 2008 年終止向中國提供日元貸款。中國使用政府貸款的程序也比較複雜，主要包括簽訂貸款協議、簽訂與批准採購合同、開立與通知信用證、供應商發貨交單議付、中國銀行審單申請「基金」撥款償付、付息還本這六個主要環節。現在僅以使用日本政府貸款為例，對中國使用外國政府貸款的程序加以說明，其貸款程序如圖 7-5 所示：

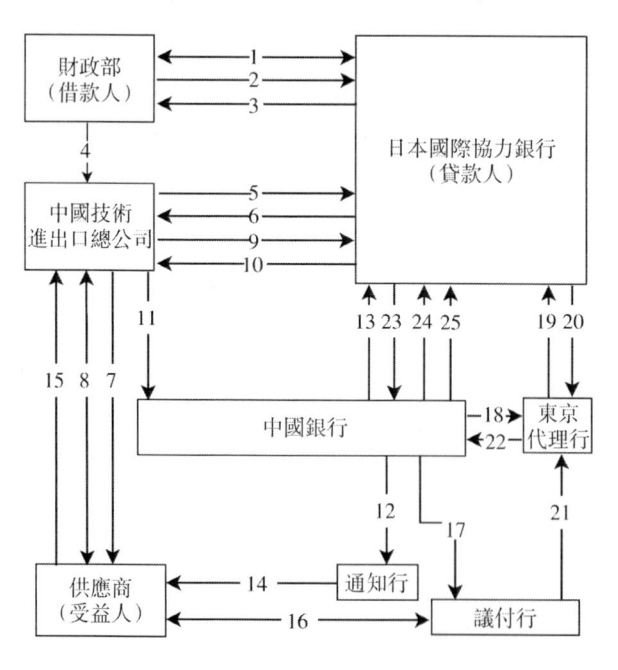

圖 7-5　中國使用日本政府貸款程序圖

(一) 使用日本政府貸款程序

(1) 中日雙方政府代表簽訂貸款協議；
(2) 中方向日方送交有關法律鑒定、授權證書、簽字式樣；
(3) 日方向中方通知貸款協議生效日期；
(4) 下達貸款協議；
(5) 向「基金」申請須經「基金」批准的採購方式；
(6) 「基金」批准採購方式；
(7) 協商採購；
(8) 簽訂採購合同；
(9) 申請「基金」批准採購合同；
(10) 「基金」批准採購合同；
(11) 根據批准的採購合同向中國銀行申請對供應商開立信用證；
(12) 中國銀行開出以供應商為受益人的信用證；
(13) 向「基金」寄送開出信用證的副本；
(14) 經過在日本的通知行將信用證交給受益人；
(15) 受益人按信用證規定將貨物裝船發運；
(16) 受益人開具以中國銀行為付款人的匯票，附裝船發貨單據，提交議付行申請議付；
(17) 議付行按信用證規定審單無誤議付后，向中國銀行寄單索償；
(18) 中國銀行審單無誤，將「基金貸款項下特別指示」郵寄或電報通知東京代理行申請「基金」撥款；
(19) 東京代理行代為申請「基金」撥款，送交支付請求書；
(20) 「基金」審核支付請求書后，隨即將要求支付的金額撥入中國銀行在東京代理行設立的自由日元帳戶；
(21) 「基金」撥款后，東京代理行代中國銀行償付議付行；
(22) 東京代理行向中國銀行寄送「基金」撥款的貸記通知書和償付議付行的借記通知書；
(23) 「基金」向中國銀行通知已撥付貸款；
(24) 中國銀行確認貸款已使用；
(25) 貸款到期，付息還本。

(二) 使用日本「黑字還流」貸款的程序

中國使用「黑字還流」貸款時，由中國進出口銀行作為轉貸者，其具體程序有 26 項，如圖 7-6 所示。

此外，有些貸款國，如丹麥、比利時均規定，貸款的使用與償還均通過中國銀行在貸款國的國家銀行開立的以貸款國可自由兌換貨幣為記帳單位的帳戶進行。

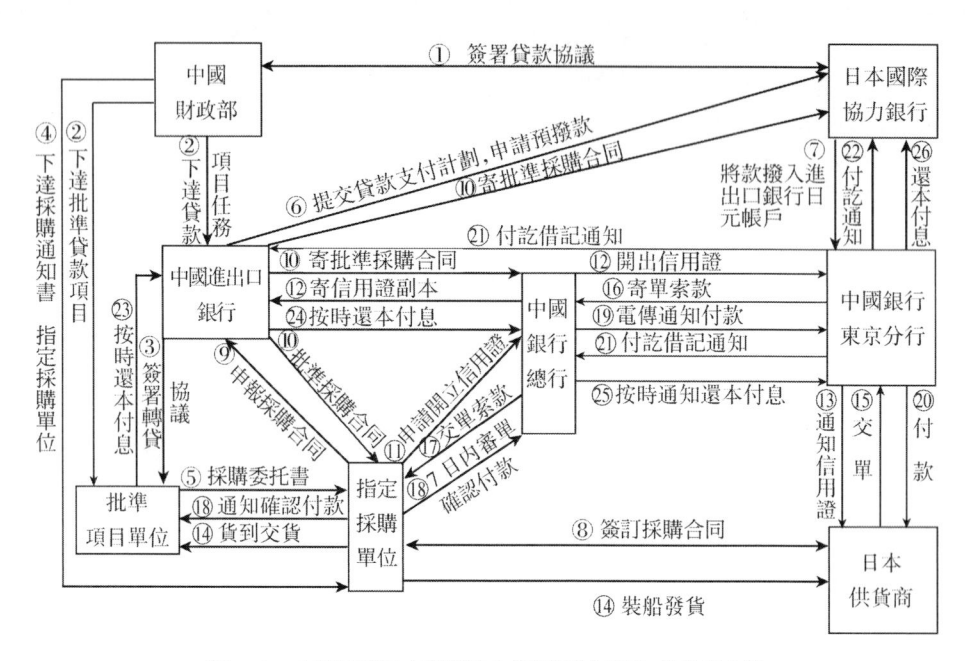

圖 7-6　中國使用日本國際協力銀行「黑字還流」貸款程序圖

第五節　中國向外國提供的政府貸款

一、中國向外國提供政府貸款概況

　　中華人民共和國成立之初，基於無產階級國際主義義務，從 1950 年 6 月 25 日開始至 1953 年 12 月 31 日，對抗美鬥爭中的朝鮮民主主義人民共和國給予了無私的、無償的、包括軍事物資在內的贈予援助。這對中朝兩國人民取得抗美鬥爭的勝利起到了重要作用。1953 年和 1955 年，中國政府為了幫助朝鮮、越南恢復戰后國民經濟，又承諾分期給予兩國總值各為 8 億元人民幣的無償援助。1953—1978 年，中國向越南提供的軍事、經濟和自由外匯援助總額超過 200 億美元。除自由外匯外，中國對越南的援助還包括 450 個成套項目、500 萬噸糧食、200 萬噸汽油、3 億米布匹、3 萬輛汽車以及幫助修建鐵路、公路和輸油管道等。中國也相繼向尼泊爾、柬埔寨、斯里蘭卡等國提供過一定數量的無償援助。

　　1954 年中國首次對阿爾巴尼亞人民共和國提供政府貸款。在 1953—1960 年的 8 年內，向其提供了 5,000 萬盧布（折合 1,250 萬美元）的低息優惠貸款，按年利率 0.5%計息（以后改為無息貸款），並規定在 1970—1980 年這 11 年內分期償還貸款。此后，中國又開展廣泛的對外援助工作，陸續對一些亞洲、非洲民族主義國家提供了政府貸款，以資助這些國家建設成套設備項目。從 1954 年起至 1989 年年底止，中國已在 96 個國家援助建設了 1,554 個項目，涉及農牧漁業、林業、輕工、紡織、冶金機械、電子、能源、交通運輸、文教衛生、水利電力、體育、公共民用建築等行業，惠及亞洲、非

洲、拉丁美洲、歐洲和大洋洲五大洲的國家。

20世紀90年代，中國還對波蘭提供過政府商品貸款。1991年3月15日中國決定向蘇聯提供10億瑞士法郎（約合7.4億美元）的政府商品貸款，主要包括糧食、肉類、花生仁、茶葉、廠絲、菸葉、香菸、輕工紡織產品等，規定蘇聯以貨物分期償還。蘇聯解體后，中國於1992年又先後與白俄羅斯、哈薩克斯坦、愛沙尼亞、亞美尼亞等東歐中亞國家分別簽署了向其提供商品貸款、優惠貸款和贈款的協議。1992年以來，中國還與摩洛哥、突尼斯、科特迪瓦等非洲國家分別簽訂了新的經濟技術合作協定和無息貸款、優惠貸款或贈款協議，向它們提供政府貸款、捐贈物資或贈款，事實上中國也作為發展中國家對外提供官方開發援助。

縱觀中國對外經濟技術官方開發援助的歷史，自新中國成立以來，大體可分為五個階段：1950—1963年為初始階段，數額還不太大；1964—1970年為發展階段，約10億美元；1971—1978年為急遽增長階段，約30億美元；從1979年起，中國的對外官方開發援助經過調整、改革，進入了新的發展階段；20世紀90年代以後，中國對外援助的形式越來越多，範圍也越來越廣，既有無息貸款、優惠貸款、商品貸款和贈款等多種形式，又涵蓋了亞非拉和東歐中亞等國。這些援助，對於幫助受援國發展民族經濟，促進其走上自力更生、獨立發展經濟的道路，提高人民生活水平，做出了貢獻。中國嚴格尊重受援國的主權，絕不附帶任何政治條件，從不要求任何特權，充分體現了真誠合作、友好互助的精神，已在國際發展援助中獨樹一幟。

2004年中國承諾對上海合作組織五個成員國提供9億美元優惠出口買方信貸，2005年又承諾在三年內向發展中國家提供100億美元優惠貸款和優惠出口買方信貸，2006年提出擴大對非洲國家援助的規模，到2009年增加一倍。

二、中國向外國提供政府貸款的原則

政治氣氛融洽及外交、經濟關係良好，是提供政府貸款的基礎。中國向發展中友好國家提供的政府貸款，是中國對外經濟、技術援助的重要組成部分。目前，中國向外國提供的政府貸款很多都是無息的援助性貸款，並且不附帶任何政治條件，不要求任何特權。

中國向外國提供的政府貸款旨在加強與社會主義國家的友好團結，促進發展中國家民族經濟的獨立發展，促進「南南合作」，維護世界和平。中國政府一向認為，國家無論大小與貧富都各有所長，援助也是相互的。因此，中國在提供政府貸款時始終遵循1964年宣布的對外經濟援助的八項原則、1983年宣布的對發展中國家發展經濟技術合作的四項原則以及1992年宣布的加強與非洲國家發展關係的六項原則。

（一）對外經濟援助的八項原則

第一，中國政府一貫根據平等互利原則對外提供援助，從來不把這種援助看作單方面的贈予，而認為援助是相互的；

第二，中國政府在對外提供援助的時候，嚴格尊重受援國的主權，絕不附帶任何

條件，絕不要求任何特權；

第三，中國政府以無息或低息貸款的方式提供經濟援助，在需要的時候延長還款期限，以盡量減輕受援國的負擔；

第四，中國政府對外提供援助的目的，不是造成受援國對中國的依賴，而是幫助受援國逐步走上自力更生、經濟上獨立發展的道路；

第五，中國政府幫助受援國建設的項目，力求投資少、見效快，使受援國政府能夠增加收入，累積資金；

第六，中國政府提供自己可能生產的、質量最好的設備和物資，並且根據國際市場價格議價，如果中國政府所提供的設備和物資不符合商定的規格和質量，中國政府保證退換；

第七，中國政府對外提供任何一種技術援助的時候，保證做到使受援國的人員充分掌握這種技術；

第八，中國政府派到受援國幫助進行建設的專家，同受援國自己的專家享受同樣的物質待遇，不容許有任何特殊要求和享受。

（二）對發展中國家經濟技術合作的四項原則

「平等互利、講求實效、形式多樣、共同發展」是中國與發展中國家進行經濟技術合作的四項原則。其目的是在改革、開放的新形勢下，尋求與發展中國家進行經濟技術合作的更多途徑，開拓更廣闊的合作領域，使合作內容更加豐富，以求共同發展。

（三）加強與非洲國家發展關係的六項原則

第一，中國支持非洲各國為維護國家主權、民族獨立、反對外來干涉和發展經濟所做的各種努力；

第二，中國尊重非洲各國根據自己的國情選擇政治制度和發展道路；

第三，中國支持非洲各國加強團結合作，聯合自強，通過和平協商解決國與國之間的爭端；

第四，中國支持非洲統一組織為謀求非洲大陸的和平、穩定和發展以及實現經濟一體化所做的努力；

第五，中國支持非洲國家作為國際社會的平等成員，積極參與國際事務和為建立公正合理的國際政治、經濟新秩序而努力；

第六，中國願在互相尊重主權和領土完整、互不侵犯、互不干涉內政、平等互利、和平共處的基礎上，發展同非洲各國的友好往來和形式多樣的經濟合作。

以上三個方面的各項原則，中國政府在向外國提供政府貸款時，都是嚴格遵守的。中國對最困難的發展中國家和特別需要幫助的國家，將繼續給予力所能及的援助，主要是提供某些貸款，建設一些投資少、效益好、能直接為當地人民服務的項目。

三、中國向外國提供政府貸款的種類

中國向外國提供政府貸款，多數是通過簽訂兩國政府間雙邊「經濟技術合作協

定」的形式予以確定的，有些也以簽訂雙邊「經濟援助協定」或者「貸款協定」的形式確定。中國提供的政府貸款，按照貸款的用途可分為以下五種類型：

第一，與項目結合的貸款，指在協定中明確規定了貸款應用於某些項目的建設。

第二，商品貸款，指在協定中明確規定了貸款應用於購買某些或若干品種數量的商品。

第三，現匯貸款，指在協定中明確規定中國向借款國提供一定金額的可自由兌換的貨幣貸款，由借款國支配使用，不限定任何用途。

第四，無息貸款，指僅還本金不計算和收取利息的貸款。

第五，對外優惠貸款(Chinese Government Concessional Loan，意即中國政府優惠貸款，簡稱優惠貸款)是從 1995 年開始，中國政府向發展中國家提供的具有援助性質的中長期對外貼息優惠貸款。中國政府指定中國進出口銀行為對外優惠貸款的唯一承貸行。

1. 優惠貸款原則

優惠貸款主要用於符合中國外交政策和國別政策的，發展中國家有償還能力的經濟效益好、中小規模、回收期短、能發揮當地優勢、能帶動中國成套設備、機電產品出口的生產性項目；也可用於受援國政府有償還能力的基礎設施或社會福利項目。還應確保貸款資金的安全性、流動性和效益性。

2. 優惠貸款的特點

第一，使用範圍較廣。既可用於支持中國技術、機電產品、成套設備的出口，也可用於支持國內企業到海外承包建設、承包經營或以獨資、合資、BOT 方式進行投資。

第二，條件較優惠。貸款利率按兩國政府間的框架協議利率執行，一般低於出口信貸利率。貸款期限自貸款協議簽訂之日起至還清貸款本金、利息和費用之日止，可長達 10～15 年。

第三，受援國政府可能提供優惠政策。免徵中國資本性貨物的進口關稅、進口增值稅；減免中方投資企業的產品銷售稅、增值稅等流通領域稅收；免稅匯出中方企業回收的全部借款本息費用及承包經營利潤；享受受援國允許自由兌換貨幣的優惠政策和外匯管理方面的優惠政策。

3. 優惠貸款方式

一是優惠賣方信貸。這是借貸給中國國內生產出口產品或進行對外投資的企業的人民幣或外匯貸款。但要求出口商務合同不低於 100 萬美元，出口產品的中國製造部分不少於 70%。

二是優惠買方信貸，亦稱優惠出口買方信貸。這是通過受援國資信好、雙方同意的銀行轉貸給受援國企業或中國境外投資企業的外匯貸款。但要求出口商務合同不低於 200 萬美元，出口產品中國製造部分不少於 70%。

2001 年中國進出口銀行新批 17 項對外優惠貸款，合計 17.4 億元人民幣，實際放款 10.6 億元人民幣，年末余額 36.2 億元人民幣(約合 4.37 億美元)。優惠貸款主要分

佈在亞洲、非洲、拉丁美洲、大洋洲和歐洲國家。2002年12月17日中國簽署了中國向印度尼西亞提供4億美元優惠出口買方信貸的總協議。2003年1月7日中國決定向緬甸提供2億美元優惠貸款。繼之，2004年6月17日在上海合作組織的烏茲別克斯坦塔什干峰會上，中國決定向哈薩克斯坦、吉爾吉斯斯坦、俄羅斯、塔吉克斯坦、烏茲別克斯坦五國提供總額9億美元的優惠出口買方信貸。2005年9月14日在聯合國成立60周年首腦會議發展籌資高級別會議上，中華人民共和國主席宣布，中國將在今後3年內向發展中國家提供100億美元優惠貸款及優惠出口買方信貸，用以幫助發展中國家加強基礎設施建設，推動雙方企業開展合資合作。

四、中國向外國提供政府貸款的期限

中國向外國提供政府貸款的期限，多數是屬於長期的，可達10年、20年甚至30年之久。

協定中一般明確規定貸款的兩個期限：一個是貸款的用款期，在5年或7年內提供貸款，或者規定在1年或2年內支付使用；另一個是貸款的償還期，規定在10年、12年、15年、20年或30年之內分期償還，每年按平均比例等額還本，如屬計息貸款則需支付利息。同時還規定償還期的開始日期，一般規定在貸款使用期限終止日後的5年，個別規定在10年後開始償還。例如，1978年6月10日中國和盧旺達政府簽訂的經濟技術合作協定規定：貸款使用期限的終止日是1983年12月31日，償還期限的開始日是1994年1月1日。該項貸款實際上含有10年的貸款寬限期，若從貸款使用開始日1979年1月1日算起，則為15年。

中國向許多國家提供的政府貸款，都規定貸款「如到期償還有困難，經兩國政府協商，償還期可以延長」。這充分反應了中國對外提供貸款的原則精神，體諒發展中國家存在的實際困難。

五、中國向外國提供政府貸款的貨幣

中國向外國提供政府貸款計算貸款金額所使用的貨幣，有三種不同的規定。

1. 以借款國家的法定貨幣計算

用借款國家的法定貨幣計算，表示中國對發展中國家金融貨幣主權的尊重。例如，1961年8月18日簽訂的對加納貸款協定，規定貸款總金額為700萬加納鎊。當時還規定以加納鎊的法定含金量2.488,28克純金，作為對貸款帳戶記帳貨幣加納鎊的保值條款。

2. 以貸款國法定貨幣計算

1969年以後，為防止西方各國貨幣幣值變化可能給借貸雙方帶來的風險，中國在對發展中國家提供政府貸款的協定中常常規定以人民幣計算。

3. 以第三國法定貨幣計算

在不採用貸款協定雙方國家的法定貨幣計算時，經雙方協商一致，可規定以雙方

同意的第三國法定貨幣計算。例如，1954 年和 1961 年中國向阿爾巴尼亞提供的政府貸款均以盧布計算，1961 年向印度尼西亞提供的貸款以瑞士法郎計算，同年對馬里、緬甸的政府貸款均以英鎊計算，1981 年對波蘭的商品貸款以美元計算，1991 年對蘇聯的政府商品貸款以瑞士法郎計價結算。

對於貸款的償還，多數貸款協議規定用借款國的出口貨物償還，也有規定用借款國的出口貨物和/或可自由兌換的貨幣償還，少數貸款協議規定僅以可自由兌換貨幣償還。例如，1981 年中國向波蘭提供的商品貸款就規定只能以可自由兌換貨幣償還。

六、中國向外國提供政府貸款的規模

中國向外國提供的政府貸款，屬於對外經濟援助的組成部分，既要照顧到受援國的需要與要求，更要考慮到中國財力、物力、技術力量的能力，實事求是，量力而行，在力所能及的基礎上穩妥地進行。1984 年根據中國三十五年來對外經濟援助的經驗，對外援助的規模通常以控制在正常年度國家財政總淨收入額的 1%以內為宜，即按國家財政總收入減去從國外借款收入、國庫券收入、國家債券收入、籌集能源交通重點建設資金收入后的總淨收入額的 1%以內。此援助額度既包括有償政府貸款，也包括政府無償援助和贈予。2001 年以來，隨著中國經濟的發展，綜合國力的增強，對外援助的規模也相應擴大。

七、減免重債貧窮國家和最不發達國家的債務

為落實聯合國千年發展目標，促進經濟全球化朝著均衡、普惠、共贏的方向發展，中國雖然是中低收入的發展中國家，但在消除貧困、資金援助、減免債務方面仍採取了一些切實的措施。

（1）從 2001 到 2003 年，中國先后減免了烏干達、盧旺達、坦桑尼亞等 31 個非洲國家 105 億元人民幣的債務，以幫助其解困脫貧，促進其經濟發展。

（2）2005 年 9 月 14 日在聯合國成立 60 周年首腦會議發展籌資高級別會議上，中國又提出將進一步擴大對重債窮國和最不發達國家的援助規模，並通過雙邊渠道，在之后兩年內免除或以其他處理方式，免除所有同中國有外交關係的重債窮國在 2004 年底之前到期未還的全部無息和低息政府貸款。既有非洲國家，也有太平洋島國，2007 年正在辦理的免債還有 100 多億元人民幣。

第六節 政府貸款的法律問題

一、政府貸款協定

政府貸款協定（Government Loan Agreement）是規定國家與國家之間以政府名義用財政資金進行借貸時，各方應共同遵守的權利、責任與義務的法律文件，是兩國政府間進行貸款與借款的資金支付、使用與償還的依據，是具有法律效力的書面文件。政府

貸款協定亦稱「政府貸款協議」，有時由於雙邊政府代表協商制定的書面文件形式不同，也可稱為「政府貸款議定書」（Protocol）、「備忘錄」（Memorandum）、「會議紀要」（Minutes Discussion）或者「換文」（Exchange of Letter）。例如，1985年4月16日簽訂的《中華人民共和國政府和法蘭西共和國政府財政議定書》規定法國政府向中國政府提供17.5億法國法郎的貸款；1988年9月20日英國政府與中國政府在北京簽署的《關於優惠貸款的備忘錄》；1982年7月義大利政府與中國政府在羅馬簽署的《中國和義大利政府經濟、技術和財政合作計劃紀要》，確定義大利政府於1981—1983年的3年内，向中國的9個項目提供總額為1.48億美元的政府貸款。上述文件的形式不同，名稱各異，規定的貸款内容也有所側重。

二、政府貸款協定的法律性質

因為不同性質的貸款協定會產生不同的法律效力。如果政府貸款協定屬於條約，它必須受國際公法的支配；如果政府貸款協議屬於一般合同，它僅受制於有關國家的國内法。目前國際上有四種不同的主張：

（1）確認政府貸款協定具有條約性質。例如，德國將它與外國政府本身簽訂的貸款協定視為條約，適用國際公法；捷克、斯洛伐克等東歐國家也認為，政府間的貸款協定是國際條約，應該受國際公法支配。

（2）否認政府貸款協定是條約，明示或默示地將之視為合同，因而規定適用於本國法，例如英國、法國、日本等國便如此。持這種主張的理由各有不同。有的認為，國際公法還不足以解決有關跨國貸款協議履行的所有爭端；有的認為，如果將政府貸款協定視為條約，就應按照《聯合國憲章》第102條和《維也納條約法公約》第80條送交聯合國秘書處登記並公布，手續繁瑣，還得公開協議的所有内容，並且必須經借款國的立法機關批准，從而保證貸款協議簽署和履行的效力；有的則認為，如果將貸款協議視為條約，貸款方某些權利的行使將受到影響。例如，一旦借款方違約，貸款方就有權立即中止或終止貸款並要求加速償還。但是按照《維也納條約法公約》第65條規定，條約的終止或停止只有在從發出通知起3個月以後方可生效。因此，該規定如適用於政府貸款協議，將對貸款方不利。

（3）既否認貸款協議是條約，也否認貸款協議是由國内法支配的合同。科威特是持這一主張的典型代表，它排除國際公法和任何國家法律的適用。科威特政府的貸款協議常規定：如果借貸雙方發生爭端應提交仲裁，仲裁庭將根據「當事雙方現行法的共同原則和平等原則」解決爭端。

（4）迴避貸款協議的法律性質。美國一般採取這種做法，其政府貸款協議的爭端通過協商途徑解決，無法律適用條款。

三、政府貸款協定的主要内容

政府貸款協定所包含的内容條款，要根據貸款政府與借款國之間的需要與可能，

在平等互利的基礎上，結合不同的背景、環境、情況、協商確定。一般除應包括前述的貸款目的、貸款額度、貸款期限、貸款利息、執行機構、限制性條款外，有時還包括下列條款：

1. 貸款的使用控制條款

許多西方發達國家政府，常要求對其貸款的使用過程，從項目的選定、建設進度、效率到採購合同的簽訂、審核與批准等，實行一定程度的控制，以便使貸款的運用能更好地符合貸款國政府的願望。因此，它們常在貸款協定中插入某些控制貸款使用的條款。這些條款主要有：

（1）比率條款（Rate Clause）。這種條款一般出現在與項目結合的貸款協定中。它要求借款國在項目建設投產或使用后必須按一定比率出售項目產品，如水電站的單位時間供電量、供水系統單位時間的供水量等。

（2）定期報告（Periodic Report）。許多政府貸款協定規定借款國的執行機構應定期向貸款國執行機構提交與貸款使用有關的文件，文件包括項目進展報告、經費支出、項目採購合同、財務報表等，以便使貸款方能夠在借款方償還能力發生不利變化時，及時採取必要的補救措施。

（3）定期檢查（Periodic Review）。當政府貸款的對象是建設項目時，有的政府貸款協定規定貸款國有權定期或不定期地派人到借款國建設項目所在地檢查項目建設的進展情況。

（4）招標控制（Bidding Control）。當借款國的採購運用競爭性招標方式時，貸款國有時要求對招標過程進行控制。這種控制，有的政府協定要求較寬鬆，借款國只要將招標文件副本、最后中標證明副本提交貸款國，並且聽取貸款國官員的諮詢意見即可；有的政府貸款協議要求極為苛刻，貸款國不僅要收到一切與招標有關的文件，而且這些文件必須經貸款國批准方能生效。

2. 借款國稅收豁免條款

為了保障貸款國的利益，政府貸款中有的規定，對於貸款本金的償還和利息的支付，均享受借款國現行和將來的財政稅收豁免條款。

3. 爭端解決條款

政府貸款協定規定的爭端解決方式，通常是協商和仲裁。當仲裁長人選難以在期限內確定時，可規定由國際法庭主席任命或者由屬於第三國籍的高級法官任命。

4. 法律適用條款

由於貸款對象不同以及在貸款協定性質認識方面的差異，各國在法律的適用方面有不同的規定。有的規定適用貸款國法律，有的規定適用借款國法律，有的則規定適用國際公法，還有的只規定適用某種法律的原則，也有許多貸款協定無法律適用條款，甚至明確排除任何法律的適用。

四、政府貸款的擔保與保證

(一) 政府貸款擔保的形式

從政府貸款的實踐看，如果貸款對象是政府本身，則貸款協定常有消極擔保條款；如果貸款對象是政府本身之外的部門，則貸款方一般都要求借款方所在國的政府、政府機構或借款方母公司提供保證。物權擔保一般很少採用，原因在於：一方面，許多國家的政府貸款在歷史上曾經採用過多種物權擔保方式，但效果都不明顯，主要是因為擔保物大都在借款方所在國內，一旦借款方違約，擔保物權仍難以執行；另一方面，貸款國並不熟悉借款方所在國有關擔保物權的法律結構，如果要求借款方提供物權擔保，貸款方必然要花費大量精力去瞭解借款方所在國的擔保法律，調查擔保方的權利以及所設擔保物權的地位等問題。從經營和效率的角度來說，是不可取的，故不為政府貸款方所提倡。

(二) 政府貸款保證的範圍

對於政府貸款保證的範圍，有不同的主張和做法。一種意見認為，政府貸款保證既包括對借款償還的保證，也包括對貸款保證項目執行的保證，持這種意見的有德國、日本、科威特等國。它們的保證協議除規定借款國政府對貸款本息的償還提供擔保之外，還規定保證人有義務盡一切可能或提供一切機會幫助借款方執行和完成項目。另一種意見則認為，保證只涉及貸款償還，不必擴及項目的執行，持此種意見的有美國和英國。因此，它們的保證協議一般只包括償還本息的保證條款。從法律技術上看，第一種做法較為複雜。特別是在借款方和項目執行方不是同一實體情況下，要求對項目執行提供保證，就等於迫使保證人和第三方確立某種法律關係，這不易被保證人接受。但是對項目執行的保證，可以增強項目執行人的責任心，從而有利於貸款的償還。至於第二種做法，雖然在法律技術上較為簡單，保證人也容易接受，但是，如果項目執行不力，且保證方特別是借款方政府的外匯儲備不足，則貸款的償還實際上將會受到影響。

五、政府貸款目的的落實

政府貸款基本上是為了借款國的開發和促進貸款國出口之目的而提供的，因此，各國政府的貸款機構對貸款的目的能否實現頗為關注。這就涉及各種限制條款和貸款使用控制條款的運用。但是，借款方一般不願意接受這些條款。其原因是：

第一，有些條款的後果無法預計或對借款方明顯不利。比如，項目建設或投產後是否能達到比率條款規定的要求，事先是難以預計的。又如，有的國家法律要求貸款協定既要在官方刊物上公開，又要獲得國會的批准，而貸款協定中上述條款的公開對借款方是不利的，而且可能得不到批准。

第二，限制性條款以及貸款使用控制條款常會引發「干涉借款國內政」等敏感的政治問題，處理不當會影響當事國之間的政治關係，這並不是當事國雙方所期望的。

為了能與借款方達成協議，而又不影響貸款方所期望之目的的圓滿實現，許多貸款國曾為此而努力。比如，有的國家減少或放棄了對借款的使用限制和控制，同時通過提供技術協助、諮詢等方式促使貸款目的的實現；有的國家則在合同語言上做文章，盡可能不使用諸如「由貸款方批准」「向貸款方報告」之類容易引起借款方反感的表述，而代之以較婉轉的用詞，但實際內容並未改變。當然也有一些國家，它們根本不考慮借款方特別是發展中國家的困難，利用發展中國家對資金的迫切需要，在政府貸款協定中，強加若干違反借款方主權的貸款使用限制和控制條款，並時常通過這些條款干預借款國的內政。這種做法違反國際法的基本原則，是與政府貸款的目的相悖的。

【參考文獻】

［1］對外經濟貿易部外國貸款管理局. 外國政府貸款工作手冊［Z］. 1988.

［2］中國銀行總行信貸二部. 出口信貸業務資料選編［Z］. 1989.

［3］中國對外經濟貿易信託投資公司. 日本海外經濟協力基金「黑字還流」貸款工作實施細則［Z］. 1990.

［4］劉舒年，蕭朝慶. 國際信貸［M］. 北京：中國對外經濟貿易出版社，1989.

［5］董世忠，陳小敏. 國際金融法［M］. 北京：法律出版社，1991.

［6］中華人民共和國財政部金融司. 外國政府貸款管理指南［M］. 北京：中國財政經濟出版社，2000.

【思考題】

1. 政府貸款的概念是什麼？政府貸款具有哪些特性？如何衡量政府貸款的優惠程度？
2. 試述中國使用外國政府貸款的種類、條件和採購方式。
3. 淺談中國向外國提供政府貸款的種類、貨幣、償還和適宜的規模。
4. 中國政府優惠貸款的內容是什麼？

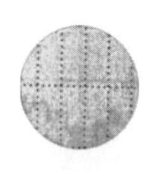

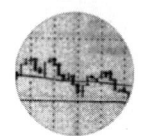

第八章　國際金融組織貸款

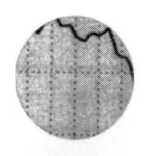

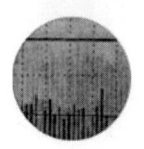

第二次世界大戰結束以來，各種國際金融機構提供的貸款，在各國解決其國際收支逆差和提供長期經濟建設所需外匯資金方面，起著日益重要的作用。2004年年末，中國的外債餘額中，國際金融組織貸款餘額為251億美元，占外債總額的11%。2005年6月11日倫敦8國集團財長會議決定，立刻全部減除18個重債窮國400億美元的債務。IMF、世界銀行、非洲開發銀行隨即將18個符合條件的重債窮國的債務一筆勾銷。為此，我們有必要專門研究國際金融組織貸款。

第一節　國際貨幣基金組織貸款

國際貨幣基金組織（International Monetary Fund，IMF）是美、英等國於1944年7月趁籌組聯合國會議之機，與其他42個國家在美國新罕布什爾州（New Hampshire）布雷頓森林（Bretton Woods）舉行聯合國貨幣金融會議，通過了《國際貨幣基金協定》（International Monetary Fund Agreement，以下簡稱《協定》），決定成立的一個國際性常設金融機構。該組織於1946年3月正式成立，次年3月開始營業。總部設在美國華盛頓。2003年年末基金信貸餘額為719億特別提款權，約合1,068億美元。

一、國際貨幣基金組織的組織機構

截至2006年9月18日，IMF共有184個會員國。會員國分為兩類：凡參加1944年布雷頓森林會議並於1945年年底前在《協定》上簽字正式參加的國家為創始會員國，在這之後參加的國家為其他會員國。

IMF的組織機構由理事會（Board of Governors）、執行董事會（Board of Executive Directors）、總裁（Managing Director）和若干業務職能機構組成。

理事會是IMF的最高權力、決策機構，由每個會員國委派理事和副理事各一人組成。理事會任期5年，可以連任。副理事只有在理事缺席時才有投票權。理事會的主要職權為：批准接納新會員國；批准修改份額，批准會員國貨幣平價的變動；決定會員國退出IMF；討論、決定其他有關國際貨幣制度的重大問題。理事會每年舉行一次會議，必要時可舉行特別會議。

執行董事會是常設機構，負責處理日常業務。它由在IMF內佔有份額最多的6個會員國，即美國、英國、德國、法國、日本以及沙特阿拉伯各單獨指派1名執行董事，其他會員國按地理區域劃分16個選區，各推選1名執行董事。其中，中國作為一單獨選區指派執行董事1名。每個執行董事指派副執行董事1人，在執行董事缺席時，代行職權。執行董事不得兼任理事，每兩年由會員國指派或改選一次。

總裁由執行董事會推選，總管IMF業務工作，是最高行政領導人，並兼任執行董事會主席，平時無投票權，只有在執行董事會表決雙方票數相等時，可投一決定票。

按不成文慣例，總裁由歐洲人擔任。總裁之下設副總裁（Deputy Managing Director）1人，輔佐總裁工作。

理事和執行董事按所代表的國家的投票權進行投票。由會員國聯合推選的執行董事，則按照這些國家加在一起的投票權進行投票。會員國的投票權，主要取決於它們的份額：①每個會員國都有基本投票權250票；②每10萬美元的份額，在基本投票權上增加1票，份額越大，增加的票數越多。根據以上兩項計算出會員國的票數，還要做以下調整：到投票日為止，每當會員國貨幣被IMF貸出40萬美元，則該會員國增加1票；會員國從IMF借款，每借40萬美元，則該會員國減少1票。IMF的一切重大問題需要有80%，特別重大的問題需要有85%的多數票通過才能有效。

二、國際貨幣基金組織的宗旨

根據《協定》第一條的規定，IMF的宗旨為：建立常設機構，為國際貨幣問題的商討與協作提供便利，促進國際貨幣合作；促進國際貿易的擴大與平衡發展，以提高和維持高水平就業與實際收入，以及開發各會員國的生產資源；促進匯率穩定，維持會員國之間的正常匯兌關係，避免競爭性貨幣貶值；協助建立會員國間經常性交易的多邊支付制度，消除阻礙國際貿易發展的外匯管制；在充分保障條件下，為會員國提供資金，使其增強信心糾正國際收支失衡，而不致採取有損本國或國際繁榮的措施；根據以上目標，縮短會員國國際收支失衡的時間，並減輕失衡的程度。

三、國際貨幣基金組織的資金來源

（一）份額

IMF的資金，主要來自會員國繳納的份額（Quota）。份額在性質上相當於股東加入股份公司的股金，會員國繳納的份額成為IMF的資本。份額目前以IMF 1969年創立的記帳單位——特別提款權（Special Drawing Right，SDR）表示。

特別提款權創設之初的法定含金量是0.888,671克純金，與當時的美元等值。1971年12月和1973年2月美元兩次法定貶值，SDR仍保持原值直到1974年6月。1974年7月SDR與黃金脫鈎，改為以16種貨幣加權定值，1981年起改為以世界五大出口國貨幣加權定值，權重為美元42%、德國馬克19%、日元13%、英鎊13%、法國法郎13%，而且規定每五年調整一次五種貨幣的加權比重。1999年歐元誕生，2001—2005年SDR定值調整為美元45%、歐元29%、日元15%、英鎊11%。2006年1月1日SDR定值又調整為美元44%、歐元34%、日元11%、英鎊11%。

會員國應繳份額的大小，要綜合考慮會員國的國民收入、黃金外匯儲備、平均進口額、出口變化率和出口額占國民生產總值的比例等因素，最後由IMF與會員國磋商確定。每五年對份額進行一次普遍審查，如有必要，可對會員國的份額進行調整。1990年6月，IMF理事會又通過第9次增加份額的決議。這次增加份額實現以後，份額由900億SDRs增加到1,350億SDRs。2002年6月30日總份額已增至2,126.579億

SDRs。

1980 年 4 月，中國恢復了在 IMF 的合法席位。中國的份額為 23.91 億 SDRs，占總份額的 2.66%。第 9 次增加份額實現后，中國的份額增加到 33.85 億 SDRs，2002 年 6 月 30 日已增至 63.692 億 SDRs，僅次於美、日、德、英、法、意和沙特阿拉伯七國，與加拿大相等，多於俄羅斯，占總份額的 2.98%。2006 年 9 月 18 日增至 3.72%。以后陸續增加，目前已升至 6.394%，排名從第六位躍居第三位。

會員國繳納的份額，除作為 IMF 發放短期貸款的資金來源外，其數量多少對會員國還有以下作用：決定會員國從 IMF 借款或提款的額度；決定會員國投票權的多少；決定會員國分得 SDRs 的多少。

(二) 借款

借款是 IMF 的另一個資金來源。在 IMF 與會員國的協議下，IMF 向會員國借入資金，作為對會員國提供貸款的資金來源。

(三) 信託基金

IMF 在 1976 年決定，按市價出售黃金所得的利潤，作為信託基金(Trust Fund)，向最貧窮的會員國提供信貸。

四、國際貨幣基金組織貸款的特點

(1) 只向會員國政府發放貸款。IMF 發放貸款的對象，僅限於會員國政府，即它只與會員國的財政部、中央銀行、外匯平準基金組織或其他類似的財政機構往來。

(2) 貸款資金只能用於彌補國際收支逆差。IMF 貸款的用途，只限於解決會員國國際收支的暫時不平衡，用於貿易與非貿易經常項目的支付。

(3) 貸款的規模與借款國的份額相聯繫。IMF 向會員國提供貸款的額度，是與該國的份額相聯繫的，與其份額的大小成正比例關係。

(4) 特殊的貸款方式。與一般的借款不同，會員國向 IMF 借款採用所謂「購買」(Purchase)或「提款」(Drawing)的方式。所謂「購買」，意即借款國用相當於借款額的本國貨幣購買彌補國際收支逆差需要的外匯。這在技術上雖不同於一般的借款，但效果是一樣的。但從 IMF 角度看，會員國借款改變了 IMF 的貨幣構成。所謂「提款」，是指會員國有權根據參加 IMF 的股份，按規定從 IMF 提用一定數量的資金。與提款對應，會員國還款時要用自己原來所借外匯買回本國貨幣，故稱還款為「購回」。

五、國際貨幣基金組織貸款的種類

(一) 普通貸款

普通貸款(Normal Credit Tranche)是 IMF 最基本的一種貸款。它是 IMF 為解決會員國暫時的國際收支困難而設立的，也是 IMF 最早設立的一種貸款。借取普通貸款的最高額度，為會員國所繳份額的 125%，貸款期限為 3~5 年。IMF 對普通貸款實行分檔政策(Tranche Policies)，把會員國可借用的貸款分為以下不同部分：

1. 儲備部分貸款(Reserve Tranche)

儲備部分貸款即會員國申請貸款的額度不多於本國所繳份額的25%，可自動提用，無須特殊批准。這是因為，會員國以黃金繳納了份額的25%，有十足的黃金保證，故稱「黃金份額」(Gold Tranche)貸款。1978年4月，《協定》第二次修正案生效以後，會員國份額的25%改以SDRs或指定的外匯繳納。會員國提取額度不超過份額25%的貸款，仍是有充足保證的，故稱儲備部分貸款。

2. 信用部分貸款(Credit Tranche)

信用部分貸款即會員國申請貸款額度為其所繳份額的25%～125%的貸款。信用部分貸款分為4個檔次，每個檔次均占份額的25%。會員國借款使用完儲備部分貸款之后，可依次使用一、二、三、四檔信用部分貸款。

(1) 第一檔信用部分貸款。IMF對第一檔信用部分貸款的審批條件較松，但申請這部分貸款須呈交克服國際收支困難的具體計劃，才能獲得批准。申請第一檔信用部分貸款，可以採取直接購買外匯的方式，即在申請貸款獲準后，立即向IMF提取資金。也可採用備用信貸安排(Stand-by Arrangement)方式，即申請貸款的會員國與IMF商妥貸款額度后，可在商定時間內根據實際需要，分次提取。

(2) 高檔信用部分貸款(Higher Credit Tranche)，即對第二檔信用部分以上的貸款。使用高檔信用部分貸款，隨著檔次的升高審批逐漸嚴格。比如，會員國申請第二檔信用部分貸款時，就需要呈交內容廣泛的穩定本國經濟的計劃，並須附有信貸、貿易、國際收支等各項指標，以便在使用貸款的過程中接受IMF的監督。如會員國未遵守計劃中的各項要求，未能完成各項指標，IMF常常要求借款國進一步採取有力措施，必須完成確定的目標。

1981年，中國曾獲得第一檔信用部分貸款4.5億美元，並於1984年提前還款。1986年，中國又獲得了第二筆第一檔信用部分貸款，金額為5.97億SDRs，1991年到期償還。此后，中國國際收支狀況良好，外匯儲備不斷增加，直至2002年也未再向IMF借款。

(二) 出口波動補償貸款

發展中國家長期受西方國家不等價交換的剝削，國際收支很難平衡，外債負擔越來越重，而它們在IMF中所占的份額很小，可借用外匯的額度很有限。因此，發展中國家在IMF年會上多次提出意見，要求擬訂穩定原料出口價格方案。為緩和發展中國家的不滿，IMF在1963年2月通過了設立「出口波動補償貸款」(Compensatory Financing Facility或Compensatory Financing of Export Fluctuation)的決定。其內容是：初級產品出口國家如果由於出口收入下降而發生國際收支困難，可以在原有的普通貸款外，另向IMF申請此項專用貸款。此項貸款的額度最初規定為相當於會員國份額的25%，1966年9月將貸款額度提高到份額的50%，以后又提到份額的75%，1979年8月以后，又提高到份額的100%。

借取此項貸款的條件是：①出口收入的下降必須是短期性的；②出口收入的下降

是由會員國本身能力所不能控制的原因造成的；③借款國有義務與 IMF 合作採取適當措施解決其國際收支困難。

這種貸款的期限為 3~5 年；要求借款國的出口收入一旦恢復，應盡早歸還。

1981 年 5 月，IMF 又將這項貸款的適用範圍擴大，會員國因穀物進口成本過高而產生國際收支困難，也可申請此項貸款。

(三) 緩衝庫存貸款

這是 1969 年 6 月 IMF 應發展中國家的要求設立的一種貸款。這項貸款用於支持初級產品出口國穩定國際市場初級產品的價格，建立國際緩衝庫存資金。緩衝庫存貸款(Buffer Stock Financing)的額度最高可達借款國份額的 50%。由於此項貸款與出口波動補償貸款的目的聯繫密切，特規定此項貸款與出口波動補償貸款的總額度不得超過份額的 75%。緩衝庫存貸款的期限也為 3~5 年。

(四) 石油貸款

石油貸款(Oil Facility)是在 1974 年 6 月設立的，專門向因 1973 年石油漲價而發生國際收支困難的發達國家和發展中國家發放。這項貸款的資金，由 IMF 從石油輸出國(如沙特阿拉伯、伊朗、科威特、委內瑞拉等)和發達國家(如德國、荷蘭、瑞士等)借入，總額為 69 億 SDRs，專款專用，不能移作他用。此項貸款的最高額度，1974 年規定為份額的 75%，1975 年提高為 125%，但貸款條件比 1974 年嚴格。貸款期限為 3~7 年，要求按季度分 16 次還款。此項貸款利率高於普通貸款。為減輕最困難的發展中國家借取石油貸款的利息負擔，1975 年決定建立利息貼補帳戶(Subsidy Account)，其資金來源由 24 個發達國家和石油輸出國捐獻。石油貸款是臨時性的，到 1976 年 5 月，此項貸款即告結束。

(五) 中期貸款

中期貸款(Extended Facility)是 IMF 在 1974 年 9 月設立的一項專門貸款，其設立目的是解決會員國較長期間的國際收支逆差，而且其資金需要量比普通貸款所能借到的額度要大。IMF 對這項貸款監督較嚴。借取中期貸款的條件是：①IMF 確認申請國的國際收支困難確需取得比普通貸款的期限更長者才能解決；②申請國必須提出貸款期內改進國際收支困難的計劃，以及在第一年準備施行的有關政策措施的詳細說明，以后每年度都要向 IMF 提出有關工作進展的詳細說明和實現目標的政策措施；③根據會員國實現計劃目標、執行政策的實際情況，分期發放貸款。中期貸款的期限為 4~8 年，備用安排的期限為 3 年，一般分 16 次歸還。貸款額度最高可達份額的 140%。中期貸款與普通貸款兩項的總額不能超過借款國份額的 165%。

(六) 信託基金貸款

1976 年 1 月，IMF 臨時委員會在第五次會議上達成協議，決定以 IMF 持有黃金的 1/6(2 500 萬盎司)在 1976 年 7 月至 1980 年 6 月的 4 年內，按市價出售，以所獲利潤(即市價超過 1 盎司＝35 美元的部分)建立一筆信託基金，以優惠條件向較窮的發展中國家提供貸款。信託基金於 1976 年 5 月設立，除售金收入以外，還有直接分到出售黃

金利潤的某些受益國轉讓給信託基金的資金,以及資產投資收入。能得到信託基金貸款的條件是:①1973年人均國民收入不超過 300 SDRs 的國家(61 個國家),享用自 1976 年 7 月 1 日起的 2 年期第 1 期貸款;1975 年人均國民收入不超過 520 美元的國家(59 個國家),享用自 1978 年 7 月 1 日起的 2 年期第 2 期貸款;②申請貸款國的國際收支、貨幣儲備和其他發展情況,經 IMF 審核后證實確有資金需要,而且又有調整國際收支的適當計劃。信託基金貸款年利率為 0.5%,期限 5 年,每半年歸還一次,5 年內分 10 次還清。

1981 年,中國獲得信託基金貸款 3.09 億美元,並於 1984 年提前還款。

(七) 補充貸款

補充貸款(Supplementary Financing Facility),亦稱韋特文貸款(The Witteven Facility),1977 年 4 月正式設立。貸款資金由石油輸出國和有國際收支順差的發達國家提供,總額為 84 億 SDRs。補充貸款用於補充普通貸款的不足,即在會員國發生嚴重的國際收支逆差,需要比普通貸款所能提供更大數額和更長期限的資金時,可以申請補充貸款。貸款的最高額度可達會員國份額的 140%,備用安排的期限為 1~3 年,還款期限為 3.5~7 年,每半年償還一次,分期償清。借取貸款頭 3 年的利率為 IMF 付給資金提供國的利率(7%)加 0.2%,以后則加 0.325%。

在補充貸款資金分配完畢后,IMF 於 1981 年 5 月開始實行擴大貸款政策(Enlarged Access Policy)。IMF 實行這項政策的目的和內容與補充貸款相似。1985 年規定,1 年的貸款額度為份額的 95%~115%,3 年累計的限額為份額的 280%~345%,累計最高限額為 408%~450%,以后又降為 1 年 90%~110%,3 年累計為 270%~330%,累計最高限額為 400%~440%。

(八) 結構調整貸款

結構調整貸款(Structural Adjustment Facility)設立於 1986 年 3 月。IMF 設立這項貸款,是想通過提供利率為 0.5%、期限可長達 10 年的優惠貸款,促使低收入會員國制定和執行全面的宏觀經濟調整和結構改革政策,以恢復經濟增長和改善國際收支,從而解決它們長期存在的國際收支困難。結構調整貸款的額度為會員國份額的 70%。

1987 年年底,IMF 又設立了擴大的結構調整貸款(Enlarged Structural Adjustment Facility),貸款的目的、用途和條件與原來的結構調整貸款相同,但貸款額度增加到份額的 250%,特殊情況可達份額的 350%。擴大的結構調整貸款與原來的結構調整貸款並行發放。原來的結構調整貸款資金主要來自 20 世紀 80 年代初發放的信託基金貸款到期后收回的資金。實行擴大的結構調整貸款后,這些資金已不能滿足需求,IMF 需要向石油輸出國和發達國家籌借資金。為彌補因籌借資金和優惠放款而形成的利息損失,IMF 實行利息貼補政策,利息貼補資金來自石油輸出國和發達國家的捐贈或低利貸款。

按照 IMF 的規定,中國和印度也是結構調整貸款的對象國,但為了把有限的資金更多地用於最窮、最困難的發展中國家,中國和印度都表示暫不參與使用此項貸款。

六、國際貨幣基金組織貸款的費用與酬金

(一) 國際貨幣基金組織貸款的費用

(1) IMF對上述貸款都收取手續費，費率為0.5%，在提款時一次付清。

(2) IMF對備用安排和中期安排收取類似商業借款中承諾費的費用，費率為年率0.25%。在每一期(12個月)開始時，按備用安排和中期安排規定的待提用金額來計算和支付。會員國在按照備用安排提款時，IMF對所提部分收取的承諾費應退還給該會員國；如該會員國未按備用安排與中期安排提取貸款，所交承諾費不予退還；如會員國全部提取了可供使用的金額，IMF即將該會員國所交承諾費退還。

(3) IMF對其持有的某會員國貨幣超過該國份額的部分定期收取費用。這是因為，這種超過份額的持有額，實際上是由會員國從IMF購買其他國家的貨幣或其他一些增加IMF持有額的交易造成的。這種費用實際上就是利息。因此，IMF對除資金來源於借款外的所有貸款，均收年率為6.25%的固定使用費。對於補充貸款項下的貸款，則採用浮動使用費，因為IMF借入的這些資金採用的是浮動利率。至於浮動使用費的水平，則根據IMF借入資金時的利率再加上一個差額，每半年確定一次。這個差額從0.2%到0.325%不等，按貸款餘額和償還時間的長短而定。對於擴大貸款項下的貸款，使用費等於IMF借入資金時的利率再加上0.2%的固定差額。

(二) 國際貨幣基金組織貸款的酬金

所謂酬金(Remuneration)，是IMF使用某一會員國認繳份額中繳付的本國貨幣，而付給該國的報酬。前已說明，會員國向IMF借款，是採取用本國貨幣購買外匯的方式進行的。IMF貸出的外匯，實際上是它貸放出的貨幣的所屬國向IMF已繳份額中繳付的本國貨幣。由於IMF使用這個國家的貨幣發放了貸款，必然使這個國家繳付給IMF的本國貨幣額低於其份額。對於這個差額部分，IMF要付給該會員國以酬金，況且IMF利用該會員國所繳份額中的本國貨幣發放貸款是收取使用費的。從1981年5月起，酬金率為IMF支付SDRs利率的85%，但IMF可按需要提高到100%或降低到80%。

七、國際貨幣基金組織貸款存在的基本矛盾與問題

IMF的上述貸款，對緩解會員國的國際收支困難和推動世界經濟的發展，起到了一定的積極作用，但由於受下述問題與矛盾的牽制，而難以發揮更大作用。

(一) 信貸資金不敷需求

IMF從創立以來，作為其信貸資金最主要來源的份額，雖然從最初的76億美元增加到第8次調整份額后的900億SDRs，但仍不敷需求。眾所周知，發展中國家利用的短期信貸資金，一是來自國際商業銀行貸款，二是來自IMF的貸款。但從1982年秋爆發債務危機以來，由於國際商業銀行減少了對發展中國家的貸款，IMF貸款便成為發展中國家所需短期信貸資金的最主要來源。與此同時，發展中國家的國際收支狀況不

斷惡化，對短期信貸資金的需求急遽增加。面對這種情況，IMF 甚感信貸資金不足，發展中國家和許多發達國家也要求 IMF 進行第 9 次增資。可是美國却堅持認為不需要增資。經過爭論和鬥爭，IMF 理事會才於 1990 年 6 月通過決議，增資 50%，從 900 億 SDRs 增加到 1,350 億 SDRs。2002 年 6 月 30 日份額實際已增至 2,126.579 億 SDRs。

（二）信貸資金的分配極不合理

IMF 對會員國提供貸款時，一直把貸款的規模同借款國的份額緊密聯繫在一起。由於發達國家持有大部分份額，截至 1978 年，IMF 差不多把貸款的 60% 提供給了發達國家。這就形成了最需要信貸資金的發展中國家只能得到很少貸款的不合理狀況。從 1979 年起，IMF 的貸款雖然幾乎全部提供給了發展中國家，但仍未擺脫份額的制約，不能滿足它們平衡國際收支的需要。發展中國家迫切要求改變這種不合理的狀況。然而，第 9 次增資實現后，發展中國家的份額在總份額中的比重，不僅未提高，反而還普遍下降。另外，1984 年后，在美國的堅持下，對會員國在普通貸款以外借用的擴大貸款，IMF 又多次降低限額，使得上述不合理狀況進一步嚴重化。

（三）IMF 提供貸款時附加的限制性條件

IMF 在對會員國提供除儲備部分貸款以外的貸款時，總要附加一些限制性條件（Conditionality），要求借款國在使用貸款資金時，必須採取某種經濟政策與一定的經濟調整措施，來恢復國際收支平衡。大家知道，IMF 要求實行的經濟政策措施，往往是緊縮經濟的政策措施。這既會給借款國帶來新的經濟困難和問題，而且也不一定能有助於借款國解決國際收支困難。因為這種限制性條件只著眼於國際收支失衡的內部因素，而忽視了國際收支的外部因素。然而，事實上，恰恰是外部因素在發展中國家國際收支失衡的形成中起了重要作用。因此，發展中國家對 IMF 貸款的限制性條件十分不滿，強烈要求放寬條件，但遭到發達國家的反對。值得注意的是，尚未生效的《協定》第三次修正案又強化了 IMF 貸款的限制性條件，增加了對拖欠國實施制裁措施的規定，即：對未履行 IMF 貸款還款義務的會員國，在宣布停止貸款和實施其他警告措施無效的情況下，IMF 可停止其在 IMF 的表決權和其他權利。

總之，上述問題與矛盾反應了發達國家與發展中國家之間經濟利益上的矛盾與衝突。這些問題與矛盾得不到解決，IMF 作用就會有很大的局限性，從而不能適應世界經濟發展的需要；要使 IMF 在促進世界經濟發展中發揮更大的作用，就必須對 IMF 長期以來遵循的原則與慣例進行調整與改革。

第二節　世界銀行貸款

1944 年 7 月的布雷頓森林會議通過了《國際復興開發銀行協定》（Articles of Agreement of the International Bank for Reconstruction and Development）。根據該協議 1945 年 12 月國際復興開發銀行（IBRD）成立，簡稱世界銀行（World Bank），總部設在華盛頓。凡參加世界銀行（以下簡稱「世行」）的國家必須是 IMF 的會員國，但 IMF 的會員國不

一定都參加世行。后來,國際復興開發銀行和 1960 年成立的國際開發協會(International Development Association, IDA)、1956 年成立的國際金融公司(International Finance Corporation, IFC)、1988 年成立的多邊投資擔保機構(Multilateral Investment Guarantee Agency, MIGA)、1966 年成立的解決投資爭端國際中心(International Centre for Settlement of Investment Disputes, ICSID)這五個密切合作的機構組成了世界銀行集團(The World Bank Group)。2002 年 6 月 30 日國際復興開發銀行共有 183 個會員國,累計貸款 3,710 億美元。中國於 1980 年 5 月恢復了在世行的合法席位。

一、世界銀行的組織機構

世行的最高權力機構是理事會,由每一會員國委派理事和副理事各 1 人組成。理事任期為 5 年,可以連任。副理事在理事缺席時才有投票權。理事會的主要職能為:批准接納新會員國,增加世行資本,停止會員國資格,決定世行淨收入的分配以及其他重大問題。理事會每年舉行一次會議,一般與 IMF 理事會聯合舉行。

同 IMF 相似,在世行內,每個會員國均有 250 票的基本投票,另外,每認繳 10 萬美元的股金,則增加 1 票。

世行負責領導並處理日常業務的機構也是執行董事會,執行董事現有 21 人,其中 5 人由持有股金最多的美國、英國、德國、法國和日本 5 國指派,其餘 16 人由其他 120 多個會員國按地區分組推選。中國為獨立地區組,指派執行董事和副執行董事各 1 人。

執行董事會選舉 1 人為行長(President),也即執行董事會主席。理事、副理事、執行董事、副執行董事不得兼任行長。行長無投票權,只有在執行董事會表決中雙方票數相等時,可以投決定性的一票。按不成文的慣例,世行行長由最大的股東國美國人擔任。行長下設有副行長協助工作。

二、世界銀行的宗旨

根據《國際復興開發銀行協定》(以下簡稱《世行協定》)第一條的規定,世行的宗旨是:為生產目的的投資提供便利,以協助會員國的復興與開發,並鼓勵不發達國家的生產與資源的開發;以保證或參加私人貸款和私人投資的方式,促進私人的對外投資;用鼓勵國際投資以開發會員國生產資源的方法,促進國際貿易的長期平衡發展,以維持國際收支的平衡;在提供貸款保證時,應與其他方面的國際貸款配合。

總之,世行的主要任務是向會員國提供長期貸款,促進戰后經濟的復興,協助發展中國家發展生產,開發資源,從而起到配合 IMF 貸款的作用。

三、世界銀行的資金來源

(一)會員國實際繳納的股金

世行規定,每個會員國均須認購股份(Share)。每個會員國認購股份的多少,以該

國經濟、財政力量為根據，並參照其在IMF認繳的份額，同世行協商，並經理事會批准。按照原來的規定，會員國認購股金分兩部分繳付：①會員國參加時，先繳付股金的20%[①]，其中的2%須以黃金或美元繳付，世行對這部分股金有權自由使用，其餘的18%，用會員國本國的貨幣繳付，世行將這部分股金用於貸款時，須徵得該會員國同意；②會員國認購股金的80%是待繳股金，於世行催交時，會員國以黃金、美元或世行需用的其他貨幣進行繳付。世行自建立以來，還一直未要求會員國繳付過待繳股金。儘管如此，待繳股金却為世行在國際資金市場借款提供了信用保證。最初，世行的法定資本為100億美元。后來，經過幾次增資，到1990年6月30日，世行的法定認繳股金已達1,253億美元。

需要說明的是，上面所述會員國繳付股金的辦法，是《世行協定》規定的，也是最初採用的辦法。但在1959年增資時，會員國實際繳付的股金並未相應增加，故自此后會員國實際繳付的黃金、美元部分由2%降為1%，用會員國本國貨幣繳付的部分由原占認繳額的18%降為9%，而其餘的90%是待繳股金。

截至1990年6月30日，中國認繳的世行股金為42.19億美元，實繳股金2.99億美元，投票權35,221票，占總票數的3.27%。2002年6月30日止，中國實繳股金50.693億美元，擁有投票權45,049票，占2.79%。

(二) 通過發行債券借款

通過在國際債券市場發行債券借款，是世行資金的一個重要來源。世行貸款資金的很大部分是靠發行債券籌措的。例如，在1990年財政年度(1989年7月1日—1990年6月30日)世行借款117億美元，而貸款總撥付額為139億美元，前者占後者的84.17%。世行發行債券的期限從2年到25年不等，其利率隨國際金融市場行情的變化而變化。但由於世行資信較高，利率往往低於一般的公司債券和某些國家的政府債券。世行發行債券，除採取通過投資銀行、商業銀行等中間包銷商向私人投資者出售中長期債券方式外，還直接向會員國政府、政府機構或中央銀行出售中短期債券。

在借款管理上，世行採取的方針是：

第一，借款市場分散化，防止對某個市場過分依賴。直到20世紀50年代末，世行都主要在美國資本市場借款。到了20世紀60年代后半期，隨著西歐國家和日本經濟實力的增強，世行的借款市場才逐漸擴展到聯邦德國、瑞士和日本。在石油提價以後，世行又在沙特阿拉伯、科威特等石油輸出國籌資。這樣，世行便擁有了廣泛的借款來源。在廣泛的借款市場上活動，可使世行靈活選擇借款條件，選擇最佳的市場，也可以減少它對任何特定市場的依賴。

第二，盡力使借款成本最低。為此，世行在近年來除主要借入美元外，還借入了其他主要西方貨幣。借款時，它既對不同貨幣的利差，也對各種貨幣在未來幣值的變動，進行了認真的對比分析研究。此外，它還利用自己擁有較大規模流動資產作為緩

[①] 在后來增資時，實繳股金改為10%，1980年增資時又減為7.5%。

衝的有利條件，採用多種方式，謹慎選擇有利時機和市場進行借款。

（三）業務淨收益

世行幾乎年年都有巨額的淨收益。它除將一部分淨收益以贈款形式撥給國際開發協會外，其餘均充作本身的儲備金，成為發放貸款的一個資金來源。

（四）債權轉讓

20世紀80年代以來，世行常把一部分貸出款項的債權，有償地轉讓給商業銀行等私人投資者，以提前收回資金，並成為貸款的資金來源之一。

四、世界銀行貸款的演變與發展

世行和國際開發協會的貸款是統一研究發放的。世行集團的主要業務活動是向發展中國家的會員國提供經濟發展所必需的長期貸款，通過這些活動推動會員國生產的發展。世行的貸款條件總體說來，比國際貨幣市場的貸款優惠。五十多年來，它的貸款演變和發展的主要概況有以下三個方面：

（一）貸款對象

世行成立之初，貸款的對象主要是西歐發達國家。1952年以前，世行向法國、荷蘭、比利時等國提供戰后復興經濟貸款4.97億美元。[1] 與此同時，世行也向發展中國家提供貸款。1948年美國開始對歐洲執行「馬歇爾計劃」，以大量貸款援助西歐國家戰后復興經濟。此后，世行便主要轉向亞非拉發展中國家貸款。1968年以後只向發展中國家提供貸款。而且按人均國民總收入（GNI）分為四組國別。2006財政年度按2004年人均GNI劃分為：低收入國家（LIC）不超過825美元；中低收入國（LMC）826~3,255美元；中上收入國（UMC）3,256~10,065美元；高收入（High Income）不低於10,066美元的國家。

到1990年6月30日止，世行及其附屬機構國際開發協會核准的貸款累計達1,866.62億美元。其中對亞洲地區的貸款為620.63億美元，對拉丁美洲和加勒比海地區的貸款為613.43億美元，對歐洲、中東和北非地區的貸款為478.92億美元，對非洲地區的貸款為153.64億美元。貸款最多的國家依次為：印度183.19億美元、巴西179.82億美元、墨西哥173.64億美元、土耳其101.65億美元、韓國71.54億美元、菲律賓67.51億美元、哥倫比亞65.34億美元、尼日利亞55.94億美元、中國52.80億美元。[2] 1997—2000年國際復興開發銀行承諾的貸款額分別為145.25億美元、210.86億美元、221.82億美元、109.19億美元。2002年6月30日止累計承諾貸款額已達3,710億美元。

（二）貸款用途的變化

20世紀70年代以前，世行貸款的重點是資助發展中國家的基礎結構項目，特別是運輸和電力。世行當時認為，只要基礎工程建設起來，生產就自然得到發展，就業

---

[1]《世界銀行1990年度報告》，第179頁。
[2]《世界銀行1990年度報告》，177~182頁。

會隨之增加，生活水平也會得到提高。但當事實證明，基礎結構雖是經濟發展的必備條件，但並不是唯一條件時，世行便開始改變貸款的重點。從 20 世紀 70 年代開始，世行貸款從基礎結構轉向了更廣泛的發展目標，大大加強了對能提高勞動生產率從而改善城鄉最貧窮地區的生活水平項目的資助，對農業和農村發展項目的貸款迅速增長，對教育項目的貸款也有較多的增加。此外，還增加了對人口、城市建設和旅遊等新項目的貸款。進入 20 世紀 80 年代，由於發展中國家外債問題尖銳化並爆發了債務危機，世行又增加了調整貸款。

(三) 貸款所用貨幣的變化

世行自建立開始直到 20 世紀 70 年代初，貸款所用貨幣幾乎都是美元。隨著布雷頓森林國際貨幣體系的崩潰，美元一統天下局面的結束和貨幣的多元化，世行也採用多種貨幣發放貸款。例如，截至 1990 年 6 月 30 日，世行貸款應償還的貨幣共計 890.52 億美元，其中應償還貸款的貨幣達 41 種之多，其中主要的貨幣依次是：日元折合 231.23 億美元，占應償還貸款的 25.97%；美元為 217.23 億美元，占 24.39%；德國馬克折合 198.33 億美元，占 22.27%；瑞士法郎折合 154.91 億美元，占 17.40%；荷蘭盾折合 54.74 億美元，占 6.15%。[①]

貸款貨幣的多元化，不僅表現在世行貸款的總體上，而且還表現在它提供的每一筆貸款上。世行提供貸款的做法是：它不是一筆貸款一次全部撥付給借款國，而是根據項目建設進度分若干次撥付，對承擔貸款項目的供應商或承包商，通常用其所在國貨幣進行撥付。這樣，世行貸款便使用多種貨幣了。

需要說明的是，世行雖發放其他貨幣的貸款，但都以美元計值，即借款國如提用其他貨幣，世行按貸款協議並按當時匯率付給借款國所需貨幣；同樣，借款國還本付息時，也要按當時匯率折合為美元，用所借貨幣支付。

五、世界銀行的貸款政策

(一) 世界銀行的貸款原則

(1) 只向會員國提供貸款。世行只向會員國政府或由會員國政府、中央銀行擔保的公私機構提供貸款。即使是預期不久將成為會員國的新獨立國家，也只能在成為正式會員國后才可申請貸款。但世行也曾向某些會員國管轄下的地區承諾貸款。例如，在巴布亞新幾內亞 1975 年 9 月獨立之前，世行曾向它提供過 5 筆貸款，但都由澳大利亞政府擔保。

(2) 貸款一般與世行審定、批准的特定項目相結合。世行貸款必須用於借款國的特定項目，而且是經世行評估審定，認為在技術上和經濟上可行，屬於借款國經濟發展最應該優先考慮的項目。只有在特殊情況下，世行才發放非與項目結合的貸款。

(3) 借款國確實不能以合理條件從其他來源得到資金。只有世行認為會員國在當

---

① 根據《世界銀行 1990 年度報告》第 193 頁的資料計算。

時的市場情況下，確實不能以合理的條件從其他來源得到資金時，才考慮給予貸款。例如，政府的和私人的貸款機構可能因下述原因而不願對世行所資助的那類項目提供貸款：投資金額很大的項目；或是需要長期技術指導與監督的項目；或是雖能獲取巨額利潤，但在一段時間卻無利可圖的項目；或是利潤被轉移到其他部門實現的項目；等等。

（4）只貸放給有償還能力的會員國。世行主要依靠在國際貨幣市場借入資金向會員國提供貸款，因而它只貸款給有償還能力的會員國。所以，在決定承諾貸款之前，世行須先審查借款國的償債能力。

《世行協定》規定，世行只從經濟上考慮是否向申請國提供貸款，而不能因該國的政治制度等原因而拒絕提供貸款。對於沒收外資的國家，如果該國未對沒收的產權和類似爭執做出妥善安排，世行往往不予貸款。

與上述提供貸款的四項政策相對應，世行也可因下述原因而拒絕提供貸款：①世行認為申請國提出的項目並非是該國經濟發展最優先的項目，或者項目過於貪大，或準備太差。如世行認為還可補救，就幫助該國修改項目，使其在經濟上可行。②世行認為申請國能以合理條件從其他來源獲得項目所需資金。③世行認為申請國償還貸款的前景不可靠。④世行認為申請國提出的項目不屬於它的貸款範圍（如石油勘探）。

一些發展中國家在如何取得世行貸款方面累積了一些成功的經驗，值得我們借鑑。首先，要盡量使本國提出的項目同世行的計劃一致。為做到這一點，就需要經常同世行接觸，分析研究其文件資料，密切注意世行執行董事會討論的問題，以便掌握瞭解世行的政策方向、貸款計劃以及本國可能得到的貸款資金數額；其次，要根據本國經濟發展的需要，擬定一個較長期的需要貸款的項目清單，按優先次序逐步提出申請，以爭取不斷得到貸款；最後，要成立專門機構同世行打交道，尤其在最初選定項目階段，要配備專家和技術人員，爭取在同世行確定優先項目及其他有關事項時處於主動地位。

（二）世界銀行的貸款方向

按照上述政策，世行及其附屬機構國際開發協會通常把以下項目作為其貸款的重點：

（1）農業和農村發展。世行重視農業和農村的發展，主要是因為發展中國家經濟大多以農業為主，農業人口占大部分。但世行對農業的貸款最初主要是排灌項目，在1948—1963年財政年度，世行及其附屬機構國際開發協會對農業的貸款，有一半以上用於灌溉、排澇和控制洪水等項目。從20世紀60年代中期開始，世行對農業的貸款趨於多樣化，支持發展中國家發展農、林、牧、副、漁業，鼓勵多種經營，提供技術援助，對農產品加工、儲藏和銷售等提供資金支持，發展農村信貸等，以更有效促進農業的發展，提高農村的生活水平。從20世紀70年代以來，這項貸款基本上都在世行與國際開發協會貸款中處於第一位。

（2）能源，包括石油、天然氣、煤炭、電力等，其中電力處於突出地位。世行一

向重視對發展中國家提供能源貸款,從 1973 年石油漲價以來,世行更是幫助進口石油的國家發展可再生能源和不可再生能源。可再生能源如開發水利資源,不可再生能源如天然氣和煤炭。

(3) 人力資源。世行認為,不論是從長期發展來說,還是從短期調整來說,人力資源在經濟進步和改善家庭福利方面的作用都變得越來越突出。重視教育和培訓、衛生保健和營養狀況、計劃生育,有利於增強生產能力,也有利於改善家庭福利和減緩人口增長。漠視這些,不僅會損害家庭的幸福,而且也有損國家的長遠發展。

關於教育,目前在發展中國家得到的所有外部官方援助中,有 15% 是由世行提供的。世行在發放教育貸款時遵循以下四項原則:①條件許可,應向全體人民提供最低限度教育;②為從數量和質量上提高人們的知識、技能水平,使其能更好地完成經濟、社會和發展方面的任務,應該有選擇地提供進一步的教育和訓練;③全民的教育制度,應包括正規的和非正規的在內;④為提高生產率和促進社會平等,受教育的機會應盡可能均等。世行對較貧窮國家注重資助基礎教育和農村勞動力培訓;對發展水平較高的國家,則注重資助中等教育和高等教育。

關於人口、衛生、保健和營養,世行認為,人口增長過快,已成為發展中國家經濟、社會發展的巨大障礙。為此,世行設立人口、保健和營養局(Population, Health and Nutrition Department),制定發放人口項目貸款的政策。世行一方面提供技術指導,另一方面也隨時準備資助會員國建設在執行計劃生育方面需要的設施。在人口、保健與營養方面,世行還特別關注與婦女有關的問題。

(4) 環境。世行認為,改善環境對改善發展中國家人民的生活質量具有重要意義,因而它努力將環境問題納入世行業務:政策對話和技術援助、經濟和部門研究、貸款和監督以及援助協調。在發放貸款時,世行都綜合考慮環境問題。例如,在 1990 年財政年度,世行批准的 222 筆貸款中,有 107 筆都考慮了環境因素;農業部門貸款的 56 個項目中,有 44 項涉及此問題;能源貸款的一半,都包含有緩解有害環境影響的成分與措施;供水排水部門中所有 15 項都考慮到了環境因素。

(5) 旅遊。世行在 1969 年設立了旅遊項目局,通過它積極提供旅遊項目貸款。不過,世行的旅遊貸款數目並不大。截至 1990 年 6 月 30 日,承諾的累計貸款總額僅為 3.636 億美元,僅占承諾的累計貸款總額的 1.95%。

六、世界銀行貸款的種類

世行貸款,按貸款的利率,可分為一般性貸款和「第三窗口」(The Third Window)貸款;按貸款的期限可分為中期貸款和長期貸款;按貸款的用途,可分為與項目結合的貸款(Project Loan)和非與項目結合的貸款;按貸款的方式,可分為世行自行發放和同其他金融機構一起提供的聯合貸款。

(一) 與項目結合的貸款和非與項目結合的貸款

與項目結合的貸款和非與項目結合的貸款,是世行的傳統貸款業務,屬於世行的

一般性貸款。

與項目結合的貸款，目前是世行最主要的貸款。它是指世行對會員國的工農業生產、交通、通信以及市政、文教衛生等具體項目所提供貸款的總稱。

非與項目結合的貸款，是世行為支持會員國維護現有的生產性設施而進口物資、設備所提供的貸款，或是支持會員國實現一定的計劃所提供的貸款。前者為世行在建立后初期對西歐國家的復興貸款①，后者為調整貸款和應急性貸款。

(二)「第三窗口」貸款

在 20 世紀 70 年代中的世界經濟危機和通貨膨脹的雙重打擊下，發展中國家的處境十分艱難。1974 年 10 月，世行與 IMF 聯合成立了有發展中國家參加的發展委員會，專門研究向發展中國家提供發展資金等多方面的問題。該委員會在 1975 年 6 月的第三次會議上決定，由世行開辦「第三窗口」貸款，作為對世行原有貸款的一種補充。

所謂「第三窗口」貸款，意即在世行原有的兩種貸款——世行接近市場利率的一般性貸款和國際開發協會的優惠貸款之外，再增加一種貸款，其貸款條件寬於世行的一般性貸款，但優惠條件不如國際開發協會貸款，而介於這兩種貸款之間。為發放該項優惠貸款，世行設立了由發達國家和石油輸出國捐資的「利息補貼基金」(Interest Subsidy Fund)，由該基金付給世行 4% 的利息補貼，借款國負擔世行一般性貸款的利息與 4% 的利息補貼之間的差額。「第三窗口」貸款的期限可長達 25 年，但只貸給低收入國家。「第三窗口」貸款，於 1975 年 12 月 23 日正式生效，只開辦了兩年，到 1977 年年底結束。

(三) 調整貸款

進入 20 世紀 80 年代以后，發展中國家的貿易條件進一步惡化，實際利率上升，債務危機蔓延。發展中國家為實現經濟持續增長而承擔的經濟調整任務更加艱鉅，為支持發展中國家的經濟調整，世行從 1980 年開始發放結構性調整貸款。世行在開始這項貸款時預計只需 3~5 年，但隨著部門調整貸款的引入，調整貸款占世行總貸款的比例逐步升高。在 1981—1982 年財政年度，部門調整貸款和結構調整貸款兩項占世行總貸款的比重為 8.5%，1983 年為 13%，1984 年為 16.9%，1985 年為 11.4%，1986 年為 19.0%，1988 年猛增到 25%，1989 年進一步增至 30%，1990 年雖有降低，但也達到了 19%。

為使調整信貸更為有效，世行董事會提出，只有在以下 3 項基本條件下，才對會員國發放調整貸款：①世行和受援國政府對恢復經濟增長主要障礙的判斷和總的結構調整計劃有共同的認識；對於短期穩定與長期發展的目標，以及對為實現這些目標需做出的宏觀和微觀經濟變革乃至制度變革，雙方也應有共同的認識。②受援國政府擁有調整計劃。③調整計劃應是現實的、可行的。

---

① 由於世行在第二次世界大戰后初期對西歐國家的貸款採用非與項目結合的貸款，而世行在當時又主要對西歐國家提供貸款，因而那時世行的貸款業務以非與項目結合的貸款為主。

（四）技術援助貸款

技術援助貸款，首先是指在許多貸款項目中用於可行性研究、管理或計劃的諮詢，以及專門培訓各方面人員的資金；其次還包括獨立的技術援助貸款，即為完全從事技術援助的項目提供的資金。附在項目中的技術援助貸款，無疑是有重要意義的，而獨立技術援助的重要意義在於：從宏觀上說，它起著支持借款國政府加強制定或執行經濟政策與改革措施能力的作用；從微觀上說，這些援助集中在一些具體部門，目的在於提高效率和增加產出。世行及其國際開發協會在1988—1990年財政年度提供的技術援助貸款分別為9,570萬美元、2.18億美元和1.41億美元。

（五）應急性貸款

這是世行為會員國應付突然事件(如龍捲風、干旱、地震、水災等)而提供的資金支持，它不是救濟，主要目的是不致使這些事件影響經濟的正常運轉與經濟計劃的繼續執行。

（六）聯合貸款

所謂聯合貸款(Co-financing)，是世行同其他貸款者一起，共同為借款國的項目進行融資，以緩和世行資金有限與發展中會員國資金需求不斷增長的矛盾。這種方式起始於20世紀70年代中期。聯合貸款的一種方式是，世行與有關國家政府合作選定貸款項目後，即與其他貸款人簽訂聯合貸款協議；然後，世行和其他貸款人按自己通常的貸款條件分別與借款國簽訂協議，分別提供融資。聯合貸款的另一種方式則是，世行同其他貸款者按商定的比例出資，由世行按其貸款程序和商品、勞務的採購原則與借款國簽訂借貸協議。兩種方式相比，後一種更便於借款國管理，世行也傾向於採用這種聯合貸款方式。

2001年7月世界銀行的貸款工具調整為投資貸款、調整貸款和其他非項目貸款。

七、世界銀行貸款的條件

（1）貸款對象限於會員國政府，或由會員國政府、中央銀行擔保如期還款的公私機構。

（2）申請貸款的國家確實不能以合理的條件從其他方面取得貸款時，世行才考慮發放貸款，參加貸款，或提供保證。

（3）申請貸款須有一定的工程項目計劃。發放貸款原則上要與特定的工程項目相聯繫，而且這些項目是經世行調查並與會員國研究商定的，確屬借款國經濟上最優先考慮的項目。世行只滿足建設項目的全部或部分的外匯需要，而對項目中的當地費用開支，世行只有在特殊情況下才提供。在一些特殊情況下，世行也發放非與項目結合的貸款。

（4）貸款必須專款專用，並接受世行的監督。世行的監督不僅體現在使用款項方面，同時在工程進度、物資保管、工程管理等方面也進行監督。世行一方面派遣人員進行現場考察，另一方面要求借款國隨時提供可能影響工程進度或償還借款的有關資料。

根據資料與實際狀況，世行可建議借款國政府對工程項目進行政策性修改。

（5）貸款期限。世行貸款為中長期貸款，短者 5 年，長者可達 30 年。從 1976 年 7 月起，貸款利率實行浮動利率，隨金融市場利率變化而定期調整，但一般低於市場利率。世行貸款利率隨金融市場利率的變化而調整，主要是因為它的資金大部分來源於國際金融市場的借款。它低於市場利率是因為世行有一定規模的流動資金和不需支付紅利的淨資產（會員國實繳股金、準備金）。另外，世行貸款的雜費也較少，貸款分批提取，但對已訂立借款契約而未提取部分，則按年徵收 0.75%的手續費。

（6）貸款使用的貨幣。貸款使用不同的貨幣對外發放，對承擔貸款項目的承包商或供應商，一般用該承包商或供應商所屬國的貨幣支付。如果由本地承包商供應本地物資，即用借款國貨幣支付；如果本地供應商購買的是進口物資，即用出口國的貨幣支付。

世行提供貸款，雖然使用不同的貨幣，但都以美元計值，即借款國提用貸款，世行按貸款協議的美元金額，按當時匯率撥付其他貨幣，而借款國還款時，也必須按當時匯率折算償付原借的貨幣。這樣，借款國就承擔了匯率變動的風險。

八、世界銀行貸款的新規定

2001 年 7 月 1 日世界銀行對於貸款種類、貸款貨幣、貸款利率、貸款費用和期限規定如下：

1. 貸款工具種類

（1）投資貸款。它是指向經濟和社會發展項目提供產品、土建工程和服務方面的資金支持，涉及行業廣泛，貸款期限可長達 5～10 年，包括特定投資貸款、部門投資和維護貸款、調整規劃貸款、學習和創新貸款、技術援助貸款、金融仲介貸款與緊急恢復貸款七種。

（2）調整貸款。它是指為政策和機構性改革提供的快速外部資金支持，貸款期限較短，為 1～3 年，包括結構調整貸款、部門調整貸款、規劃性結構調整貸款與特別結構調整貸款四種。

（3）非項目貸款。它包括恢復性貸款與減債貸款兩種。

2. 貸款貨幣

美元、日元、歐元、英鎊、瑞士法郎或國際復興開發銀行可以有效出資的其他貨幣。貸款可按借款人要求以單一貨幣承貸和償還，也可以多種貨幣提供。

3. 貸款利率

貸款利率分固定利率、浮動利率和可變利率三種。浮動利率按 6 個月倫敦銀行同業拆借利率加貸款固定利差組成。可變利率貸款可按借款人的要求以單一貨幣或一組貨幣償還。可變貨幣利率與 6 個月倫敦銀行同業拆借同種貨幣利率掛鉤，每半年調整一次。

4. 貸款費用

（1）先徵費用，是指借款人在貸款生效時應支付貸款額的 1%。

（2）未支付余額承諾費，對於固定利率貸款，頭四年為 0.85%，此后為 0.75%；對於其他貸款均為 0.75%。承諾費經借款人申請和世行協商批准后可有部分免除。

5. 利息免除

對於及時還款的借款人，世行可部分免除已支付和未付貸款余額的利息。

6. 貸款期限

貸款期限包括寬限期可達 25 年。

7. 最高限額

世行對單一國家貸款的最高限額於 2005 年 8 月 10 日起從 135 億美元提高到 145 億美元。

第三節　國際開發協會貸款

一、國際開發協會的建立及其宗旨

（一）國際開發協會的建立

亞非拉發展中國家由於長期遭受新老殖民主義的剝削與掠奪，外債負擔日益沉重。IMF 與世行的貸款數量較少，條件也比較苛刻，在解決這些國家的國際收支危機方面所起的作用有限。發展中國家，特別是較貧窮的發展中國家迫切希望有一個能提供條件較優惠的長期貸款的國際金融機構。

為緩和發展中國家的不滿，美國財政部長於 1958 年 10 月正式提出建立國際開發協會的建議。經過一年多的醞釀，1959 年 10 月世行通過了該項建議，1960 年 9 月國際開發協會（International Development Association，IDA）正式成立，並於同年 11 月正式營業，總部設在華盛頓。按照規定，凡世行會員國均可加入該協會，但世行的會員國不一定必須參加。2002 年 6 月底，共有 162 個會員國，累計信貸總額為 1,350 億美元。

（二）國際開發協會的宗旨

國際開發協會的宗旨是：對欠發達國家提供比世行條件更為寬厚、期限較長、負擔較輕並可用部分當地貨幣償還的貸款，以促進它們經濟的發展和居民生活水平的提高，從而輔助世行的活動，促成世行目標的實現。

二、國際開發協會的組織機構

國際開發協會在法律上雖然是獨立的國際金融組織，在會計上也是獨立的，但從人事與管理系統來看，實際上是世行的一個附屬機構，故有「第二世界銀行」之稱。

國際開發協會的最高權力機構也是理事會。理事會下有執行董事會，領導處理日常業務。它的管理辦法和組織機構與世行相同，從經理到內部機構的人員均由世行相應機構的人員兼任，世行的工作人員也即該協會的工作人員。因此，它與世行實際上

是兩塊牌子,一套機構。

國際開發協會會員國投票權的大小與其認繳的股本成正比。成立初期,每一會員國均有500基本票,每認繳5,000美元增加1票;以后在第4次補充資金時,每個會員國有3,850基本票,每認繳25美元再增加1票。

1980年5月,中國恢復了在國際開發協會的合法席位。截至2002年6月30日,中國共認繳股金4,080萬美元,擁有投票權247,345票,占總票數的1.88%。

三、國際開發協會的資金來源

(一) 會員國認繳的股本

該協會原定的法定資本為10億美元,以后由於會員國增加,資本額隨之增加。截至2002年6月30日,會員國認繳的股本總額為1,093.877億美元。

該協會的會員國分為兩組:第一組是工業發達國家和以自由兌換貨幣向IDA提供捐助的國家,有美國、英國、法國、德國、日本、義大利、加拿大、比利時、盧森堡、荷蘭、新西蘭、挪威、瑞典、丹麥、芬蘭、冰島、愛爾蘭、奧地利、澳大利亞、南非、葡萄牙、俄羅斯、西班牙、瑞士、阿聯酋和科威特26個國家。這些國家認繳的股本須以可兌換貨幣繳付,這些貨幣可全部供該協會出借。第二組是亞非拉發展中國家。這些國家中也有捐助國,認繳股本的10%須以可兌換貨幣繳付,其余均用本國貨幣繳付,而且這些貨幣在徵得貨幣所屬國同意前,該協會不得使用。

(二) 會員國提供的補充資金

由於會員國繳納的股本有限,遠不能滿足會員國不斷增長的信貸需求。同時,國際開發協會又規定,該協會不得依靠在國際金融市場發行債券來籌集資金。因此,該協會不得不要求會員國政府不時地提供補充資金(Replenishments),以繼續進行它的業務活動。為該協會提供補充資金的國家,主要是第一組會員國政府。瑞士雖然不是會員國,但也向該協會提供貸款。另外,提供補充資金的還有第二組的少數國家。

在1991—1993年三個財政年度裡,國際開發協會完成第9次補充資金,37個會員國(其中有7個是世行的借款國)和目前還不是會員國的瑞士為該協會補充資金116.8億SDRs(合155億美元)。

(三) 世界銀行的撥款

世行從淨收入中撥給國際開發協會一部分款項,作為協會貸款的資金來源。截至1987年6月30日,世行從其淨收益中總共撥給該協會26.4億美元,作為協會貸款的資金來源。

(四) 本身經營業務的淨收入

國際開發協會的淨收入也是其貸款資金的來源之一,但由於其貸款條件非常優惠,它的淨收入較少,因而,此來源在該協會總資金來源中不占重要地位。

四、國際開發協會的貸款

(一) 貸款對象

國際開發協會的貸款只提供給低收入的發展中國家。所謂低收入，按 2006 財政年度規定，人均 GNI 不超過 825 美元的國家，才有資格獲得該協會的信貸。[①] 其貸款的對象雖規定為會員國政府或公私企業，但實際上均向會員國政府發放。

國際開發協會的貸款，最初主要集中在印度、巴基斯坦等南亞國家。從 20 世紀 70 年代以來，該協會向撒哈拉以南非洲國家提供的貸款不斷增加，2000 年財政年度，它共向會員國承諾提供信貸 192 億美元。其中，歐洲、中亞占 11%，南亞占 30%，東亞太平洋地區占 13%，非洲地區占 36%，中東和北非地區占 4%，拉美和加勒比海地區占 6%。中國以前也是低收入國家，截至 1999 年財政年度末，協會對中國承諾的貸款金額為 102.07 億美元。此后中國進入中低收入國家行列，協會不再新增承諾軟貸款。

(二) 貸款用途

國際開發協會貸款的用途與世行一樣，向借款國具有優先發展意義的項目或發展計劃提供貸款，即貸款主要用於會員國發展農業、工業、電力、交通運輸、電信、城市供水，以及教育設施和計劃生育等。

(三) 貸款條件

國際開發協會的貸款期限為 50 年，寬限期 10 年。最初 10 年不必還本。從第 2 個 10 年起，每年還本 1%，其余 30 年每年還本 3%。2002 年貸款期限調整為 35～40 年。償還貸款時，可以全部或一部用本國貨幣償還。貸款免收利息，但要收取 0.75% 的手續費。

國際開發協會的貸款稱為信貸(Credit)，以區別於世行提供的貸款(Loan)。它們之間除貸款對象有所不同外，主要的區別在於：協會提供的是優惠貸款，被稱為軟貸款(IDA Credit)，而世行提供的貸款條件較嚴，被稱為硬貸款(Hard Loan)。

國際開發協會貸款的使用和管理，也同世行貸款的要求一樣。

第四節　世界銀行與國際開發協會貸款的項目週期

如前所述，世行與國際開發協會對會員國發放的貸款，絕大部分都是與項目結合的貸款。因此，對項目的管理，便成為世行與協會發放貸款中的主要工作。世行與國際開發協會資助會員國的每個項目都會經歷以下階段：項目的選定、準備、評估、談判、執行與總結評價。每一階段都導出下一階段，在最后一個階段又會產生關於新項目的設想，進而選定新的項目，這樣周而復始，不斷循環而形成週期。所謂世行與國

[①] 《世界銀行 2006 年度報告》，第 291 頁。

際開發協會貸款的項目週期(Project Cycle)，就是指它們發放貸款的這些過程，以及借款國和世行、國際開發協會在項目的各個不同階段所起的作用。

世行與國際開發協會在貸款項目週期中所起的作用，主要是通過專職人員發揮出來的。這些專職人員來自於100多個國家，都是具有較高專業水平和豐富經驗的專家。這樣的業務班子在世界上是少見的。

一、項目的選定

項目的選定(Identification of Project)是項目週期的第一個階段。在這個階段，主要是由申請借款國選定需要優先考慮並符合世行貸款原則的項目。發展中國家在利用外資和引進技術時，首先必須服從本國發展國民經濟的計劃和目標，保障本國的各種權益，減少並防止可能帶來與產生的消極影響，盡可能提高投資的效益；其次，申請貸款國在選定項目時，必須收集必要的數據，從技術上、經濟上進行綜合分析，並在認真比選的基礎上，編製詳細的項目文件，送交世行審查。不同的項目，需要收集的數據不同，這裡不能一一列舉。僅以農業開發項目來說，所需收集的數據大體上有：①自然資源數據，如地質結構、氣溫差別、地形與地力等；②人力資源和社會經濟數據，如人口與人口構成、文化教育水平、住房和住房標準、公用事業情況。不同項目所需的資料數據也不同，例如，水利項目，除提供上述有關資料外，還需提供灌溉設計方案、水源情況、受益情況以及農作物的產銷情況資料等。

按照世行的規定，申請借款國在選定項目送交世行篩選時，除了提供選定項目的有關資料數據外，還需要提供本國的主要經濟資料，如生產情況、市場情況、外貿情況、國民收入、平均消費、主要副食品的人均消費量等。

選定項目后，申請借款國即可著手編製包括項目目標、項目概要、完成項目的關鍵性問題、項目的執行時間表等方面內容的「項目選定簡報」，送世行篩選。世行同意后，就將選定項目編入貸款計劃，成為擬議中的項目。

二、項目的準備

申請借款國選定項目並取得世行的初步同意之後，便進入項目的準備(Preparation of Projects)階段。項目的準備工作仍由借款國在世行的密切合作下進行。準備階段需要的時間長短，取決於項目的性質、借款國項目計劃人員的經驗和能力。

（一）可行性研究的重要意義與條件

項目準備工作的首要內容，是對選定的項目進行可行性研究。技術、經濟和管理科學二十多年的發展證明，可行性研究已成為投資項目決策前進行技術經濟論證的科學方法。可行性研究使項目的決策更具科學性和可靠性。要做好可行性研究工作，就要準備好初步設計，提出技術方面和組織方面可供選擇的方案，比較各種方案的成本和效益，做到選定的方案是最佳的，在技術上是先進可行的，在經濟上是有利可圖的，並具有在一定期限內償還貸款的能力。對借款國來說，每一項目都是一項具有長期經

濟壽命的重大投資，為取得最佳方案和獲得世行的批准，應該不惜工本，集中資金和時間進行可行性研究。

可行性研究一般須由具有一定經驗和水平的項目計劃人員擔任。大多數發展中國家往往缺少這類人員，因而常常需要聘請顧問或諮詢人員。世行規定，借款國可以自己聘請諮詢人員，但諮詢工作要由世行管理和監督。借款國聘請諮詢專家的手續完成以後，世行便著手協助借款國的項目計劃工作人員進行項目的準備工作。與此同時，世行往往也向借款國提供資金、技術援助，或幫助申請借款國從其他來源取得援助。

申請借款國解決了人員與資金問題後，就應根據獲得的數據資料，進行可行性研究。

(二) 可行性研究的主要內容

可行性研究應包括的內容，因項目不同而異，一般應包括五個方面：

(1) 技術可行性。不同的方案，產生不同的效益。技術上最好的方案，不一定是經濟效益最好的方案。究竟哪個方案好，需要把達到項目目標的幾個方案的成本效益加以比較後，才能做出決定。

(2) 財務可行性。從項目的直接受益者的角度考慮，要編製項目建成前後受益者現金收支流量變化的預測；從整個項目的角度考慮，要編製一份項目預計壽命期內的現金流量預測；從政府角度考慮，要為政府編製一份現金流量表，表明政府給予貸款和補助的必要性。

(3) 經濟可行性。經濟可行性，是從宏觀出發，從整個國民經濟角度來衡量項目投資的經濟價值。它應包括對國民生產總值、國民收入、償債能力、預計投資回收期和盈利的分析等。

(4) 組織體制可行性。一個國家的組織機構、人事制度、工資待遇、管理體制等都對項目計劃的制定和實施有著非常重要的意義與作用。要建立一個完整的項目機構，必須配備具有較高業務水平和一定經驗的精干的工作人員或專家隊伍。顯然，組織體制的狀況和變革涉及國家政策和制度，需要在全國範圍內採取措施才能解決。在研究可行性時，要從組織改革上進行研究，才能保證項目工程的完成。

(5) 社會可行性。社會可行性，主要考慮項目收益的分配以及是用於再投資還是用於消費。社會可行性考慮的因素很多，包括國家政治體制、經濟結構、宗教信仰和傳統習俗等。社會可行性研究，主要是對國家從政治制度到經濟基礎來全面考察實現項目目標的條件。

在完成以上五個方面的可行性研究後，可由項目小組編製全面的成本—效益估價項目報告(Project Report)，並送世行。

三、項目評估

申請借款國完成了項目的準備工作以後，世行還要進行審查，這就是項目的評估(Appraisal of Project)階段。申請借款國提出項目報告後，世行即派出工作組進行實地

考察，全面、系統地檢查項目的各個方面。項目評估階段是項目週期中的一個重要階段，因為這一階段要對各個方面進行全面檢查，從而為項目的執行奠定基礎。世行主要從以下四個方面對項目進行評估：

（1）在技術方面，要審查設計是否合理，工程技術的處理是否得當，是否符合一般公認的有關標準(如農業項目是否符合一般公認的農藝學標準)。此外，世行審定小組還要瞭解可供選擇的幾種方案及其預期效果。技術評估關心的問題是：項目的規模、佈局和位置、使用的工序形式和設備、執行計劃的進度是否切實可行，達到預期的產出水平是否可能等。

（2）對組織方面進行評估的目的，在於保證順利、有效地執行項目建設。因為資金的轉移與物質設施建設的重要性，遠不及建立一套合理、可行的組織體系。組織體系不僅包括借款項目本身的組織機構、管理、人員、政策和程序，而且還包括政府對這些機構所實行的政策。世行在評估過程中要檢查一系列的問題，如：執行單位是否組織得很好；管理效率是否符合要求；為實現項目目標，是否需要改變政策或組織機構。經檢查，如發現哪些方面不夠標準，世行即向申請借款國提出補救措施。

（3）在經濟方面的評估，是從整個經濟角度來分析項目提供的效益是否大於其成本，從而做出是否進行投資的決策。因此，經濟評估是最基本的評估。評估的方法，是對項目擬訂的方案進行成本—效益分析，從中選出最可能實現國家開發目標的方案。在經濟評估中，如不能證明項目對經濟發展有利，世行是不會提供貸款的。這是因為，世行審定每一項目時，都很重視該項目的經濟效益，這既符合借款國的利益，也符合世行的利益。

（4）在財務方面，首先要審查是否有足夠的資金用於支付項目的執行費用。世行通常只對項目所需的全部或部分外匯提供貸款。如果規定由借款國政府提供部分資金，而該國政府在籌資時發生困難，世行往往需要做出特殊安排。對一些有收入的項目，世行則審查項目的收入能否償還一切債務，包括償還世行貸款的本息。此外，還要審查資產負債表、損益表和現金流量等報表的預測數據，以對企業的財務情況進行仔細的檢查。

在財務審查中，世行還要審查該項目能否從受益者那裡收回項目的投資和經營費用，以及項目所需的原材料、電力、勞動力成本和產品銷售成本等。

世行對項目進行詳細評估以後，如果認為符合貸款標準，就提出兩份報告書：先提一份可行性研究「綠皮報告書」，后提一份「灰皮報告書」作為同意貸款的通知。

四、項目的談判

世行經過對項目的評估與詳細審查，並提出「綠皮報告書」和「灰皮報告書」以後，即邀請申請借款國派出代表團進行項目的談判(Negotiation of Project)。談判是前三個階段的繼續，是進一步明確應採取措施的階段，也是世行和借款國為保證項目的成功，就雙方所採取的共同對策達成協議的階段。談判內容包括貸款金額、期限、償

還貸款的方式，更重要的是包括了為保證項目順利進行應採取的措施。

談判的過程是世行與借款國在談判桌上有爭有讓的過程。世行既要保證貸款符合貸款的政策要求，又要使貸款適應借款國提出的預期目標；借款國既要在平等互利、不損害國家權益的基礎上，利用世行的貸款發展本國經濟，又要認真考慮世行的建議，因為世行的建議一般是根據有豐富經驗的專家提出的。由於雙方準備充分，談判一般都能達成協議。

五、項目的執行

在項目的執行(Implementation of Project)階段，借款國負責項目的執行和經營，世行負責對項目進行監督。

借款國在貸款項目的法定批准手續完成後，除應組織力量、配備技術、經濟、管理等專家外，還要制定項目的執行計劃並且做好時間安排。其中應考慮的主要內容是：項目執行管理機構的建立、技術措施安排、土建計劃、擬定招標辦法、物資設備的採購與安裝、設備的調試、工作人員的招聘和培訓、產品或勞務的銷售等。

在項目執行過程中，世行不斷派遣各類專家到借款國視察，以監督項目的執行和施工情況，並隨時向借款國提出改革意見。

六、項目的總評價

世行在項目貸款全部發放完畢後一年左右，要對其資助的項目進行總結，這稱為項目的總評價(Evaluation of Project)階段。在這個階段，先由該項目的世行主管人員準備一份「項目完成報告」(Completion Report)，然后由世行執行董事會主席指定由專職董事負責的業務評議局(Operation Evaluation Department, OED)對項目的成果進行比較全面的總結評價，審查世行項目人員、專家提出的「項目完成報告」，必要時該局還派人實地調查。「項目完成報告」的主要內容是：根據資料的分析，確定項目評估階段做出的預測和判斷是否正確，以及項目完成後應從中吸取的經驗教訓。最後，由業務評議局提出「審核報告」(Audit Report)送交執行董事會主席。

在項目整個週期的六個階段中，各階段都很重要。但相比之下，選定和準備這兩個階段至為重要，因為它們是項目成敗的關鍵。

世行與協會貸款的項目週期，雖然複雜和繁瑣，但却體現了這兩個機構貸款的嚴密性和科學性。因而，能保證項目獲得較好的經濟效益。

第五節　中國企業利用世界銀行集團貸款的銜接部門和手續

一、世界銀行集團對中國貸款資助概況

從1981年開始至2002年6月30日世界銀行集團累計承諾對中國貸款、投資、擔保和捐贈的款項總額達374億美元，分別為：

（1）國際復興開發銀行硬貸款 168 項共計 258.59 億美元，以及對其中三個項目的 2.9 億美元的擔保。2005 年 6 月 30 日中國的貸款餘額為 110 億美元，中國成為世界銀行集團最大的借款國，墨西哥、印度尼西亞、巴西依次繼之。

（2）國際開發協會軟貸款 127 項共計 102.07 億美元。

（3）國際金融公司涉及 47 項，貸款 4.67 億美元，股本投資 2.12 億美元，參與銀團貸款 4.88 億美元，總計投融資 11.67 億美元，帶動項目總投資達 29.95 億美元。

（4）多邊投資擔保機構為中國吸引外國直接投資提供擔保，對來自美國、德國、開曼群島的投資人提供了總額為 8,694 萬美元的擔保，使中國獲得了總額達 4.13 億美元的外國直接投資。

（5）世界銀行作為 1994 年成立的全球環境基金（Global Environment Facility, GEF）的執行機構，為中國環境保護、生物多樣化和節約能源的 12 個項目，提供總額為 1.865,3 億美元的 GEF 贈款。

（6）世界銀行作為多邊基金委員會實施蒙特利爾議定書淘汰消耗臭氧層物質活動的機構為中國有關企業的 108 個項目提供了總額為 2.308,3 億美元的贈款。

二、中國利用世界銀行貸款的銜接部門

如前所述，世行貸款分為與項目結合的貸款和非與項目結合的貸款。其中，申請特定項目貸款，要由中國確定的政府代表機構——財政部徑直同世行接洽，由世行直接審定和監督實施；一般與項目結合的貸款和非與項目結合的貸款，用款單位需要選擇一個中間金融機構，並由它們來審定和監督實施。這樣，中間金融機構就辦理轉貸世行和國際開發協會的一般與項目結合的貸款和非與項目結合的貸款。在中國，這類中間金融機構有：中國建設銀行，主要辦理轉貸大中型工業項目的新建、改建和擴建等基建投資貸款；中國投資銀行，主要辦理轉貸中小型工業企業的基建、技術改造投資貸款；1999 年中國投資銀行撤銷後，轉由中國國家開發銀行辦理其轉貸業務；中國農業銀行，主要辦理轉貸農村項目的世行貸款。它們轉貸的貸款，都應納入國家的固定資產投資計劃。

三、中國工業企業利用世界銀行貸款的手續

（一）申請貸款項目的基本條件

中國縣級以上全民所有制和集體所有制工業企業申請世行與國際開發協會貸款的項目須具備以下條件：①納入國家或地方計劃，並取得具有法人資格、一定經濟實力、相當數額可自由支配外匯收入的經濟實體所出具的保函；②產品適銷對路，能出口創匯或替代進口的項目；③引進技術、設備先進，在經濟、財務上可行的項目；④借款企業須有比較穩定、可靠的經濟收入，經營管理好，吸收、消化技術能力強，並且具有一定的抗風險能力；⑤經過評估，項目的市場、技術、財務、經濟等指標能達到建設銀行和投資銀行的相關測算標準。

(二) 中國工業企業申請世界銀行貸款的手續

為適應世行的要求，中國中間金融機構結合中國情況，對貸款項目的管理有明確的規定。現結合投資銀行的項目管理程序，對中國企業利用世行和協會貸款的手續簡述如下：

(1) 初選。申請借款的企業按上述專業分工，向所在地的建設銀行或投資銀行的分支行(經辦行)報送「項目建議書」(或具有同等效力的「設計任務書」)進行審查。經辦行審查后提出審查意見，並編製「備選項目情況表」。有關部門審查批准「項目建議書」后，經辦行根據貸款的資金來源情況和各自的審批權限列為分、支行的備選項目，或報送總行，經審查批准，列為總行的備選項目。當項目被列為備選項目后，經辦行即通知借款企業編送「可行性研究報告」。「項目建議書」的內容一般包括：項目提出的必要性，如系引進技術和進口設備，還須說明國內外技術的差距，以及進口的理由等；擬建規模和建設地點的初步設想；資源情況、建設條件、協作關係、引進國別、廠商的初步分析；投資估算、資金籌措設想、償還貸款能力的大體測算；項目的進度安排；經濟效益和社會效果的初步估計。在初選階段，銀行審查的重點是項目建設的必要性。

(2) 評估。借款企業接到關於編送「可行性研究報告」的通知后，一般應委託諮詢公司或設計部門進行可行性研究。按國家規定，工業項目的可行性研究一般應包括：根據經濟預測和市場預測，確定項目的建設規模和產品的方案；資源、原材料、燃料和公共設施的落實情況；建廠條件和廠址的方案；技術工藝、主要設備選型、建設標準和相應的技術經濟指標；主要單項工程、公用輔助設施、協作配套工程的構成，全廠布置方案和土建工程量估算；環境保護、城市規劃、防震、防洪、防空、文物保護等方面的要求和相應的措施方案；企業組織、勞動定員和人員培訓設想；建設工期和實施進度；投資估算和資金測算；經濟效益、財務效益和社會效益。

在諮詢公司或設計部門進行可行性研究的同時，經辦行也開始調查研究、收集各項資料。在借款企業報送「可行性研究報告」前后，銀行也會同有關部門進行審查。重點是審查項目在技術、經濟和財務上的可行性。在審查后，經辦行要寫出「項目評估報告」。該報告主要包括三個方面的問題，即：項目建設的必要性，合理的生產規模；項目的選址，採用的工藝、設備和設計方案；項目的財務、經濟效益。經辦行將此報告送總行審查。待有關部門批准「可行性研究報告」后，經辦行即將批准文件報總行，以便總行最后批准貸款項目。

貸款項目獲得批准后，企業完成初步設計前后，即可填報「貸款申請書」送交經辦行，準備辦理貸款手續。經辦行對「貸款申請書」審查同意後，連同「項目評估報告」「可行性研究報告」和擔保單位出具的保函等文件抄本，一併報送總行。總行確認，並辦完相應的對外手續后進行審批或批覆備案。

經總行審查同意貸款的項目，在項目的初步設計或工程概算獲得有關部門批准后，借款企業即與經辦行簽訂貸款合同。貸款合同應明確借貸雙方和擔保方的經濟責任：

借款企業保證按規定用途使用貸款，按合同訂明的數額還本付息；貸款銀行應在合同規定的總額內，按進度需要供應資金；擔保單位負責按幣種全部清償借款單位無力歸還的貸款本息。

（3）付款。這是銀行根據貸款合同，按照年度固定資產投產計劃和年度貸款計劃，依照採購和施工合同的規定、工作進展情況等及時供應資金，監督企業合理使用資金，以保證貸款項目順利完成。銀行為保證對貸款項目的監督，要求企業：①建立項目評價分析制度，定期檢查工程完成情況、資金使用情況，分析預測產品市場情況、財務效益和經濟效益。②借款企業在整個貸款期內應向銀行報送有關工程建設和生產經營的會計、統計報表，銀行也有權調閱有關資料和進行現場檢查。與此同時，銀行也對每個項目建立貸款檔案，及時記錄有關資料，據以考核貸款效果。需要指出的是，借款單位從國外採購設備、材料和技術資料，對超過限額的每份採購合同須採用「國際競爭性招標」辦法（世行第一、第二、第三筆貸款的招標限額為300萬美元，第四筆為400萬美元，第五筆為500萬美元）進行；每份採購合同在招標限額以下的，可採取多邊詢價，「貨比三家」方式進行，以降低項目成本，節省資金。在項目竣工之後，銀行還要根據企業編製的工程竣工決算，審查建設成本，考核概算、預算的執行情況。項目竣工后，借款企業要向銀行報送「竣工驗收報告」。

（4）回收。這是在貸款項目投產后，銀行按照年度還本付息計劃，根據企業報送的會計報表，審查核實新增利潤、折舊基金和外匯收入等，督促企業按期還本付息。此外，銀行還要對企業的生產經營進行全面的檢查分析，其著重點為：貸款項目是否在計劃規定的時間達到正常的設計能力；貸款項目是否實現了各個時期計劃規定的利潤指標；貸款項目產品的外銷任務是否已按計劃完成。通過檢查分析，銀行要向有關方面反應存在的問題，並積極提出建議，督促改進。

（5）考核。這是在貸款項目建成投產后、還款期結束前後，銀行對貸款項目和發放貸款的工作進行全面總結，考核項目的經濟效益，檢查銀行工作質量，以吸取經驗教訓，改進項目管理工作。為此，銀行要寫出「貸款項目總結報告」上報總行。

四、21世紀初期世界銀行集團對中國貸款投融資的重點

（1）改善投資環境，加強體制建設，力求釋放出運轉良好和以知識為基礎的市場經濟的全部生產力，包括建立質優價廉的社會服務系統以緩解調整過程帶來的困難，支持企業承擔風險；建設符合市場需要並在財務上具有可持續性的物質和商業基礎設施；建立在全球環境中具有競爭力的企業和銀行；建立符合新形勢需要的行政管理體制和治理結構；建立穩定的宏觀經濟管理和公共財政。

（2）解決遺留的極度貧困問題，減少沿海地區與內陸落後地區之間日益擴大的不平衡現象，從而幫助維持社會凝聚力，緩解流動人口的壓力。在落後地區，世行將在關注增長速度的同時更加強調增長的質量，採取的方式包括加大對人力開發、社會保障和環保的有效投資，為交通基礎設施建設提供資金以縮小落後地區與先進地區和市

場之間的地理距離，根據需要提供分析諮詢服務，為中國引進國際經驗。

（3）推進從農業社會向城市化社會的轉軌，加強城市服務，減少污染，並從環境角度以可持續的方式提高農業人口的勞動生產力。

隨著中國財力的不斷增強和對外資需求的減少，世界銀行的援助計劃更多地把重點放在支持相對貧困和機制較為薄弱的中西部地區的發展上，以基礎設施建設和節水項目為主，對於比較發達的東部沿海地區則著眼於支持具有創新性的嘗試和改革舉措，以城市發展和環保項目為主。在沒有國際開發協會軟貸款的情況下，世界銀行與中國政府和英國國際發展部合作，通過將英國的贈款與世行貸款相結合的融資方式來降低世行貸款的利率，以便繼續支持教育、衛生等社會發展項目和直接扶貧項目。世行還將與其他援助機構探討類似的合作方式。在經濟分析和政策諮詢領域，世行將一如既往地與中國政府的有關部門及專家學者密切合作，開展對中國改革發展具有重要意義的課題研究，包括研究入世對中國的影響。

世界銀行和中國政府每年就雙方的三年滾動合作計劃進行磋商。財政部是世界銀行集團在中國開展業務活動的主要對口部門，國家發展計劃委員會在合作計劃的制訂中也起著極為重要的作用。世界銀行在中國的業務由世行駐中國代表處負責管理。雙方都可以對合作計劃提出建議，所有項目都經過充分的技術、經濟、財務、環境和社會評估之后才提交貸方和借方做最后審批，雙方對每個項目的實施進展情況進行定期監督檢查。此外，對所有正在實施的世行貸款項目或其中的部分重要項目，雙方每年進行聯合大檢查，及時發現和糾正跨部門或跨地區實施項目過程中可能出現的問題。

第六節　國際金融公司貸款

世行貸款的對象是會員國政府，如果是私人企業借款，則須由政府機構擔保。這個規定，不僅限制了世行業務的開展，而且也不利於發展中國家發展民族經濟。為促進對私人企業的貸款，美國國際諮詢局於1951年通過世行向聯合國提出建議，設立國際金融公司。經過聯合國及社理事會數次討論，最后做出授權世行設立國際金融公司（International Finance Corporation，IFC）的決議，世行於1954年擬訂了創辦計劃，1956年7月公司正式成立，總部設在華盛頓。2002年6月末共有175個會員國，累計承諾的投融資總額216億美元。

國際金融公司的宗旨是，通過對發展中國家尤其是欠發達地區的重點生產性企業，提供無須政府擔保的貸款與投資，鼓勵國際私人資本流向發展中國家，支持當地資金市場發展，推動私人企業成長，促進成員國經濟的發展，從而輔助世行的工作。

國際金融公司在法律和財務上雖然是獨立的國際金融組織，但實際上是世行的一個附屬機構。它的管理辦法和組織結構與世行相同。最高權力機構是理事會，由各國委派世行的正、副理事組成，每年開會一次。執行董事會管理公司的日常業務，執行董事也由世行的執行董事兼任。世行行長兼任公司總經理，也是公司執行董事會的主

席。公司的內部機構和人員多數由世行的相應機構、人員兼管。按照公司的規定，只有世行會員國才能成為公司的會員國。中國於 1980 年 5 月恢復了在國際金融公司的合法席位。

國際金融公司的資金來源是：①會員國認繳的股金。這是公司最主要的資金來源。公司最初的法定資本為 1 億美元，分為 10 萬股，每股 1,000 美元。會員國認繳股金須以黃金或可兌換貨幣繳付。每個會員國的基本投票權為 250 票；另外，每認 1 股，增加 1 票。公司也進行了多次增資，目前的資本總額已達 20 億美元左右。截至 2002 年 6 月 30 日，中國認繳了股金 2,450 萬美元，有投票權 24,750 票，占總票數的 1.03%。②通過發行國際債券在國際資本市場上借款。由於資信良好，公司已進入歐洲證券市場籌資，並已發行 29 種以所在國家貨幣計價的外國債券。③世行與會員國政府提供的貸款。④公司貸款與投資的利潤收入。如 2002 年財政年度，公司的淨收入為 2.15 億美元。

同世行與國際開發協會的貸款不同，國際金融公司的貸款與投資，只面向發展中國家和私營中小型生產企業，也不要求會員國政府為償還貸款提供擔保。公司貸款一般不超過 200 萬~400 萬美元，在特殊情況下，最多也不超過 2,000 萬美元。

國際金融公司貸款與投資的方向，主要是製造業、加工業和採掘業、旅遊業以及開發金融公司，再由后者向當地企業轉貸。

國際金融公司的貸款方式為：①直接向私人生產性企業提供貸款；②向私人生產性企業入股投資，分享企業利潤，並參與企業的管理；③上述兩種方式相結合的投資。公司在進行貸款與投資時，或是單獨進行，爾后再將債權或股票轉售給私人投資者；或是與私人投資者共同對會員國的生產性私人企業進行聯合貸款或聯合投資，以促進私人資本向發展中國家投資。

國際金融公司貸款的期限一般為 7~15 年，還款時須用原來借入的貨幣支付；貸款的利率不統一，須視投資對象的風險和預期收益而定，但一般高於世行的貸款利率。對於未提用的貸款資金，公司按年率 1%收取承諾費。

國際金融公司進行貸款與投資，也必須經過項目選定和對投資項目進行可行性分析與審查等步驟，因而也是十分嚴格的。

第七節　國際農業發展基金組織貸款

國際農業發展基金組織(International Fund for Agricultural Development，IFAD)是聯合國在經濟方面的專門機構之一，成立於 1977 年 12 月，現有會員國約 140 個。中國於 1980 年 1 月加入該組織。

一、國際農業發展基金組織的建立與宗旨

在 1972 年，由於氣候異常，世界許多地區發生嚴重災害，糧食產量大幅度下降，

緊接著又有三年糧食生產年景不佳，發展中國家尤其是南亞、東南亞和非洲發生了嚴重的缺糧問題。在發展中國家的推動下，聯合國於 1974 年 11 月在羅馬召開了世界糧食會議。這次會議呼籲成立 IFAD。1976 年 6 月，聯合國在羅馬召開了關於建立 IFAD 的專門會議，各國代表一致決定成立 IFAD。1977 年 11 月，各國向聯合國秘書長交存了批准書，同年 12 月 IFAD 管理委員會在羅馬召開首次會議，宣布該組織正式成立，並於 1978 年 1 月 1 日起開始營業。

IFAD 的宗旨為：通過向發展中國家，特別是缺糧國提供優惠貸款和贈款，為它們以糧食生產為主的農業發展項目籌集資金，達到增加糧食產量、消除貧困與營養不良的目標。

二、國際農業發展基金組織的組織機構

IFAD 的最高權力機構是理事會。理事會由每一會員國委派理事和候補理事組成，每年召開一次年會，必要時還可召開特別會議。候補理事只有在理事缺席時才有表決權。

IFAD 負責日常業務活動的機構是執行委員會，每年開會 3~4 次。執委會有執委和候補執委各 18 名，由發達國家、石油輸出國和發展中國家各選 6 名。執委和候補執委任期 3 年，每年改選 1/3。

IFAD 的法定代表和行政首長是主席，由理事會選舉產生，任期 3 年。主席任命副主席 1 人、主席助理 2 人，協助主席工作。主席兼任執委會主席，在表決時無表決權。

IFAD 理事會的表決方法，既不同於聯合國其他機構的一國一票辦法，也不同於前述幾個國際金融組織，而是把全部 1,800 票在三類會員國中均分：第一類會員國發達國家 600 票，其中 17.5% 的票平均分配，另外 82.5% 的票按各國認繳捐款的比例進行分配；第二類會員國石油輸出國 600 票，25% 平均分配，另外 75% 的票按認繳捐款的比例分配；第三類會員國發展中國家 600 票，全部平均分配。

IFAD 執委會的總投票數也是 1,800 票，並在三類會員國中平均分配，但在投票時則是：第一、第二類會員國執委的投票權是推選它的會員國的票，而第三類會員國的執委則每人擁有 100 票的投票權。

三、國際農業發展基金組織的資金來源

IFAD 的資金來源為：①會員國的捐款。按規定，第一、第二類會員國須認繳捐款，並用可兌換貨幣繳付。第三類會員國雖規定為受援國，但也可以向 IFAD 捐助一部分資金，可用本國貨幣或可兌換貨幣認繳捐款。例如，中國在加入 IFAD 後，就曾捐款 190 萬美元和人民幣 60 萬元。捐款可一次繳清，也可以在 3 年內繳清。②非會員國和其他來源的特別捐款。③業務淨收益。

四、國際農業發展基金組織的貸款

（一）資金使用的對象與政策

按照宗旨的規定，IFAD 主要向最貧窮的、缺糧的發展中國家發放贈款和優惠貸款，以增加糧食和漁牧業生產，提高貧窮階層人民的營養。在增加糧食生產方面，IFAD 的資金可用於：改進和擴大灌溉設施，開發地下水，改良品種，改進耕作技術和土壤管理等提高產量的短期性項目；新墾荒地，興修水利工程等長期性項目，支持政府實行的促進生產的土改、物價、信貸、銷售、補貼等需投資的政策性項目。在消除貧困方面，主要是直接用於經濟條件差的小農和無地農民的貸款，而不能將資金用於國有企業或私人資本來發展營利事業。

（二）資金的使用方式與條件

（1）贈款。按 IFAD 章程的規定，在每一財政年度 IFAD 提供的資金總額中，贈款所占比重不得超過 12.5%。贈款主要用於：①最貧窮缺糧國的援助項目；②以技術援助形式用於項目的可行性研究、人員培訓、諮詢和項目投資前的其他準備工作。IFAD 還規定，會員國開始使用技術援助的項目，如果後來獲得了 IFAD 的貸款，則將開始時得到的贈款改為貸款，並計入貸款總額內。

（2）貸款。IFAD 對會員國提供的資金，大部分屬於貸款。IFAD 的貸款分為三種：①特別貸款，條件最優惠，免收利息，每年只收取 1% 的手續費，期限 50 年，寬限期 10 年，主要貸給低收入的 40 多個「糧食優先國家」。該種貸款的總額不得超過 IFAD 貸出金額的 2/3。②中等期限貸款，年利率 4%，期限 20 年，寬限期 5 年。③普通貸款，年利率 8%，期限 15～18 年，寬限期 3 年。在這三種貸款中，特別貸款占多數。

IFAD 採用的資金計算單位是 SDRs，即：在向會員國提供贈款和貸款時，按 SDRs 折算，付給美元或其他可兌換貨幣；會員國償付貸款本息和手續費時，按 SDRs 折算，用美元或其他可兌換貨幣進行支付。

IFAD 批准貸款項目後，即委託聯合國糧農組織、開發計劃署、世界銀行、亞洲開發銀行、非洲開發銀行、泛美開發銀行等機構辦理貸款業務並對貸款項目實施監督。

IFAD 貸款用於採購設備與勞務，通常採取國際性招標辦法。

IFAD 的貸款程序，與世行貸款程序基本相同，主要步驟為：確定貸款項目，項目的準備，項目的評估，項目的談判，審查、批准貸款協議，簽署貸款協議，項目的執行等。

第八節　亞洲開發銀行貸款

亞洲開發銀行（Asian Development Bank，ADB）簡稱「亞行」，是類似世行但只服務於亞太地區的區域性政府間金融機構。它是根據聯合國亞洲及太平洋經濟與社會委

員會的決議，並經 1963 年 12 月在馬尼拉舉行的第一次亞洲經濟合作部長級會議決定，在 1966 年 11 月正式建立，並於同年 12 月開始營業，總部設在菲律賓首都馬尼拉。成立時僅有 31 個成員。

參加亞行的，既有亞太經社委員會成員國和亞太地區的其他國家(或地區)，也有亞太地區以外的國家(或地區)。到 2002 年 3 月 31 日共有 60 個成員，區內 43 個，區外 17 個。亞行創建時，臺灣當局以中國的名義參加。1986 年 2 月 17 日，亞行理事會通過決議，接納中國加入該行。同年 3 月 10 日，中國成為亞行正式成員國，臺灣當局以「中國臺北」的名義留在該行。

一、亞洲開發銀行的宗旨

亞行的宗旨是：向其成員國與地區成員(以下簡稱「成員」)提供貸款和技術援助，幫助成員協調在經濟、貿易和發展方面的政策，同聯合國及其專門機構進行合作，以促進亞太地區的經濟發展。它的具體任務為：①為亞太地區發展中成員的經濟發展籌集和提供資金；②促進公私資本對本地區各成員的投資；③幫助本地區各成員協調經濟發展政策，以更好地利用自己的資源和在經濟上取長補短，並促進其對外貿易的發展；④為成員擬定、執行發展項目和規劃提供技術援助；⑤以亞行認為適當的方式，同聯合國及其所屬機構，向本地區發展基金投資的國際公益組織，以及其他國際機構、各公營與私營實體進行合作，並向它們展示投資和援助的機會；⑥發展符合亞行宗旨的其他活動與服務，1999 年以來將致力於消除亞太地區的貧困作為其工作的根本目標。

二、亞洲開發銀行的組織機構

亞行的最高權力與決策機構是理事會，它由各成員指派 1 名理事組成。理事會每年開年會一次。理事會所討論的事項經表決生效，須有不少於總投票權 3/4 的理事參加，且需其中 2/3 以上的理事投贊成票。亞行每個成員均有 778 票基本投票權，再加上每認股 1 萬美元增加的 1 票，構成該成員的總投票權。本地區成員的投票權占總票數的 64.567%。到 2002 年止中國認股 22.8 萬股，擁有投票權 242,723 票，占總票數的 5.59%。中國在亞行是僅次於日、美兩國的第三大股東，同時也是僅次於印度尼西亞和巴基斯坦的第三大借款國，還是接受技術援助贈款的第二大國。

董事會是負責領導亞行業務經營、行使亞行章程賦予的權力以及行使理事會授予權力的機構。董事會由理事會選舉產生。本地區成員選舉 8 名董事，非本地區成員選舉 4 名董事。亞行成員分為 12 個選區，其中日本、美國、中國、印度為單獨選區，其他 8 個選區由各成員自願結合而成。

行長是亞行的合法代表和最高行政負責人，在董事會的指導下處理日常業務，並負責亞行官員、工作人員的任命與辭退。行長由理事會選舉產生。亞行自建立以來，行長一直由日本人出任。行長還兼任董事會主席。

亞行總部是亞行的執行機構，負責業務經營活動。

三、亞洲開發銀行的資金來源

（一）普通資金

普通資金（Ordinary Capital Resources）用於亞行的硬貸款業務。它是亞行業務活動最主要的資金來源。普通資金包括下面幾項：

（1）股本。亞行初創時法定股本為10億美元，分為10萬股，每股1萬美元。每個成員均須認繳股本。本地區成員股本的分配，按照一個公式進行計算。公式中包括用人口、稅收和出口額進行加權調整的國內生產總值。非本地區成員的認股額，主要根據各自的對外援助政策和對多邊機構資助的預算，進行談判確定。新接納成員的認股，由亞行理事會確定。首批股本分為實繳股本和待繳股本，兩者各占一半。實繳股本分5次繳納，每次繳20%。每次繳納金額的50%須以黃金或可兌換貨幣繳付，另外50%以本國貨幣繳付。待繳股本只有在亞行對外借款以增加普通資本而產生債務時，才催繳。成員支付催繳股本，可選擇用黃金、可兌換貨幣或亞行償債時所需的貨幣。亞行股本必要時可以增加。截至1987年年底，亞行法定股本為229.869億美元，其中實繳股本為27.52億美元，待繳股本為200.17億美元。

日本和美國是最大出資者，它們認繳的股本分別占亞行總股本的15.0%和14.8%。中國占第三位，在亞行總股本中占7.1%。

（2）借款。亞行從1969年開始以發行債券方式從國際資本市場借款，已經在17個國家發行過債券。此外，它也同有關國家政府、中央銀行及其他金融機構，直接安排債券銷售，有時還直接從商業銀行借款。

（3）普通儲備金。按章程規定，亞行理事會把亞行淨收益的一部分劃作普通儲備金。

（4）淨收益。由提供貸款收取的利息和承諾費形成。

（5）特別儲備金。亞行在1984年3月28日以前發放的貸款，除收取利息和承諾費以外，還收取佣金以留作特別儲備基金。

（6）預交股本。這是成員在法定認繳日期之前交納的股本。

（二）亞洲發展基金

亞洲發展基金（Asian Development Fund，ADF）設立於1974年6月28日，它主要由發達成員捐贈，用於向貧困成員發放優惠貸款。按章程規定，亞行還從成員繳納的未核銷實繳股本中撥出10%，作為該基金的一部分。此外，還有亞行從其他渠道獲得的捐贈。2005年中國政府為該基金提供3,000萬美元捐款。

（三）技術援助特別基金

技術援助特別基金設立於1967年。它的來源為：①捐資；②根據亞行理事會1986年10月1日會議決議，在為亞洲發展基金增資36億美元時，將其中的2%（0.72億美元）撥作技術援助特別基金。

（四）日本特別基金

在1987年的第20屆年會上，日本理事表示，日本政府願出資建立特別基金。1988年3月10日，亞行理事會決定，成立日本特別基金，用於：①以贈款形式資助在成員的公、私部門中進行的技術援助活動；②以單獨或聯合贈款形式，對亞行向公營部門開發項目貸款的技術援助部分給予資助；③通過單獨或聯合的股本投資支持私營部門的開發項目。

（五）中國減貧和區域合作基金

2005年中國政府捐款2,000萬美元在亞行設立中國減貧和區域合作基金。

四、亞洲開發銀行的貸款

（一）按貸款條件劃分的貸款

按貸款條件劃分，亞行的貸款可分為硬貸款、軟貸款和贈款三類。硬貸款的利率為浮動利率，每半年調整一次；貸款期限為10～30年（含2～7年寬限期）。軟貸款，即優惠貸款，僅提供給人均國民收入低於670美元（1983年價格），且還債能力有限的成員，貸款期限為40年（含10年寬限期），免收利息，僅收取1%的手續費。1999年又將手續費改為利息。贈款用於技術援助，資金由技術援助特別基金提供，但金額不多。

（二）按貸款方式劃分的貸款

（1）項目貸款，即為成員發展規劃的具體項目提供貸款。這些項目必須是經濟效益好，有利於借款成員的經濟發展，而且借款成員具有較好資信的項目。貸款須經過項目確定、可行性研究、實地考察和預評估、評估、準備貸款文件、貸款談判、董事會審核、簽訂貸款協議、貸款生效、項目執行、提款、終止貸款帳戶、項目完成報告和項目完成后的評價等步驟。項目貸款是亞行傳統的、主要的貸款方式。

（2）規劃貸款，是對成員需要優先發展的部門或其所屬部門提供貸款，擴大生產能力，使其產業結構更趨合理化。為便於亞行監督，規劃貸款分期執行，每期貸款都同借款成員執行規劃的進程聯繫在一起。

（3）部門貸款，是對成員與項目有關的投資進行援助的一種形式。它是為提高所選擇的部門或其分部門的執行機構的技術管理能力而提供的貸款。

（4）開發金融機構貸款，是通過成員的開發性金融機構進行的間接貸款，因而也稱為中間轉貸。

（5）綜合項目貸款，是對較小借款成員的貸款方式。這些國家的項目規模較小，借款金額也不大，為便於管理，便把若干小項目捆在一起作為一個綜合項目辦理借款手續。

（6）特別項目執行援助貸款，是亞行為避免其貸款項目在執行過程中缺乏配套的資金而使項目的繼續執行受阻而提供的貸款。

（7）私營部門貸款，可分為直接貸款和間接貸款。直接貸款，是指有政府擔保的

貸款，或是沒有政府擔保的股本投資，以及為項目的準備等提供的技術援助。間接貸款，主要是指通過開發性金融機構進行的限額轉貸和對開發性金融機構進行的股本投資。

（8）聯合融資捆綁貸款，是亞行與區內外官方機構、經濟實體共同為成員的某一開發項目融資。它主要有五種形式：①平行融資(Parallel Financing)，是指將項目分成若干具體、獨立的部分，以供亞行和其他融資夥伴分別提供融資。②共同融資(Joint Financing)，是指亞行與其他融資夥伴按商定的比例，對成員的某一項目共同進行融資。③傘形融資或備用融資(Umbrella or Standby Financing)，是指起初由亞行負責項目的全部外匯資金，但當找到聯合融資夥伴時，亞行即將相應部分貸款取消。④窗口融資(Channel Financing)，是指聯合融資夥伴將其資金通過亞行投入借款成員有關項目，而不同借款成員發生關係。⑤參與性融資(Participation Financing)，是指亞行先對項目提供貸款，然后商業銀行購買貸款中較早到期的部分。在這些聯合貸款形式中，平行融資和共同融資佔有重要地位，例如，截至1987年年底，聯合貸款的總金額為63.4億美元，占亞行貸款總額217億美元的29%；在聯合貸款中，官方機構是最大的融資夥伴，官方融資占聯合融資總額的71%。

在這些聯合融資貸款夥伴中有官方機構、多邊國際組織、各種基金、出口信貸擔保機構和商業銀行，例如法國、丹麥、挪威、義大利、西班牙政府、聯合國開發計劃署、歐洲投資銀行、日本國際協力銀行、中國國家開發銀行、全球環境基金等。

截至2001年年末，亞行總共向38國1,683個項目提供了總額達931.6億美元的貸款，其中對華貸款91項總額近113億美元。

2001年中國人均GDP超過910美元，已從ADB—ADF援助畢業。

（三）亞洲開發銀行的技術援助

（1）項目準備技術援助，用於幫助成員立項或進行項目審核，以便亞行或其他金融機構對項目投資。項目準備技術援助，既有貸款，也有贈款。例如，1988年，亞行批准的一項技術援助金額為60萬美元，其中贈款為25萬美元，其余的為貸款。

（2）項目執行技術援助，是為幫助項目執行機構提高金融管理能力而提供的諮詢服務、人員培訓等方面的技術援助，其中對諮詢服務採用贈款形式，其余的為貸款。

（3）諮詢性技術援助，用於幫助貸款執行機構等有關機構進行人員培訓，研究和制定國家發展計劃、部門發展政策與策略等。過去，諮詢性技術援助多以贈款方式提供，近些年貸款方式運用得越來越多。

（4）區域性技術研究，用於亞太重要問題的研究，開辦培訓班，舉辦涉及亞太區域發展的研討會等。到目前為止這項援助全部採用贈款方式提供。

技術援助項目須由亞行董事會批准。如果金額不超過35萬美元，行長也可以批准，但事后須通報董事會。

截至2001年年末，亞行總共向40個成員體的4,748個項目提供了20.4億美元的技術援助資金，其中對華368項，共計1.956億美元。

【參考文獻】

[1] 佚名. 世界經濟百科全書［M］. 北京：中國大百科全書出版社，1987.

[2] 中國銀行國際金融研究室. 國際貨幣基金組織和世界銀行［M］. 北京：中國財政經濟出版社，1978.

[3] 胡克. 國際貨幣基金組織［M］. 北京：中國金融出版社，1983.

[4] 世界銀行. 世界銀行2000年度報告［R］. 2000.

[5] 中國投資銀行. 亞洲開發銀行貸款與管理［M］. 北京：中國財政經濟出版社，1989.

[6] 世界銀行中國代表處. 世界銀行集團中國業務概覽［Z］. 2002.

[7] 世界銀行業務政策國別服務處. 世界銀行貸款工具［Z］. 2001.

[8] 金立群. 亞洲開發銀行業務政策與程序［M］. 北京：經濟日報出版社，2000.

[9] Asian Development Outlook 2002［M］. Oxford：Oxford University Press，2002.

【思考題】

1. 國際貨幣基金組織發放哪些貸款？各有何不同？
2. 國際貨幣基金組織貸款的特點是什麼？
3. 簡述國際貨幣基金組織的作用。
4. 世界銀行的貸款條件是什麼？
5. 試述世界銀行貸款的程序。
6. 國際開發協會的貸款條件是什麼？
7. 試述亞洲開發銀行的貸款方式與貸款條件。
8. 試述國際農業發展基金的貸款條件與特點。
9. 軟貸款與硬貸款有何區別？

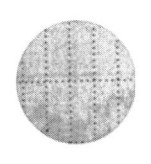

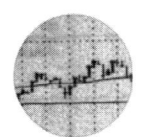

第九章　國際債券

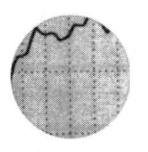

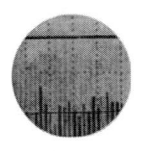

第一節　國際債券的概念、類型與流通

一、國際債券的概念

一國政府當局、金融機構、工商企業以及國際組織機構，為了籌措資金，在國際債券市場上以某種貨幣為面值而發行的債券，即為國際債券。它在國際經濟實踐中，是吸收和利用外國資本的重要國際融資形式之一。

二、國際債券的類型

國際債券可分為外國債券(Foreign Bond)和歐洲債券(Euro-Bond)兩類。

(一) 外國債券

外國債券是指某國舉債人通過國外某金融市場的銀行或金融組織，發行以該市場所在國貨幣為面值的債券。其特點是舉債人(債券發行人)的法人地位屬於某個國家，而債券的面值貨幣和發行市場則屬於另一個國家。如中國的中國銀行在日本東京市場發行的以日元為面值的債券。

(二) 歐洲債券

歐洲債券是指某國舉債人通過國外的銀行或金融組織在另一個或幾個外國金融市場上所發行和推銷的以歐洲貨幣(境外貨幣)為面值的債券。其特點是舉債人(債券發行人)屬某個國家，債券在另一個或另幾個外國金融市場發行與推銷，而債券的面值貨幣為歐洲貨幣。如菲律賓某公司通過倫敦某銀行，發行了以歐洲美元為面值的債券，而且該債券能同時在法蘭克福或盧森堡市場銷售。

三、國際債券的發行和流通

國際債券將如何發行？發行后又將如何分配到購買者手中？日后又如何在購買者之間相互交易？國際債券像國內債券一樣，從發行到流通要經過兩個市場，即初級市場(Primary Market)和二級市場(Secondary Market)。

(一) 初級市場

這是債券發行人為籌資而發行新債券，直至使其最終落到實際購買者手中的市場。它的主要職能是：

(1) 調查。由該市場的投資銀行、金融公司或證券公司等，對發行者現在及將來的財務狀況與資信情況以及類似債券的市場價格與收益進行調查，並對預期的市場條件進行分析。根據上述調查和分析的結果，以確定新發行債券的價格與收益。

(2) 承購(Underwrite)，也稱包銷(Exclusive Distribution)。投資銀行等為了向投資者們轉售，而從發行者那裡獲取證券的行為就是承購。投資銀行按固定價承購進債券，

並承擔再出售時所存在的一切風險。債券發行量如不大，一家或幾家投資銀行就可承購，如發行量較大，常由十餘家甚至數十家投資銀行組成承購辛迪加，集中大量資金進行包銷，並承擔風險。在組成承購辛迪加的眾多投資銀行中，應選出一家資信高、規模大的，作為主經理承購者(Lead Manager)，由其代表承購辛迪加與發行者進行直接聯繫。

承購有兩種形式：①余額承購，是指代發行者銷售債券到規定日期尚未售完的，由投資銀行認購全部余額。②總額承購，是指投資銀行一開始就用自己的資金買下全部債券，然后負責將這些債券再銷售給廣大的投資者。

（3）批發分配，是指由投資銀行等承購者，將債券出售給證券商。在某些情況下，承購單位僅將新發行的一部分債券出售給遍布國內外的其他證券商。

（4）零售分配，是指把新債券最終銷售給實際購買者。

總之，初級市場的職能如果能充分發揮，將有助於降低債券發行費用，提高貨幣資金的流動性，並使資本的再分配順利實現。

（二）二級市場

二級市場亦稱債券發行后的市場或流通市場。它不是新發行債券的初級銷售市場，而是對已發行的債券進行買賣的市場。它主要通過下述環節來運行：

（1）證券交易所(Stock Exchange)。證券交易所本身並不從事債券買賣，它只是提供物質條件，決定可以在該交易所內買賣上市的債券種類，並對交易所的成員進行管理。交易所中的證券商(Dealer)與經紀人(Broker)則從事債券交易。前者本身可以買賣債券，后者僅屬代客買賣。它們通過電信工具與交易所內外或國內外的投資者和金融機構取得聯繫后買賣證券。

（2）證券公司或銀行的櫃臺交易(Deal over Counter)。證券公司或一般銀行通過櫃臺的日常交易，將已發行的債券向機構或個人投資者推銷。

二級市場對決定已發行債券的價格起一定作用。它既便於發行者籌資和投資者購買，又增強了債券的流動性。

國際債券一般在一國市場發行，但可以在幾個不同國家的二級市場買賣。債券的持有者在急需現金時，可在就近的二級市場脫手售出，從而進一步增強債券的流動性。同時，發行者在行情對己有利時，也可在二級市場將債券購回，不需等到最後期限就可註銷這一部分債務。

第二節　國際債券的發行條件與償還

債券的發行人希望以合理的成本籌措到所需資金，而債券的投資者除需考慮盈利及增加流動性外，尤其關注所購債券的安全性。債券的最大風險就是違約拒償風險。如果舉債人到了付息日無力付息，到了還本期無力還本，債券持有人就會蒙受相對的甚至絕對的投資損失。舉債人償還債務的能力，即為該舉債人的資信程度。投資人將

根據債券發行人的資信程度，判斷風險的大小，從而決定是否購買。因此，國際債券的發行者，在委託外國證券公司或承購辛迪加發行債券的過程中，需就全部發行工作進行縝密協商，做許多複雜而細緻的工作。在一般情況下，首先要選定適當的評級機構，對擬發行的債券進行信用評級（Rating）。然後，參照評級的結果，根據發行者本身的財務狀況和債券市場的發展動向等，具體確定發行條件、發行時機、費用負擔及償還方式等。

一、國際債券的評級與上市

（一）債券評級

隨著債券市場的發展和舉債籌資的國際化趨勢，舉債人的資信程度越來越成為投資者選擇債券的主要考慮因素。但投資者本身往往難以評價遠在千里之外的發行人的資信程度，而只能寄望於某些著名的資信評級機構的意見。因此，在國際債券市場上公開發行的債券，一般須通過專門的評級機構對發行者的償還能力做出估價，對將發行的債券做出信譽評級，以作為投資者購買該債券的參考，從而保證購買者的利益。評級機構對投資者只有道義上的職責，無法律上的責任。因債券評級只是對發行者信譽等級的評定，並非直接向投資者說明這項投資是否合適，更不是對購買、銷售或持有某種債券進行推薦。

世界著名的評級機構有若干家。它們對發行者所評信譽等級雖各有不同的表示方法，但實質是相同的。如以美國著名的標準普爾公司（Standard & Poor's Corporation, S&P）為例，它將信譽評級分為 10 個等級，即：AAA（最高級）、AA（高級）、A（中高級）、BBB（中級）、BB（較低級）、B（投機級）、CCC（投機性大）、CC（投機性很大）、C（可能違約）和 D（違約）。2005 年 9 月 28 日標準普爾對中國內地 7 家銀行的評級分別是：中國銀行、中國工商銀行和中國建設銀行均為 BBB+，中國農業銀行為 BBBpi，交通銀行為 BBB-，中國集團公司為 BB+，廣東發展銀行為 Bpi。穆迪投資服務公司（Moody's Investment Service Company）的評級則分為 Aaa、Aa、A、Baa、Ba、B、Caa、Ca、C 九個等級。

對信譽評級，不能簡單地理解為對發行者總的資信評定，而應理解為對發行者發行該項債券還本付息能力的評定。因此，某一公司在一定時期內如發行幾次債券，每次債券的評定等級就不一定完全相同。一般來說，政府債券的等級比公司債券的等級高，因為只要這個政府還存在，它起碼還有印刷鈔票來償付債券本息的最後手段，基本上不會出現違約風險；而在千變萬化的市場經濟條件下，任何公司都不能排除遇到麻煩甚至破產的可能。

申請評級要由發行者和評級機構代表進行一系列會談，並向評級機構提供發行者及其所在國家與此有關的某些詳細情況。評級機構對這種信用的瞭解過程，主要在私下進行。如發行者對可能評定的等級不滿意，可以在公布級別之前，要求中止評定工作，發行者也就不在該市場發行債券。

評級對債券發行的影響因市場而異。如美國債券市場對信譽評級這一工作高度重視，而歐洲債券市場則掌握較鬆，信譽評級並非為發行債券必須履行的手續。

(二) 債券上市

債券可以公開在證券交易所發行出售，稱為債券上市(Listing)。只有較高信譽的外國債券，才能在證券交易所上市。而債券獲準上市，可進一步提高發行者聲譽，增強債券的流通性。為此，發行者自身或通過證券公司，應與證券交易所的代表進行會談，提供發行者及所發行債券的具體情況，力爭該債券上市。債券上市，要交付一定的上市費用。

一些國家的金融管理部門，為保證本國的金融穩定，防止投資者遭受損害，只允許本國居民、保險公司或互助基金組織購買能在本國證券交易所上市的外國債券。

二、國際債券的發行條件

國際債券的發行額、償還年限、利率、利息的支付與計算方法以及發行價格這五項，統稱為發行條件。這些條件將在從主經理承購者接受委託發行債券起，到發行者與承購者最後簽訂書面協議的這一過程中，逐步決定。債券發行條件是否有利，對發行者的籌資成本、未來銷路及發行效果，均有很大影響。

(一) 發行額

發行額(Amount of Issue)應根據發行者的籌資需要、發行市場的具體情況、發行者的信譽水平、所發債券種類及承購辛迪加的銷售能力等因素來決定。一般來說，少則百萬美元，多則上億美元。有的債券市場則明文規定一次發行的最高限額。如日本就規定了在日本債券市場發行日元公募債券的最高額：世界銀行為 300 億日元，AAA 級發行者為 200 億日元。

發行額必須適當，發行過少將不能滿足發行者的資金需要，過多則會惡化發行條件，或使銷售發生困難，或對該債券在二級市場的售價產生不良影響，有損發行者的聲譽，且不利於其以後繼續籌資。發行額一般應事先計劃，但根據市場情況，亦可在最後時刻決定增減。因此，經常會有在承購協議簽字前尚未確定具體發行額的現象發生。

(二) 償還年限

應根據發行者使用資金的需要同時考慮不同市場的做法與法令規定、投資者的選擇意圖以及利率變化趨勢等因素，來確定債券的償還年限(Maturity)。當前，國際債券市場的債券償還年限呈現出縮短趨勢。這主要與通貨膨脹和經濟不穩定以致影響債券的價格有關。

(三) 票面利率

債券票面利率的高低，應隨發行市場、發行時期、國際金融形勢和發行者信譽的不同而變化，一般較難比較。總體來說，對購買債券的投資者，票面利率越高越有吸引力，因這將增加其利息收益；而對發行者而言，則票面利率越低越好，因可使其節

省利息支出。故發行者應與承購者協商，在不影響銷售的前提下，盡可能爭取較低的利率。在其他條件相同的條件下，承購者的銷售能力對利率的決定也有一定影響。

如果債券持有者的實際收益率低於銀行存款利率，或低於投放於其他證券所獲得的收益率，則債券將難於銷售。所以，債券票面利率的最後確定，將視當時的銀行存款利率和資金市場的行情而定。

(四) 利息的支付與計算方法

1. 利息的支付

利息支付方法亦稱付息頻率，系指債券在購買者的持有期間內，將間隔多長時間才得到一次支付的利息。它基本上可分為兩大類型：

(1) 一次性付息。這是指債券的期限無論多長，只支付一次利息。它可以在債券到期還本時進行，亦稱利隨本清；也可在債券發行時一次支付給債券購買人，亦稱貼現發行，即發行人在發行債券時就把不按複合計算的應付利息總額，一次性全部扣給債券的購買人，到期時則按債券的面值還本，這類債券亦稱為「零息債券」。

(2) 分次付息。分次付息又分為三種形式：①按年付息。在債券的有效期限內，按債券的票面利率每年付息一次。最后一次付息與還本同時進行。②每半年付息。在債券的有效期限內，每年按票面利率分兩次付息，即每半年支付一次。它需要明確付息時間，如「A&O」表示在4月和10月付息，「A&F」則表示在當年的8月和次年的2月付息等。③按季付息。在債券有效期限內，每隔3個月付息一次。付息數為按債券票面利率計算出來的年應付利息額的1/4。付息時間也需明確表示，如「AJOJ」表示在4月、7月、10月和次年的1月付息，而「ANFM」表示在當年的8月、11月和次年的2月、5月支付。

2. 利息的計算方法

利息的計算方法，指舉債人在發行債券時確定付息水平的方法。這種計算方法主要有：

(1) 採用固定利率。舉債公司按票面利率計算后支付利息，無論當時市場利率發生何種變化，利息支付額都不改變。

(2) 採用浮動利率。舉債公司的付息水平與市場上的某一基準利率（比如LIBOR）掛勾，隨其浮動，但須在此基礎上再加利差收取。所加利差大小，視發行者的信譽、發行額大小和發行時的貨幣市場情況而定。

從主要國際債券市場過去的情況看，按固定利率付息者較多。浮動利率債券在歐洲債券市場上則廣為流行，因投資者可在短期利率上升時獲益。有時還對浮動利率規定一個下限，即使當時市場利率低於此下限，亦仍按此下限付息，以使投資者有安全感，從而增加此類債券的吸引力。

(五) 發行價格

債券的發行價格(Issue Price)以債券的出售價格和票面金額的百分比來表示。

(1) 發行價格為100%，稱為等價發行(At Par)。如票面金額1,000美元的債券，

以 1,000 美元的價格出售。

（2）發行價格小於 100%，即以低於票面的價格發行，稱為低價發行（Under Par）。如票面金額 1,000 美元的債券，以 990 美元的價格出售。

（3）發行價格大於 100%，即以超過票面的價格發行，稱為超價發行（Over Par）。如票面金額 1,000 美元的債券，以 1,100 美元的價格出售。

發行價格的高低與票面利率的高低相互配合，可起到出售時與當時的市場利率保持一致的作用。票面利率定得偏高時，可相應提高發行價格；定得偏低時，可適當降低發行價格，用以調節發行者與購買者的利益。浮動利率債券通常都以等價發行。

2004 年 6 月 1 日亞洲開發銀行發行 10 億香港元和 2 億新加坡元的 3 年期債券，年利率分別為 2.85% 和 1.845%，每半年付息一次。可以此例來分析國際債券的發行條件。

三、國際債券的發行費用

國際債券的發行者除定期向債券持有人支付利息外，尚需負擔一定的發行費用。一般包括：

（一）最初費用

（1）承購手續費。這是支付給承購團的承購費、發行工作中的管理費、銷售費等，占債券發行額的 2%～2.5%。

（2）承購債券銀行所支付的實際費用，如旅費、通信費等。

（3）印刷費。它是指印刷債券憑證、說明書及合同等的費用。發行 1 億美元債券，需 5,000～7,000 美元的印刷費。

（4）上市費。它是指進入債券市場的手續費、廣告宣傳費等。

（5）律師費。它是指每次發行需 30,000～50,000 美元的律師費。

（二）期中費用

（1）債券管理費。它是財務代理人按照合同進行帳冊管理等服務所收取的費用，一般為 3,000 美元/年～5,000 美元/年。

（2）付息手續費。付息手續費一般為所付利息的 0.25%，付給財務代理人。

（3）還本手續費。還本手續費一般為還本金額的 0.125%，亦付給財務代理人。

此外，期中費用有時還包括在低價時因發行人購回而須註銷債券和息票的手續費，以及償付財務代理人因提供計劃外服務的費用。

上述費用數額，為按慣例所計算的大略數字，實際的發行費用根據發行者的具體情況而變化。它在相當程度上與發行者的信譽水平及其與承購團和財務代理人進行談判的經驗和能力有關。

四、國際債券的償還方式

明確國際債券的償還方式，一是為了保護投資者利益，二是為發行者確定償還負

擔。國際債券的償還方式主要分為兩類：

1. 期滿償還

這是在債券的有效期滿時一次全部償還。

2. 期中償還

這是在債券最終期之前償還。它又可分為：

(1) 定期償還(Mandatory Redemption)。期限在7年以內的債券，不適用於此償還辦法。期限較此為長的債券，可用此法。定期償還系經過一定寬限期后，每過半年或一年償還一定金額，期滿時還清余額，具體做法有：①抽簽法。每期通過抽簽，確定償還的債券，並以票面價格償還。②購回法。按市場價格從二級市場購回規定數量的債券。

當然，市場價格超過票面價格時，採用抽簽法對發行者有利；反之，市場價格低於票面價格時，採用購回法對發行者有利。

(2) 任意償還(Optional Redemption)，亦稱選擇性購回。即發行人有權在債券到期前，以相當於或高於票面值的價格任意直接向債券持有人購回部分或全部債券，使發行者可隨時根據自己的情況調整其債務結構。但因系發行者單方面的意願決定，可能使債券持有人失去將來可以獲得的收益，因此購回價格應超過票面價格，酌加升水(Premium)，以對持有者的利益加以補償。

(3) 購回註銷(Purchase in the Market)。發行者在本身資金情況及所發債券在二級債券市場上的價格對己有利時，甚至在寬限期內，即從流通市場買回已發行的債券，並註銷。

五、國際債券的收益率

債券的收益率通常用年收益率表示，系指投資於債券每年所得的收益占其投資額的比率。收益率的高低主要與票面利率、期限和購買價格有關。投資者只有在對收益率比較滿意時才肯投資，而發行者則要以具有競爭性的收益率來考慮票面利率或發行價格，才能籌集到所需資金。因此，瞭解債券收益率的各種形式與計算方法，對投資者或發行者均有現實意義。國際債券的收益率主要有下述三種形式：

(1) 名義收益率，亦稱息票收益率，即債券本身所規定的利率。如一張年息率為6%的債券，其名義收益率即為6%。只有債券的行市與債券的面額相等時，名義收益率才與實際收益率相一致。但債券的行市受市場利率和票面利率的影響，不斷變化，行市與面額很少一致，甚至在債券開始發行時，其出售價格就可能高於或低於面額。所以，名義收益率的實用意義不大。

(2) 即期收益率，即買賣債券當時的收益率，也就是債券的年利息收入，除以該債券當時的行市所得的比率。其公式為：

$$即期收益率 = \frac{債券的年利息收入}{該債券當時的市場價格}$$

如果一張面額為 1,000 美元的債券，年息率為 6%，每年付息 60 美元，當時的市場行市為 950 美元，則其即期收益率為 $\frac{60 \text{ 美元}}{950 \text{ 美元}} = 6.32\%$；如果是市場行市為 1,050 美元的債券，則其即期收益率為 $\frac{60 \text{ 美元}}{1,050 \text{ 美元}} = 5.71\%$。

（3）到期收益率(Yield to Maturity)，或稱迄至到期日的平均收益率。即期收益率雖比名義收益率有較大現實意義，但它仍只是一個簡略的估算收益率，因它只考慮了購買時的支出，能獲得多少年利息，而忽略了時間和資本損益這兩個重要因素。如果一個投資者，按當時市場價格買進債券，並一直持有至到期日，則上述即期收益率，就不能表達其所能取得的年平均收益率。到期收益率是從購買債券起，且保持至債券到期時的實得收益率，亦即債券的收益對其成本的年率。其計算公式為：

$$\text{迄至到期日的平均收益率} = \frac{\text{年利息額} \pm \dfrac{\text{資本收益或資本損失}}{\text{距到期日的年數}}}{\text{購買債券的市場價格}}$$

$$= \frac{\text{年利息額} + \dfrac{\text{票面價格} - \text{市場價格}}{\text{距到期日的年數}}}{\text{市場價格}}$$

註：票面價格>市場價格＝資本損失
票面價格<市場價格＝資本收益

如果投資者以 950 美元市價買進面額為 1,000 美元的債券，票面利率為 6%，尚有 10 年才到期，則他不僅每年能獲得 60 美元利息，且 10 年後到期時也能按票面額 1,000 美元得到本金，亦即在此 10 年期間獲得 50 美元或每年 5 美元的資本升值，代入公式，則他每年所得的平均收益率或迄至到期日的平均收益率為：

$$\frac{60 + \dfrac{1,000 - 950}{10}}{950} = 6.84\%$$

如果他購買債券時市價不是 950 美元，而是 1,050 美元，那麼他將承擔資本損益 50 元，代入公式，其年平均收益率應為：

$$\frac{60 - \dfrac{1,050 - 1,000}{10}}{1,050} = 5.24\%$$

第三節　國際債券發行與流通的法律問題

國際債券像其他國際證券一樣，既是國際投資的一種重要形式，也是國際融資的一種重要手段。各國政府、銀行、企業和各種金融機構常以發行國際債券來吸收、籌

措外國資本,作為發展本國經濟的生產資金。資金充沛國家的機構或個人資本家則購買此類債券,把它視為重要的投資渠道之一。

國際債券在其發行與流通過程中,涉及的法律問題將如何解決呢?迄今為止,國際上尚不存在統一的證券法,也不存在為各國所普遍承認和接受的關於證券的統一、嚴謹的法律定義。在國際經濟實踐中,所謂國際上的證券法,只是指西方各國關於證券發行和流通的法規,系屬於國內法範疇。但由於某些主要西方國家的法律,既準許外國政府、銀行、企業和金融機構等在其國內證券市場上發行和銷售證券,也準許本國政府、銀行、企業和金融機構等在外國的證券市場上發行和銷售證券,因而各國證券市場之間存在著密切的有機聯繫,使國際證券投資和通過發行國際證券籌資的活動,成為全球性的經濟現象。為了保護本國金融機構和本國證券投資者的利益,主要西方國家都積極運用本國法律來管理具有跨國性質的證券投資活動,在國際債券的發行和流通上亦是如此,且特別體現在外國債券市場上。歐洲債券市場在法律問題上則比較松動。

一、國際債券發行的法律問題

(1) 從發行方式看,債券有公募(Public Issue)與私募(Private Issue)兩種方式。公募即公開發行,系由發行人通過中間人公開向廣大投資者推銷;私募為直接發行,系發行人直接向少數特定投資者銷售。因公募的投資者是社會廣大公眾,為防止發行人虛報情況進行詐欺,而使購買的公眾蒙受損失,故法律對公募發行的管制相當嚴格。發行人事先要向主管部門申請,然后將發行說明書在主管部門登記。說明書須如實披露企業的財務等情況,以供投資者參考抉擇,若對重要事實的說明不正確,或有詐欺行為,須承擔民事和刑事責任。對私募發行則不那麼嚴格,因私募債券的購買者都是少數老練的機構投資者,它們可通過自身能力對發行人做出資信調查,並對該項投資的風險有較強的判斷能力,因此,一般不要求發行人必須向主管部門申請登記及充分披露其財務狀況。

(2) 國際債券在發行過程中,除發行人和投資者外,還涉及一些中間人,由他們負責組織安排債券的發行推銷工作。公募發行涉及的中間環節和中間人更多,有主經理人、承購人、推銷組成員、律師等,尚可有受託人、支付代理人及財務代理人等。這些當事人分別起著不同的作用,法律亦規定了當事人各自應享有的權利和應承擔的義務或責任。

(3) 為明確發行過程中有關當事人之間的權利義務關係,有關政府的法律要求他們簽訂相應的協議,以協調發行工作,確保其順利銷售。如債券經理集團應與發行人簽訂認購協議;債券經理集團還應簽訂其內部協議,以確定各承購人認購的債券數額;推銷組成員則與債券經理集團簽訂銷售協議。此外,尚有信託合同、財務代理協議、支付代理協議等。這些協議應根據不同性質,明確訂立下述有關條款:介紹性條款、償還期條款、稅收條款、提前清償和回購條款、消極保證條款、擔保條款、不可抗力

條款、違約條款、法律適用條款、管轄權條款等，以對協議中雙方的權利與義務做出明確的規定。

（4）發行國際債券涉及兩國或多國法律，其中主要涉及債券發行人所在國的法律和債券發行地所在國的法律。

第一，債券發行人所在國政府法律對該國的國際債券發行人規定，債券發行前須經審查批准，否則不得發行。這樣做的原因在於：①掌握和管理本國對外債務的規模，審查有無此種資金的需求，以維護國家的對外信譽與形象；②幫助本國發行人增強對外談判地位，防止其利益受到侵害；③防止外部資金大量湧入后引起本國的通貨膨脹。所採取的措施有數量限制、最低準備金制度、利率限度管制、稅收管制、發行期限限制等。

第二，債券發行地政府對國際債券的發行在法律上實施的管制更為嚴厲。其原因是：債券在該地發行，不僅涉及本國資本市場資金的流通方向，而且與該國和該國居民的經濟利益有關，因國際實踐不斷證明，債券的投資者大多為發行地所在國的居民。債券發行地政府對國際債券發行的管制主要表現在發行批准制度和披露制度上。前者指債券發行人必須事先獲取發行地政府有關主管部門的批准；后者指國際債券的發行人須向發行地的公眾公布發行人的財務狀況等資料。投資者可憑藉上述資料，分析和評價債券的風險與收益，並在此基礎上結合與投資決策有關的法律制度，防止詐欺，維護自身的合法權益。

二、國際債券流通的法律問題

1. 國際債券的掛牌上市

凡屬公募債券，基本上都可在證券交易所掛牌上市，進行買賣，以增強對投資者的吸引力，籌措較多資金並增加知名度與國際聲譽。債券的掛牌上市，須先經有關管理部門批准，還需要向該管理部門提交發行債券的招募章程和披露發行人財務狀況等有關資料。目的是保護投資者利益，維護債券市場的秩序。

2. 國際債券的流通

國際債券的流通應遵循證券交易所的交易慣例，如關於最低成交額的規定、經紀人須根據顧客指令進行證券買賣的規定、證券交割時限的規定和禁止內部人員交易的規定等。所稱內部人員，是指通過與某一公司進行業務聯繫和經營某一公司發行的債券而掌握內部資料的人。所謂內部資料是專指尚未公布而將影響債券行市的資料。為此，各國不僅禁止內部人員為自己的利益使用內部資料，還禁止將內部資料轉讓他人使用，凡有違反，均屬犯罪行為。

3. 場外交易市場及其管制

債券的場外交易市場是證券交易所市場的一種補充。經營對象主要是未在證券交易所掛牌上市的債券，買賣活動以證券經紀行為中心，按討價還價的方式進行。與證券交易所的交易相比，對場外市場交易債券的管制較為寬鬆，發行人不一定提交招募

章程和披露有關資料，費用較低，手續較簡便，使某些信譽稍差的公司可在場外交易市場發售其債券。但某些國家，如美國通過其國家證券交易商協會，規定在該市場上銷售的外國債券，仍須是「合格的」和「經核准的」債券。

4. 對國際債券流通的管制內容

(1) 國際債券的流通，須在有關管理機構登記註冊，並依法披露有關資料。如不遵循，須承擔相應的民事、刑事責任。

(2) 證券交易所必須在有關管理機構登記註冊，並遵守證券交易法的有關條款、規則和法規。

(3) 證券經紀人和交易商必須在有關管理機構登記註冊，以便該管理機構能直接控制證券經紀人、交易商及其證券交易活動。

(4) 掛牌上市債券的發行人有連續披露其真實狀況的義務，以便投資者在債券流通階段能繼續及時地瞭解發行人的財務狀況，採取應對措施。

第四節　國際債券市場

與國際債券分為外國債券和歐洲債券相對應，國際債券市場也劃分為外國債券市場與歐洲債券市場。

一、外國債券市場

外國債券市場主要指美國、日本、德國和瑞士四國的國際債券市場，尤以美國和日本兩國較為重要。

(一) 美國的外國債券市場

外國借款者(加拿大除外)在美國市場公開發行的中長期美元債券，俗稱揚基債券(Yankee Bond)。揚基債券市場一直是提供中長期美元的主要國際債券市場。發行該債券一般要經過評級程序，且在進入時，外國舉債人必須辦理下述手續，於獲準後才能發行。

首先，舉債人要向美國的證券交易委員會申請登記，以書面形式披露發行者本身的財務經營狀況、所在國家的情況、籌資理由及風險因素等詳盡資料的「註冊聲明」(Registration Statement)以供投資人選擇。凡未經披露或未經批准而發行債券的，都屬非法。

其次，舉債人的債券發行，經證券交易委員會批准後，還要採取招標方式，委託美國的投資銀行或投資公司包銷。

最後，舉債人還要向證券交易委員會申請承保，只有經后者認保后，揚基債券才能發行。

美國的評級審查較為嚴格，證券交易委員會的審批較難，包括發行管理費、包銷費、承保費的籌資成本亦較高。因此，發行者主要是發達國家政府、大企業和國際

組織。

揚基債券的發行不僅要符合美國聯邦法律的規定，還要受藍天法(Blue Sky Law)，即各州法律的制約。如擬發行的揚基債券不符合某州的法律，便不得向該州居民發行。如紐約州法律規定，人壽保險公司所持各種外國證券的總值不得超過其資產的1%，這就限制了該機構對揚基債券的購買，使該債券在該州的推銷受到影響。

由於美元仍是主要的國際儲備貨幣，美國的資本市場又較具開放性，外國舉債人只要能獲批准，願意遵守美國有關法律，並承擔較高的籌資成本，便可立即招標發行，較快地得到資金，而且一旦舉債人進入該市場，便可提高其作為借款人的身分，加強其在其他國際金融市場上籌資的地位。

揚基債券的收益率傳統上高於美國的同類國內債券，因此它對美國投資者頗具吸引力，但在1964—1974年間曾受到過資本管制。20世紀60年代中期美國出現國際收支巨額逆差，其原因之一就是大量長期資本外流，為此政府曾限制國內投資者購買揚基債券，並於1964年開徵利息平衡稅，直到1975年才取消，從而使該市場重趨活躍。

(二) 日本的外國債券市場

外國發行者在日本發行的債券叫「武士債券」(Samurai Bond)。它首先要向日本大藏省申請，經批准后方可發行。發行方式分公募和私募兩種。

日本對公募債券的發行有較嚴格的規定，發行人除要提供本身及擬發行債券的詳細情況外，尚需在過去5年內在國際資本市場至少發行過2次(或在過去20年內發行過5次)公募債券，才能具備發行條件。大藏省還對最高發行額及最長期限按發行人的信用評級等級做出具體規定。具體發行工作則由發行人委託的由數十家證券公司所組成的承購辛迪加負責，並推銷給日本本國及其他國家的個人與機構投資者。

私募債券一般由證券公司或者投資銀行作為斡旋人(Arranger)。其所起作用為根據市場情況向發行人提出發行工作建議，代表發行人就債券發行事務同日本有關方面協商及向金融機構推銷。

私募債券的購買者，一般不得超過50家金融機構。購買后在兩年內不得轉賣，轉賣時亦需全部轉賣給另一家金融機構。因受此種限制，自然不利於投資者的資金流通，故其利率高於公募債券。

由於私募債券的購買者均擁有巨額資金，私募債券的期限較公募債券為長(有長達20年者)，這自然有利於長期融資需要，且發行手續簡單，發行費用較低，但其缺點是利率高，籌資來源面窄，在國際上影響力亦較小。

日本長期以來保持著國際收支順差，通貨膨脹程度低，利率較低，外匯儲備充裕，且為使日元國際化，正不斷開放其金融市場。發展中國家在日本債券市場發行的外國債券占該市場的比重較大(1986年曾達64%)，這也是該市場的特徵之一，恰好與美國債券市場形成鮮明對比。由此可見，發展中國家在日本債券市場上的地位和作用是不可低估的。

(三) 德國的外國債券市場

德國債券市場的發展亦是以其經濟發展為基礎的。德國經濟在20世紀50年代至

70年代突飛猛進，這使德國馬克逐漸成為一種國際貨幣，且形成「強貨幣」形象，使籌資者和投資者都對馬克債券顯示出巨大興趣。德國政府亦逐漸放寬了對國內資本的管制。現在，在德國市場發行債券，首先，發行人要向德國中央銀行申報，經同意后，由一家銀行牽頭組織發行，並由其向上市委員會申請，經批准後安排在證券交易所上市。債券期限最長為10年，借款人如要求提前償還，亦可獲同意，但須支付一定的費用。

（四）瑞士的外國債券市場

瑞士的外國債券市場堪稱世界上最大的外國債券市場。1986年的發行額折合234億美元，占整個國際市場上發行額的10%。如此興旺發達的原因可歸於：

（1）經濟繁榮，資金豐富。蘇黎世是世界國際金融中心之一，其金融機構擅長安排組織巨額資金融通。

（2）瑞士通貨膨脹率低，其外國債券的年利率雖低，但投資者可從瑞士法郎的升值中得到補償，且其嚴厲的銀行法使投資者感到放心。

（3）債券的利率低，可降低發行人的籌資成本，又可通過調換業務，避免瑞士法郎升值所帶來的損失，而受到發行人的青睞。

該市場的發行方式亦分公募與私募兩種，均須經瑞士中央銀行批准。由包銷團包銷后再轉銷。私募則委託牽頭銀行刊登廣告推銷。該市場的一個特點是瑞士法郎外國債券的實體票據不許流出國外，中央銀行規定應將其存入瑞士國家銀行保管。

二、歐洲債券市場

（一）歐洲債券市場的特點

歐洲債券的發行和購買所形成的資金市場即歐洲債券市場。它屬於歐洲貨幣市場範疇，構成了該範疇的一個獨特分支。它具有下述特點：

（1）它是一個境外市場，發行自由，無須得到有關國家政府的批准，不受各國金融政策或法令的強制約束。

（2）對發行前是否需要進行評級，掌握較松，並非必要條件。有時發行人只在發行前進行一定的「旅行宣傳」（Road Show），以促進投資者對發行者及其所發行債券的瞭解即可。

（3）債券持有者所獲利息無須繳納所得稅，使投資者的收益水平相對提高。

（4）可用做面值的貨幣種類較多，也可使用特別提款權或歐元等作為面值貨幣，以此來減少匯率波動的風險。

（5）除了發行固定利率債券外，也可發行浮動利率債券或到期時可調換成股票的公司債券。

在歐洲債券市場發行債券的國家較多，既有發達國家，也有一定數量的發展中國家，該債券常會在債券票面貨幣國家以外的若干國家同時銷售。至於發行期限的長短，將隨歐洲貨幣市場的狀況和資金充裕程度而變化，市場平穩，資金充裕，期限就趨長，

反之則趨短。

(二) 歐洲債券市場發展的原因

歐洲債券市場在最近二三十年來的發展是比較順遂的，這應該歸功於以下兩個原因：

第一，國際債券商協會(Association of International Bond Dealers，AIBD)的建立。為促進歐洲債券交易的順利開展，緩和證券商之間的過度競爭，1968年歐洲債券市場的證券商們成立了該協會，參加者有經營該業務的一些銀行和證券商，還有夠格的經紀人。該協會制定了必要的章程，規定了會員的權利和義務，並確定了每個會員每次認購債券的最高額與最低額。這些措施對會員均有一定的約束性。

第二，國際債券清算機構的誕生。它為歐洲債券開創了活躍的二級市場。歐洲債券雖在一開始就得到籌資者與投資者的歡迎，但在二級市場交易時卻在交割問題上碰到了難題，交易雙方很可能在兩個不同國家，相隔萬里，這使交割工作非常麻煩，且很難保證能及時交割，從而使資金供需發生阻塞。下述兩個清算機構的誕生，解決了這個難題，又促進了歐洲債券初級市場的進一步發展。

(1) 歐洲清算系統(Euro Clear System Limited)。1968年美國摩根保證信託公司聯合一些美國銀行在布魯塞爾成立了第一家專門交易歐洲債券的金融機構，稱為歐洲清算公司(Euroclear)。它可用記帳辦法組織二級市場交易。1972年該公司發展成為由118家銀行和非銀行金融機構共同擁有的在英國註冊的公司，改稱為歐洲清算系統。該系統擁有先進的電路設備。它在紐約、倫敦、盧森堡、蘇黎世、法蘭克福等16個國家或地區的金融中心設立了債券清算、存放代理機構和貨幣清算行，以其安全、及時、服務周到、對市場變化敏感等特點，對客戶具有吸引力。該機構20世紀80年代以來發展得更快。

(2) 「塞德爾」(Cedel Centre of Delivery)。塞德爾即交割中心之意。它於1970年由55家大跨國銀行集資創建，總部設在盧森堡。其業務宗旨和清算手段與歐洲清算系統相同，對客戶亦具吸引力。它在各國金融中心設有45家債券實體清算存放機構，並與這些地方的37家銀行建立了貨幣清算代理關係。

為了開拓對外籌資渠道，我們還應注意到近二十年來在金融創新過程中迅速發展起來的一種籌資的新工具——票據發行便利(Note Issuance Facilities，NIFs)。即籌資人可以自己的名義發行一連串的短期票據，但事先要與銀行承銷團約定，所發票據由該銀行承銷團負責推銷，若銷售不順利，則由它們認購或授予籌資者以備用信貸，以確保籌資者可適時、適量地運用這筆資金。這樣發行的票據為3~6個月的短期票據，但因系發新還舊的週轉性連續發行，籌資人實際上可獲得5~7年的中期信用，可與發行國際債券媲美，且其承銷擔保費較低，可起到降低籌資成本的作用。

第五節　發行國際債券與中國利用外資

當代國際經濟的格局正朝著經濟一體化的方向發展，金融的國際化，自然屬於其中的一環。金融國際化的廣度與深度主要表現在從全球範圍內籌措資金與運用資金的能力。中國是一個發展中國家，理應多利用一些外資，以補國內資金累積的不足。黨的十一屆三中全會以來，中國實施改革開放政策，解脫了「既無內債，又無外債」的思想禁錮，特別是近年來公眾的證券意識增強，國內債券發行繼續增多，既立足國內，又放眼世界，積極地參與國際金融市場活動，充分運用國際債券等金融工具，從外部世界籌集外匯資金，為中國的四化建設提供了物質保證。

一、發行國際債券的好處

利用外資的渠道和方式是多樣的，但外國政府或國際金融組織的貸款一般數目不大，協商過程中耗時較長，且常與政治外交等錯綜複雜的因素相摻和；出口信貸則要與購買授信國的資本貨物捆綁在一起。如需借用在使用時比較靈活的資金，期限較短者只能求助於國際商業銀行信貸；若需使用期限較長、數目較大的資金，則利用發行國際債券方式來籌集最為合適。這是由於：

（1）債券發行的利率一般略低於貸款利率。過去發行固定利率債券，利率在發行時一次定死，雖然發行時與當時的市場利率有差異，而使發行價格可能高於亦可能低於債券的面額，從而影響發行人的實際利率負擔，但其實際利率與票面利率的差額不會太大，與中長期銀行貸款按浮動利率計收，定期調整的利息負擔相比，仍是較輕的。當然發行浮動利率債券后，就不存在這一優越性了。

（2）發行債券的資金來源較廣，債權人較分散，發行人在償還之前可完全自主地使用所籌資金。發行國際債券是面向國際社會籌資，其中既有機構投資者，又有一般公眾等個人投資者，資金來源廣泛，而投資者(亦即債權人)相當分散，使籌資人不可能也不會受到投資者的干擾和控制。銀團貸款的貸款人相對比較集中，並且這些貸款人出於關心貸款安全、希望如期收回資金等考慮，可能會對籌資人進行干擾和控制。

（3）債券的償還辦法較為靈活，可使發行人處於主動地位。在債券到期時，發行人如欲提前償還，可從二級市場購回。如欲延期償還，可用發新債還舊債來更替。而借用中長期貸款，則須事先在貸款合同上與貸款人商妥提前還款條款或貸款展期條款，但不如發行債券這樣主動。

（4）用發行債券的方式籌資，其用款期限一般比中長期貸款長。債券償還期一般在10年以上，甚至可達20年，有時可到期一次償還；而中長期商業銀行的貸款償還期一般在10年以下，且在寬限期過后，就須分期償還。雖然兩者的名義期限相同，但是對實際用款期限而言，借用貸款方式將短於發行債券方式。

（5）發行國際債券可提高發行人的國際聲譽，可使其日后在較優惠的條件下，有

連續發行的機會。除私募方式外，一旦獲準發行國際債券，則承購集團可向國際上眾多的投資者發售，並在二級市場上流通買賣，影響所及能提高發行人的聲譽。發行人的信譽越高，償還能力越強，就越能為投資者所接受，從而可為日後的連續發行創造條件，且可取得降低發行費用的好處。能在國際市場發行債券，是發行人信譽高、財務狀況較活躍的表現。這與中國過去認為發行債券是反應財務狀況十分窘迫的傳統觀念大相徑庭。

（6）發行債券亦適應投資者的要求。投資者在資金投放時，總會遵循流動性、安全性、盈利性三原則，而在實踐中這三者會存在一定矛盾，不可兼得。但是購買債券可在一定程度上互補，因為：①購買債券雖具長期投資性質，但遇有需要可隨時在二級市場出售，不致影響資金的流動；②債券發行人的信譽一般較高，償債風險較小，且債券的購買數額和持有數額因二級市場的存在而可大可小，比較靈活、安全；③發行債券屬直接融資，債券利率一般高於銀行存款利率，投資者可獲得較大收益。這樣，投資者樂於投資債券，從而發行人易於獲得所需資金。

當然，與商業銀行貸款相比，發行債券本身也有一定不便之處，如準備工作時間較長，評級、申請、核批等審查嚴格，需要提供的資料較多，手續複雜，且發行后仍需時刻注意市場價格變化及市場利率的變化動態等。但近年來國際債券的發行額仍呈上升趨勢，與國際銀團貸款額幾乎勢均力敵。

二、中國發行國際債券的情況

為了有效利用國際債券籌資，自1982年1月中國國際信託投資公司率先在日本發行100億日元私募債券開始，據有關統計，至1989年4月止中國各有關機構已發行國際債券40次，除開始的前兩次為私募外，其余均為公募。有外國債券，也有歐洲債券。發行市場遍及東京、法蘭克福、香港特別行政區、新加坡、倫敦等。信用評級均為高等級，在國際上具有一定影響。

從1987年財政部代表中國政府首次進入國際市場，發行主權外幣債券3億德國馬克以來，到2000年年底，先後發行主權外幣債券17筆，總額約為77億美元。計有美元全球債、美元揚基債、美元龍債、歐洲美元債、歐洲日元債、歐洲馬克債、日元武士債和歐元債券。發行總量的67.53%是美元債券，19.61%是日元債券，12.86%是馬克和歐元債券。達到10年期者占52%，加權平均期限約為9年。

這些已發行的中國主權外幣債券，已償還的有7.77億美元，尚未償還的有69.23億美元。

2001年財政部又發行了5.5億歐元債券和10億美元債券，期限與年利率分別為5年、5.25%和10年、6.8%。

2004年10月21日，中國財政部在倫敦簽署協議，發行10億歐元、10年期、利率為4.25%和5億美元、5年期、利率為3.75%的兩種債券。

2007年6月27日，國家開發銀行在香港發行50億元人民幣債券，2年期、票面

利率3%。

国际权威信用评级机构对中国主权外币债券的信用评级较高，而且展望前景均为投资级债券：标准普尔公司评为BBB级；穆迪公司（Moody's）评为A3级；惠誉公司（Fitch）评为A3级。

中国利用主权外币债券在主要国际资本市场筹集了外汇资金，与国际投资者建立了广泛的联系，沟通了以外币债券筹集国际资金的有效渠道。不但增强了国际投资者对中国经济发展的信心，有利于进一步吸引国外投资，而且也为1997年亚洲金融危机之后，国内其他债券发行体进入国际资本市场以发行国际债券方式筹资奠定了良好的基础。

此外，1999年中国各银行发行的外币债券还有：

国家开发银行发行的5年期5亿美元全球债券，利率为美国5年国债利率加3.5%。2005年9月29日，国家开发银行又在纽约发行了10亿美元、10年期、票面利率为5%的全球债券。

中国银行发行5年期亚洲美元债券，利率为LIBOR加1.2%。

中国农业银行在香港发行3年期1.4亿美元债券，利率为LIBOR加1.5%。

中国进出口银行在欧洲发行5年期2亿美元债券，利率为LIBOR加1.5%。

2001年美国标准普尔公司和日本评级投资信息公司（Japan Rating & Investment Information Co.）分别确认中国进出口银行的信用评级为BBB级和A级，与中国主权债券的信用同级，也是中国国内金融机构的最高信用等级。

2001年年末，中国对外发行债券余额126.69亿美元，国内债务人为：财政部60.3亿美元；中资银行33.7亿美元；中资非银行金融机构24.99亿美元；外商投资企业7.7亿美元。2004年年末，中国对外发行债券余额133.32亿美元，占外债总额的5.83%。发行国际债券也是中国利用外资的渠道之一。

三、发行国际债券需注意的问题

今后中国仍将继续发行国际债券筹集资金，但应注意以下问题：

第一，应进一步分散发行市场，以争取有利的发行条件。发行债券如果过分集中于某一市场（如中国于1982年1月—1985年4月集中在东京市场发行债券），将不能充分利用国际证券公司之间的竞争，难以争取到有利的发行条件。

第二，合理搭配发行债券的币种，以减少外汇汇率波动风险。中国发行国际债券的市场尚不多，所筹得的货币币种亦较单一，目前仅限于日元、美元和德国马克等。为适应并满足中国对各种货币外汇资金的需要，为了提高引进外资的经济效益，一方面应降低筹资成本，另一方面还需结合对主要货币币价发展趋势的预测，合理搭配发行债券的票面币种，以降低票面货币汇价风险。而软、硬货币币种又与利率高低呈反比，故此，还应结合利率的变化趋势综合进行考虑。

第三，债券期限一般较长，无法通过套期保值等方法减少外汇风险。为避免货币

折算及匯價波動帶來的風險，除考慮以上兩項外，還應根據實際情況，使發行債券的面值貨幣幣種與支付時使用的貨幣幣種或日后創匯收入的貨幣幣種相銜接，在「兩利權其重，兩害權其輕」的原則下進行選擇。

第四，根據利率變化趨勢，決定債券的計息方式與償還年限。當然，這是以發行人可決定計息方式為前提的。在此前提下，掌握利率變動趨勢應是決定計息方式和確定償還年限的主要依據。如預計某發行貨幣的利率將下降，則應採取浮動利率方式，以減輕利息負擔。如情況相反，則應採取固定利率方式。若確定為固定利率方式，如票面貨幣利率呈上升趨勢則應延長償還年限；反之，則應縮短償還年限，或列入提前償還條款，以便到時換發低利率水平下的新固定利率債券。當前國際債券市場一般均採取浮動利率方式，可省去上述考慮。

第五，正確選擇發行代理人和發行時機，爭取降低發行成本。在籌劃發行的過程中，要注意選定經驗豐富、資力雄厚、信用卓著、業務面廣且收費低廉的外國證券公司或銀行作為主經理公司，因其具有與有關評級機構、審批當局和金融界進行溝通的實力，可對發行方案提供積極有利的諮詢意見，以獲得批准發行、迅速承購及促進銷售的有利結局，且發行成本也可降低。在籌劃期間，務必「貨比三家」，利用彼此間的競爭，縝密篩選。

當選定主經理公司，做好發行債券的準備工作后，要與主經理公司共同研究近期市場利率和匯價變動的因素及其發展趨勢，比較同類債券的發行價格與二級市場上的買賣價格，以商定最有利的發行時機，從而降低發行成本。什麼時候是發行的有利時機呢？一般來講，債券票面貨幣的匯價比較堅挺而市場利率比較低的時候為有利時機，因在這時，可抬高債券的發行價，且發行后，這種貨幣需要轉換時，又可兌換較多金額的其他外幣。

第六，大力培訓專業幹部。要做好國際債券發行工作，必須有一支深諳國際金融和國際經濟知識且熟悉國際債券業務的幹部隊伍。中國在現階段像這樣的專業人才還是短缺的，國家必須有計劃地培養並大膽任用，以把該項工作做得又精又細。

第七，中國是社會主義國家，實施改革開放政策，但中國的國際債券發行工作，最終仍將涉及中國的整體形象及國家外匯收支平衡等問題，各單位、各部門、各地方千萬不得各行其是，任意在國外發行。為此，必須堅持統一歸口原則，由國家專門指定的機構逐筆審批，以免影響外匯收支，並保證財政、信貸、物資的平衡。

另外，中國也在穩步開放資本市場，2005年3月1日批准國際金融公司、亞洲開發銀行、日本國際協力銀行在中國境內發行40億元人民幣債券。2005年9月28日中國宣布首發的債券命名為「熊貓債券」，這是國際金融機構在華發行人民幣債券的開端。

中國也購買美國國債，到2006年1月，中國持有的美國國債已達2,626億美元，成為世界上第二位持有美國國債券的國家，僅少於日本持有的6,683億美元，多於英國的2,448億美元。

【參考文獻】

［1］劉舒年. 國際信貸［M］. 北京：中國對外經濟貿易出版社，1986.

［2］張志平. 金融市場實務與理論研究［M］. 北京：中國金融出版社，1991.

［3］李裕民. 國際債券發行理論與實踐［M］. 北京：中國金融出版社，1991.

［4］董世忠. 國際金融法［M］. 北京：法律出版社，1989.

【思考題】

1. 試論國際債券一級市場與二級市場的相互關係。
2. 試比較金融創新運動中的兩種形式——歐洲債券與票據發行便利。
3. 談談你對中國發行國際債券現狀的看法。

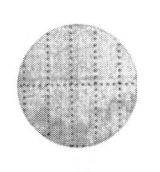

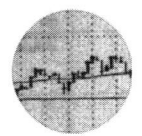

第十章　國際租賃

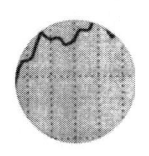

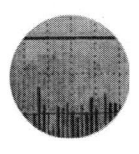

第一節　國際租賃的發展及概念

一、租賃的發展

　　租賃系指物的租賃，是一種經濟活動，即由雙方當事人約定，一方在一定的時間內，將某種所有物租與另一方使用，另一方則承擔支付一定租金的義務。正如馬克思對信用所下的定義：以償付為條件的一種特殊的價值運動形態。按此性質，租賃這一經濟活動應屬於信用範疇。租賃的形成史可追溯到原始社會末期，在其漫長的發展過程中，經歷了古代租賃、傳統租賃和現代租賃這三個發展階段。

　　(一) 古代租賃

　　早在原始社會末期，由於第二次社會大分工、剩余產品的出現和交換的產生，某些生產資料和生活資料的佔有者，開始出租其佔有的多余財富，以取得租金收入。早在公元前兩千多年時，亞洲巴比倫地區的蘇美爾人中一些富有者就曾出租過他們的勞動工具、牲畜和奴隸，以收取租金，獲得利益。實際上，這是一種單純的實物租賃。其特徵是：出租方和承租方尚無固定的契約形式和報酬條件，在很大程度上只是體現有報酬地使用對方的實物而已。

　　(二) 傳統租賃

　　發生在封建社會的地主、商人與自耕農及城市手工業者之間，農具、馬匹、房屋、土地，均可作為租賃物。中國早在周秦時期就出現了這種租賃，漢唐以後，已經很普遍。歐洲則在中世紀時獲得很大發展。隨著租賃範圍的擴大和發展，在此經濟活動中，又經常出現糾紛，有關租賃的法律條文陸續產生。傳統租賃的特點是以獲取租賃物的使用價值為目的，且以出租方與承租方訂立一定的共同遵守的契約和報酬條件為前提。

　　(三) 現代租賃

　　這是資本主義生產關係和社會化大生產的產物。伴隨著科學技術的發展，租賃物的種類和規模明顯增長。原先傳統租賃的租賃物，已轉換為大型的機械設備或新型生產資料，從而產生了現代設備租賃；而且原來傳統租賃中只涉及出租方與承租方雙方當事人，這已不能適應生產、交換與信用發展的需要，於是作為現代化生產力要素之一的金融手段又悄悄地、不可抗拒地滲透到租賃領域，發展到了現代租賃的成熟階段——現代融資租賃。本章所論述的就是現代租賃，尤其是現代融資租賃。

二、現代租賃的概念

　　出租人或將自己原先已有的物體，或為開展租賃業務而專門購進的物件，作為租賃物，在一定時間內，租賃給承租人使用，使承租人可通過此種租賃方式取得生產要素中的主要構成部分，再輔以不斷改善的經營管理，從而提高生產力和獲取利潤。這

是承租人按租賃合同的規定，在取得租賃物的使用權后，分期繳付租金，出租人則一直保有租賃物的所有權，以收取租金的方式最終收回原有物件或專門購進物件的價款，並附加一定利潤的投資活動。它是現代企業家衝破以自有資金或自行籌措資金購買設備才進行生產的傳統做法，改用租賃設備從事生產、獲得利潤、繳付租金的新方法。因為他們悟出了生產資料的價值在於使用，而不在於擁有其所有權；利潤的產生在於生產資料的投入使用，而無須歸己所有。這可以說是對租賃在意識上的一大飛躍。

三、現代租賃的當事人

傳統租賃的當事人只有出租方與承租方，而現代租賃則至少有出租方、承租方和供貨方三方，是一種新型的三邊關係的交易：出租人就是出資人，又是購貨人；承租人就是借貸人和付租金人；供貨人就是租賃物的生產廠商。

四、現代租賃的特點

（一）借錢與借物融為一體

租賃是把借錢和借物融合在一起的經濟活動。一般的借貸是借錢，實物借貸則是借物。借錢則還錢，借物則還物。而租賃則是既借錢又借物，償還時則主要是還錢，以支付租賃費形式出現，而不是還物。從這點看，租賃和信貸一樣，都是借貸資本的運動形式，只是具體形式不同：一般的借貸是貨幣資本形式，而租賃則是商品資本形式。

（二）租賃物的所有權和使用權分離

租賃是租賃物的所有權與使用權相分離的一種物質運動形式。但它與商品因買賣而流動，商品所有權和使用權都一併轉移的情況不同，租賃物在租賃期內的所有權屬於出租人，承租人只擁有其使用權，並支付租賃費。但當租賃期屆滿時，出租人或是將租賃物的所有權無償轉讓給承租人，或是按優惠價賣給承租人，這時，租賃實際上又是一種商品信貸。國際租賃可以說是先輸出商品，再以收取租賃費的方法來發展國際貿易的一種新形式。

五、租賃以其經濟活動地域範圍的分類

租賃以經濟活動的地域範圍，可分為國內租賃和國際租賃。前者是出租人與承租人位於同一國家；后者是出租人與承租人位於不同國家，租賃關係在各國間展開，亦稱跨國租賃。這是一種變形的國際信貸形式。本章著重講述國際租賃。

六、國際租賃的產生和發展

租賃的出現雖由來已久，但國際租賃業務却是在第二次世界大戰后於 20 世紀 50 年代初從美國開始的。50 年代末，市場急遽擴大，進入 60 年代，大部分發達國家均向發展中國家開展此項業務，70 年代，國際租賃獲得極大發展，至 80 年代，它已被

公認為是國際設備籌資的主要來源之一。其急遽發展的原因有：

第一，第二次世界大戰后科學技術飛速發展，生產設備的更新週期縮短，各國對先進設備的需求大幅增長，發展中國家的傳統信貸籌資方式因其數量有限，成本又高，已不能滿足需要。而發達國家的設備生產已呈過剩狀態，按傳統方式銷售已十分困難，西方各國的經濟危機此起彼伏，它們為擺脫這一窘境，就採用國際租賃這種新形式，借以推銷過剩設備，使發達國家的資本輸出與商品輸出同時進行，這可說是世界經濟發展不平衡促使國際租賃專業化趨勢發展的契機。

第二，某些西方國家對租賃業實施賦稅減免和加速折舊等立法，使作為出租人的租賃公司減輕了稅收負擔，並因在前期的折舊增大，暫時縮小了利潤額而推遲繳納所得稅款。出租人為了拉攏客戶，實施降低租賃費以轉讓部分好處的方法，也促進了租賃業的發展。

第三，與出口信貸相比，採用租賃可提供全額資金融通，且手續簡便，償付方式靈活。

第二節　國際租賃市場的結構

國際租賃業務是通過國際租賃市場上的各種不同租賃機構發揮其職能作用來實現的。五十多年來該市場的結構如下：

一、專業租賃公司

由於租賃業務迅速發展，租賃業已演變為一種獨立的行業。一些發達國家紛紛設立了專營租賃業務的公司，並在國內外重點城市設立分支機構，以加強推銷能力，拓展海外租賃市場，有的專業租賃公司內部還專設信貸部門，以解決租賃業務中的資金融通問題。

專業租賃公司的主要業務是籌資購買、儲存租賃物件，從事出租洽談，有時還對出租物件提供保養、維修、零件更換與技術諮詢等服務。這類公司的業務經營可分為兩大類型：一類是專門經營某類機器物件的，如計算機、小轎車、拖拉機或車床等；另一類是專門經營某一大類機器設備的，如一般機械設備、紡織機械設備、建築機械設備或飛機等。

二、融資租賃公司(Financial Leasing Companies)

它有別於專業租賃公司，只在租賃業務中向承租人融通資金。融資租賃公司只限於接受承租人的請求，由其向製造商購買承租人所需的機器設備，支付價款，租賃給承租人，並根據租約規定，收取租金。同時機器設備的保養維修，由承租人負責，所發生的一切費用，由承租人支付。實際上，融資租賃公司是在保有設備所有權的條件下，為承租人購買設備而墊付資金，亦即對承租人給予資金融通。

三、銀行、保險等金融機構所設的租賃公司

隨著銀行萬能壟斷者作用的深化與加強，發達國家的銀行與保險公司等金融機構憑藉其雄厚的資金與關係網，也插足租賃業務領域。它在擴大國際租賃業務方面起著很重要的作用，是租賃業務得以快速發展的重要原因之一。其主要形式有：

（1）銀行直接出資成立租賃公司。

（2）由幾家銀行和工業壟斷組織聯合設立租賃公司，以利用各自具有的優勢，最大限度地開拓國內外租賃市場。

（3）某些大銀行對某些租賃公司提供優惠貸款，促進其國內外租賃業務的開展，並對其進行控制、操縱。

四、製造廠商附設租賃部或租賃公司

發達國家的大工業製造廠商常在本企業內部設立租賃部或租賃公司，作為輔助銷售渠道，以充分挖掘銷售潛力。這些單位均獨立核算，並自設帳戶，這樣既可減輕稅收負擔，加速租賃物折舊，又有利於吸收外部資金。

五、經銷商和租賃經紀人

在商品市場上經銷商是在生產者和消費者之間從事儲存、分配、運輸等勞務的中間商或批發商，主要是經銷或出口商品。因它們有廣泛的銷售網，故常承接製造廠商所委託的租賃業務，且對外以出租人身分出現。

租賃經紀人本身並不經營租賃業務，而只代表出租人尋找承租對象，促進租賃交易的達成，從中收取佣金，或者提供租賃諮詢，收取諮詢費。

六、國際性租賃聯合組織和公約

由於國際租賃市場的競爭日趨激烈，各國的租賃公司和金融機構為互通情報、協調行動、減少競爭、控制盲目發展，成立了某些國際性租賃聯合組織。如20世紀60年代中期，美、法、意、荷和其他國家的銀行，組成了總部設於盧森堡的國際租賃協會；1972年西歐一些國家成立了租賃俱樂部；1973年，美國、英國、義大利、德國、加拿大等國的有關銀行聯合組成了一家東方租賃控股公司。

1988年5月28日國際統一私法協會在渥太華通過了「國際融資租賃公約」規範國際融資租賃交易，共有3章25個條款。

第三節　國際租賃的形式

隨著現代租賃業務的開展，租賃的方式於第二次世界大戰后不斷推陳出新，有的主要是為了融資，有的適用於為運輸工具服務，有的可獲較多的稅務優惠，有的還與貿易

方式相結合，使租賃業務與國際貿易業務相互促進、共同發展。總之，租賃方式的發展為國際融資注入了新的活力，為國際經貿聯繫增加了新的渠道，並對企業家有效使用資金以及科學技術的不斷革新起了很大的促進作用。現在介紹幾種主要的租賃方式。

一、融資租賃(Finance Lease)

(一) 融資租賃的概念

融資租賃亦稱金融租賃，系出租人根據承租人的決定，向承租人選定的供貨人出資購買承租人所選定的機器設備，約定以承租人支付租金為條件，將該機器設備的使用權轉讓給承租人，並在租賃期間內通過連續收取租金而使出租人收回其投資的租賃行為。

融資租賃方式下的關係人有出租人、承租人和供貨人，由此而形成一個三角關係。供貨合同(或稱購買合同)和租賃合同的簽訂與履行，構成了一筆租賃交易的整體，但各個合同僅能約束其各自的當事人。租賃合同和購買合同之間的關係是：租賃合同的簽訂和履行是購買合同簽訂並履行的前提，而購買合同的簽訂與履行又是完成一筆完整的租賃交易所不可缺少的組成部分。

(二) 融資租賃與分期付款貿易和傳統租賃的區別

1. 融資租賃與分期付款貿易的區別

(1) 從法律上講，融資租賃的出租人出資購買物件，租與承租人，在租賃期內物件所有權屬於出租人，承租人則分期支付租金從而取得使用權；而分期付款貿易對物件是一種買賣行為，物件所有權立即屬於購貨人，只是銷售人同意給予購貨人以分期付款的商業信用，在購貨人付清貨款前，雙方只是債權債務關係。

(2) 從稅務上講，因融資租賃中的物件所有權屬於出租人，所以應由出租人攤提折舊，承租人只能對所付租金列支成本；而分期付款貿易，購買人雖分期付款，但因已構成買賣行為，購買人應將買進物件列入其固定資產而繳納固定資產稅，並攤提折舊，而銷售人則應繳納營業稅。

(3) 從會計上講，承租人對租賃物不能列入固定資產；而分期付款貿易，在銷售人帳上應列入銷售收入和應收帳款科目，在購貨人帳上，則列入固定資產和應付帳款科目。

(4) 從業務關係上講，融資租賃為承租人、供貨人與出租人的三邊關係，而分期付款則是購貨人(同時又是債務人)和銷售人(同時又是債權人)的雙邊關係。

2. 融資租賃與傳統租賃的區別

(1) 融資租賃涉及出租人、承租人和供貨人三個關係方，而傳統租賃只涉及出租人與承租人雙方。

(2) 傳統租賃的租賃物件或系出租人原先就已持有，或由出租人自主購進後出租，承租人無購買的選擇權，一般均屬通用設備；融資租賃則應根據承租人的要求購買租賃物然后出租，承租人對所租賃設備有選擇權。

(3) 從租賃期看，傳統租賃一般為短期租賃，融資租賃則是一種較長期的租賃。

(4) 從租賃期滿後對租賃物件的處理看，傳統租賃期滿後租賃物件即退還出租人，而融資租賃的處理方法則有三種選擇——退還、續租或留購。

(三) 融資租賃的特點

(1) 承租人選定擬租賃的設備，出租人出資，向該設備的製造商或銷售商購進，並租賃給承租人使用。

(2) 出租人擁有租賃設備的所有權，承租人在租賃期間支付租金而享有使用權。在租約期間所付的租金總額應當能償付出租人為購置設備的資本支出並有盈利，故增長率在美國稱為「定金付清」（Full Payout Lease）的租賃。

(3) 租賃期較長，在租賃期間任何一方均無權單方面撤銷合同。

(4) 租賃物的維修保養由承租人負責或付費。

(5) 租約期滿，承租人對租賃設備有退租、續租或留購的選擇權。若屬留購，究竟用租賃設備殘值的實際價格還是用名義價格購買，可由雙方商定。

(6) 製造商提供的設備，由承租人負責檢查，並代出租人接受。出租人對該設備的質量與技術條件，不向承租人做出擔保。

(四) 融資租賃的形式

(1) 直接租賃。這是由出租人自行籌措資金，向製造商支付貨款后，購進設備，然後直接出租給承租人。

(2) 轉租賃。這是由出租人（在此處以承租人面目出現）從另一出租人（一家租賃公司或製造廠商的租賃部）租進一臺設備后，再轉租給實際的承租人（用戶）。轉租程序見圖 10-1：

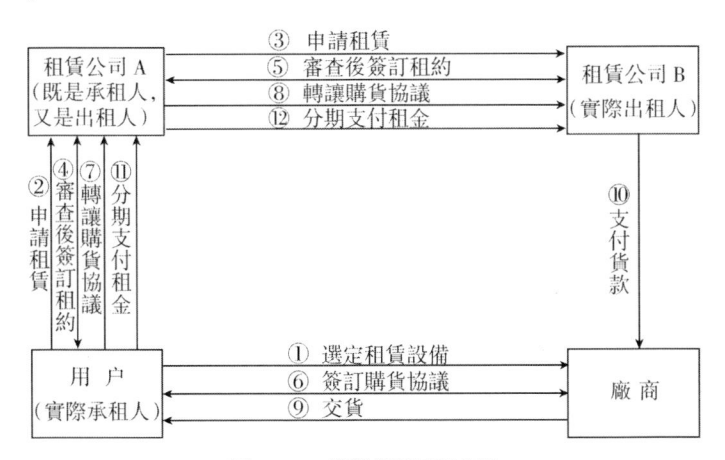

圖 10-1　轉租賃運轉程序圖

轉租賃主要在發展中國家的租賃業務中採用，因發展中國家的租賃公司（如圖 10-1 中的租賃公司 A）為籌措資金，如需向外國銀行借款，所付利息及費用較高，會加重實際用戶的負擔，不如向國外大租賃公司轉租合算。

二、經營租賃(Operating Leasing)

經營租賃也稱服務性租賃(Service Leasing)、使用租賃、營運租賃或操作性租賃。

(一) 經營租賃的概念

這類租賃的租賃物其技術更新較快，故租期較短，服務性較強，凡租賃物的維修、保養、管理及零部件更換，均由出租人負責或提供，因此，承租人所付租賃費較融資租賃為高。因為出租人需將上述費用包括在內。

(二) 經營租賃的特點

(1) 租賃期一般較短，承租人在每次租約期間所支付的租金，不足以抵償出租人為購買設備的資本支出及利潤，美國稱此為「不完全付清租賃」(Nonpayout Leasing)。因此，出租人還得把設備繼續出租多次，才能收回其全部投資並獲得利潤。

(2) 這類租賃方式提供的租賃物一般屬於：①需要高度保養和管理技術的；②技術發展快，更新週期短的；③泛用設備和機械。如大型電子計算機、複印機、超聲波儀器、地面衛星站、拖拉機及建築機械、農業機械設備等。承租人為避免設備的技術性能落後，租期通常定得較短，在租賃合同期滿前承租人可預先通知出租人，到期時退回設備，合同即告終止。

(3) 出租人為使租賃物保持良好狀態，必須負責維修、保養，以便在一個租約到期後，可續租給原承租人，或再租給另一承租人。對更新換代期較快的租賃物更是如此，租金亦更高。

三、維修租賃(Maintenance Leasing)

(一) 維修租賃的概念

維修租賃是融資租賃加上各種服務條件的租賃方式，主要適用於運輸工具，尤其是汽車的租賃，出租人要向承租人提供一切業務上所需的服務，如登記、上稅、車檢、保險、檢修、保養和事故處理等。

(二) 維修租賃的特點

(1) 出租人提供一系列的服務活動。

(2) 租期適中，通常在2年左右。

(3) 因包括系列服務費用，故租金相對較高。

為便於對上述三種租賃方式進行比較，茲列表(表10-1) 如下：

表10-1　　　　　　　融資租賃、維修租賃和經營租賃比較表

比較項目 \ 類別	融資租賃	維修租賃	經營租賃
合同期限	較長，通常在2年以上	較短，通常在2年左右	短期

表10-1(續)

比較項目＼類別	融資租賃	維修租賃	經營租賃
租賃目的	資金的高效率運用	出租人既融資，又提供一系列服務	除融資外，重點在於避免技術更新風險
解約問題	原則上中途不得解約	原則上中途不得解約	因租期短，期滿前僅可先通知如期解約
租賃物	以大型機械設備為主	以運輸工具——車輛為主	以具有通用性並且技術更新期較快的物件為主
租用人	以法人為主	以法人為主	以法人為主
租賃費	租金較其他兩種方式便宜，續租時更便宜	因加上系列服務費租金較貴	出租人既負責維修保養，又承擔租賃物技術更新的風險，故租賃費最昂貴

四、衡平租賃(Leverage Leasing)

(一) 衡平租賃的概念

衡平租賃亦稱槓桿租賃，是一種比較複雜的租賃形式。20世紀60年代初以美國為代表的發達國家，為了刺激資本設備投資的發展，對資本設備的出租人實施了賦稅減免和加速折舊的經濟鼓勵政策，使之能增加利潤並且延緩繳納稅款的時間，而且出租人為購買租賃物，其價款的60%～80%可通過銀行等金融機構貸款，自身通常只需付價款的20%～40%，而從法律和經濟主權上說，則使出租人擁有了相當於其自身投資額3～5倍的可供出租的設備，並且按100%而非按20%～40%的出資額享受賦稅減免和加速折舊的優惠。這就起到了衡平或槓桿的作用，正如中國諺語所講的「以四兩撥千斤」的作用。出租人再把從上述渠道所得的好處作為基礎，採取以較低的租賃費將部分利益轉讓給承租人的辦法，擴大了衡平租賃的市場。

(二) 衡平租賃的特點

(1) 衡平租賃的關係人較多，有出租人、承租人、長期貸款人、物主託管人、契約託管人、供貨商、包租人和經紀人。其中，前三者為主要關係人。長期貸款人常被稱為「債權持有人」(Holder of Debt)或債權參與人(Loan Participator)，即向出租人發放貸款購買設備的銀行。物主託管人與契約託管人在衡平租賃中亦是很重要的關係人。物主託管人為出租人(或出租集團)的利益保持設備主權並出面管理租賃資產，出租人則持有信託證書(Trust Certificate)以證明其具有物主託管人所掌握租賃物的應有受益權益(Beneficial Interest)。契約託管人是長期貸款人的代表，與物主託管人進行聯繫，並為保證貸款人的利益而保有出租設備的抵押權益。如發生違約，契約託管人可以行使抵押權，即出賣租賃設備，以使其債權獲得清償，同時物主託管人可將收取租金的權利轉交給契約託管人，用以償付貸款應付本息直至租金抵清貸款本息，才將余額支付給物主託管人。

（2）由於契約託管人擁有出租設備的抵押權，貸款人不得對出租人行使追索權。

（3）租金償付須保持均衡，每期所付租金不得相差懸殊，且不得要求預付或延期償付。

（4）租約期滿，承租人如需留購，須按租進設備殘值的公平市價償付，不得要求以象徵性低價償付。

五、回租租賃（Sale and Leaseback Lease）

（一）回租租賃的概念

由設備原物主將自己擁有的設備賣給租賃公司，然后再從該租賃公司租回使用的租賃方式。其程序如圖10-2所示：

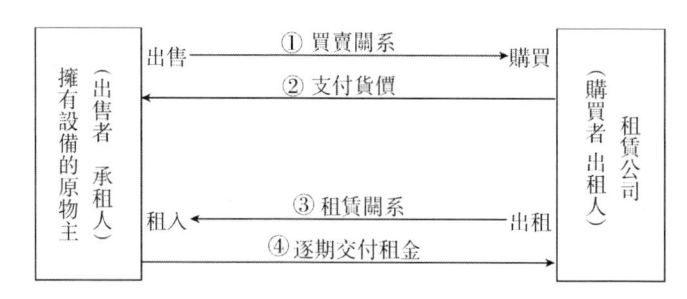

圖10-2　回租租賃程序圖

（二）回租租賃的特點

回租租賃主要適用於已使用的設備，當某企業缺乏資金時，就將自己所有、正在使用的設備賣給租賃公司，然后再租回使用，目的在於得到一筆資金，借此改善自己的資金週轉狀況，加快資金的週轉速度。

六、綜合性租賃

綜合性租賃實際上就是國際租賃與其他貿易方式相結合的綜合方式。國際租賃是一種靈活的全額信貸，只需逐期支付租金，它可與補償貿易、加工裝配、包銷等方式相結合，以達到融資融物、發展經濟的目的。

（1）國際租賃與補償貿易相結合。出租人把機器設備租給承租人，承租人使用租進的機器設備，以所生產的產品來償付租金。

（2）國際租賃與加工裝配相結合。即一國企業利用國際租賃方式引進設備，開展加工裝配業務，再以所獲工繳費來抵償租金。

（3）國際租賃與包銷相結合。出租人將機器設備租賃給承租人，承租人用該機器設備生產出來的產品歸由出租人包銷，並由其從包銷產品的貨款中扣取租金。但西方國家的出租人常利用這種方式，壓低包銷產品的價格，從中攫取額外的好處。

第四節　國際租賃的流程和租賃合同

一、國際租賃的流程

國際租賃的流程就是辦理國際租賃時的一般操作手續。現以國際融資租賃為例予以說明（圖10-3）。

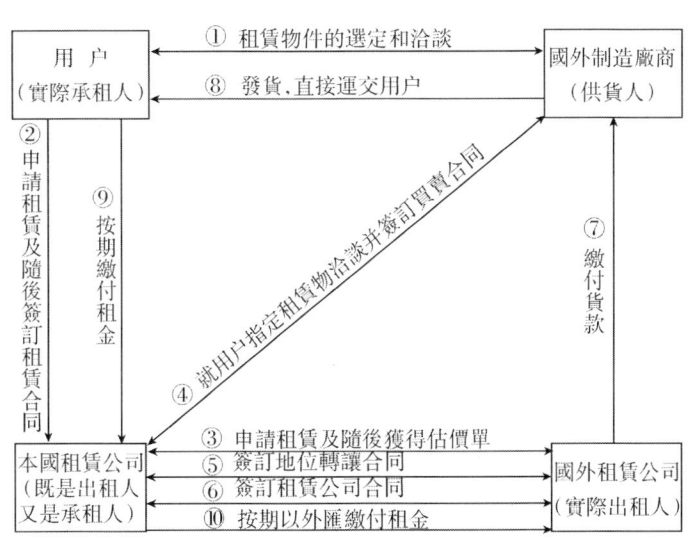

```
用　戶　　　　　① 租賃物件的選定和洽談　　　　國外製造廠商
(實際承租人)　　⑧ 發貨,直接運交用戶　　　　　 (供貨人)

② 申請租賃及隨後簽訂租賃合同
⑨ 按期繳付租金
④ 就用戶指定租賃物洽談并簽訂買賣合同
⑦ 繳付貨款

本國租賃公司　　③ 申請租賃及隨後獲得估價單　　　國外租賃公司
(既是出租人　　 ⑤ 簽訂地位轉讓合同　　　　　　　(實際出租人)
又是承租人)　　 ⑥ 簽訂租賃公司合同
　　　　　　　　⑩ 按期以外匯繳付租金
```

圖 10-3　國際融資租賃操作流程圖

（1）用戶(實際承租人)根據自己的需要，選定租賃物，並與國外製造廠商洽談該物的型號、品種、規格、貨價和交貨期。

（2）用戶可徑直或先向本國租賃公司提出租賃申請，再通過它向國外租賃公司提出國際租賃申請。這家本國租賃公司對用戶來說是出租人身分，但對國外租賃公司來說，則是承租人身分。

（3）國外租賃公司應要求，向本國租賃公司報來租賃費估價單后，如認為合適，用戶可通過本國租賃公司與國外製造廠商組織技術及商務談判，簽訂購買合同。

（4）本國租賃公司可就上述購買事宜與國外租賃公司簽訂地位轉讓合同。

（5）本國租賃公司與國外租賃公司隨之簽訂租賃合同。自然，本國租賃公司與用戶之間的租賃關係亦早以合同形式確立。

（6）根據本國租賃公司與國外租賃公司間的地位轉讓合同，由國外租賃公司向國外製造廠商繳付貨款。

（7）國外製造廠商按購貨合同發貨，直接運交用戶。

（8）用戶按租賃合同的規定，按期向本國租賃公司繳付租賃費。

（9）本國租賃公司亦按合同規定，按期向國外租賃公司以外匯繳付租賃費。

（10）合同期滿，用戶根據實際情況，可有三種選擇：①結束租賃關係，將設備退還國外租賃公司；②簽訂續租合同；③經協議按殘值將該設備買下。

二、國際租賃合同

與國內租賃合同基本相似，但因當事人（出租人和承租人）屬於不同的國家，且因租賃業務的特點，涉及面較廣，所以合同內容比較複雜。但合同一般會包括如下項目：

（1）合同簽訂日期。

（2）合同當事人（出租人、承租人）的名稱、地址。

（3）租賃設備名稱、規格。

（4）租賃設備價格，最低金額一般為 50 萬美元。

（5）租賃的期限，不應長於租賃物件的使用壽命年限。

（6）租金及支付辦法。

（7）租賃物件的購買與交貨條件。

（8）納稅——明確由誰繳納。

（9）租賃物件的驗收規定。

（10）租賃物件的保管、維修與保養。

（11）租賃物件的滅失、損毀及保險。

（12）租賃保證金及擔保人。

（13）對延遲支付租金的處理辦法。

（14）租賃期滿時對租賃物件的處理及殘值估定。

（15）爭議的解決或仲裁條款。

現就租賃合同中的主要問題及主要條款剖析如下：

（一）租賃合同雙方的權利與義務

在國際租賃合同中，出租人和承租人雙方的權利與義務是相互對應和彼此關聯的。一般地說，出租人的權利就是承租人的義務；反之，出租人的義務又成為承租人的權利。茲擇其主要者闡述之：

（1）出租人有義務向供貨廠商購買由承租人選定的物件，籌集資金，支付貨款，並租給承租人使用，但出租人享有該租賃物件的所有權和向承租人收取租金的權利。

（2）承租人在租賃合同簽訂前，享有購買租賃物件的選擇權和在租賃合同簽訂后收受租賃物件並在租賃期內擁有該物件的使用權利，但承租人須承擔按合同規定逐期支付租金和在租賃期內不得中途解約的義務。

（3）為防止租賃物件可能發生的風險，免遭損失，承租人有義務以出租人的名義向保險公司投保上述可能發生的風險，保險費由承租人負責，受益人則為出租人。如由出租人自行投保，可將保險費計入租金內，日後如發生風險，保險賠償金則歸出租人。

（4）出租人有權檢查其租出設備的使用情況和裝置地點，承租人應對租賃物件妥

善保管和使用，並進行維修保養。如有必要將物件遷移至另一地點或改動原租賃設備結構，應事先取得出租人的書面承諾，並於合同期滿時將物件恢復原狀后退還。

（5）在租賃期內，承租人有義務在租賃物件上加附標明設備所有人的標籤，以免該設備被人扣作抵押品，從而確保出租人的所有權。

（二）租金

（1）租金的構成要素。租金的構成要素取決於租賃的方式，是以租賃交易中所需的各項成本為基礎的，一般包括：①租賃設備的價格，如有殘值，應減去估計的殘值；②利息，即出租人籌措資金所支付的利息；③手續費，即出租人經營租賃項目所需的開支；④利潤；⑤其他費用，即根據出租人所承擔的義務而須由承租人交付的費用，如租賃合同中規定應由出租人承擔的保養、維修、運費、稅款及保險等，那麼，這些費用也應計入租金構成中。

（2）租金的計算方法與公式。計算租金的方法很多，有些還將涉及數列等比較複雜的數學原理，這裡不擬展開，只介紹最常用的兩種方法：

第一，平均分攤法。這個方法雖比較粗糙，但最簡單，其計算公式為：

$$\frac{每期應付}{租金} = \frac{(租賃物貨價-估計殘值)+利息+利潤+手續費等}{在租賃期間租金的支付期(次)數}$$

此公式中的利息數，系將租賃物貨價按銀行貸款複合計算所得。

第二，按等額年金法且於每期期末支付租金。此法使用得最廣泛，一些日本租賃公司常用此法。其計算公式為：

$$L=\frac{p \times i \times (1+i)^n}{(1+i)^n - 1}$$

其中：L 代表每期應付租金；n 代表支付租金的期(次)數；p 代表租賃物貨價；i 代表年利率。

但此利率中除包括利息外，還包括已折成年率的利潤和手續費等。如果每半年支付一次租金，則應將此數除以 2；如果每季度支付一次租金，則須除以 4。

第三，租金支付方式。根據租賃合同的期限，租金一般按每週、每季、每月、每半年或每年支付一次。如租期少於 1 個月，一般要求承租人在簽署租賃合同時付清全部租金。某些出租人還採用讓承租人預付租金的辦法，即要求預先支付部分租金，實際上是繳付保證金的一種形式，金額可相當於幾個月或幾個季度的應付租金。在採用不要求預付租金的租賃交易中，第一次支付的租金通常是在使用設備取得利潤后才繳付的。在實際中，后一種方式使用得較多。

（三）租賃合同有效期

按租賃期限分，有短、中、長期三種。短期租賃從 1 天、1 周、1 月到 1 年，一般多用於國內租賃市場。國際租賃一般為中長期租賃，通常為 3~5 年，亦有長達 30 年的。大型設備、尖端技術設備通常採用長期租賃方式，合同有效期的長短取決於租賃

設備的種類，視該類租賃物的正常使用期限而定。

租賃期限的計算，自設備安裝完畢，承租人正式使用時開始。在規定的租賃期限內，雙方均無權解除合同，這段期限就稱為不可撤銷期。合同有效期滿后的一定期限內，經雙方默認，就可將合同延期。但承租人大都願意採取簽訂新合同的做法，因為這樣做，其租金將比原合同低得多。

(四) 交貨期限

按租賃合同的規定，交貨期一到，供貨廠商應根據租賃公司的訂貨，在安裝地點向承租人直接交付所租賃的設備，並規定設備經安裝后投付營業使用的期限。首先，要讓承租人確認該批設備為合同所載的租賃物；其次，安裝完畢后要進行試運轉，以確認該設備開動后的運行性能。確認完畢，這項租賃才算正式開始。

(五) 分租(Sub-Lease)

分租又稱為轉租，是原承租人把所租進的設備轉租給他人，使自己轉為新出租人的身分，而他與原出租人所簽租賃合同仍在生效的交易。但他須徵得原出租人的同意，因為租賃設備若轉租給不可靠的第三者，原出租人可能有蒙受損失的風險。

(六) 留購選擇權

租賃合同期滿，對租賃設備的處理方式不外乎退回給出租人、續租、按象徵性低價或無償由承租人取得以及按規定價由承租人留購這四種方式。對最后一種處理方式，承租人擁有留購與否的權利，這稱為留購選擇權。至於所定價格，各國亦不相同，有的按設備殘值的公平市價(美國)，有的按簽訂合同時已規定的價格(如英國)。留購只對非完全付清且又同時取得稅務優惠的租賃適用。至於完全付清的租賃，出租人一般均按無償或象徵性價格處理，不存在留購及留購選擇權問題。

第五節　國際租賃的法律和稅收問題

一、國際租賃中的法律問題

在國際上，對於國際租賃尚無統一的官方法律文件，國際租賃的有關當事國在本國的民法及商事法中曾有一些法律規定，但有時相關國家的法律規定彼此矛盾，引起糾紛無法解決，從而不利於國際租賃的開展。但是在國際融資租賃的定義上，租賃界在一定範圍內達成了某些共識。如：

(1) 國際會計標準委員會在制定的國際會計標準(International Accounting Standard)中對融資租賃定義如下：「融資租賃是指出租人將實質上屬於資產所有權上的一切風險和報酬轉移給承租人的一種租賃。租賃期結束時，其名義所有權可以轉移也可以不轉移給承租人。」該定義著重強調租賃資產經濟所有權的轉移，不重視法律上的名義所有權的轉移；從該定義可知，只有將資產經濟所有權轉移給承租人，才算做融資租賃。

(2) 歐洲設備租賃協會聯盟為協調歐洲各國有關租賃的不同法制和財務規定，以

避免因糾紛影響歐洲各國租賃業務的發展，確定了租賃在歐洲地域的定義。該定義確認：「融資租賃，既非分期付款，也非擔保債權的一種形式，且非單純設備租賃，更非為迴避所有權所附帶的風險手段，而是別無其他更恰當名稱的在一組合同基礎上成立一種自成一類的三邊交易。」這個定義的特點在於強調了融資租賃是一種獨特的交易形式，明確了融資租賃交易涉及三方關係，包含了兩個以上的合同。

但是一般性的定義共識仍不能在法律上解決具體的糾紛與矛盾。直至國際統一私法協會———一個國際性的政府間機構——根據各方的要求，在調查研究各國融資租賃交易情況的基礎上，指定專門小組起草了《國際融資租賃公約草案》，並於 1984 年 5 月 3 日由該協會執行理事第 63 屆會議討論，設立了一個政府級專家委員會，由其對研究小組提出的草案做出總結審定。這個政府級專家委員會於 1985 年 4 月和 1986 年 4 月在羅馬先后召開了多次會議，對公約草案進行了討論和修改。1987 年 4 月 30 日該協會通過了《國際融資租賃公約草案》。1988 年 5 月，國際統一私法協會在加拿大渥太華召開會議，由與會的 55 國政府代表簽字，通過了《國際融資租賃公約》，從而使它成為在此範圍內的一項半官方法律文件。該公約的內容包括適用範圍和總則、當事人各方的權利與義務、最后條款，共 3 章 25 條。中國代表參加了該公約的起草和審議工作，並簽署了公約。

1999 年 10 月 1 日起施行的《中華人民共和國合同法》第十三章租賃合同和第十四章融資租賃合同，從第 212 條至第 250 條分別對之有所規範，應遵照辦理。

2000 年《金融租賃公司管理辦法》出抬，規定金融租賃公司的註冊資本必須達到 5 億元人民幣。2001 年對全國 13 家金融租賃公司有序地進行了規範。

對外貿易經濟合作部 2001 年 9 月 1 日起施行的《外商投資租賃公司審批管理暫行辦法》規定：融資租賃公司的註冊資本最低為 2,000 萬美元，中方至少應占 20%，最長營業期限可達 30 年；其他租賃公司的註冊資本最低為 500 萬美元，中方至少應占 20%，最長營業期限可達 20 年。今后在吸收外商投資租賃公司時，應按此規定辦理。

二、國際租賃中的稅收問題

稅收問題是影響企業家投資決策的一個重要因素。西方國家政府為了維持機器設備製造業的開工率、緩和失業壓力、刺激經濟增長和扭轉經濟不景氣局面，鼓勵租賃業購買機器設備從事租賃業務，從而對租賃業務給予特別的稅收優惠。

稅收優惠主要包括投資稅收減免和加速折舊。

（一）投資稅收減免

所謂稅收減免是指在徵稅時，按稅法規定，可從應繳納的稅額中減去一部分。為了鼓勵對某行業投資所實施的投資稅收減免，即對投資額設立一個百分比，算出應減稅額，然后從應繳納的稅額中減去這個數額，以此作為對資本貨物投資者的鼓勵和誘導。這種方法，在美國運用得最普遍。如美國某租賃公司購買了一臺價值為 20,000 美元的電子計算機，供出租用，稅收減免的比例為 15%，這無異於降低了購買成本相應

地增加了稅后利潤。英國亦採用類似辦法，它採取在資本投資的第一年給予比例較大的稅收減免，如50%。日本對企業的投資稅收減免制度雖規定在第一年度可按投資的7%扣除應納稅額，但這種稅收減免制度過去在日本一直不適用於租賃業，直至1984年才首次批准適用。這表明此時租賃業在日本的經濟中已佔有一定地位。西方國家租賃業務投資稅收減免的主要對象為國內租賃，而國際租賃不是重點，這亦是西方國家「肥水不流外人田」的做法。但隨著國際租賃業的擴展和各國競爭的加劇，這一限制正在改變。因為經營國際租賃業務的出租人享受了投資稅收減免優惠，才能對承租人酌減租金，才具備國際競爭優勢。

（二）加速折舊

加速折舊是計算折舊的一種方法。所謂加速，即可按高於正常標準的折舊率來計算折舊，攤入費用成本，降低當年利潤額。這樣做有三大好處，可稱「一石三鳥」：第一，與按正常折舊法少折舊相比，可以少繳當年的利潤所得稅；第二，由於利潤所得稅是採取累進稅率徵收的，利潤額的降低又可降低其應納稅率的等級；第三，加速折舊又可加速回收投資，減少風險。當然，加速折舊的所提折舊總額是一定的，但開始時，所提折舊額大，使當年利潤降低，少交了利潤所得稅，以后每年計提的折舊額變小，使各年的利潤趨增，則所交利潤所得稅就多。實際上這種方法是將應交的利潤所得稅推遲至以后年份內繳納，但投資者仍能從時間效益上獲取好處。

租賃業稅收優惠政策的重點是國內租賃，因而國際租賃中的國外承租人原先難以從出租人那裡以降低租金的形式分享稅收優惠的好處。但隨著國際租賃業務的發展，國際競爭的加劇，為促進出租人所在國經濟的發展，上述現象正在轉變。

第六節　國際租賃的利弊

國際租賃與國內租賃一樣，都是商品經濟發展的產物。它之所以能把業務自國內拓展至國外，形成今日繁榮的國際租賃市場，自然是由於國際租賃對其業務的主要關係人——承租人與出租人均有好處的緣故。當然，與此同時，亦有某些不利之處。但總體來說，還是利大於弊，其生命力的關鍵在於稅收優惠。現將對承租人與出租人之利弊分述如下：

一、對承租人的利弊

（一）有利的方面

（1）企業無須自籌大量資金，就可引進先進設備，並且手續簡便，環節減少，能迅速投產使用，獲得收益。這樣承租人就能高效率地使用自有的有限資金，或可騰出資金，用於其他投資項目。

（2）承租人通過租賃引進設備，與利用出口信貸購買設備相比，可取得百分之百的資金融通，即全額融資，提高了資金的利用率。

（3）與利用商業銀行借款購買設備相比，首先，租賃期限一般比商業銀行的借款期限長，有時租賃期限可達 15 年以上；其次，承租人向商業銀行借款，常受「抵償結存」規定的限制。所謂「抵償結存」就是銀行借出資金時，要求借款人將所借款項的一部分留作存款，並規定了最低應存數的百分比，有的高達借款的 20%，這必將提高籌資成本，而利用租賃方式則無這種限制。

（4）企業借款購買設備，在其資產負債表中，所購設備列入固定資產，而其借款則列為流動負債，日后若再向銀行借款，銀行在審查其資產負債表時，必將認為它的資金流動比率(即流動資產與流動負債的比率)降低，而不願進一步對其融資，削弱了該企業進一步申請貸款的能力。同時在資產負債表上有如此記載，亦影響該企業債券或股票的發行與上市。採用租賃方式，則不會受到影響。

（5）出租人從其享受的稅收優惠中，將部分利益以降低租金的形式轉讓給承租人，大租賃公司如果能在籌資中取得優惠利率，則更有利於降低成本，亦會將所獲利益的一部分轉讓給承租人，使其受益。

（6）利用租賃引進設備，租金一般固定，便於承租人核算成本，日后如遇通貨膨脹、貨幣貶值，不僅不受影響，且可用貶值后的貨幣償付固定租金，使成本相對降低而得到好處。

（7）待租賃期滿，承租人即可在訂立新約時，換租先進設備，以防止所使用設備陳舊老化，從而使所生產的產品能保持市場競爭力，進而擴大銷售市場。

（8）凡租賃設備的安裝、人員培訓、技術服務、維修以及設備的損壞風險，一般均由出租人承擔。

（9）租賃期間，承租人可熟悉設備的性能、質量以及生產效果，為日後考慮是否留購或是否直接購買提供參考，以避免盲目購置。

（二）不利的方面

（1）租賃時承租所付的租金總額高於直接購買時的價款，因租金中要包括出租人所承擔的一切風險損失及出租人應得的利潤。

（2）承租人對租賃物只有使用權，而無所有權，除非經出租人同意，不得對租賃物的結構隨意改造或配裝其他構件。

（3）西方國家的稅法不時會有改變，若出租人因稅法改變以致其出租成本增加，往往在租賃合同中訂明應由承租人負擔，從而將加大承租人的成本支出。

（4）承租人如因營業不振，不能及時繳付租金，租賃設備可能被出租人收回。

二、對出租人的利弊

（一）有利的方面

（1）出租人在國際租賃中租出機器設備或運輸工具等，具有為本國推銷商品、擴大出口的作用。特別是在國際經濟不景氣、國際市場銷售條件惡化，而本國的機器設備生產過剩，開工不足的情況下，利用國際租賃擴大銷售市場，是維持開工率、緩解

失業和避免不景氣的一種手段。

（2）西方發達國家在稅法上給予出租人以投資稅收減免及加速折舊等稅收優惠，出租人把所得的部分好處轉讓給承租人，這對其發展租賃業務、增強競爭力大有裨益。

（3）作為出租人的外國租賃公司，大多為大銀行的附屬機構、子公司，或是以銀行為主要股東，一般易於取得銀行優惠利率信貸，所以計入租賃成本中的利率通常比一般利率低，從而可以較低租金來招攬租賃客戶。

（4）出租人通過國際租賃，還可向承租人提供租賃設備的維修、零配件的更換、培訓技術人員及技術諮詢等服務性業務，這亦是擴大無形出口、賺取更多外匯的一種手段。

（二）不利的方面

（1）國際租賃業務與商品銷售相比，對出租人來說，收回資金的週期較長，資金的週轉比較緩慢。

（2）在租賃期內，租賃物仍屬出租人所有，儘管租出設備已向保險公司投保，保費由承租人負擔，但仍需承擔一定風險，如設備陳舊、老化以及租不出去等。

第七節　中國的國際租賃業務

一、中國開展國際租賃業務的概況

1978年黨的十一屆三中全會決定把黨的工作重點轉移到經濟建設上來。為實施這一戰略轉變，黨中央提出了「對外開放，對內搞活」的方針，並做出了「積極地、慎重地利用外資」的決策，中國的現代租賃及國際租賃業務才開始起步。隨著經濟體制改革的逐步深化，中國的現代租賃業從無到有，從小到大。國際租賃業的蓬勃發展，不僅為中國有關企業提供了一個固定資產籌資的新領域，也為中國利用外資、引進先進技術、進行企業技術改造開闢了一條新渠道。

中國國際信託投資公司是率先倡導開拓國際租賃業務的單位。1980年該公司曾先后為河北省涿縣引進編織機生產線設備，為北京市交通運輸部門引進了一批供出租用的小汽車，以及與中國民航局協作，以槓桿租賃方式，從美國購進了首架波音747飛機，這些都為中國國際租賃業務的起步奠定了基礎。

1981年4月，由中國國際信託投資公司、北京市機電設備公司和日本國東方租賃株式會社三方建立了中外合資的中國東方租賃公司。同年8月由中國國際信託投資公司、國家物資局合資經營的第一家國營現代租賃公司——中國租賃有限公司宣告成立。1983年4月中國人民銀行總行信貸部參加了中國租賃有限公司，后來該公司又陸續吸收了中國工商銀行、中國人民建設銀行、中國農業銀行、中國人民保險公司、水電部、輕工業部、電子工業部、化工部等單位的投資，進而成為中國資力雄厚、影響最大的股份制國有租賃公司。此后，又相繼成立了中國國際包裝租賃公司、中國環球國際租賃有限公司、中國有色金屬租賃有限公司等全國性的租賃企業。各省市的地區性租賃

公司亦紛紛創立。截至 1990 年 5 月底，全國共有各類租賃公司近 60 家，其中屬中外合資經營的租賃公司有 26 家。這些租賃機構基本上可分為四種類型：

（1）銀行或金融部門設立專門機構，經營國際租賃業務。如中國國際信託投資公司，后來專設租賃部經營國際租賃業務。中國銀行總行，1981 年由其信託部開始辦理國際租賃業務，后改由該行的信託諮詢公司專門經營。

（2）由中外雙方合資組成租賃公司，經營租賃業務。如上述的由中日合資建立的中國東方租賃公司。

（3）完全由中方合資組成的租賃公司。如上述的中國租賃有限公司。

（4）專業租賃公司。專門經營某種設備或面向某些部門的租賃公司。如中國國際有色金屬租賃有限公司，系由中國有色金屬工業總公司、中國銀行信託諮詢公司、中國工商銀行、美國第一聯美銀行、法國巴黎國民銀行共同出資建立，專門經營全國有色金屬企事業單位的國際融資租賃業務。中國國際包裝租賃有限公司亦屬此類租賃機構。

這些租賃公司相互之間既建立了橫向業務合作關係，又與國外大租賃公司、金融機構及製造廠商建立了業務往來關係，引進了一定數量的各種機械設備和運輸工具。國際租賃是適應中國經濟體制改革要求，引進外資加快企業技術進步的一種好形式。中國的國際租賃業務雖然起步較晚，但發展迅速，對中國有關部門生產水平的提高，生產技術的改進，經濟效益的實現起著顯著的作用。但中國的租賃成交額在全國技改資金中所占比重還不大，租賃覆蓋率也很小，這些都表明它在今后的發展中具有很大潛力。

二、中國開展國際租賃業務的主要作用

（一）有利於加速企業的設備更新和技術改造

目前，中國大多數企業仍面臨著技術、設備陳舊落后，亟須進行技術改造，但又缺乏資金的困境。如果採用國際租賃方式，企業可在資金不足情況下，用少量的資金及時引進先進的設備，做到邊生產、邊創利、邊還款，真正實現企業再生產的良性循環。特別是對更新週期短、技術密集型的設備，則可充分利用經營租賃租期較短的有利條件，不斷租入先進設備來替換技術過時的設備，既避免了因自行購買而發生資金積壓的風險，又保持了生產手段的先進性和生產的高效率。

（二）有利於擴大企業的投資能力

採用租賃方式，用戶只需在租期內，分期支付少量資金充作租金，無須在自購設備時一次性投入全額資金。因此，只要企業所上項目日后的經濟效益好，有可靠的償還能力，即使本身缺少資金也可從國外租進先進的技術與設備，在產生經濟效益后分期支付租金，猶如「借雞生蛋」。這對急需進行技術改造，更新設備，而一時又無法籌措到足夠資金的企業有很大的吸引力。

（三）有利於開闢利用外資的新途徑

引進先進技術設備，採用國際租賃方式，可取得全額融資，較之出口信貸的非全

額融資更為靈活劃算。

(四) 有利於提高企業資金的使用率

採用租賃方式，承租企業只需按期支付租金，企業的資金可用於其他新項目的投資，從而加速了資金的週轉，提高了資金的利用率。

(五) 有利於提高企業的設備利用率

採用租賃方式后，承租企業會從「佔有」觀念改變為「使用」概念，從而對生產設備的使用管理做出最佳的選擇和優化配置，充分運用租入設備的使用權，發揮其生產能力，以獲得最大的經濟效益。

(六) 國家在稅收政策上對各類租賃企業給予程度不同的稅收優惠，以鼓勵國際租賃業務的發展

比如，對外國租賃公司直接在中國經營租賃業務者，先從所收租金中扣繳20%的預提稅，日后按租賃費扣除設備價款后，按10%的稅率徵收所得稅。如租賃費中所包括的貸款利息系按OECD出口信貸的利率計，或相當於此的優惠利率，則可在扣除利息成本后，按10%的稅率徵收所得稅。對以產品返銷或交付產品等供貨方式償還租金者，則免徵所得稅，以方便承租企業擴大產品出口並減少用現匯支付租金的負擔。另外，為鼓勵外商來華合資經營，使中外合資的租賃公司處於有利的競爭地位，主要徵收兩種稅：①對租金收入按5%的稅率繳納工商統一稅；特殊情況可予減徵、免徵。②對每年營業收入總額減除成本、費用及損失后的余額，按30%的稅率繳納所得稅，附徵3%稅率的地方所得稅。對經濟特區內的中外合資租賃公司更加優惠，一般均按15%的稅率徵收所得稅，凡外商投資額超過500萬美元、經營期在10年以上的，可從開始獲利年度起，第一年免徵，第二、第三年減半徵收所得稅。

(七) 有利於避免國際性通貨膨脹和利率變動所帶來的損失

利用租賃方式，在租賃期內，租金是一次性固定不變的，這樣可使承租企業避免通貨膨脹和利率變動的風險，從而增強企業生產經營的穩定性。

三、中國在開展國際租賃業務中存在的主要問題

(1) 缺少一個統一的全國性管理部門。目前中外合資的租賃公司由對外貿易經濟合作部負責審批，其他類型的租賃機構則由中國人民銀行審批，以致中國的租賃業缺乏統一管理，難以有效利用外資，反而因盲目、重複引進技術或設備在一定程度上造成了混亂。中國急需一個統一主管全國租賃業務的管理機構。

(2) 租賃立法尚待系統完善。中國的租賃法規仍處於初創階段，尚無較完整的租賃立法，某些規定又不盡合理，必須盡快完善系統，以免口徑不一，不利於租賃業務的發展。

(3) 中國租賃公司自營進口租賃的加速折舊問題尚未妥善解決。西方國家對租賃公司所擁有的設備產權，均規定可加速折舊，從而可得到降低及推遲稅金繳納的好處。如果中國的租賃公司對所擁有的設備產權也能加速折舊，將有利於降低成本，從而降低租賃費，這對發展租賃業務和增強中國產品的出口競爭能力，擴大出口，增收創匯，

均會產生良好影響。

（4）中國銀行和金融機構利用所吸收的國外資金從事自營租賃業務，不能像中外合資租賃公司那樣按利用外資的規定享受減免稅金等優惠待遇，有欠公允。2001年12月11日中國加入世界貿易組織之后，按國民待遇原則，情況有所改善。

中國2000年的國際租賃合同金額為2,380萬美元，實際使用3,358萬美元；2001年合同金額為1.02億美元，實際使用1.042,8億美元。2001年年末中國外債餘額中的國際金融租賃外債餘額為100.96億美元，占5.94%。主要債務人是中資企業，金額為97.63億美元；其次為外商投資企業，金額達3.13億美元。2004年年末中國外債餘額中的國際金融租賃額為72.64億美元，占3.18%。

【參考文獻】

[1] 劉舒年. 國際信貸 [M]. 北京：中國對外經濟貿易出版社，1986.
[2] 夏立平，施瓊，陳光書. 融資租賃技巧 [M]. 北京：中國金融出版社，1989.
[3] 魏玉樹，劉五一. 融資租賃業務講座 [M]. 北京：中國金融出版社，1989.
[4] 劉穎，呂國民. 國際經濟法資料選編：下冊 [M]. 北京：中信出版社，2004.

【思考題】

1. 現代融資租賃業務是怎樣得以發展的？
2. 分析槓桿租賃的主要關係人及其彼此的權責關係。
3. 中國開展國際租賃業務存在哪些主要問題？應如何協調解決？
4. 國際租賃有哪些主要形式？

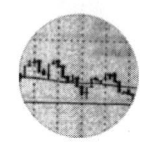

第十一章　外匯貸款

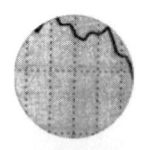

第一節　外匯貸款概述

一、外匯貸款的概念和作用

外匯貸款是外匯銀行辦理的以外幣為計量單位的貸款業務，亦可稱為外幣放款業務。外匯貸款是外匯銀行在國家有關方針、政策、計劃的指導下，根據國民經濟建設的需要，把籌措的外匯資金，以有償的方式發放分配給需要的企業，支持企業從國外引進技術、設備或購買國內緊缺的材料，或以辦理出口信貸的方式，支持機械、船舶和專有技術的出口，從而達到促進企業技術改造、發展生產、擴大對外經濟技術交流、活躍外匯市場、增加財政和外匯收入的目的。因此，外匯貸款是加速四化建設的一個重要的資金來源渠道。

中國已形成了以中國銀行為主渠道，其他商業銀行和金融機構並存的外匯信貸新體系。2004年年末，中國境內金融機構外匯存款餘額為1,536億美元，外匯貸款餘額為1,353.5億美元。外匯貸款從1973年由中國銀行開辦以來，在三十多年的時間裡，已為中國的經濟建設做出了巨大貢獻。2003年年末中國銀行的外匯貸款餘額已達480億美元。本章內容主要以中國銀行的外匯信貸業務為主要依據。

外匯貸款的作用主要表現在以下幾個方面：①促進技術進步，推動技術改造，擴大再生產能力；②促進國際經濟技術合作與交流；③促進企業改善經營管理，提高經濟效益；④促進生產的發展和商品流通的擴大；⑤支持「三資」企業的發展，為改善國內投資環境、充分利用外資、引進技術創造條件。

二、外匯貸款的特點

外匯貸款與本幣貸款相比，其基本屬性相同，但又有自己的特點：

（一）借外匯還外匯

外匯貸款是以外幣為計量單位的資金借貸活動，借外匯還外匯是外匯貸款的主要特點之一。借款單位向銀行借款，必須是借什麼貨幣還什麼貨幣，並以其所借的貨幣幣種支付利息。這是保證外匯資金完整和正常週轉的前提。如果借款單位所借的是甲種外幣，而實際使用時要支付乙種外幣，可以委託銀行將甲種外幣兌換成乙種外幣對外支付。但是在還款時，仍需按所借的甲種外幣償還借款本息。外匯貸款業務涉及的貨幣種類達二十多種，有美元、英鎊、德國馬克、法國法郎、日元、港元、瑞士法郎、瑞典克朗、比利時法郎、荷蘭盾、奧地利先令、西班牙比塞塔等。2002年3月1日歐元區12國貨幣均改用歐元。中國的外匯貸款一般都是以美元計價核算的，借款單位在還款時，如果沒有原借貨幣幣種，就要用美元兌換成原借貨幣幣種歸還貸款。

（二）外匯貸款的利率

中國銀行現匯貸款的利率有浮動利率和固定利率兩種，一般不收取承擔費。

由銀行從國外借入現匯資金轉貸給國內單位的,按照倫敦銀行同業拆放利率加上利差,並在此基礎上加收銀行的管理費和手續費(即銀行經營收益)。無論是中行的現匯貸款還是從國外借入資金貸款,均按此原則確定國內的外匯貸款利率。

(三) 借款單位必須是有外匯收入或有其他外匯來源的單位

銀行信貸與國家投資、財政撥款不同,它是採取有償方式(即償付本金和利息的方式),借給借款單位用於解決其資金需要的。而國家投資、財政撥款則為無償方式,無須使用單位償還。同時,外匯貸款的資金來源主要來自國外,借外匯必須還外匯,因此,使用外匯貸款的單位就必須是具有外匯收入的從事出口商品生產的單位和有其他外匯來源的單位。

(四) 外匯貸款一般不轉化為消費資金

銀行投放的資金,在社會上經過多次週轉,其中30%~40%將轉化為消費基金。銀行投放的外匯貸款主要用於國際市場,在國外週轉,所以,一般不會轉化為消費基金而影響國內市場。相反,國家有時為了繁榮市場,回籠貨幣,採取投放外匯進口高檔耐用消費品,以吸收社會消費資金。誠然,隨外匯貸款發生的國內人民幣配套資金,除作為海關關稅上繳國庫外,真正用於國內物資或勞務方面的也將有一部分轉化為消費資金。

(五) 一般不發生派生性存款

派生性存款是人民幣貸款的特徵,但外匯貸款則不同,一般不會產生此種現象。中國國內企業依照國家外匯管理條例,有外匯收入的企業才能開立外匯存款戶,一旦發生借貸關係,一般不可能把貸款轉作存款。外匯貸款經批准以後,按照國際慣例發放和使用,根據商務合同對外開出信用證,一般從貸款帳戶直接對外支付,不存在貸款轉作存款后對外支付的問題。這樣既減輕了企業的利息負擔,又加強了信貸監督。由於外匯貸款的使用和管理與人民幣貸款不同,因而也就不會形成借款單位或賣方企業的派生性存款。

(六) 外匯貸款的資金流向不同於人民幣貸款的資金流向

外匯貸款的資金流向與人民幣貸款的資金流向是不同的,貸款的發放雖然都與物資運動緊密結合,但外匯貸款具有幾種獨特的運動模式:

(1) 借貸在國內,運用在國外。借款單位取得借款後從國際市場購買所需物資,外匯資金從國內流向國外。

(2) 借貸、運用都在境外。銀行信貸的資金來源於國外,通過銀行轉貸給國內企業,然後又從國際市場購買所需物資,在銀行帳面上反應為一進一出,資金仍留在國外。

(3) 借貸在國外,運用在國內。銀行貸款的資金來源於國外,國外的資金調回國內供企業使用,購買國內的物資進行生產建設。有些國家重點建設項目還把外匯兌成人民幣使用,外匯資金從國外流向國內。

(4) 借貸、運用都在國內,這是一種特殊的做法。企業將借得的外匯向銀行兌換

成人民幣后在國內使用，資金不出境。

外匯資金不論是在國內吸收的，還是在國外籌措的，基本的流向是在境外，從境外購買技術、設備和急需的原材料。至於外匯資金在境內的使用則是一種靈活變通的做法。

(七) 政策性強，涉及面廣，工作要求高

外匯貸款的資金主要用於向國外辦理進口，因此，相關人員必須懂得國際金融和國際貿易知識。同時貸款用於發展國內生產，涉及各行各業，相關人員還需要懂得基本建設、技術改造的立項程序、項目評估、貸款協議等方面的業務知識，並在工作中認真貫徹執行國家的方針、政策，才能適應工作的需要，把貸款工作做好。

三、外匯貸款的優點

對使用單位來說，外匯貸款具有以下優點：

(一) 選擇性強

目前，中國銀行等金融機構發放的外匯貸款，除特定的項目外，一般屬於自由外匯，可以按照用款單位的需要，在貸款批准的使用範圍內自由地在國際市場上選購適用的資本貨物、技術，不像其他的利用外資方式要受到各種限制。

(二) 負擔較輕

除對「三資」企業以及其他週轉性的貸款以外，有些借用外匯貸款的單位可以在政策範圍內享受低於國際市場利率水平的優惠利率待遇，而且還不用負擔其他費用。經國務院批准，在國內某些特定地區，還發放特優貸款和貼息貸款，以特別優惠的利率，支持這些地區某些企業的技術改造。有些企業如果不能歸還外匯，在特定範圍內還可以辦理特種外匯貸款，用人民幣按一定的比價購買外匯，以償還外匯貸款本息。

(三) 使用方便

國內各省、自治區、直轄市以及主要的經濟發達地區(市)、縣都設有從事外匯業務的銀行或分支機構，借款單位可以就近申請借款、開證用匯、償還貸款，手續簡便，具有一定的方便條件。

四、外匯貸款的種類

外匯貸款的種類是銀行根據資金來源、使用對象、用途而進行的業務分類。

(1) 按貸款投向，外匯貸款可分為：固定資產貸款和流動資金貸款。固定資產貸款又可分為技術改造貸款和基本建設貸款。

(2) 按貸款利率，外匯貸款可分為：浮動利率貸款、固定利率貸款、優惠利率貸款、貼息貸款和特優貸款。

(3) 按資金來源，外匯貸款可分為：現匯貸款、轉貸款(包括國外商業貸款)。

(4) 按貸款用途，外匯貸款可分為：對國內企業外匯貸款、對外商投資企業外匯貸款。

(5) 按發放與歸還方式，外匯貸款可分為：一般外匯貸款和特種外匯貸款。

(6) 按貸款貨幣，外匯貸款可分為：美元、英鎊、德國馬克、法國法郎、日元和港幣六種貸款。2002年3月1日起德國馬克和法國法郎均已被歐元代替。

現將外匯貸款中按資金來源劃分的現匯貸款和轉貸貸款以及外商投資企業貸款列示如下（圖11-1）：

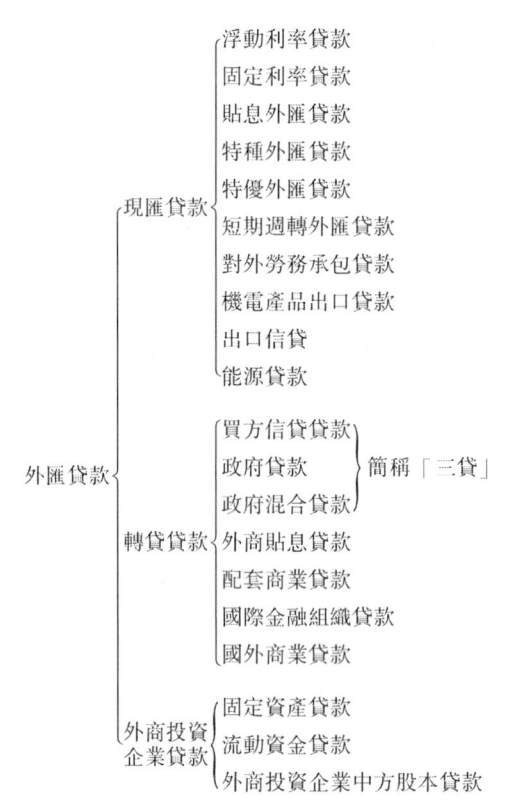

```
                    ┌ 浮動利率貸款
                    │ 固定利率貸款
                    │ 貼息外匯貸款
                    │ 特種外匯貸款
         ┌ 現匯貸款 ┤ 特優外匯貸款
         │          │ 短期週轉外匯貸款
         │          │ 對外勞務承包貸款
         │          │ 機電產品出口貸款
         │          │ 出口信貸
         │          └ 能源貸款
         │          ┌ 買方信貸貸款  ┐
         │          │ 政府貸款      ├ 簡稱「三貸」
         │          │ 政府混合貸款  ┘
外匯貸款 ┤ 轉貸貸款 ┤ 外商貼息貸款
         │          │ 配套商業貸款
         │          │ 國際金融組織貸款
         │          └ 國外商業貸款
         │ 外商投資 ┌ 固定資產貸款
         └ 企業貸款 ┤ 流動資金貸款
                    └ 外商投資企業中方股本貸款
```

圖11-1　現匯貸款、轉貸貸款及外商投資企業貸款

第二節　外匯貸款的基礎管理

一、外匯貸款的資金來源

中國外匯貸款的資金來源主要有以下幾個方面：

(1) 中國海外和國內銀行吸收的外幣存款。

(2) 外國銀行存放在中國海外銀行的信用資金。

(3) 銀行自有外匯資金。

(4) 國家結存外匯必要時也拿出一部分由銀行代放款。

(5) 由中國銀行等金融機構按照國際通用做法對外籌資。

當前籌措外資主要有以下幾個渠道：①外國出口信貸；②外國政府貸款；③國際

金融機構貸款；④外國銀行貸款；⑤發行債券。

二、外匯貸款的對象

外匯貸款的對象是生產出口商品和能給中國直接或間接創造外匯收入並具備貸款條件的單位。外匯貸款主要是為了支持國家重點扶植的能源、通信、交通、原料等基礎行業的建設以及現有企業的技術改造。有些企業本身不能創匯，但其主管部門或有關的綜合部門有外匯收入來源並能對借款單位提供擔保的，也可申請使用外匯貸款。對於新建企業，因涉及的問題較多，貸款期限較長，必須嚴格控制。

對於外商投資企業，凡依照中華人民共和國法律取得營業執照的，為籌措基本建設和技術改造項目在繳足註冊資本後的差額資金，以及為籌措正常生產、流通、經營所需資金的均可申請外匯貸款。銀行按照國家政策，對外商投資企業中的產品出口企業、技術先進企業和國家鼓勵發展的重點企業，優先提供外匯貸款。

三、外匯貸款的使用範圍

外匯貸款的使用範圍是指貸款在國民經濟活動中的流向和用途。對符合貸款條件的對象，申請的外匯貸款必須具體使用在以下幾個方面：

（1）用於支持能源的開發和利用，支持交通、運輸、通信等基礎設施的建設。

（2）用於支持中小企業技術改造，引進先進適用的技術、設備，走內涵擴大再生產的道路，增加產品生產能力，提高產品質量和檔次，增加花色和品種，改進包裝。

（3）用於支持生產企業進口國內短缺的原料、輔料、零配件、元器件，以加工產品再出口。

（4）用於支持旅遊賓館等第三產業的開發和建設，以及為旅遊事業服務的工藝美術等行業的發展，支持華僑住宅建設。

（5）用於支持農、副、水產、土特、畜產品等出口創匯產品的生產。

（6）用於支持對外承包工程公司開展對外承包業務。

（7）提供對加工裝配業務、補償貿易業務所需的外匯資金，提供其他有關單位短期週轉所需的外匯資金。

（8）用於解決外匯貸款進口物資項下按規定由我方承擔的有關費用，如貨物的國外運費、保險費，我方人員的考察和培訓費，以及外國專家和技術人員來華安裝調試設備、培訓人員的費用等。

（9）為開設在中國境內的僑資企業以及中外合資、中外合作企業以及外國獨資企業提供發展業務所需的外匯資金。

（10）為中國機械、船舶等資本商品以及專有技術的出口提供買方信貸和賣方信貸。

（11）用於支持國家重點項目，經批准兌換成人民幣后用於國內建設投資。

四、外匯貸款的發放原則

銀行外匯貸款業務的指導思想是按政策、按計劃、安全合理地運用外匯資金，以提高企業經濟效益為中心，支持國家重點項目的建設以及出口創匯企業的技術改造，提高出口商品的競爭能力，為發展中國外向型經濟、增加出口創匯做出貢獻。

發放外匯貸款要遵循以下幾個原則：

(1) 堅持貫徹國家的有關政策和金融政策

外匯貸款的政策性強，辦理外匯貸款要按照黨和國家的有關政策和規定辦事，積極支持生產建設，推進技術進步，發展外向型經濟。外匯貸款要貫徹國家的產業政策、資金供應政策和利率政策。

(2) 堅持執行國家下達的信貸計劃

要加強計劃觀念，嚴格實行計劃管理，提高執行信貸計劃的自覺性，嚴禁超計劃發放貸款。

(3) 堅持外匯貸款的重點使用

外匯貸款的發放必須重點用於出口創匯項目，用於國家重點項目的基本建設。

(4) 堅持外匯貸款的經濟效益

在外匯貸款的審批、發放、管理、回收各個環節中，要始終圍繞貸款的經濟效益，貫徹執行信貸原則、制度、辦法，加速信貸資金週轉，實現貸款的良性循環，使貸款項目具有良好的財務效益和經濟效益，按期償付貸款本息，保證信貸資金的安全，確保合理收益，即要堅持用匯、創匯、貸款安全，講求效益的原則。

五、外匯貸款的使用條件

貸款條件是銀行對借款人的具體要求，只有符合條件的才能獲得銀行貸款。申請使用外匯貸款必須具備以下條件：

(1) 借款單位應是獨立的經濟法人，持有工商行政管理部門簽發的營業執照。

(2) 貸款項目必須經過批准並納入計劃。

貸款項目根據不同情況，分別納入有關計劃：

第一，固定資產貸款須用於支持符合國家經濟建設發展戰略的重點項目。這些項目須按程序報有關部門批准，納入國家的有關經濟建設計劃。

第二，用於支持中小企業的技術改造項目，限額以上的要納入國家的技術改造計劃；限額以下的項目，要納入省、自治區、直轄市的中小企業技術改造計劃。

第三，用於支持經濟建設的其他項目，要按報批程序，分別納入其他有關計劃。

第四，外商投資企業以批准的合資協議作為立項文件。

固定資產貸款項目經過批准並納入有關計劃，是國家對經濟實行宏觀調控的管理手段。經過批准並納入計劃的項目，一般都符合國家制定的有關產業政策，符合國民經濟的發展方向和投資方向，且項目是有生命力的。

使用流動資金貸款進口的物資應是確屬國內緊缺的原材料或是出口產品生產需要的，並須經上級主管部門批准。

(3) 國內配套條件要落實。

利用外匯貸款引進國外技術設備的項目，國內配套條件必須落實。與進口設備有關的廠房、國內設備、水電氣、燃料、動力、原輔材料、勞動力、技術力量和人民幣資金等都要做出具體安排，並經計委、經委、主管部門的綜合平衡，逐項落實。做到「廠房與設備，國內與國外，原料有來源，技術有保障」，加速建設進度，促使進口設備到貨後，即可安裝投產，轉化為現實生產能力，實現預定的決策目標。進口原輔材料加工復出口的項目，國內加工單位要有足夠的生產能力，產品在國際市場上要有銷路。

(4) 使用貸款的經濟效益必須良好。

貸款項目要符合花錢少、收益大、創匯多、還款快的要求。使用貸款單位必須具備經營管理好、資信好、領導班子好等條件，能充分發揮所引進技術、設備的作用，為國家多創外匯收入，增加累積。項目能產生良好的經濟效益是貸款的核心條件，是國家賦予每一個企業的任務，是企業自身生存和發展的前提。

(5) 還款確有保證。

借款單位必須有切實可靠的償還貸款本息的資金來源，遵照借貸雙方約定的還款計劃還款。由於借款單位的情況不同，償還外匯貸款本息的方法也有所不同：一種是直接創匯企業，這類企業在生產、經營過程中有一定的外匯收入，可以用其新增的外匯收入償還貸款，如涉外旅遊設施、遠洋運輸及中外合資企業等。另一種是間接創匯企業，這類企業生產的產品提交外貿部門出口，還款一般要經外匯管理局批准從銀行購置外匯和相應的配套人民幣資金，用以償還貸款本息。有的企業產品並不出口，但是其產品屬於國計民生必需的、國內市場緊俏短缺的產品或是科技產品，經有關部門審批同意，借款單位出具外匯管理部門同意購匯的證明，並備足相應的人民幣資金也可以購匯還款。

六、外匯貸款程序

(一) 外匯貸款的申請

企業向銀行申請外匯貸款時，除需向銀行提出書面申請並填製貸款申請表(外商投資企業還需附董事會關於借款的決議)外，還要向銀行提供以下材料：

(1) 經有關部門批准的項目建議書、可行性研究報告和設計任務書。對小型技術改造或技術引進項目，在項目建立批准后，可以用技術改造方案代替可行性研究報告。經國家計委批准立項的項目，還需提交經批准的初步設計(或擴大的初步設計)和總概算。

(2) 經過落實的各項投資來源的證明文件。

(3) 借款人與有關部門簽訂的主要原材料、輔料、燃料供應合同副本或承諾文件

以及落實國內配套設施的合同或協議副本。

(4) 產品銷售預測和貸款項目經濟效益預測的相關資料。

(5) 經有關部門同意的償還外匯計劃。通過外貿部門出口收匯償還貸款的，要提供借款人與外貿部門簽訂的工貿協議。

(6) 銀行認為必要時，應提供外匯管理部門確認的在貸款償還期間保證年度用匯指標的證明文件。

(7) 償還銀行貸款的資金來源和具體的還款計劃，必要時應由財政部門確認綜合還款或用項目新增利稅還款的證明文件。

(8) 有獨立支配外匯或人民幣收入的擔保單位出具的，銀行認可的無條件的不可撤銷的還款擔保書。

(9) 兩家以上銀行共同貸款的項目，應出具共同貸款銀行與企業簽訂的保證各方權益的還款協議書。

(10) 項目投資後，有關銀行承擔流動資金貸款的證明或承諾文件。

(11) 銀行認為需要的借款人的財務報表等其他有關文件和資料。

(二) 外匯貸款的審批

銀行收到貸款申請書、申請表及其他有關文件和資料後，即由信貸員深入申請單位進行貸前調查。調查內容一般包括：

(1) 借款單位的經營管理水平；

(2) 產品的銷售情況和發展前途；

(3) 進口物資是否符合國家有關政策的規定，進口設備是否具有先進性和適用性；

(4) 國內配套條件是否具備；

(5) 投產後的經濟效益；

(6) 借款單位的外匯和人民幣資金還款能力；

(7) 借款單位的財務狀況和資信狀況(主要審查近幾年的資產負債表和損益表)。

(三) 外匯貸款項目的評估

根據銀行現行的評估制度，對較大型的外匯固定資產貸款項目，在提出貸款審查報告後應送銀行評估委員會評估，由評估委員會根據貸款辦法和有關要求，對貸款項目進行技術、經濟和財務可行性評估。項目評估報告的要點是：

(1) 借款企業概況(包括財務狀況)；

(2) 項目建設的必要性；

(3) 立項批准程序；

(4) 市場銷售情況和預測；

(5) 引進項目的規劃和建設條件；

(6) 技術分析；

(7) 工程建設及實施方案；

(8) 投資總額與資金籌集；

（9）項目的社會、經濟和財務效益(側重財務效益指標、敏感性分析和還款來源等方面的測算)；

（10）還款擔保(包括擔保單位的資信情況)；

（11）貸款評估結論。

(四) 外匯貸款合同的簽訂與擔保

1. 外匯貸款合同的簽訂

貸款批准后，銀行要與借款單位正式簽訂外匯貸款合同。根據國務院頒發的《借款合同條件》的有關規定，借款人在經銀行通知后30天內不到銀行簽訂借款合同，或從批准貸款3個月內不能提出訂貨卡片，或從提出訂貨卡片3~5個月內不能對外簽訂商務合同且又未提出展期理由的，銀行有權撤銷貸款。

貸款合同中要訂明貸款金額、期限、利率以及雙方的義務、權利和責任。借款人要保證按規定的用途使用貸款，並按分期還款計劃還本付息。合同中還要訂明陳述與保證、約定、違約、違約處理情勢變遷和司法管轄以及貸款項下保險等條款。在當前銀行同業競爭激烈的情況下，在信貸合同中還需訂明有關貸款項下國際結算、往來帳戶、還款比例順序等保障貸款銀行業務利益的條款。貸款合同經雙方法人代表簽字，具有法律效力，雙方必須嚴格執行，不得違反。

從外匯貸款合同的具體內容中可以看出，外匯貸款合同具有以下特點：①借貸的標的是外匯資金；②利率參照國際金融市場，由當事人雙方商定或參照中國銀行公布的外匯貸款利率執行；③貸款方一般是經國家批准經營外匯業務的銀行或外國的商業銀行等金融機構；④當事人之間的爭議與糾紛一般適用貸款國法律。

外匯貸款合同是借貸雙方最具權威性的法律文件，中國的借款企業除國家批准有進出口經營權的以外，均不能直接對外簽約成交。借款單位落實資金后，要委託外貿部門開展工作，實質上外貿部門是該筆借款的直接使用者，受委託對外開證付匯。貸款款項支付后，銀行直接借記借款人帳戶，有關支取憑證一般由外貿公司或銀行代為填製。鑒於貸款使用過程中借款人、受託人、銀行三者的特殊關係，貸款合同就顯得愈發重要。

2. 外匯貸款合同的擔保

外匯貸款合同的擔保有兩種形式：一是信用擔保；二是抵押擔保。

（1）信用擔保。申請使用一般外匯貸款或轉貸款者，可以由國內的經濟實體提供擔保；外商投資企業申請使用貸款，可以由境內的經濟實體或境外的金融機構進行擔保，合資企業可按中外雙方的投資比例，分別向貸款銀行出具擔保；如果申請使用銀團貸款，則只能由有權對外提供擔保的金融機構以及其他有外匯收入來源的企業法人充當擔保人，對外提供外匯擔保。

當中國銀行的各分支機構應借款人要求對外提供借款擔保時，為了避免風險，在對外擔保的同時，要求借款人向擔保銀行提供反擔保，以保證銀行的利益不受損害。

（2）抵押擔保。抵押是借款人的自我擔保，即以借款人自有的建築物、機器、有

價證券、應收款項、專利權、商標等為債務人擔保，債權人取得對上述資產的抵押物權。當債務人不能履行其償還責任時，債權人可通過行使對抵押物的權利來清償債務。從擔保的有效性而論，抵押擔保比信用擔保更可靠。當借款人的債務達到一定量，同時又有多個債權人時，為在一般的債權中取得優勢，債權人常要求採取抵押擔保。企業有變現能力的財產，如有價憑證、房產、機器設備、適銷的原材料、半成品、產成品，以及其他可轉讓權益都可作為抵押物。

（五）外匯貸款的使用

外匯貸款的使用應注意以下環節：

1. 審核訂貨卡片

貸款合同簽訂后，借款單位即按照批准的貸款額度和進口物資的品種、規格、型號、數量填寫進口訂貨卡片，送銀行審核。銀行審核無誤后編號蓋章，由借款單位或銀行送交有關外貿部門辦理進口手續。未經銀行審核蓋章的訂貨卡片，銀行不承擔支付責任。

2. 調撥外匯額度

如果批准的貸款項目系委託中央或口岸外貿單位進口，則地方貸款銀行應將批准的外匯授信額度通過「外匯額度調撥單」劃轉總行營業部或口岸分行，註明外匯撥出單位、撥入單位、外匯金額、進口內容、有效期限、注意事項等，由總行營業部或口岸分行負責辦理對外開證、付匯事項。

3. 參與訂貨談判

銀行核准進口訂貨卡片后，外貿部門方可對外簽訂貿易合同，在合同進入商務談判后，要求信貸員積極參與，掌握進口環節的第一手資料，並根據貸款合同的有關規定，就貿易合同中的支付條款，如貨幣使用、對外支付方式等，提出對我方有利的建議。如銀行沒有參與商務談判，外貿部門在正式簽署貿易合同前，應將貿易合同草本送銀行審核。銀行主要審核其中的支付條款。

4. 辦理進口開證

貿易合同一經簽訂，借款人應將合同副本送交銀行，作為以后開證、付匯的審核依據。外匯貸款項下的進口開證，由外貿進口單位填寫開證申請書送交信貸員。一俟信貸員審查無誤，應在開證申請書上註明貸款帳號(實行存貸分戶管理的貸款項目，則註明存款帳號)后簽字，並加蓋公章，轉送銀行有關部門辦理開證。

5. 辦理對外付匯

信用證項下的付款，由銀行有關部門根據信用證條款履行對外支付后，轉由信貸部門進行帳務處理。每一筆款項的實際支付日即為有關項目的貸款支用日，也是貸款的起息日。

非信用證項下的對外支付，由外貿進口單位將合同、單據及貸款支用憑證送交信貸員核查，信貸員按照審核開證的要求，在支用憑證上註明貸款帳戶(或存款帳戶)並簽字后轉交銀行有關部門辦理付匯。

實行存貸分戶管理的貸款項目，根據貸款合同規定的提款計劃，由信貸部門按期將款項轉入借款人的存款帳戶，對外支付時，一般從存戶中扣付。

6. 追加貸款的處理手續

在貸款項目的實施過程中，借款單位如需要增加貸款額度，應由借款人提出申請，在信貸員審核其增加貸款的要求確屬合理，因增加貸款而超過項目概算亦已經過原審批機構的批准，且銀行信貸計劃也容許安排的條件下，銀行可予辦理貸款追加手續。追加手續辦妥后，信貸員應通知借款人補辦有關的必要手續。追加貸款后，需延長整個貸款期限，而新的貸款期限又超過原貸款利率年限檔次的，應按照年限高一檔次的貸款利率執行。這一點應在追加貸款的合同中訂明，並作為原貸款合同的補充文件。

（六）外匯貸款的回收

借款單位使用貸款后，銀行要督促借款單位根據借貸合同規定的還款計劃償還貸款。

償還貸款時，應由借款企業填具還款憑證並加蓋公章。歸還外匯貸款的外匯來源一般為：①出口收匯；②非貿易外匯；③其他外匯。無論何種外匯來源，都應遵循外匯管理政策和規定，由信貸部門負責辦理結匯還款手續；根據實際情況，也可由營業部門辦理。

如果以現匯還款，也應通過外匯管理部門或其委託的管理部門審核后方能辦理還款轉帳手續。如果以出口收匯直接歸還外匯貸款，需經過外匯管理局和有關部門的專案批准，否則不能以出口現匯沖抵還款款項。

當借款人償還最后一筆貸款本金時，銀行應同時計收借款人應付的貸款利息。

如果借款單位因特殊情況影響而不能按預定計劃投產，未實現預期經濟效益，或因銀行認可的其他原因，未能按期償還貸款本息，可以向銀行申請貸款展期，但要說明展期的理由和展期后的還款計劃及措施。經審查同意，銀行可對貸款本息未還部分辦理展期。貸款項目的展期，原則上只辦理一次。流動資金貸款展期最長不超過原貸款期限；固定資產貸款展期最長不超過兩年。未經展期而不還款的，銀行將從到期之日起，在原利率的基礎上向借款單位加收原利率 20%～50% 的利息。如有擔保單位，銀行有權扣收擔保單位的外匯額度和相應的配匯人民幣。

第三節　外匯貸款的類型

一、現匯貸款

現匯貸款即自由外匯貸款。這是外匯銀行辦理的最基本的一類貸款。這種貸款使用方便，選擇性強，用這種貸款購買進口物資時，除了受有關進出口條例的限制外，不受其他約束。現匯貸款分為浮動利率貸款、固定利率貸款、優惠利率貸款、特優利率貸款和貼息貸款，以及對外勞務承包企業貸款。

（一）浮動利率外匯貸款

浮動利率外匯貸款的利率是不固定的，隨著國際資金市場的供求關係的變化而變

化，利率的高低直接影響籌措資金的成本。

在外匯銀行發放的現匯貸款中，如果以倫敦銀行同業拆放利率為基礎浮動計息，即為浮動利率外匯貸款。在國際金融市場上，銀行同業之間的拆放是十分頻繁的。銀行同業間拆放的利率，一般都按倫敦金融市場利率計算，而倫敦金融市場的利率是隨供求關係的變化而不斷變化的。中國銀行發放的浮動利率貸款有按1個月、3個月和6個月浮動三種，其利率由總行不定期公布。所謂按1個月、3個月或6個月浮動，即企業向銀行借款日確定的利率在1個月、3個月或6個月內，不管在此期間內利率變動多大，都不再變動。過期後，按當時的利率水準另行變動計算。

例如，某單位於1992年5月5日向銀行借得1年期的貸款1,000萬美元，確定按3個月的浮動利率計算，當天的利率為4.25%，6月25日變為4.15%，7月5日變為3.95%，8月5日變為4.05%，該企業應付的利息，自5月5日至8月4日按4.25%計息，8月5日以後按4.05%計息，其他類推。

對借款單位而言，利率浮動頻繁且呈下降趨勢時，應選擇浮動期短的利率；利率相對穩定，或呈上升趨勢時，則應選擇浮動期長的利率。目前，按上述浮動利率計息的貸款貨幣有美元、英鎊、日元、歐元、港幣五種，借什麼幣種還什麼幣種，計收原幣利息。借取何種貨幣由借款單位自己選擇，匯率風險也由借款單位自己承擔。

浮動利率貸款分為固定資產貸款和流動資金貸款。固定資產貸款主要用於國內企業技術改造、引進技術設備等，還可用於外商投資企業的中方股本貸款等；流動資金貸款主要用於進口原輔料、元器件等，國內信託部門發放的用於週轉性支付的貸款，也按浮動利率計息。

(二) 優惠利率外匯貸款

稍高於倫敦市場銀行同業拆放但低於一般的現匯貸款的利率為優惠利率，按優惠利率計息的貸款為優惠利率貸款。

1980年，中央對廣東、福建兩省實行特殊政策、靈活措施。為了支持其經濟建設，中央決定中國銀行對廣東、福建兩省發放的外匯貸款實行優惠利率，其貸款年利率按10%計息(當時倫敦市場銀行同業拆放利率曾高達19%左右)，利息差額按規定由財政補貼。

隨著國民經濟調整方針的進一步實施，中國的外匯收支出現順差，中國銀行也增加了外匯累積。從1982年起，中國銀行進一步擴大優惠利率外匯貸款的範圍，進一步降低優惠利率的水準。現在，優惠利率的現匯貸款不僅適用於廣東、福建兩省，而且適用於全國各地。優惠利率和浮動利率之間的差額由中國銀行用收入的外匯利潤補貼。優惠利率外匯貸款的貨幣，現只限於美元一種。

優惠利率外匯貸款的範圍和條件如下：

(1) 國有和集體企業、單位自借自還的外匯貸款項目；國家重點發展的能源、輕紡、機電、交通運輸等行業中有利於提高經濟效益的技術改造、勞務出口項目以及買方信貸項目中使用現匯的部分。其期限一般不超過2年。

（2）屬於國家鼓勵發展、具備貸款條件、預測經濟效益比較理想的項目，可以視情況按貸款金額的10%~50%給予優惠利率，其餘部分按浮動利率計息。

（3）外商投資企業、金融機構，統借統還項目，進口非生產資料和產品不適銷、還款能力差的項目，不能享受優惠貸款。

（三）特優利率外匯貸款

1983年8月，中國銀行根據國務院對國家經委、上海市、天津市關於引進技術改造中小企業，在上海、天津進行擴權試點的批示，在上海、天津試辦了特優利率的外匯貸款。

特優利率外匯貸款的特點是：利率低，當時確定的利率為2.52%，1985年2月起改按用中短期人民幣貸款利率計息；期限長，最長可達10~15年。

特優利率外匯貸款是中國銀行受國家委託發放的一種貸款，外匯資金來源於國家。具體做法是：由國家撥給3億美元外匯額度，由人民銀行撥給相應的配匯人民幣資金，把外匯額度兌換成現匯，分別由上海、天津兩地的中國銀行發放貸款，上海市為2億美元，天津市為1億美元。借款企業可以按貸款外匯的等值人民幣歸還貸款，利息也以人民幣支付。特優利率外匯貸款的實施，在一定程度上減輕了借款單位利率、匯率的負擔，加快了上海、天津兩市中小企業改造的步伐，對帶動全國的技術改造具有積極的意義。

（四）貼息外匯貸款

貼息外匯貸款是中國銀行在1984年和1985年兩年中為支持14個沿海城市以及條件較好的北京、重慶、瀋陽等大中城市引進技術，改造現有企業，扶植和發展輕紡、機電產業，提高產品質量，增加產品品種，增強競爭能力，提高出口創匯率而創設的一種新的外匯貸款品種。

貼息貸款的發放，原來堅持以沿海為主，以輕紡為主，以出口創匯為主的原則，現在則向西部傾斜。有關部門應做好項目審查，注意以下條件：

（1）項目要列入國家或地方的技術改造計劃或近期規劃。

（2）引進的技術和進口的設備是先進的，屬於國家急需的，又是國內暫時不能供應的。

（3）項目的國內配套條件落實，引進的技術和進口的設備能及時發揮效益。

（4）項目投產後能生產優質適銷的出口產品或有出口發展前途的產品。

（5）經濟效益好，償還貸款的外匯和人民幣確有保證，能按期還本付息。

貼息外匯貸款分為固定資產貸款和流動資金貸款，貸款貨幣為美元，貸款的年利率為4%，貸款利息每季向企業計收一次，貸款期限一般為3~5年。個別項目企業得利少而社會效益顯著的，還款確有困難，經國家經貿委和中國銀行批准，貸款期限可適當延長，但最長不超過7年。貸款貼息部分由中國銀行總行按銀行損益處理。

貼息外匯貸款項目由使用貼息外匯貸款的企業提出申請，經省（自治區、直轄市）經委會同貸款銀行有關分行審核後，上報國家計委、貸款銀行總行和有關主管部門，

綜合平衡后，下達項目計劃和貼息外匯貸款指標。貼息外匯貸款項目下達后，需要調整貸款額度和項目時，須徵得省、自治區、直轄市經委和中國銀行有關分行的同意，並會同國家經貿委和中國銀行總行審批。經批准的貼息外匯貸款項目計劃，按照不同地區的審批權限，限額以上的項目由國家經貿委或國家計委和中國銀行負責審批貸款可行性研究報告，限額以下的項目由省、市、自治區經委和中國銀行分行審批。

貸款的審查、發放、監督、管理、回收等參照中國銀行《短期外匯貸款辦法》的有關規定辦理。

(五) 特種外匯貸款

特種外匯貸款是根據外匯的特性，採取靈活變通的形式而創新的貸款種類。特種外匯貸款是把外匯調劑和資金借貸兩種職能有機地結合在一起，以解決不同企業技術改造所需資金而發放的一種貸款。這種貸款分特種甲類外匯貸款和特種乙類外匯貸款。

1. 特種甲類外匯貸款

特種甲類外匯貸款是借外匯，支用人民幣，還外匯的貸款業務。國內一些生產出口商品或有其他外匯來源、具有歸還外匯能力的企業單位，需購置國內設備，擴建廠房，進行技術改造，但缺少人民幣資金，可以向銀行申請特種甲類外匯貸款。

銀行按照貸款規定審核同意后，由借款單位向銀行辦理借貸手續，簽訂借款合同。借款單位借得的外匯，由中國銀行兌換成人民幣，借款單位以賣出外匯獲得的人民幣在國內使用，外匯額度歸銀行所有。

為了鼓勵企業多辦特種甲類貸款，其利率從優：用於技術改造的項目為 4.68%，用於基建的項目為 5.04%，其他用途的為 5.4%。借用特種甲類外匯貸款兌換的人民幣原則上應在貸款行開立人民幣存款戶，按照批准的用途陸續支用，接受銀行的監督。該項存款可按規定的存款利率付給利息。

2. 特種乙類外匯貸款

特種乙種外匯貸款是借外匯，支用外匯，還人民幣的貸款。有些關係國計民生的產業或生產國內緊俏商品的企業單位，需要用外匯從國外引進先進技術和設備進行改造，但沒有外匯來源。這類企業單位，可向銀行申請特種乙類貸款。貸款獲得批准後，除按一般規定銀企間訂立借款合同外，還應與銀行訂立購買遠期外匯的合同。合同的主要內容包括：歸還貸款時應支付的本金和利息、外匯的交割期和商定的匯價等。購買的遠期外匯即作為歸還借款的外匯來源。

特種乙類外匯貸款的利率，用於引進技術軟件的項目為 8%，用於進口設備的項目為 8.5%，其他用途的為 9.5%。

借款單位申請使用特種外匯貸款，向中國銀行賣出或買進特種外匯貸款項下所涉及的外匯，一律按買賣成交時規定的匯價折算。為鼓勵企業多辦理特種甲類外匯貸款，企業持外匯兌換人民幣時，中國銀行免收結匯手續費；企業借特種乙類外匯貸款，還款時用人民幣兌換外匯，中國銀行要收1%的手續費，在外匯交割時一次收取。必須說明的是，隨著黨的「十四大」對中國社會主義市場經濟體制的確立，上述的中國銀行

特優利率貸款、貼息貸款和特種乙類貸款敘做的可能性越來越小。

(六) 對外勞務承包企業貸款

對外勞務承包企業貸款是為了適應中國對外經貿事業的發展，開拓國際經濟技術合作而增設的貸款種類。中國銀行從 1980 年起，對有權開展對外承包工程、勞務輸出和其他經濟技術合作的中國企業發放外匯貸款。根據國家政策及有關法規，本著「積極、安全、有利、服務」的原則，對外勞務承包企業貸款優先支持經濟效益好的企業和以現匯支付工程款的項目，以及帶動設備、材料出口的承包工程項目和勞務輸出項目。此類貸款有以下幾種形式：

(1) 項目融資貸款，這是以項目本身的直接用途為目的而安排的貸款，提供對外勞務承包工程、勞務輸出和其他經濟技術合作等項目所需的資金，用於支付購置施工機械、施工材料、工業設備的費用和勞務、安裝費用等。

(2) 短期週轉金貸款，提供企業在開展對外承包工程、勞務輸出和其他對外經濟技術合作業務時所需的週轉資金。

(3) 保函抵押金貸款，提供對外出具投標、履約、預付金、維修和透支等保函的擔保抵押金。這種貸款是備用性的，在對外開出保函時，僅僅扣減貸款額度。當業務中發生賠付時，才啟用這筆貸款。

(4) 人民幣貸款，提供與對外勞務承包外匯貸款項目有關的帶動國內設備材料出口的經營活動所需的人民幣資金。

前三項貸款為外幣貸款，屬於流動資金性質的貸款。貸款貨幣有美元、英鎊、日元、港幣、歐元五種。項目融資貸款一般不超過 5 年，期限從合同生效日開始計算；短期週轉貸款期限不超過 12 個月，利率均為浮動利率。

二、買方信貸

目前，中國銀行辦理的買方信貸貸款有兩種：一種是用於支持本國企業從國外引進設備技術而提供的貸款，這種貸款習慣上稱為進口買方信貸貸款；另一種是為支持本國船舶和機電產品的出口而提供的貸款，這種貸款習慣上稱為出口買方信貸。這兩種買方信貸的利率、期限、償還期等都不相同，下面分別對這兩種買方信貸進行簡要介紹。

(一) 進口買方信貸

中國銀行辦理的進口買方信貸有兩種形式：一種是由出口方國家的銀行向中國銀行提供一項總的貸款額度，雙方簽訂買方信貸總協議，規定總的信貸原則。國內項目需要融資時，由使用單位向中國銀行申請貸款。中國銀行審查同意后，按買方信貸協議的規定，向出口方國家的銀行辦理具體使用買方信貸的手續。同時由中國的進口單位和國外的出口商簽訂商務合同。在商務合同的支付條款中規定，所需貸款從出口國銀行提供的買方信貸中支付，並由中國銀行和出口國銀行簽訂相應的具體買方信貸分協議，出口國銀行憑以支付出口商品的貨款。在貸款到期時，由中國銀行對外償付貸

款本息，並向借款單位收回貸款。

另一種是不需簽訂買方信貸總協議，而是在簽訂進口商務合同的同時，由出口國的銀行和中國銀行簽訂相應的專項買方信貸協議，明確進口商品的貨款由中國銀行從出口國銀行提供的買方信貸中支付，貸款到期由中國銀行負責償還。在簽訂信貸協議前，使用進口商品的單位要根據外匯貸款的有關規定與中國銀行辦妥貸款手續。

中國銀行須按《中國銀行關於辦理買方信貸、政府貸款和混合貸款業務的暫行規定》辦理進口買方信貸手續。與國外簽訂買方信貸分協議或專項協議，必須事先落實國內的各項貸款條件。根據現行辦法，與國外簽訂買方信貸分協議或專項協議，暫由中國銀行總行統一辦理（包括由總行授權分行以總行名義對外簽訂的協議）。分行審批的利用買方信貸的項目，在分行審批權限以上的，要逐筆上報總行批准；在分行審批權限以內的，由分行批准。為了便於對外簽約，在分行審批權限以內的貸款項目，仍要將借款單位申請貸款的情況、分行的審批意見以及對外籌資委託書，逐項書面上報總行，以便總行作為對外辦理信貸協議的依據。

中國銀行辦理買方信貸業務要加強兩個方面的聯繫，即加強與借款單位和外貿公司的聯繫，加強總行與分行之間的聯繫。

加強與借款單位和外貿公司的聯繫，主要抓三件事：抓貿易成交，明確使用哪個國家哪家銀行的信貸；抓貿易合同中是否訂有使用買方信貸的條款，不明確使用買方信貸，對方就不提供貸款；抓貿易合同的執行，防止應該使用買方信貸而未使用的情況發生。

加強總行和分行之間的聯繫，主要抓兩件事：一是國外銀行的信貸額度，防止訂了貿易合同而無信貸額度；二是由總行或由總行授權的分行對外支貸款、付貨款。

（二）出口買方信貸

1. 出口買方信貸的對象和條件

中國從 1983 年起開始試辦出口買方信貸。出口買方信貸的對象是進口中國機械、船舶等商品和專有技術的國外進口商或其指定的銀行。出口買方信貸主要用於支付國外進口商向我出口企業購買機械、船舶等商品所需的價款以及有關的費用。

使用出口買方信貸應具備下列條件：

（1）簽訂商務合同的雙方，已經取得本國政府批准的進、出口許可證和進口方外匯管理當局同意匯出歸還貸款本息資金的證明；

（2）使用出口買方信貸的單項商務合同金額需在 100 萬美元以上；

（3）使用出口買方信貸的出口商品，由中國製造的部分一般需在 50% 以上，否則將適當減少貸款金額或降低貸款占合同金額的比例；

（4）外國進口商用現匯支付的定金和進度款，訂購船舶的至少為合同總金額的 20%，訂購機械設備的至少為合同總金額的 15%；

（5）申請貸款的外國進口商或其指定的銀行，必須提供必要的文件和資料，接受貸款銀行的資信審查，外國進口商申請貸款必須提供經貸款銀行認可的還款擔保文件。

2. 出口買方信貸的使用程序

(1) 貸前聯繫和調查。調查的主要內容有進口國的經濟狀況、進口國在外匯管理和稅收方面的有關規定、進口商的資信情況等。對於船舶出口項目，還要瞭解船舶註冊國商船航運法的內容、項目的可行性和還款來源的可靠程度、為貸款而準備採用的保證方式等。

(2) 貸前準備。要確定出口商收取定金的比例，銀行提供信貸的金額、期限、利率、費用、還款次數和方法，確認保證歸還貸款的方式；準備貸款協議及其他有關文件；出口單位提供與項目有關的資金、成本、技術、進度等資料。

(3) 貸款申請。借款人必須向銀行提出正式書面申請，詳細列明借款人名稱、商品名與數量、合同價格與借款金額、借款期限、還款來源與方式和保證手段。

(4) 貸款協議的簽訂。貸款協議是重要文本，由貸款銀行和國外借款人簽署。其內容除包括貸款申請書的有關條款外，還需要有以下基本條款：保證人可作為聯合借款人的一方；保證貸款方包括利息在內的一切收益，所發生的有關費用、稅收均由借款人負擔；還本付息的支付方式應是電匯；到期日應是實際收到款項之日，並註明匯入款銀行的名稱；還本付息計劃表、各期應付本息的金額均應詳細列明，並作為貸款協議的附件；逾期還款的，應按市場利率計收利息；提前還款應在到期日前30天通知，得到同意后，從最后一次還款日倒順序還款；確定保險種類並得到承保人的認可；貸款協議的法律依據；為保障貸款安全提供的各項文件，如保證書、抵押契約、供貨合同、保險單的轉讓書、匯票或本票、支款通知格式等，均作為貸款協議的附件；協議必須經過批准才能生效；同時，還應訂明諸如違約、陳述與保證、約定、情勢變遷、準據法、司法管轄、訴訟或仲裁等法律條款。

(5) 貸款時的審查。以上各項工作準備就緒后，在正式支付貸款前，還需要進一步深入審查，做好以下各項工作：復查借款人的資信狀況，包括借款人企業的組織章程、資產負債、損益和經營情況；審查貿易合同中關於商品種類、數量、金額、支付條款、債權債務的規定；審查進口國政府的進口許可證或供匯保證；審查項目技術經濟財務可行性分析的具體資料；審查出口商是否已全部收到現匯的定金部分或陸續支付的保證金是否完備；審核出口項目的資金計劃和用款計劃；審查外國進口商銀行開具的不可撤銷的保證憑證是否收到，保證內容是否符合要求；審查抵押品所有權的轉讓手續是否辦妥；審查商品交貨手續與商務合同或保證憑證的有關條款是否一致，借款人的還款票據是否齊備等。

(6) 貸款的使用和收回。出口買方信貸是將外幣直接貸給外國進口方或進口方銀行的。在一般情況下，出口單位按生產進度分批預收貨款，至商品全部或基本全部交付時，收到所有款項。銀行按貸款協議的有關條款，憑藉款人的支款通知，陸續支貸款、付貨款。商品交付完畢，最后確定貸款的總額及具體還款日期。在此以前陸續使用的貸款，借款人只計付利息不需還本。在此以后借款人應在還款期內按規定的還款計劃以同等金額每半年一次償還貸款並支付利息。

(7）檔案管理。出口買方信貸從發生到結束，需跨越幾個年度，一筆貸款可能要經過幾個人甚至更多人的交接。因此，保證檔案的連續性和完整性至關重要。一個項目的所有往來函電及有關文件，要統一由信貸部門立案存檔。貸款全部收回後，應將整個檔案移交檔案部門。

三、與外匯貸款專項配套的人民幣貸款

與外匯貸款專項配套的人民幣貸款（簡稱配套貸款），是從屬於外匯貸款的配套貸款，是為了幫助使用外匯貸款的企業購置國內配套設備，促使外匯貸款項目盡快實現經濟效益而發放的人民幣貸款。

（一）貸款的對象和範圍

配套貸款的對象，是使用外匯貸款的企業。貸款從嚴掌握。有下列情況之一者，不能使用配套貸款：企業雖然使用外匯貸款，但要求配套貸款的項目與使用外匯貸款的項目無關；企業通過努力能夠自己解決人民幣資金問題。

貸款的使用範圍有以下幾個方面：①在國內購置與外匯貸款進口設備相配套的設備、材料；②支付用外匯貸款進口材料自製設備的加工費用；③支付用外匯貸款進口設備、材料的國內運輸、保險、安裝等費用以及有關的進口關稅、工商統一稅和進口手續費；④支付外匯貸款項目所需的少量擴建、改建和配套工程的費用。

（二）貸款條件、期限和利率

配套貸款從屬於外匯貸款，因此，只有申請外匯貸款的項目才能申請人民幣配套貸款。配套的人民幣資金，首先由借款單位自籌，銀行只解決其不足部分。每個貸款項目的配套貸款額度不得超過外匯貸款的額度。借用人民幣配套貸款的單位，必須同時具備償還外匯貸款和人民幣配套貸款的能力。

貸款期限從第一筆用款之日起至還清本息之日止，一般不超過3年，原則上和同一筆外匯貸款期限相同。貸款利率按中短期人民幣貸款利率執行，每年末還本付息，利隨本清。

第四節　外匯貸款的考核

要衡量外匯貸款的工作質量和資金使用效果，就應設置一定的指標，對外匯貸款的經營活動進行考核檢查。

一、外匯貸款經營活動考核的內容與意義

外匯貸款經營活動的考核是日常信貸管理的主要內容，主要包括銀行貸款管理目標執行情況的考核和外匯貸款項目經濟效益的考核。對銀行貸款管理目標的考核，是貸款宏觀管理的考核；對外匯貸款項目經濟效益的考核，是對貸款項目的微觀考核。

外匯貸款考核的意義在於：①提高信貸管理水平，及時調整資金規模和結構，及

時壓縮呆滯貸款，減少貸款經營風險，指導信貸工作健康發展；②有利於加速資金週轉，提高信貸資金使用效益；③有利於外匯信貸資金的正確投放，調整貸款結構。

二、對外匯貸款管理目標的考核

對外匯貸款管理目標的考核是信貸業務后期管理的重要內容之一，是對外匯信貸業務在任務、投向、原則和計劃方面的監督管理。外匯信貸業務的考核目標是從中國銀行的外匯信貸業務實際出發，根據外匯信貸業務的全部經營情況而制定的。外匯貸款管理目標考核主要圍繞貸款投向、貸款清理和貸款週轉三個方面進行。

（一）貸款投向指標

1. 出口創匯貸款比重

出口創匯貸款額占所批外匯貸款總額的比重，即「出口創匯貸款比重」。這項貸款投入的目的是出口創匯，因此，以項目可行性論證和貸款申請報告等項目材料中陳述的「出口創匯」內容進行歸類並作為測算依據，從而計算出其貸款額。沒有產品外銷的項目不能統計在「出口創匯貸款」內，但在用於「以產頂進」或者是由於產品國內銷售緊俏經批准以外匯計價核算的內銷部分可統計在「出口創匯貸款」內。

2. 技術改造貸款比重

技術改造貸款額占所批外匯貸款總額的比重，稱為「技術改造貸款比重」。凡外匯固定資產貸款用於引進設備及其技術資料的全部金額均可作為技術改造貸款額統計，不管設備投產後產品的內外銷比例。用於進口原材料、輔料的外匯流動資金貸款一律不列入「技術改造貸款額」考核。

（二）貸款清理指標

在「目標季報」中反應的貸款清理指標主要包括「逾期貸款催收率」和「期末貸款逾期率」。

這兩項清理指標的概念是不同的。前者是專門反應上年末逾期貸款催收情況的；后者是綜合反應上年末逾期貸款未收回情況的。這是清理催收陳貸、優化貸款結構的一項重要考核指標。

貸款清理指標的計算公式為：

$$逾期貸款催收率 = \frac{報告期逾期貸款累計收回額}{上年末逾期貸款額} \times 100\%$$

$$期末貸款逾期率 = \frac{報告期末逾期貸款額}{報告期末貸款總余額} \times 100\%$$

（三）貸款週轉指標

貸款週轉指標是一項綜合考核指標。貸款營運狀態決定貸款週轉的長短。而貸款營運狀況是由信貸管理多方面因素決定的，主要因素是貸款的決策和管理。

貸款週轉指標的測算公式為：

$$貸款週轉率 = \frac{報告期貸款累計收回額}{報告期貸款平均余額} \times 100\%$$

考核這一指標時應剔除政府貸款、買方信貸、混合貸款和銀團貸款等。因這些貸款的期限一般較長，資金有特定來源，可以不進行考核。

三、外匯貸款項目經濟效益考核

對外匯貸款項目的經濟效益考核，是貸款發放以後的檢查考核，是信貸業務的經常性管理工作，主要從量上觀察，設置一些必要的指標，對資金運用的質量進行跟蹤監督和總結。

（一）考核原則

考核外匯貸款的經濟效益必須堅持實事求是和簡便易行的原則。外匯貸款主要是支持企業從國外引進先進技術、設備，協助企業進行技術改造、更新設備。當前，企業進行固定資產投資的渠道很多，有的項目往往有若干家銀行支持，業務互有交叉，經濟效果常常是重複計算的，「水分」很大。因此，在考核外匯貸款的經濟效益時，必須根據具體情況，具體分析。考核貸款的經濟效益是檢驗銀行信貸業務水平、總結經驗改進工作的一項重要依據。由於它是一項經常性的工作，因此，不宜過繁過雜，應簡便易行，以利工作。

（二）考核指標

考核外匯貸款的經濟效益指標主要有：

（1）生產指標。生產指標目前主要是指產量、產值兩個指標。銀行發放貸款的主要目的是促進企業多生產社會需要的適銷適用產品。不論是內涵擴大再生產還是外延擴大再生產，都要求貸款項目的生產有一定的增長速度。沒有速度，經濟效益就無從談起。

（2）累積指標。這是指貸款項目新增加的利潤和稅金指標。貸款項目投產以後，每年能實現多少利潤和稅金，一方面是對該項目為國家做出貢獻大小的考核，另一方面也是對該項目償債能力大小的衡量。如果項目缺乏足夠償還貸款的能力，說明該項目是不成功的，除非社會效益好而且落實了其他還款資金來源。

（3）銷售指標。這是指貸款項目增產產品的銷售指標。發放貸款來支持生產，其目的是要滿足國內外市場的需要。在市場上沒有銷路的產品屬於無效勞動，銷售指標主要包括外貿收購值、出口換匯值、投放國內市場值。

百美元外匯貸款創匯率，能綜合反應一定數量的外匯投入能為國家增值多少外匯。其計算公式是：

$$百美元外匯貸款創匯率 = \frac{考核期平均年外貿收購出口量 \times 外銷單價(美元)}{項目外匯貸款額(美元)} \times 100\%$$

(三) 考核方法

1. 分帳核算法

進口項目為工作主機或整條生產線，可以單獨完成某種產品的生產，同時能夠根據原始記錄計算出考核期間新設備投產的工作量，則這種產品的全部產量、產值及有關的利潤、稅金等，都可以作為該項目實現的經濟效益。這種計算方法適用於新老產品易於區分、車間生產記錄比較準確、經濟核算有基礎的企業。

2. 基數比較法

基數比較法就是以引進項目投產前一年的經濟指標為基數，和項目投產后實現的經濟指標比較，其增加部分為該項目新增的經濟效益。

3. 定額測定法

定額測定法是測定機臺在正常運轉情況下的實際工作效率或實際物資消耗水平，並以此作為依據推算經濟效益。

測定機臺的工作效率是根據引進設備的技術參數結合工人實際操作的熟練程度，測定機臺正常運轉情況下的實際班產量或日產量。以若干次測定的平均值作為定額和實際生產的班時，推算機臺的年產量，然後按照該產品的產值、成本、利潤水平等分別求出該項目的產值、利潤等有關指標。

4. 因素替代法

企業的各項經濟活動是互相關聯、互相影響的。為了分析各種原因引起的變化，可採用此方法。計算時，根據工作的目的和要求，把一項經濟指標分解為若干個相互聯繫的小指標，按照它們的依存關係，將其中一項指標作為可變數，其他指標暫時作為不變數，依次進行替換。每次替換計算所得的數值與上次計算所得的數值的差額，即為這個因素對項目經濟效果的影響。

5. 工時計算法

工時計算法是運用產品生產工時與價值的關係計算貸款效益的方法。具體計算時，以引進設備在考核期內完成的實際生產總值為該設備創造的生產值；或用實際生產工時量乘以平均生產工時值得出實際生產總值。這種方法適用於增添的設備是生產輔機或維修機械，不獨立完成產品生產，只是完成產品中的某道工序。如果這道工序原來是委託其他工廠協作加工解決的，也可以用與外加工相比節約的費用減去一定的成本作為該設備的效益。

6. 比例分攤法

比例分攤法是用來區別項目的經濟效益和貸款的經濟效益的一種方法。項目的經濟效益和貸款的經濟效益是兩個不同的概念。如果一個項目是由幾家銀行貸款建成的，或是在銀行貸款之外，還有其他資金來源的，就應該把項目總的經濟效益按各種投資的比例進行分攤，求得各自的經濟效益。

【參考文獻】

［1］徐志政. 外匯信貸［M］. 南京：江蘇人民出版社，1991.

［2］周正慶. 中國金融實務大全［M］. 長春：吉林人民出版社，1991.

［3］張震歐. 外匯銀行信貸實務［M］. 北京：中國對外經濟貿易出版社，1993.

［4］中國人民銀行. 中國人民銀行貸款通則［M］. 成都：西南財經大學出版社，1996.

【思考題】

1. 與人民幣貸款相比，中國的外匯貸款有哪些不同？
2. 外匯貸款的種類有哪些？
3. 使用中國出口買方信貸的主要條件是什麼？
4. 考核外匯貸款經濟效益的指標主要有哪幾種？
5. 如何計算百美元外匯貸款創匯率？

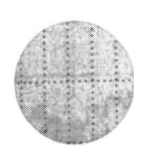

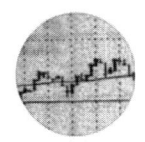

第十二章　外商投資企業貸款

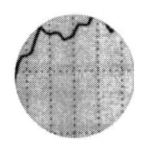

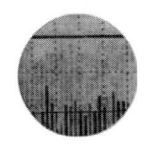

第一節　國際信貸、國際投資、FDI 與外商投資企業

一、國際信貸與國際投資

　　國際信貸是借貸資本在國際的運動形式。借貸資本在國際的運動與國內借貸資本的運動一樣，其目的是追求價值增值，它最終依附於產業資本的運動，受產業資本運動的制約。

　　國際投資（International Investment）廣義上指在不同國家之間，以獲利為目的的資本使用，以達到獲取收益或價值增值的經濟行為；狹義上是指一個國家的投資者將本國的資本（包括資金、機器設備、技術秘密、專利、商標等）投放到另外的國家，從事工業、農業、第三產業的生產經營，或從事有價證券的買賣，從而獲取一定利潤的經濟行為。將資本投放於外國從事生產與商業活動為直接投資（Direct Investment）；購買外國有價證券為證券投資（Portfolio Investment）；此外還有其他投資（Other Investment），包括貿易信貸（Trade Credit）和貸款（Loan）等。國際投資獲取收益或價值增值為最終來源，也是產業資本運動的結果。可見，國際投資與國際信貸是密切相關的兩個經濟範疇。因此，國際投資的廣義概念，常常包括國際信貸的內容。

二、國際投資的形式與國際投資頭寸表

　　（一）國際投資的形式

　　國際投資主要分為直接投資、證券投資和其他投資三種形式。

　　1. 直接投資

　　直接投資亦稱對外直接投資（Foreign Direct Investment，FDI）。這種投資能促進社會資本財富的增加，提高社會生產力（Productivity）。2000 年世界海外直接投資總額為 1.27 萬億美元，2001 年減為 7,600 億美元，2002 年約為 5,340 億美元，2005 年回升到 9,160 億美元。2005 年世界直接投資流入量最多的三個國家是：英國（1,650 億美元）、美國（1,220 億美元）、中國（624 億美元）。直接投資有三種形式：

　　（1）獨資經營。獨資經營指由一個國家的一個公司，在國外單獨投資建立企業，獨自經營，企業歸該國公司所有。這種形式從數量上看占多數，特別是在資本主義國家，由外國投資者建立的中小企業，獨資經營者居多。

　　（2）合資經營。合資經營一般是指外國投資者與東道國企業共同投資建立企業，共同經營。這種經營形式，目前比較普遍地存在於作為外國投資者的發達國家企業與作為東道國的發展中國家企業之間。發達國家企業之間、發展中國家企業之間的合資經營形式也不少。重要的原因之一是，投資者認為，合資經營形式易於得到東道國政府的贊助與支持。

（3）多國公司。多國公司是幾個國家的公司共同投資建立的大型托拉斯企業，在國際上具有一定程度的壟斷性質，有的還開設銀行，發行股票。這種形式的企業數量不多，但經營額很大。它們的經營活動對一些中小國家的財政、經濟往往會產生舉足輕重的影響。

2. 證券投資

證券投資即將流動資金投資於公債、公司債券、上市的股票等有價證券或儲蓄性人壽保險方面。

3. 其他投資

其他投資就是一般泛指的投資，或稱靈活投資，它是以資金投於任何方面，包括貿易信貸和貸款等。如投資者以出租為目的購入房地產；或向對方提供設備，由對方以設備生產的產品抵償設備的價款；向對方提供原料、部件，由對方加工或組裝成成品，然后向對方支付一定金額的加工費等。

（二）國際投資頭寸表

1. 國際投資頭寸表的概念

國際投資頭寸表（International Investment Position，IIP）是反應特定時點上一個國家或地區對世界其他國家或地區金融資產和負債存量的統計報表。國際投資頭寸的變動，是由特定時期內交易、價格變化、匯率變化和其他調整引起的。國際投資頭寸表在計價、記帳單位和折算等核算原則上，均與國際收支平衡表保持一致，並與國際收支平衡表共同構成一個國家或地區完整的國際帳戶體系。

2. 中國國際投資頭寸表

中國國際投資頭寸表是反應特定時點上中國（不含中國香港、澳門和臺灣地區）對世界其他國家或地區金融資產和負債存量的統計報表。表中對外金融資產和負債的差額就是淨頭寸，淨頭寸為資產表明是對外淨債權國；淨頭寸為負債則表明是對外淨債務國。

2006年5月25日國家外匯管理局首次公布2004年和2005年年末中國國際投資頭寸表，為衡量中國的涉外經濟風險狀況提供基礎信息，對中國宏觀經濟分析和制定涉外經濟政策提供科學依據。

2004年年末，中國對外金融資產負債總規模1.73萬億美元，排在已公布數據國家的第14位；對外淨資產1,203億美元，排在第6位。2005年年末，中國對外金融資產負債總規模2.15萬億美元，對外淨資產2,875億美元，排名進一步上升。

2006年年末，中國對外金融資產16,266億美元，其中：直接投資824億美元；證券投資2,293億美元；其他投資2,420億美元；儲備資產10,729億美元。對外負債9,645億美元，其中：直接投資5,442億美元；證券投資1,207億美元；其他投資2,996億美元。國際投資頭寸對外淨資產6,621億美元，顯示中國是淨債權國，更能位居世界前列。

表12-1為2004—2005年中國國際投資頭寸表，表12-2為2007年上半年中國國

際收支平衡表。

表 12-1　　　　　　　　2004—2005 年中國國際投資頭寸表　　　　　單位：億美元①

項　　目	2004 年年末	2005 年年末
淨頭寸②	1,203	2,875
A. 資產	9,254	12,182
1. 對外直接投資	527	645
2. 證券投資	920	1,167
2.1 股本證券	0	0
2.2 債務證券	920	1,167
3. 其他投資	1,621	2,112
3.1 貿易信貸	670	900
3.2 貸款	590	719
3.3 貨幣和存款	323	429
3.4 其他資產	38	64
4. 儲備資產	6,186	8,257
4.1 貨幣黃金	41	42
4.2 特別提款權	12	12
4.3 在基金組織中的儲備頭寸	33	14
4.4 外匯	6,099	8,189
B. 負債	8,051	9,307
1. 來華直接投資	5,370	6,102
2. 證券投資	566	766
2.1 股本證券	433	636
2.2 債務證券	133	130
3. 其他投資	2,115	2,439
3.1 貿易信貸	654	908
3.2 貸款	880	870
3.3 貨幣和存款	379	402
3.4 其他負債	202	260

註：① 本表記數採用四舍五入原則
　　② 淨頭寸是指資產或負債，「＋」表示淨資產，「－」表示淨負債
資料來源：中國金融時報，2006-05-26

表 12-2　　　　　　　　2007 年上半年中國國際收支平衡表　　　　　單位：百萬美元

項　　目	差額	貸方	借方
一、經常項目	162,858	656,185	493,327
A. 貨物和服務	132,549	603,063	470,514
a. 貨物	135,691	547,174	411,483

表12-2(續1)

項　目	差額	貸方	借方
b. 服務	-3,142	55,888	59,030
1. 運輸	-4,843	13,555	18,398
2. 旅遊	3,342	17,935	14,593
3. 通信服務	125	592	467
4. 建築服務	619	1,879	1,260
5. 保險服務	-4,336	483	4,819
6. 金融服務	-219	76	295
7. 計算機和信息服務	971	1,948	977
8. 專有權利使用費和特許費	-3,834	115	3,949
9. 諮詢	-196	4,942	5,138
10. 廣告、宣傳	295	876	581
11. 電影、音像	31	93	62
12. 其他商業服務	4,903	13,036	8,132
13. 別處未提及的政府服務	-1	360	361
B. 收益	12,904	34,083	21,179
1. 職工報酬	1,717	2,973	1,256
2. 投資收益	11,187	31,110	19,923
C. 經常轉移	17,405	19,039	1,635
1. 各級政府	-83	21	104
2. 其他部門	17,488	19,018	1,530
二、資本和金融項目	90,164	446,813	356,648
A. 資本項目	1,465	1,564	99
B. 金融項目	88,700	445,249	356,549
1. 直接投資	50,919	63,315	12,396
1.1 中國對外直接投資	-7,414	586	8,000
1.2 外國來華直接投資	58,333	62,729	4,396
2. 證券投資	-4,826	17,687	22,512
2.1 資產	-15,077	7,435	22,512
2.1.1 股本證券	-5,034	927	5,961
2.1.2 債務證券	-10,043	6,508	16,551
2.1.2.1 (中) 長期債券	-8,175	6,508	14,683
2.1.2.2 貨幣市場工具	-1,868	0	1,868
2.2 負債	10,252	10,252	0
2.2.1 股本證券	10,252	10,252	0
2.2.2 債務證券	0	0	0
2.2.2.1 (中) 長期債券	0	0	0

表12-2(續2)

項　目	差額	貸方	借方
2.2.2.2 貨幣市場工具	0	0	0
3. 其他投資	42,607	364,248	321,641
3.1 資產	17,150	31,767	14,618
3.1.1 貿易信貸	−5,915	0	5,915
長期	−414	0	414
短期	−5,501	0	5,501
3.1.2 貸款	12,235	14,539	2,304
長期	−1,041	0	1,041
短期	13,276	14,539	1,263
3.1.3 貨幣和存款	9,227	13,213	3,986
3.1.4 其他資產	1,602	4,015	2,413
長期	0	0	0
短期	1,602	4,015	2,413
3.2 負債	25,457	332,481	307,024
3.2.1 貿易信貸	7,132	7,132	0
長期	499	499	0
長期	6,633	6,633	0
3.2.2 貸款	10,193	279,837	269,644
長期	2,381	10,092	7,710
短期	7,812	269,745	261,934
3.2.3 貨幣和存款	8,247	44,742	36,494
3.2.4 其他負債	−116	770	885
長期	278	310	32
長期	−394	460	854
三、儲備資產	−266,098	219	266,317
1. 貨幣黃金	0	0	0
2. 特別提款權	−36	0	36
3. 在基金組織的儲備頭寸	219	219	0
4. 外匯	−266,281	0	266,281
5. 其他債權	0	0	0
四、淨誤差與遺漏	13,075	13,075	0

註：①中國國際收支平衡表按國際貨幣基金組織《國際收支手冊》第五版規定的各項原則編製，採用復式記帳原則記錄所有發生在中國內地居民與非中國內地居民之間的經濟交易
②按照中國國際收支平衡表的編製原則，中國對外直接投資指中國內地對中國內地以外的國家和地區，包括對港、澳、臺地區的直接投資
③按照中國國際收支平衡表的編製原則，外國來華直接投資指中國內地以外的國家和地區，包括港、澳、臺地區對中國內地的直接投資

資料來源：中國金融時報，2007-11-01

三、外商投資企業

外商投資企業（Foreign Investment Enterprises）是指在中華人民共和國境內建立的，由外國廠商投資的中外合資經營企業、中外合作經營企業和外資企業，通常亦稱為「三資」企業。至於用香港特別行政區、澳門特別行政區、臺灣同胞和海外華僑的資本建立的企業，一般也視同「三資」企業。

自實行改革開放以來，從1979年到2005年6月底止，全國累計已批准外商投資企業530,153家，外商投資協議金額11,828億美元，外商實際投資金額5,906.69億美元。2006年6月末，全國登記的外商投資企業26.4萬戶，外方認繳註冊資本已達6,718.2億美元。在進一步解放思想、深化改革、擴大開放、實事求是、大膽探索、敢於吸收和借鑑人類社會創造的一切文明成果，特別是西方發達國家的先進技術和一切反應現代社會化生產規律的先進經營方式、管理方法為社會主義現代化建設服務的方針指導下，外商對華投資發展平穩。

中國已調整有關吸收外商直接投資的政策，以更加有利於外商來華投資。主要內容包括：在外貿、內貿、保險、金融、海運、航空、電信等服務業領域可以開辦外商投資企業；進一步開放國內市場，歡迎外商來華興辦大中型、高技術的「三資」企業；進一步改善投資環境，解決「三資」企業的宏觀管理問題，促進「三資」企業發展。2001年12月11日中國成為世界貿易組織正式成員，四年中修訂了有關法規，使之符合中國的入世承諾和世界貿易組織的規則，讓外商能享受中國國民投資待遇。2004年年末中國的外債餘額2 286億美元中，外商投資企業債務為446億美元，佔24.52%，成為對外借貸的重要方面。2001年外國在華直接投資468億美元，2002年達527億美元，2003年為535億美元，2004年為606億美元，2005年為603億美元，2006年為695億美元，2007年上半年為627億美元。自1991年以來，中國已成為發展中國家吸收外商直接投資最多的國家。今后，中國將繼續積極有效地利用外資，著力提高利用外資的質量，探索利用外資的新方式，優化利用外資的結構，提升利用外資的水平。

下面是中國1979—2004年吸收外商直接投資表（表12-3）和2005年1~6月中國利用外商直接投資（FDI）方式表（表12-4）：

表12-3　　　　　　　　中國1979—2004年吸收外商直接投資表

單位：億美元

年　　度	項目數（個）	合同外資金額	實際使用外資金額
總　　計	508,941	10,966.10	5,621.05
1979—1982	920	49.58	17.69
1983	638	19.17	9.16
1984	2,166	28.75	14.19

表12-3(續)

年　度	項目數（個）	合同外資金額	實際使用外資金額
1985	3,073	63.33	19.56
1986	1,498	33.30	22.44
1987	2,233	37.09	23.14
1988	5,945	52.97	31.94
1989	5,779	56.00	33.93
1990	7,273	65.96	34.87
1991	12,978	119.77	43.66
1992	48,764	581.24	110.08
1993	83,437	1,114.36	275.15
1994	47,549	826.80	337.67
1995	37,011	912.82	375.21
1996	24,556	732.76	417.26
1997	21,001	510.03	452.57
1998	19,799	521.02	454.63
1999	16,918	412.23	403.19
2000	22,347	623.80	407.15
2001	26,140	691.95	468.78
2002	34,171	827.68	527.43
2003	41,081	1,150.70	535.05
2004	43,664	1,534.79	606.30

資料來源：《中國對外經濟貿易年鑑2003》和2005年10月3日中國商務部網站資料（www.fdi.gov.cn）

表12-4　　2005年1~6月中國利用外商直接投資（FDI）方式表

單位：億美元

FDI方式	項目數	合同外資金額	實際使用外資金額
外商直接投資	21,212	861.90	285.64
1. 中外合資企業	4,824	135.67	66.27
2. 中外合作企業	564	41.41	7.92
3. 外資企業	15,795	671.31	209.81
4. 外商投資股份制	29	13.51	1.64
5. 中外合作開發	0	0	0

資料來源：2005年10月3日中國商務部網站資料（www.fdi.gov.cn）

第二節　中外合資經營企業

一、中外合資經營企業的概念與性質

中外合資經營企業(Joint Ventures Enterprises Using Chinese and Foreign Investment)是指外國投資者和中國經濟組織共同投資、共同經營而建立的具有股份制形式的企業。

中外合資經營企業的基本特點是由合資經營者雙方共同投資、共同經營，並按投資股份比例來分配盈虧、共擔風險，外國投資者的股本形成合資企業的資產但不構成中國的對外債務。

中外合資經營企業，通常是由國外投資者以設備、工業技術產權、外匯資金作為投資股份；中方投資者則以場地、廠房、原有設備、配套人民幣資金作為投資股份；合資企業所需的其他資金也由雙方共同提供；合資企業由雙方共同經營。合資企業受中國法律的管轄和保護，它是在中國社會主義初級階段多種經濟成分並存的一種形式。合資企業在經營期滿外商收回投資股份后全部歸我方所有。

二、新中國成立以來中外合資經營企業的發展

中華人民共和國成立初期，曾與蘇聯政府舉辦了四家合資經營企業。它們是：根據1950年3月24日簽訂的協議而成立的中蘇石油股份公司，股本4,600萬舊盧布(當時折合1,150萬美元)，中蘇雙方各占50%；根據1950年3月27日簽訂的協議而成立的中蘇有色及稀有金屬股份公司，股本2,800萬舊盧布(折合700萬美元)，雙方各占50%；根據1950年3月27日簽訂的協議而成立的中蘇民用航空股份公司，股本4,200萬舊盧布(折合1,050萬美元)，雙方各占50%；根據1950年7月28日簽訂的協議而成立的中蘇造船公司，股本4,660萬舊盧布(當時折合1,165萬美元)，雙方各占50%。在20世紀50年代末期，中國政府收購了這四家企業中的蘇方股份，它們全部成為中國的國營企業。1951年1月29日，中國還與波蘭簽訂協議，成立中波輪船股份公司，股本8,000萬舊盧布(折合2,000萬美元)，雙方各占50%。該合資企業中波雙方已共同經營50年，擁有貨輪從9艘增至21艘；固定資產與利潤均增長幾倍，載運噸位從不足10萬噸增至40萬噸，該公司現仍由雙方共同經營。

隨著中國改革開放政策的不斷深入與擴大，從1979年開始至1991年年底，全國已批准舉辦中外合資經營企業24,684家，外資協議金額為213.27億美元，外商實際投入金額為114.31億美元。2004年新批中外合資企業11,570項，協議外資276億美元，外商實際投入164億美元。

三、對境內中外合資經營企業的法規

成立中外合資經營企業，在不構成國家對外負債的情況下，就可達到吸收國外直接投資，引進國外先進技術設備和管理經驗，以彌補中國外匯資金不足的目的，從而

促進社會主義現代化建設。外國投資者最關心的是東道國的法律能否形成投資安全的環境。因此，對外國投資的立法管理至關重要。它既要有利於引進外資，發揮其積極的一面，又要限制和防止其消極的一面；既要無損於東道國的主權，又要使外國投資者獲得一定的利益，真正做到平等互利。自1979年以來，中國先后頒布的有關中外合資經營企業的主要法規有：

（1）1979年7月1日第五屆全國人民代表大會第二次會議通過，並根據1990年4月4日和2001年3月15日兩次全國人民代表大會《關於修改〈中華人民共和國中外合資經營企業法〉的決定》而修訂的《中華人民共和國中外合資經營企業法》。

（2）1983年9月20日國務院頒布實施，並於1986年1月15日、1987年12月21日和2001年7月22日三次修訂的《中華人民共和國中外合資經營企業法實施條例》。

（3）1986年10月11日發布的國務院《關於鼓勵外商投資的規定》。

（4）1986年1月15日頒布的國務院《關於中外合資經營企業外匯收支平衡問題的規定》。

（5）1988年1月1日外經貿部（2003年3月10日決定組建為商務部，以后從略）和國家工商行政管理局聯合發布，自1988年3月1日起施行的《中外合資經營企業合營各方出資的若干規定》。

（6）1995年1月10日，外經貿部《關於設立外商投資股份有限公司若干問題的暫行規定》。

（7）2002年1月1日起施行的國務院關於《外商投資電信企業管理規定》。

這些對中外合資經營企業的法規，明確了以下幾個基本問題：

第一，根據中外合資經營企業法批准而在中國境內設立的中外合資經營企業，是中華人民共和國的法人，受中國的法律管轄和保護，與中國的國有企業處於同等法律地位，享有同等權利，並能獨立地在法院起訴和應訴。

第二，中外合資經營企業的形式為有限責任公司，合資經營各方對合資經營企業的責任，以各自認繳的出資額為限；合資經營企業以其全部資產對其債務承擔責任。

第三，中外合資經營企業的註冊資本中，外國合營者的投資比例，一般不低於25%，只規定了下限，而未規定上限。合營各方認繳的出資額，應在規定的期限內繳足。合營各方按註冊資本比例分享利潤、分擔風險和虧損。中外合資經營電信企業的外方出資比例不得超過49%或50%。

第四，允許設立的中外合資經營企業，應能促進中國經濟的發展和科學技術水平的提高，有利於社會主義現代化建設；並應注重經濟效益，無損中國主權，不違反中國的有關法律。同時在經批准的中外合資經營的有關章程、協議、合同範圍內，有權按照合資經營企業的特點自主地進行經營管理，既要與中國的國民經濟發展計劃相協調，又要保持企業本身的經營自主權。

第五，董事會（Board of Directors）是合資經營企業的最高權力機構，決定合資企業的一切重大問題。董事長由中外合營一方擔任者，應由他方擔任副董事長。正副總經

理或正副廠長則由合營各方分別擔任。

第六，鼓勵合資經營企業向國際市場銷售其產品，並有權自行出口其產品或委託外國合營者的銷售機構或中國的外貿機構代銷或經銷。合營企業產品也可在中國國內市場銷售。

第七，合資經營企業在批准的經營範圍內所需的原材料、燃料等物資，按照公平合理的原則，可以在中國國內市場或國際市場購買。

第八，關於對合資經營企業的外匯事宜，應遵照中華人民共和國外匯管理條例辦理。合營企業在其經營活動中，可直接向外國銀行籌措資金。允許在經營外匯業務的銀行開立外匯帳戶。

第九，中外合資經營企業及其職工，應依法照章繳納關稅、工商統一稅、所得稅等各種稅款，並可按規定減免徵納稅款和補繳稅款以及退稅。

第十，對合資經營企業各項財務會計制度，實行日曆年度、權責發生制和借貸記帳法。發生爭議的仲裁地點，既可以在中國，也可在合營各方同意的被訴一方所在國或者第三國。

四、中外合資經營企業合同

中外合資經營企業合同(Joint Venture's Contract)，是指合資經營各方為設立合資經營企業，就相互之間的權利、義務和責任達成一致意見而簽訂的文件。

中外合資經營企業合同應包括下列主要內容：

第一，合營各方的名稱、註冊國家、法定地址，以及法定代表人的姓名、職務、國籍。

第二，合營企業名稱、法定地址、宗旨、經營範圍和規模。

第三，合營企業的投資總額(這是指按照合營企業合同、章程規定的生產規模，需要投入的基本建設資金和生產流動資金的總和。投資總額內可以包括合營企業的借款)、註冊資本(這是指為設立合營企業在登記管理機構登記的資本總額，應為合營各方認繳的出資額之和。註冊資本應以人民幣表示，也可以用合營各方約定的外幣表示。合營期內不得減少其註冊資本)、合營各方的出資額(出資額的轉讓須經合營他方同意，並經審批機構批准)、出資比例、出資方式、出資的繳付期限以及出資額欠繳、股權轉讓的規定。

第四，合營各方利潤分配和虧損分擔的比例。

第五，合營企業董事會的組成，董事名額的分配，以及總經理、副總經理及其他高級管理人員的職責、權限和聘用辦法。

第六，採用的主要生產設備、生產技術及其來源。

第七，原材料購買和產品銷售方式。

第八，財務、會計、審計的處理原則。

第九，有關勞動管理、工資和福利、勞動保險等事項的規定。

第十，合營企業的合營期限、解散和清算程序。合營期限一般為 10~30 年，也可延長到 50 年，經國務院特別批准的可在 50 年以上。

第十一，違約的責任。

第十二，解決合營各方之間爭議的方式和程序。

第十三，合同文本採用的文字和合同生效的條件。

五、中外合資經營企業章程

中外合資經營企業章程(Articles of Association)是按照合營企業合同規定的原則，經合營各方一致同意，規定合營企業的宗旨、組織原則和經營管理方法等事項的文件。

中外合資經營企業章程應包括下列主要內容：

第一，合資企業名稱及法定地址。

第二，合資企業的宗旨、經營範圍和合營期限。

第三，合資各方的名稱、註冊國家、法定地址以及法定代表人的姓名、職務、國籍。

第四，合資企業的投資總額、註冊資本、合營各方的出資額、出資比例、股權轉讓的規定、利潤分配和虧損分擔的比例。

第五，董事會的組成、職權和議事規則、董事的任期、董事長、副董事長的職責。

第六，管理機構的設置、辦事規則、總經理、副總經理及其他高級管理人員的職責和任免辦法。

第七，財務、會計、審計制度的原則。

第八，解散和清算。

第九，章程修改的程序。

六、設立中外合資經營企業的程序

（一）審批機構

審查批准發給批准證書的機構是對外貿易經濟合作部和國務院授權的省、直轄市、自治區人民政府或者國務院有關部門。

（二）登記管理機構

登記管理發給營業執照的機構是中外合資經營企業所在地的省、直轄市、自治區工商行政管理局。

（三）申請程序

（1）中外雙方選擇合資經營的對象與項目，提出合資經營項目的初步方案或意向書。

（2）中國合營者向企業主管部門呈報擬與外國合營者設立合資企業的項目建議書與初步可行性研究報告。該建議書與可行性研究報告經企業主管部門審查同意，轉報審批機構批准後，合營各方才能進行以可行性研究為中心的各項工作，在此基礎上商

簽合資經營企業協議、合同、章程。

(3) 申請設立合資經營企業，由中國合營者負責向審批機構報送以下正式文件：設立合資經營企業的申請書；合資各方共同編製的可行性研究報告及其主管部門的批准文件；合資各方授權代表簽署的合營企業協議、合同和章程；合資各方委派的合營企業董事長、副董事長、董事人選名單；中國合營者的企業主管部門和合營企業所在地的省、自治區、直轄市人民政府對設立該合資經營企業簽署的意見。

(四) 審批程序

對外經濟貿易主管部門接到合營企業申請書及全部文件之日起，應在 3 個月內決定批准與否。審批機構如發現前述文件不符合要求，應通知申請人限期修改，否則不予批准。批准后由對外經濟貿易主管部門發給批准證書。

(五) 登記簽發營業執照

申請人應在收到批准書后 1 個月內，按《中華人民共和國中外合資經營企業登記管理辦法》的規定，憑批准證書向合營企業所在地的省、自治區、直轄市工商行政管理局辦理註冊登記手續，申領營業執照。工商行政管理局所簽發營業執照的日期，即為該合資經營企業的成立日期。

七、中外合資經營企業各方的出資

(一) 出資方式(Ways of Contributing Investment)

中外合資經營企業各方的出資方式有兩種：

(1) 貨幣出資。即合營者可以用自己持有的貨幣現金出資。

外國合營者出資的外幣現金，按繳款當日國家外匯管理局公布的外匯牌價折算成人民幣或套算成約定的外幣。

中國合營者出資的人民幣現金，如需折合約定的外幣，也按繳款當日國家外匯管理局公布的外匯牌價折算。

(2) 物資技術出資。即合營者也可以用自己擁有所有權和處置權的建築物、廠房、機器設備或其他實物、工業產權、專有技術、場地使用權等作價出資。其作價由合營各方按照公平合理的原則協商確定，或聘請合營各方同意的第三者評定。

(二) 出資期限

出資期限是合營合同規定的合營者認繳出資額的最遲實際交付期限。合營合同規定的出資期限，須一次繳清出資額的，合營各方應當從營業執照簽發之日起 6 個月內繳清；如規定分期繳付出資額的，合營各方第一期出資不得低於各自認繳出資額的 15%，並且應當在營業執照簽發之日起 3 個月內繳清。其他各期亦應在各分期出資期限的 3 個月內繳清。

(三) 出資證明書(Investment Certificate)

出資證明書是合營企業開具的證明合營各方出資數額的憑證。該憑證在合營各方按合同規定的出資期限繳付各自認繳的出資額並經在中國註冊的會計師驗證、出具驗

資報告后，由合營企業據以簽發給合營各方。

出資證明書的內容應載明：合營企業名稱；合營企業成立的年、月、日；合營者名稱(或姓名)及其出資額；出資的年、月、日；發給出資證明書的年、月、日。

(四) 未繳或遲繳出資額

合營各方未能在規定的出資期限內繳付出資額，即視同合營企業自動解散，合營企業批准證書自動失效。營業執照應予註銷、繳銷或吊銷並公告。

合營一方未能如期繳付或繳清其出資額，即構成違約。守約方應當催告違約方在1個月內繳付或繳清出資額。逾期仍未繳付或者繳清的，視同違約方放棄在合營合同中的一切權利，自動退出合營企業。守約方可以依法要求違約方賠償未繳付或繳清出資額造成的經濟損失。遲繳方亦應按合同規定支付遲延利息或賠償損失。

第三節　中外合作經營企業

一、中外合作經營企業的概念

中外合作經營企業(Chinese-Foreign Contractual Joint Venture)是中外合作者雙方，以其各自法人身分，共同簽訂合作經營合同，按照合同規定的合作各方投資條件、收益分配、風險責任和經營方式，進行經營的契約式經濟合作組織。中外合作經營企業，一般由中國合作者提供土地、場地、現有廠房、現有可利用的設備、設施、技術、勞動力和勞動服務等；由外商提供資金、先進設備和技術、良種、材料等，並在平等互利的原則下，共同經營，按照合同規定的方式和比例分配利潤。合作雙方的權利、義務和責任，由合作雙方通過簽訂協議、合同加以規定。

中外合作經營方式，是中國吸收外商直接投資的一種主要形式，是中國實行改革開放政策的產物。起初它是在《中華人民共和國中外合資經營企業法》(簡稱《中外合資經營企業法》)規定的投資方式之外，由廣東、福建兩省在實行「特殊政策，靈活措施」的實踐中誕生和發展起來的。第一個中外合作經營項目是1979年8月廣東省佛山市梅園酒家。當時它借以誕生和存在的法律依據是《中外合資經營企業法》。直至1988年4月13日全國人民代表大會第七屆第一次會議正式通過並頒布了《中華人民共和國中外合作經營企業法》才使這種經濟合作方式以法律形式固定下來。

二、中外合作經營企業的性質

中外合作經營企業是一種契約式的中外經濟合作經營的形式，合作各方的投資或者合作條件、收益或者產品分配、風險和虧損的分擔、經營管理的方式和合作企業終止時財產的歸屬等的權利、義務和責任，均通過協商一致后規定在所簽訂的合作合同之中。它既不同於中外合資經營企業的股權式性質，也不同於西方「合夥組織」的合夥者之間相互承擔連帶責任與無限責任性質。

從1979年開始至1991年年末，中國已累計批准建立境內中外合作經營企業

11,089 家，外商投資協議金額 183.06 億美元，外商實際已投入金額 61.93 億美元。2004 年新批准的中外合作企業建設項目就有 1,343 個，協議外資 78 億美元，外商實際投入 31 億美元。

三、中外合作經營企業法

《中華人民共和國中外合作經營企業法》是在中外合作經營企業誕生近九年之後，於 1988 年 4 月 13 日第七屆全國人民代表大會第一次會議通過並頒布施行的。這個法律文件在總結了九年來中外合作經營方式的實踐經驗以及批准 5,190 項中外合作經營項目的基礎上草擬制定的，2000 年予以修改。該法具有以下幾個主要特點：

第一，在合作企業合同中約定中外合作者的投資或者合作條件、收益或者產品的分配、風險和虧損的分擔、經營管理方式和合作企業終止時財產的歸屬等事項。

第二，合作企業符合中國關於法人條件規定的，依法取得中國法人資格。

第三，審查批准機關應當自接到申請之日起 45 天內決定批准與否。

第四，中外合作者應如期履行繳足投資、提供合作條件的義務，並且應由中國註冊會計師或者有關機構驗資並出具證明。

第五，合作企業應當設立董事會或聯合管理機構。中外合作者一方擔任董事長或主任的，由他方擔任副董事長或副主任。經協商一致並報主管部門批准後，亦可委託中外合作者以外的他人經營管理。

第六，合作企業必須在中國境內設置會計帳簿；在國家外匯管理機關允許經營外匯業務的銀行開立外匯帳戶；應當向中國境內的保險機構辦理各項有關險種的投保。

第七，外國合作者在合作期限內先行收回投資的，中外合作者應當依照有關法律的規定和合作企業合同的約定，對合作企業的債務承擔責任。

第八，合作企業的合作期限，由中外合作者協商並在合作企業的合同中訂明。合作企業期滿或者提前終止時，應當依照法定程序對資產和債權、債務進行清算。中外合作者應當依照合作企業合同的約定，確定合作企業財產的歸屬。

四、中外合作經營企業的類型

中外合作經營企業組織的類型分為「法人式」和「非法人式」兩種。

(一)「法人式」

這是指中外合作者在中國境內設立具有中國法人資格的合作經營經濟實體。有獨立的財產權，法律上有起訴和應訴的權利。成立董事會或建立聯合經營的管理機構，決定合作企業的重大問題和制定企業章程。

(二)「非法人式」

這是指中外合作雙方不在中國境內設立具有獨立法人資格的合作經營經濟實體。合作雙方仍以各自本身的法人資格在法律上承擔責任，對企業的債權、債務由合作者各方按照合作合同的規定承擔責任。可由各方委派代表組成聯合管理機構，也可委託

一方或聘請第三方進行管理。

五、中外合作經營的特點

中外合作經營方式在中國十幾年的實踐中，已顯示出新國際經濟合作模式的特點：簡便、靈活、易達成協議。它特別適用於技術不複雜、投資見效快的行業。

（1）簡便。申請、審批程序比較簡便，審批權限一般均在地方和主管部門。

（2）靈活。合作各方提供的合作條件、企業管理形式、收益分配方法以及責任、權利、義務都比較靈活，可根據不同情況，由合作各方協商后在合作合同中加以規定。

（3）容易達成協議。由於申請、審批簡便，合作經營的內容與方式沒有固定模式，靈活多樣，易於雙方協商，容易達成協議。特別是對於合作各方的實物、土地、廠房、工業產權的投資或者合作條件，不必作價，省去了作價和確定入股比例的步驟。

另外，對於外商收回投資，也比較有保障，允許從折舊中或通過擴大收益分成比例收回投資。收益既可以利潤分成，也可以產品分成，還可以分別承包等靈活方式辦理，因而也構成了易於達成協議的因素。

六、中外合作經營企業與中外合資經營企業的區別

（一）企業的法律地位不同

中外合資經營企業從在中國境內成立之日起，就具有中國法人資格，是有限責任公司，採用股份制形式；而合作經營企業既可依照中國法律取得法人資格，也可不具備法人資格，以通過合同聯繫起來的「松散」形式合作經營，一般稱為「契約式合營」。

（二）投資的形式不同

對於合資企業來講，若以現金以外的實物、工業產權、土地使用權作為投資，都必須作價折算成現金股份，而且外商的出資在註冊資本中的比例不得低於25%；而合作經營企業則無此比例的規定，而且不必將實物投資作價折算成現金股份。

（三）經營管理的方式不同

合資企業實行董事會領導下的總經理負責制，董事會是合資企業的最高權力機構，以總經理為首的經營管理機構具體執行董事會的各項決定；而合作企業既可以成立董事會，也可以不成立董事會，只成立聯合性的管理委員會協調各方的工作。

（四）資本的所有權主體不同

合資企業從成立之日起，各方的投資就屬於合資企業所有；而合作企業合作人的投資，既可以由合作各方共同所有，也可以由合作各方分別所有。

（五）利潤分配方式不同

合資企業按各方出資比例進行利潤分配；而合作企業的合作各方則按合作合同規定進行利潤分成。

（六）承擔債務責任的方式不同

合資企業以企業所有的全部資產對其債務承擔責任，它的股東，即出資各方的責

任範圍以各自認繳的出資額為限；而合作企業的債務，則依據合作合同的規定，分別由合作各方承擔。

（七）投資的回收方式不同

合資企業的出資人在合同有效期內不得提前收回各自的投資，要收回投資就必須在企業經營終止或依法解散並經過清算程序以後；而合作企業的外商一方可以在合同期滿前通過各種靈活的方式收回投資，如提取折舊、產品分成等。

（八）法律依據不同

合資企業所依據的是《中華人民共和國中外合資經營企業法》；合作企業所依據的是《中華人民共和國中外合作經營企業法》。

第四節　外資企業

一、外資企業的概念

外資企業（Enterprises Operated Exclusively with Foreign Capital）是指依照中國有關法律，在中國境內設立的、全部資本由外國投資者投資的企業，亦稱外商獨資企業（Wholly Owned Foreign Enterprises）或簡稱獨資企業。它不包括外國企業和其他經濟組織在中國境內的分支機構。外資企業完全由外國資本投資，獨立經營，自負盈虧。僑資企業（系指在中國境內設置的全部由海外華僑投資興辦的企業）和香港、澳門、臺灣同胞在內地/大陸投資的獨資企業，這兩種類型的企業情況類似外資企業，因此都可包括在外資企業範圍內，根據僑資政策和對港、澳、臺工作政策，給予一定優惠。

鼓勵興辦外資企業，是吸收國外直接投資的有效方式，在國際上已廣泛採用。第二次世界大戰以後，西方國家為加速戰後經濟的恢復與發展，允許外國資本進入本國投資設廠，興辦各種類型的外資企業。美國、日本、歐盟國家，除某些要害部門和行業限制外資企業外，其他行業一般都允許外資企業進入，很多發展中國家也允許舉辦外資企業。特別是一些國家和地區的出口加工區、自由港、自由貿易區等均採取鼓勵政策。

二、對外資企業的法規

1986年4月12日第六屆全國人民代表大會第四次會議通過公布施行的《中華人民共和國外資企業法》（簡稱《外資企業法》），是中國對外商獨資企業的立法。它是在中國境內批准建立120家外資企業的實踐基礎上制定的，是中國改善投資軟環境、完善投資立法、吸引外國企業家選擇對華投資形式的重要措施。2001年對之予以修改。

為了更好地貫徹施行《外資企業法》，1990年10月28日經國務院批准，外經貿部於1990年12月12日頒布了《中華人民共和國外資企業法實施細則》（簡稱《外資企業法實施細則》），並於2001年4月12日予以修訂。新的《外資企業法實施細則》共13章84條，有力地促進了外商投資企業的發展。截至1991年年末，中國已批准成立外資

企業6,180家,外商投資協議總額92.89億美元,外商實際投入總金額25.64億美元。1990年批准成立外資企業1,860家,外商投資協議金額24.44億美元,比1989年增長47.77%;外商實際投資6.83億美元,比1989年增長83.93%。1991年批准成立外資企業2,795家,外商投資協議金額36.67億美元,比1990年增長50.04%;外商實際投資11.25億美元,比1990年增長64.71%。這表明從20世紀90年代開始,外資企業在中國得到了迅速發展,而且超過了中外合作經營企業的發展速度,新設外資企業猛增,從2000年到2005年6月末的五年半時間中就增加123,458家,約占外商投資企業總數的23%;承諾外資4,006億美元,約占合同外資總額的34%;外資實際投入1,694億美元,約占實際使用外資總額的30%,說明外商在華新設獨資企業已成為首選方式。

《外資企業法》和《外資企業法實施細則》的要點有:

1. 設立外資企業的條件

外資企業的全部資本為外國投資者投資,而且沒有中方參與經營管理,與中外合資經營企業和中外合作經營企業有很大不同,因此對它們的要求也應有所區別。國家鼓勵外資企業採用先進技術和設備,從事新產品開發,實現產品升級換代,節約能源和原材料,並鼓勵開辦產品出口的外資企業,而且要有利於中國國民經濟的發展。

2. 對外資企業合法權益的保護

為了貫徹對外開放政策,吸引外國投資者來華投資,促進中國國民經濟的發展,對外國投資者的合法權益應依法給予保護。《外資企業法》規定:「外國投資者在中國境內的投資、獲得的利潤和其他合法權益,受中國法律保護」「保護外資企業的合法權益」「外國投資者從外資企業獲得的合法利潤、其他合法收入和清算后的資金,可以匯往國外」「外資企業的外籍職工的工資收入和其他正當收入,依法繳納個人所得稅後,可以匯往國外。」

3. 對外資企業的稅收

對外資企業既要鼓勵其建立與發展,實行一定的優惠政策,又要依法徵收稅賦。《外資企業法》規定:「外資企業依照國家有關稅收的規定納稅並可以享受減稅、免稅的優惠待遇」「外資企業將繳納所得稅后的利潤在中國境內再投資的,可以依照國家規定申請退還再投資部分已繳納的部分所得稅稅款。」

4. 外資企業外匯收支可經其銀行外匯帳戶收付

國家鼓勵外資企業生產的產品出口,也可以在中國市場銷售。

5. 外資企業的經營期限

不同時期國民經濟發展的重點有所不同,外資企業可行性研究的有關內容也有一定的時間性,因此,外資企業在申請時確定企業壽命期限是必要的,屆滿前可以申請延長。

6. 對外資企業的管理和監督

外資企業必須遵守中國的法律、法規,不得損害中國的社會公共利益。外資企業

應當在審查批准機關核准的期限內在中國境內投資；逾期不投資的，工商行政管理機關有權吊銷其營業執照。工商行政管理機關有權對外資企業的投資情況進行檢查和監督。

三、外資企業的開端與前景

　　1980年8月26日，中國五屆人大常委會第十五次會議批准的《中華人民共和國廣東省經濟特區條例》第一條規定：「特區鼓勵外國公民、華僑、港澳同胞及其公司、企業，投資設廠或者與我方合資設廠，興辦企業和其他事業，並依法保護其資產、應得利潤和其他合法權益。」這就是新中國成立后新建外資企業的開端。從1980年開始至《外資企業法》頒布前的1985年年底止，中國批准設立的外資企業僅120家，其中104家設在深圳、珠海、汕頭、廈門四個經濟特區，約占87%；另外16家分設在北京、上海、福建泉州、廣西北海和湖南長沙。《外資企業法》頒布以後，外商獨資企業有了較快的發展；進入20世紀90年代，又出現了外資企業超過中外合作企業發展的迅猛勢頭。1990年和1991年兩年內就批准外資企業4,655家，外商申請投資金額61.11億美元，實際投資18億美元，年增長率均在50%左右，兩年批准數占全國累計批准數的75%。從2000年至2005年6月末，外資企業又有迅速的發展，超過了中外合資經營方式，成為外商對華直接投資的首選方式，項目多、金額大，已達123,458項，協議外資4,006億美元，實際投資1,694億美元。這些都顯示了改革的深入、開放的擴大和立法的完善對促進外商投資的發展起著關鍵作用。

　　在健全立法、鼓勵興辦外資企業的同時，要注意正確引導投資方向，優選投資項目，重點向高、精、尖的先進技術設備生產部門和技術先進型與投資密集型項目投資。對於外資企業的產品鼓勵其出口，也可以在中國市場銷售。

　　在外資企業的經營過程中，我方從業人員要積極學習，消化、吸收外資企業的先進技術和科學管理經驗，達到擴大對外經濟合作和技術交流，促進中國國民經濟發展的根本目的。

第五節　對外合作開發

一、對外合作開發的概念

　　對外合作開發(Joint Exploitation)是由外國投資者提供資金，使用其先進而適用的技術和科學管理經驗，與中國企業在中國領域、領海、大陸架或屬於中國海洋資源管轄的海域內，劃定區域合作勘探儲藏的石油、天然氣、煤炭、礦產品，中外雙方為共同確定有無開採的商業價值所做的全部工作。如果發現有開採自然資源的商業價值，再簽訂合作開發合同，這種方式稱為合作勘探開發。如果沒有發現礦源或所發現的礦源沒有開採的商業價值，勘探資金及全部費用均由外商承擔，我方不負補償責任。

二、合作勘探開發的特點

對外合作勘探開發中，在勘探階段，由我方劃定區塊(Demarcate Areas)提供勞務承包和必要的物資供應，規定工作量和時間進度要求；外商提供資金、技術進行勘探，並由外商一方單獨承擔風險；由於勘探作業是在中國管轄的領域內進行的，中國是主權國家，外商的一切活動要遵守中國的法律，勘探方案等重大問題的決定要經我方同意，所有作業應接受我方監督；外商勘探所取得的資料其只有使用權，而所有權歸我方；勘探發現有商業開採價值的資源時，在開採招標中，該勘探的外商有優先投標權，在開採中我方有參股或不參股的權力；無論我方參股與否，所開採的石油、天然氣、煤炭等礦產資源，中國均徵收工商統一稅、資源稅或礦區資源使用費的固定留成。

三、中國對外合作開採陸上和海洋石油資源條例

1982年1月30日國務院公布施行了《中華人民共和國對外合作開採海洋石油資源條例》，1993年10月7日又公布實施了《中華人民共和國對外合作開採陸上石油資源條例》(簡稱《對外合作開採石油條例》)。2001年9月23日國務院對這兩個條例進行了修改並予以公布施行，它是中外雙方在中國合作開採石油資源必須遵循的法規。它的立法要點如下：

1. 中國陸上和海洋石油資源的主權原則

中國憲法明確規定礦藏、水流、森林等自然資源都屬於國家所有，這就規範了中國對陸上和海洋石油資源所擁有的不可剝奪的國家主權及其絕對管轄權。因此，《對外合作開採石油條例》規定：

(1) 中華人民共和國境內陸上和內海、領海、大陸架以及其他屬於中華人民共和國海洋資源管轄海域的石油資源，都屬於中華人民共和國所有。

在前款陸上和海域內，為開採石油而設置的建築物、構築物、作業船舶，以及相應的陸岸油(氣)集輸終端和基地，都受中華人民共和國管轄。

(2) 中國政府依法保護參與合作開採陸上和海洋石油資源的外國企業的投資、應得利潤和其他合法權益，依法保護外國企業的合作開採活動。合作開採陸上和海洋石油資源的一切活動，都應當遵守中華人民共和國的法律、法令和國家的有關規定；參與實施石油作業的企業和個人，都應當受中國法律的約束，接受中國政府有關主管部門的檢查、監督。

2. 中國主管部門的監督權、專營機構的專營權與對外合作開發石油合同的批准機關

(1) 中國政府的主管部門依據國家確定的合作區域、海區、面積，決定合作方式，劃分合作區塊；依據國家的長期經濟計劃，制定與外國企業合作開採陸上、海洋石油資源的規劃；制定對外合作開採陸上、海洋石油資源的業務政策和審批陸上、海

洋油(氣)田的總體開發方案。

（2）中國石油天然氣集團公司、中國石油化工集團公司和中國海洋石油總公司是具有法人資格的國家公司，享有在對外合作陸上區域內或海區內進行石油勘探、開發、生產和銷售的專營權。中國石油天然氣集團公司和中國石油化工集團公司享有對陸上石油對外合作開發的專營權，中國海洋石油總公司僅對海洋石油對外合作開發享有專營權。這三家公司就對外合作開採石油的陸上區域、海區、面積、區塊，通過組織招標，採取簽訂石油合同方式，與外國企業合作開採石油資源。

（3）中華人民共和國商務部是對外合作開發石油(氣)合同的批准機關。

3. 開採石油資源的合作方式

中外合作開採石油資源是以純粹的契約合作方式進行的，既非合資企業，又非合作企業。

（1）先由外國企業一方投資進行勘探，負責勘探作業，並承擔全部勘探風險。意即如果經過地球物理勘探，未發現有商業性開採價值的油(氣)田，中方對外方的勘探費用不負任何責任，中方對於勘探亦不進行任何投資。

（2）如果經過外方勘探發現有商業性開採價值的油(氣)田，則由外國合作者同中國相應的石油專營公司雙方投資合作開發，真正的合作開發是從此時開始的。外國合作者應負責開發作業和生產作業，直至中國相應的石油專營公司按照石油合同的規定在條件具備的情況下接替生產作業。

（3）外國合作者可以按照石油合同的規定，從生產的石油中回收其投資和費用，並取得報酬。

（4）外國合作者為執行石油合同，按計劃和預算所購置和建造的全部資產，當外國合同者的投資按照規定得到補償后，其所有權屬於中國相應的石油專營公司，在合同期內，外國合同者仍然可以依據合同的規定使用這些資產。

4. 依法納稅與稅收優惠

參與合作開採海洋石油資源的中國企業、外國企業，都應當依法納稅，繳納礦區使用費。中外企業的雇員，都應當依法繳納個人所得稅。

為執行石油合同而進口的設備和材料，按照國家規定給予減稅、免稅或稅收方面的其他優惠。意即對中外合作開採陸上或海洋石油所需進口的設備和材料免交進口關稅和工商統一稅，外國合同者將按合同規定所得的原油裝運出口時，免徵出口稅。

5. 技術傳授與轉讓

外國合同者在執行石油合同時，應當使用適用而先進的技術和經營管理方法，並有義務向中國一方執行石油合同的有關人員轉讓技術，傳授經驗；在石油作業中必須優先雇用中方人員，逐步擴大中方人員的比例，並應對中方人員進行有計劃的培訓。

外國合同者必須及時地、準確地向中國相應的石油專營公司報告石油作業情況；完整地、準確地取得各項石油作業數據、記錄、樣品、憑證和其他原始資料，並定期

向中國相應的石油專營公司提交必要的資料和樣品以及技術、經濟、財會、行政方面的各種報告。其所有權屬於中方，對之轉讓、贈與、交換、出售或者公開發表時，必須事先取得中方合作者的書面同意。

6. 優先採用中國的人力物力

外國合作者應承擔優先採用中國人力、物力的義務。即在條件和競爭力相同的情況下，對於執行石油合同所需的設備、材料、服務、設施等，應優先採用中國公司或實體提供的設備和服務等。

四、對外合作開發的發展

對外合作開發自然資源，特別是開採海上石油、陸上石油和煤炭資源，是中國改革開放以來，利用外資加速能源開發的重要形式之一。至 1991 年年末，全國累計批准對外合作開發 74 項，協議外商投資開發金額 34.16 億美元，外商已實際投入開發金額 30.93 億美元。中國海洋石油總公司成立於 1982 年 2 月，已與來自美國、英國、法國、日本等 12 個國家和地區的 45 家公司簽訂了從事中國近海石油資源勘探、開發、生產、銷售的合同和協議。在渤海、黃海、東海、南海進行勘探開發，發現了不少具有商業價值的油田、氣田，具有良好的利用發展前景。在國際石油價位較高時，對外合作開發自然資源尤顯重要。

2000 年至 2005 年 6 月末中國新簽對外合作開發合同 23 項，協議外資 2.72 億美元，實際使用外資 13.07 億美元。

第六節　政府間投資保護協定與鼓勵外商，華僑，香港、澳門、臺灣同胞投資的規定

一、投資保護協定的概念

投資保護協定(Investment Protection Agreement)是兩國政府為發展相互之間的經濟合作，為締約方的投資者在締約對方境內的投資，創造安全便利條件而簽署的雙邊協定。消除投資者的政治風險，使投資者有安全感，是簽署相互保護投資協定的主要目的。它是國際保護投資的通用形式。

中國已經同瑞典、羅馬尼亞、德國、法國、比利時、盧森堡、芬蘭、挪威、泰國、丹麥、荷蘭、奧地利、新加坡、科威特、英國、斯里蘭卡、義大利、瑞士、新西蘭、日本、波蘭、捷克、斯洛伐克、俄羅斯、土耳其、葡萄牙、西班牙、亞美尼亞、哈薩克斯坦、秘魯、沙特阿拉伯、黎巴嫩、也門、印度尼西亞、越南、斯洛文尼亞、智利、烏拉圭、馬其頓、尼日利亞、南非、埃及、肯尼亞等一百多個國家和地區簽訂了雙邊的相互促進和保護投資協定(表 12-5)。協議的簽訂有利於中國吸收這些國家的直接投資，也有利於中國在這些國家投資建廠、興辦企業。到 2002 年年末，中國已在近百個國家和地區設立境外企業 6,960 個，協議投資總額 138 億美元，中方投資 93 億美元，這表明發展雙向對外直接投資具有重要作用。相應地對外投資貸款與保險亦將逐步發展。

表 12-5　　　　　與中國簽有經濟貿易協定、投資保護協定和
　　　　　　　　　避免雙重徵稅協定的國家和地區簡表

「●」表示與中國簽有貿易協定或議定書及經濟合作協定的國家和地區
「▲」表示與中國簽有雙邊投資保護協定的國家和地區
「◆」表示與中國簽有避免雙重徵稅協定的國家和地區

亞　　洲 （截至 2002 年 12 月 31 日）				非　　洲 （截至 2002 年 12 月 31 日）			
蒙古	●▲◆	哈薩克斯坦	●▲◆	埃及	●▲◆	毛里塔尼亞	●
朝鮮	●▲	吉爾吉斯斯坦	●▲◆	利比亞	●	馬里	●
韓國	●▲◆	塔吉克斯坦	●▲	突尼斯	●▲◆	佛得角	●▲
日本	●▲◆	烏茲別克斯坦	●▲◆	阿爾及利亞	●▲	幾內亞	●
越南	●▲◆	土庫曼斯坦	●▲	摩洛哥	●▲◆	科特迪瓦	●▲
老撾	●▲	格魯吉亞	●▲	蘇丹	●	加納	●▲
柬埔寨	●▲	阿塞拜疆	●▲	埃塞俄比亞	●▲	多哥	●
緬甸	●▲	亞美尼亞	●▲	吉布提	●	貝寧	●▲
泰國	●▲◆	黎巴嫩	●▲	肯尼亞	●▲	尼日爾	●
馬來西亞	●▲◆	也門	●▲	坦桑尼亞	●	尼日利亞	●▲◆
新加坡	●▲◆	以色列	●▲◆	盧旺達	●	喀麥隆	●
菲律賓	●▲◆	阿曼	●▲	布隆迪	●	赤道幾內亞	●
印度尼西亞	●▲◆	沙特阿拉伯	●▲	安哥拉	●	中非共和國	●
尼泊爾	●	卡塔爾	●▲	贊比亞	●▲	剛果(布)	●▲
孟加拉國	●▲◆	伊拉克	●	莫桑比克	●▲	剛果(金)	●▲
印度	●▲◆	敘利亞	●▲	毛里求斯	▲◆	加蓬	●▲
斯里蘭卡	●▲	約旦	●▲	津巴布韋	●▲	塞拉利昂	●▲
伊朗	●▲	阿聯酋	●▲	博茨瓦納	●▲	索馬里	●
巴基斯坦	●▲◆	科威特	●▲◆	厄立特里亞	●	馬達加斯加	●▲
文萊	▲	巴林	●▲	南非	●▲◆	塞舌爾	●▲◆
塞浦路斯	●▲◆	土耳其	●▲◆	納米比亞	●	烏干達	●▲
歐　　洲 （截至 2002 年 12 月 31 日）				大洋洲 （截至 2002 年 12 月 31 日）			
冰島	●▲◆	荷蘭	●▲◆	澳大利亞	●▲◆	密克羅尼西亞	●
丹麥	●▲◆	比利時	●▲◆	新西蘭	●▲◆	薩摩亞	●
挪威	●▲◆	盧森堡	●▲◆	巴布亞新幾內亞	●▲◆	庫克群島	●
瑞典	●▲◆	英國	●▲◆	瓦努阿圖	●	斐濟	●
芬蘭	●▲◆	愛爾蘭	● ◆	基里巴斯	●	湯加	●
愛沙尼亞	●▲◆	法國	●▲◆	北美洲 （截至 2002 年 12 月 31 日）			
拉脫維亞	● ◆	西班牙	●▲◆	美國	● ◆	古巴	●▲◆
立陶宛	●▲◆	葡萄牙	●▲◆	墨西哥	●	牙買加	●▲◆
俄羅斯	●▲◆	義大利	●▲◆	特立尼達和多巴哥	●▲	加拿大	● ◆
白俄羅斯	●▲◆	馬耳他	●▲◆	南美洲 （截至 2003 年 4 月 30 日）			
烏克蘭	●▲	塞爾維亞和黑山	●▲◆	哥倫比亞	●	巴西	● ◆
摩爾多瓦	●▲◆	斯洛文尼亞	●▲◆	委內瑞拉	● ◆	玻利維亞	●▲
波蘭	●▲◆	克羅地亞	●▲◆	蘇里南	●	智利	●▲
捷克	●▲◆	波黑	●▲	厄瓜多爾	●▲	阿根廷	●▲
斯洛伐克	●▲◆	馬其頓	●▲◆	秘魯	●▲	烏拉圭	●▲
匈牙利	●▲◆	羅馬尼亞	●▲◆	巴巴多斯	▲◆	圭亞那	●▲
德國	●▲◆	保加利亞	●▲◆	(2005 年 9 月 12 日簽署)			
奧地利	●▲◆	阿爾巴尼亞	●▲				
歐盟	●	希臘	●▲◆	墨西哥		◆	
瑞士	●▲◆						

資料來源：2003 中國對外經濟貿易年鑒和北京日報轉引新華社電

二、投資保護協定的主要內容
1. 目的

為締約一方的國民和公司在締約另一方領土內投資創造有利條件；鼓勵和相互保護此種投資將有助於激勵國民和公司經營的積極性和促進兩國的繁榮。

2. 促進和保護投資

締約一方應在其領土內鼓勵締約另一方的國民或公司投資，為此創造良好條件，並有權行使法律所賦予的權力接受此種投資。在不損害締約方國內法律和法規的條件下，締約另一方的國民或公司在其領土內的投資，應始終受到公正和公平的待遇以及持久的保護和保障；對投資的管理、維持、使用、享有或處置不得採取不合理或歧視性的措施。

3. 最惠國待遇與國民待遇

締約任何一方在其領土內給予締約另一方國民或公司的投資、收益和管理、使用、享有或處置他們的投資的待遇，不應低於其給予任何第三國國民或公司的待遇。締約任何一方應盡量根據其法律和法規的規定，對締約另一方在本國投資的國民或公司給予與本國國民或公司相同的待遇。

4. 動亂的損失賠償與徵收的補償

對發生戰爭或其他武裝衝突、革命、全國緊急狀態、叛亂或騷亂而遭受損失的待遇，亦不應低於給予任何第三國國民或公司的待遇。如發生上述事態，由於軍隊或當局徵用或毀壞了他們的財產，應予以恢復或給予合理的補償。因公共目的對另一方投資的徵收或國有化，應給予合理的補償。

5. 投資和收益的匯回

締約各方保護締約另一方的國民或公司將其投資和收益以及與投資有關的貸款協議規定的任何支付款項自由轉移至其居住國的權利。

6. 爭議的解決

如爭議在6個月之內未能友好解決，應提交國際仲裁。常規定可依照聯合國國際貿易法委員會的仲裁規則，由其專設仲裁庭裁決。

三、關於鼓勵外商投資的規定

為了擴大對外經濟合作和技術交流，吸收外資，引進先進技術，加速社會主義現代化建設，1984年11月15日中華人民共和國國務院公布了《關於經濟特區和沿海14個港口城市的外商投資企業減徵、免徵企業所得稅和工商統一稅的暫行規定》。從此，對於設在經濟特區、沿海港口城市、開放城市新技術產業開發區的外商投資企業，減按15%的稅率徵收企業所得稅，並從開始獲利的年度起，第一年和第二年免徵所得稅，第三年至第五年減半徵收所得稅，即通常所說的「二免三半」的企業所得稅減免優惠。但對從事服務性的行業，則實行「一免二半」的優惠，即從開始獲利的年度起，

第一年免徵所得稅，第二年和第三年減半徵收所得稅的優惠。

兩年后，為了下決心切實改善中國的投資環境，更好地吸收外商直接投資，引進先進技術，提高產品質量，擴大出口創匯，加速發展國民經濟，國務院又於 1986 年 10 月 11 日公布施行《國務院關於鼓勵外商投資的規定》，即簡稱的「二十二條」。

該規定的基本精神是，下決心切實改善中國的投資環境，把吸收利用外商直接投資的工作進一步做好，並推向前進。

該規定還強調對外商投資企業中的「產品出口企業」和「先進技術企業」給予特別優惠。其目的是為了正確引導外資投向，使之進一步適應中國經濟建設的需要。

「產品出口企業」系指產品主要用於出口，年度外匯總收入額減除年度生產經營外匯支出額和外國投資者匯出分得利潤所需外匯額以後，外匯有結餘的生產型企業。

「先進技術企業」系指外國投資者提供先進技術，從事新產品開發，實現產品升級換代，以增加出口創匯或者替代進口的生產型企業。

對於這兩種企業的特別優惠主要是：

（1）降低勞務費用；

（2）降低場地使用費；

（3）減免稅收；

（4）鼓勵外商投資者將其從企業內獲得的利潤在中國境內再投資；

（5）保證企業有關物資進出口的生產經營外部條件。

該規定要求各級人民政府和有關主管部門應當保障外商投資企業的自主權，支持外商投資企業按照國際先進的科學方法管理企業。

該規定提到，各級人民政府和有關主管部門，應當加強協調工作，提高辦事效率，及時審批外商投資企業申報的需要批覆和解決的事宜。

對於中國香港、澳門、臺灣地區的公司、企業和其他經濟組織或者個人投資開辦的企業，亦參照此規定執行。

四、關於鼓勵臺灣同胞投資的規定

為了促進大陸和臺灣地區的經濟技術交流，以利於祖國海峽兩岸的共同繁榮，鼓勵臺灣的公司、企業和個人在內地投資，1988 年 7 月 7 日國務院公布了《國務院關於鼓勵臺灣同胞投資的規定》。

臺胞投資的規定共有二十二條，主要包括：

（1）臺灣投資者可以在內地各省、自治區、直轄市、經濟特區投資。鼓勵臺灣投資者到海南省以及福建、廣東、浙江等省沿海地帶劃定的島嶼和地區從事土地開發經營。

（2）臺灣投資者在大陸投資的形式包括：①舉辦獨資、合資、合作經營的企業；②開展補償貿易、來料加工裝配、合作生產；③購買企業的股票和債券；④購置房產；⑤依法取得土地使用權、開發經營等投資形式。

（3）國家對臺灣投資者的投資和其他資產不實行國有化。國家根據社會公共利益的需要，對臺胞投資企業實行徵收時，依照法律程序進行並給予相應的補償。

（4）臺胞投資企業享受相應的外商投資企業待遇。

（5）臺灣投資者在大陸的投資、購置的資產、工業產權、投資所得利潤和其他合法權益受國家法律保護，並可以依法轉讓和繼承。

（6）臺灣投資者投資獲得的合法利潤、其他合法收入和清算後的資金，可以依法匯往境外。

（7）臺灣投資者可以申請成立臺商協會。

（8）臺胞投資企業的審批時限為45天。

1994年3月5日該規定進一步以《中華人民共和國臺灣同胞投資保護法》的形式公布施行。

五、關於鼓勵華僑、港澳同胞投資的規定

為促進中國經濟發展，鼓勵華僑和香港、澳門同胞在境內投資，1990年8月19日國務院公布了《國務院關於鼓勵華僑和香港澳門同胞投資的規定》。該規定也有二十二條，它與《國務院關於鼓勵臺灣同胞投資的規定》內容基本一致。

1997年7月1日香港迴歸，香港特別行政區成立。1999年12月20日澳門迴歸，澳門特別行政區成立。按照「一國兩制」方針，對港澳同胞的投資仍維持原優惠待遇。

第七節　對外商投資企業貸款

按照國務院關於鼓勵外商、華僑、港澳臺同胞投資的精神以及《中外合資經營企業法》《中外合作經營企業法》《外資企業法》的規定，外商、華僑、港澳臺同胞在境內投資興辦的企業，在其投資、生產、經營活動過程中，為籌措所需資金，既可向境內的金融機構借款，也可向境外的金融機構借款，並可以本企業的資產和權益進行抵押或擔保。為此，中國人民銀行於1986年12月12日公布了《關於外商投資企業外匯抵押人民幣貸款的暫行辦法》，中國銀行於1987年4月24日公布了《中國銀行對外商投資企業貸款辦法》。這兩個「辦法」對向外商投資企業發放人民幣和外幣貸款做了基本規定。

一、對外商投資企業貸款的對象

（1）中外合資經營企業；

（2）中外合作經營企業；

（3）外資企業；

（4）臺灣同胞投資的企業；

(5) 華僑和香港、澳門同胞投資的企業。

二、對外商投資企業貸款的種類

1. 固定資產貸款

固定資產貸款是指用於支付基本建設項目和技術改造項目的工程建設費、技術、設備購置費及安裝費的人民幣或外幣貸款。

(1) 中短期貸款。這是指期限為1~3年的貸款，主要適用於投資少、見效快的外商投資項目。

(2) 中長期貸款。這是指期限為3~7年的貸款，主要適用於貸款金額較大、投資回收期較長的大中型外商投資項目。

(3) 買方信貸。這是指用於購買外國資本貨物，貸款金額一般不超過商務合同金額的85%，並符合中國銀行與外國銀行簽訂的買方信貸協議規定條件的貸款。

(4) 銀團貸款。這是指金額較大、期限較長，並由中國銀行作為牽頭行或安排行或參加行與國內外數家銀行共同按一個借款合同向外商投資企業提供的固定資產貸款。

(5) 項目貸款。這是指金額大、期限也較長，主要以建成項目的自身經濟收益作為還本付息來源的固定資產貸款。主要適用於投資額大、難以找到為其出具還款擔保的大中型外商投資項目。

2. 流動資金貸款

流動資金貸款是指提供企業在商品生產、商品流通及正常經濟活動過程中所需人民幣或外幣資金的貸款。主要包括：

(1) 生產儲備及營運貸款。一般可在規定貸款額度和不超過1年的一定期限內週轉使用。

(2) 臨時貸款。這是一種半年之內逐筆貸放的短期貸款。

(3) 活存透支。這是指開立活期存款透支帳戶時商定銀行允許在一定額度及一定期限內透支的貸款。

(4) 通知放款。這是指在貸款銀行開戶的資信良好、生產經營正常的外商投資企業提出申請后，經銀行審查授予用款額度，借款企業可在批准期限內多次反復使用的貸款。借款企業的授權代表人在用款前以電話或口頭形式通知銀行，經銀行同意後填寫支款憑證送交銀行支取貸款。通知放款每筆期限較短，一般不超過15天。

3. 現匯抵押貸款

現匯抵押貸款是指以外商投資企業的自有外匯或從境外借入的外匯作為抵押而申請辦理的人民幣貸款。現匯抵押貸款分為短期現匯抵押貸款和中長期現匯抵押貸款。短期現匯抵押貸款的期限為3個月、6個月和1年。中長期現匯抵押貸款的期限為1年以上，最長不超過5年。

現匯抵押貸款可以用作流動資金，也可以用於固定資產投資。目前用於抵押的外匯僅限於美元、日元、港元、歐元和英鎊五種。銀行發放的人民幣貸款與外商投資企

業交付作為抵押的外匯，相互計息。

4. 出口信用證抵押貸款

這是借款企業以出口業務中國外銀行開來的信用證作為抵押，向銀行申請的貸款。貸款金額不超過信用證總金額的80%，貸款期限一般為信用證的有效期。出口發貨交單后，貸款銀行可做出口押匯用以歸還外匯貸款，或者將押匯收入存進保證金專戶作為人民幣貸款的還款保證之用。

5. 備用信貸

這是指根據外商投資企業申請的特定用途，並經中國銀行審查，同意安排待使用的貸款。

6. 中方股本貸款

中方股本貸款指中外合資經營企業的中方股本資金不足時中國銀行為之發放的貸款。但要求外商企業的股本至少應占投資總額的1/3，中國銀行對中外合資企業的中方股本貸款一般不超過中方股本的50%。

7. 出口賣方信貸

8. 外商投資企業進口買方信貸

9. 臺灣同胞投資企業開發性貸款

10. 國際金融公司貸款和股本投資

三、對外商投資企業貸款的期限

貸款期限通常的概念是指自借款人和貸款銀行簽訂借款合同之日起，至貸款本金、利息和費用全部付清日止的期限。它主要包括三個階段：

1. 提款期

提款期是指自借款合同簽訂之日起至貸款額度全部提完之日止或最后一次提款日止的期限。在提款期內，外商投資企業可以在借款合同規定的貸款額度內按計劃提款。

2. 寬限期

寬限期是指自借款合同規定的貸款額度提完之日或最后一個提款日起至第一個還本付息日止的期限。在寬限期內，外商投資企業不需償還貸款本金，只需支付貸款利息。

3. 償還期

償還期是指自借款合同規定的第一個還本付息日起至貸款本金、利息和費用全部還清之日或最后一個還本付息日止的期限。在償還期內，外商投資企業應按借款合同規定的還款計劃，按期足額償還貸款本金、利息和費用，直至全部還清為止。

目前確定外商投資企業固定資產貸款期限的一般做法，按以下三個步驟進行：

第一，以項目工程建設期為根據，確定提款期。即在外商投資企業與項目工程承建商簽訂的工程承建合同中所規定的工程建設進度、工程驗收日以及工程竣工后承建商的責任期終止日和工程價款的支付方式與日期，是確定固定資產貸款項目提款期的

主要依據。

第二，以企業試生產期為依據，確定寬限期。外商投資企業的固定資產投資項目，在項目工程結束後，通過試生產時期轉入正常生產經營，才可能實現比較穩定的經濟效益來償還貸款。所以，企業的試生產期是確定寬限期的依據。

第三，以企業年現金流量為依據，確定還款期。即通過對企業正常生產經營后的財務效益進行預測分析，預計每年可獲得的淨利潤、折舊費和攤銷等現金流入量並進行匯總，據此推算出企業為償還貸款所需的時間，從而確定還款期。

四、貸款貨幣、利率、計息方法和費用

（一）貸款貨幣

貸款貨幣分為本幣和外幣兩類。本幣即為人民幣；外幣包括美元、英鎊、日元、港元、歐元以及中國銀行同意的其他可兌換外幣。

（二）貸款利率與計息方法

1. 人民幣貸款利率

人民幣貸款利率應按中國人民銀行定期公布和調整的人民幣貸款利率執行。在借款人和貸款銀行簽訂的借款合同中，都明確規定了當時適用的人民幣貸款利率。但在貸款期內，如果中國人民銀行調整貸款利率，則借款合同中已規定的貸款利率也必須進行相應調整，按調整后的貸款利率執行。

人民幣貸款的計息方法，按照中國人民銀行規定的計息期和計息辦法執行。利息應按企業實際用款金額和用款天數計算。技術改造貸款按每3個月(季度)計收利息；不能按期付息的，則應計算複合。基本建設貸款按年計收利息，利隨本清；不能按期付息的，不計複合。

2. 外幣貸款利率

外幣貸款利率按中國銀行總行公布的綜合利率確定，也可以由借貸雙方根據國際市場利率協商確定，使用外國買方信貸和其他信貸的利率以其上浮協議利率為基礎，再加一定利差確定。綜合利率分為1年以下(含1年)、1年以上至3年、3年以上至5年和5年以上這幾檔。在各個期限內都可分別選擇按月浮動、按3個月浮動或按6個月浮動的利率計息。

外匯貸款利率，如規定由借貸雙方根據國際市場利率協商確定，可以倫敦銀行同業拆放利率或香港銀行同業拆放利率為基礎，加上由借貸雙方協商的利差。利差是指在國際金融市場上銀行同業拆放利率的基礎上，另加的以百分數表示的幅度，也是銀行發放貸款的收益。確定利差大小時，雙方應考慮貸款項目的風險程度和銀行的投入量這兩個方面的因素，同時也要根據不同貸款項目的具體情況，確定不同的利差率。當前常用的利差率有0.125%、0.25%、0.375%、0.5%、0.625%、0.75%、0.875%這幾檔，而0.375%~0.75%這幾個檔次的利差率採用得較多。

外匯貸款的利息，可以按每年360天除年利率求出日利率，再用日利率乘以實際

用匯金額和實際用匯天數，每3月(季)計收一次；也可以按借貸雙方在借款合同中規定的計息辦法計收。

(三) 貸款費用

首先是手續費。一般為貸款額的 0.25%~1%，一次性計收。

其次是承擔費。一般為未提貸款金額的 0.25%~0.5%，從借款合同簽字之日起，每季或每半年收取一次。

再次是律師費。銀行聘請律師代為起草固定資產借款合同等法律文件時，需向律師支付費用。一般按聘請律師所發生的實際開支，或事先商定的聘請律師費用，在借款合同簽訂后若干天由借款人一次性支付。

外商投資企業使用由中國銀行組織銀團提供貸款者，銀行除收取上述承擔費和律師費以外，還要收取下列費用：

(1) 管理費。一般按貸款金額的 0.125%~0.5% 計收，或由借貸雙方共同協商確定，一次性收取。

(2) 代理行費。承擔銀團貸款管理工作的代理行具體工作較多，故收取代理費。年費率一般為 0.25%~0.5%，有時確定每年應收取的具體金額。

(3) 安排費。這是借款企業付給中國銀行作為銀團貸款安排的工作報酬。安排行一般負責探詢借款企業的意圖，開展市場調查以及徵求銀團成員的意見等工作。這項費用，一般控制在 0.125% 左右，或確定一個具體金額，一次性收取。

(4) 雜費。這是作為牽頭行的中國銀行因組織銀團、安排簽字儀式等工作而支出的通信、印刷、談判、簽字等費用。這些費用通常由中國銀行向借款企業逐筆收取，並向借款企業提供開支的證明或收據。

五、外商投資企業申請貸款的條件

(1) 借款的外商投資企業應取得中國工商行政管理機關發給的營業執照。在申請領取營業執照時，外商投資企業的註冊資本與投資總額的比例必須符合國家的有關規定。

(2) 企業註冊資本按期如數繳納，並經依法驗資。

(3) 企業董事會做出借款的決議並出具授權書。

(4) 企業的固定資產投資項目，已由計劃部門批准。

(5) 企業有償還貸款的能力，並由第三方提供可靠的還款、付息擔保。

六、外商投資企業申請貸款的程序

(1) 企業提出借款申請書，並根據所需借款的具體情況提供相應的證明和資料。

(2) 貸款銀行對企業的借款申請書及提供的證明和資料進行審查評估，經審核同意后，借貸雙方協商簽訂借款合同。借款合同的有效文字為中文。適用法律為中華人民共和國法律。

（3）企業應當按照借款合同規定的時間、金額和用途使用貸款。

七、對外商投資企業貸款的發展

中國銀行在 20 世紀 80 年代初，就配合國家對外開放政策，積極開展對外商投資企業的信貸業務，迄今已有二十多年的歷史。截至 1989 年年末，僅中國銀行就為 3,900 多家外商投資企業的建設生產和經營提供了資金，其中：技術先進型企業 700 家，出口創匯型企業 2,044 家，它們在中國經濟的發展過程中發揮了一定的積極作用。每年中國銀行對外商投資企業的外匯和人民幣貸款均做了專項安排。截至 1994 年 3 月，中國銀行累計已向外商投資企業發放了約 183 億美元和 1,356 億元人民幣的貸款。20 世紀 90 年代，對於新增的外商投資企業貸款項目，中國銀行按照國家產業政策和指導吸收外商投資方向的規定，使外資的投向有助於加強中國經濟發展的薄弱環節，有助於提高現有企業的技術水平，實現產品的更新換代，有助於擴大出口，推動外向型經濟的發展。

中國工商銀行、中國農業銀行、中國建設銀行、中信實業銀行、交通銀行等也已先後開辦了對外商投資企業的貸款。此項貸款業務必將進一步發展。2001 年政策性的中國進出口銀行也向外商機電產品和高新技術出口企業發放了出口信貸。2001 年年末全國金融機構對外商投資企業短期貸款餘額為 3,263.5 億元人民幣，接近短期貸款總額的一半。

另外，外商投資企業也可以從境外銀行借款，2004 年年末全國的外債餘額中，外商投資企業外債為 446 億美元，占 24.52%，而成為國際信貸的重要組成部分。

【參考文獻】

[1] 中華人民共和國對外貿易經濟合作部外國投資管理司. 利用外資文件匯編第二集 [M]. 北京：中國經濟出版社，1989.

[2] 中國人民銀行. 關於外商投資企業外匯抵押人民幣貸款的暫行辦法 [Z]. 1986.

[3] 中國銀行. 對外商投資企業貸款辦法 [Z]. 1987.

[4] 劉舒年，蕭朝慶. 國際信貸 [M]. 北京：中國對外經濟貿易出版社，1989.

[5] 王貴國. 國際投資法 [M]. 北京：法律出版社，1990.

[6] 姚濟奇，黃治敏. 外商投資企業的固定資產貸款 [J]. 國際金融，1991(8) −1992(5).

[7] 張震歐. 外匯銀行信貸實務 [M]. 北京：中國對外經濟貿易出版社，1994.

【思考題】

1. 試述中外合資經營企業、中外合作經營企業、外資企業的概念並對三者進行比較。
2. 外商投資企業貸款的種類與條件有哪些？

國家圖書館出版品預行編目(CIP)資料

國際信貸/ 劉舒年 蕭朝慶 主編. -- 第五版.
-- 臺北市 : 崧燁文化,2018.08
　　面 ；　　公分
ISBN 978-957-681-521-8(平裝)
1.信用貸款
　562.332　　　107013639

書　名：國際信貸
作　者：劉舒年 蕭朝慶 主編
發行人：黃振庭
出版者：崧燁文化事業有限公司
發行者：崧燁文化事業有限公司
E-mail：sonbookservice@gmail.com
粉絲頁　　　　　　網　址：
地　址：台北市中正區重慶南路一段六十一號八樓815室
8F.-815, No.61, Sec. 1, Chongqing S. Rd., Zhongzheng Dist., Taipei City 100, Taiwan (R.O.C.)
電　話：(02)2370-3310　傳　真：(02) 2370-3210
總經銷：紅螞蟻圖書有限公司
地　址：台北市內湖區舊宗路二段121巷19號
電　話：02-2795-3656　　傳真：02-2795-4100　　網址：
印　刷：京峯彩色印刷有限公司（京峰數位）

　　本書版權為西南財經大學出版社所有授權崧燁文化事業有限公司獨家發行
　　電子書繁體字版。若有其他相關權利及授權需求請與本公司聯繫。

定價：600 元
發行日期：2018 年 8 月第五版
◎ 本書以POD印製發行